管理学原理

主　编　张多中
副主编　侯莉颖　杨龙芳

经济管理出版社

图书在版编目（CIP）数据

管理学原理/张多中主编，—北京：经济管理出版社，2010.9

ISBN 978-7-5096-0548-6

Ⅰ.①管… Ⅱ.①张… Ⅲ.①管理学—高等学校—教材 Ⅳ.①C93

中国版本图书馆 CIP 数据核字（2010）第 178766 号

出版发行：经济管理出版社

北京市海淀区北蜂窝 8 号中雅大厦 11 层

电话:(010)51915602　　邮编:100038

印刷：三河市延风印装厂　　经销：新华书店

组稿编辑：房宪鹏　　责任编辑：刘　宏

技术编辑：杨国强　　责任校对：陈　颖

787mm×1092mm/16　　23 印张　　503 千字

2010 年 10 月第 1 版　　2013 年 6 月第 3 次印刷

定价：38.00 元

书号：ISBN 978-7-5096-0548-6

深圳大学与深圳特区相伴而生，共同成长，而深圳大学管理学科一直是其建设的重点学科之一。1983 年 9 月，深圳大学经济管理系组建，下设工业经济管理专业和商业经济管理专业，开深圳大学管理教育之先河。1985 年经济管理系一分为二，分设经济系和管理系，其中管理系下设工业企业管理专业和商业企业管理专业，专业方向分别有证券投资管理方向、房地产企业管理方向、餐旅管理方向和财务管理方向。同年，深圳大学创建软科学系与信息系统专业。1987 年行政学系建立，1997 年 6 月，由管理系、行政学系和软科学系合并组建深圳大学管理学院，标志着深圳大学管理学科进入蓬勃发展的新时期。伴随管理学科的发展，作为学科基础课程的管理学原理教材建设也陆续展开。1989 年 5 月，管理系教师朱东和傅哲铭在经济科学出版社出版了《现代管理学》；同年 12 月，经济系教师施炜在能源出版社出版了《管理学基础》；2002 年 10 月，管理学院侯莉颖、杨龙芳、杨云、陈淑妮四位老师共同编写的《管理学精要》由吉林人民出版社出版，并于 2006 年修订再版。这些教材的出版不仅满足了本校"管理学原理"课程教学的需要，也体现了深圳大学重视管理学科和教材建设的传统。

这本《管理学原理》的编写，是由张多中、杨龙芳、侯莉颖三位老师共同努力完成的。这是他们总结多年教学经验、汲取国内外管理学理论与实践的宝贵精华、反复斟酌切磋的新作。在本书中，作者将繁杂的管理知识归入四篇：管理导论、管理思想的发展、管理的原理与原则和管理的基本过程。在管理导论篇中强调了对"管理概念"的理解和管理学的普遍适用性，并突出了管理伦理和组织环境两个部分的内容；在管理思想的发展篇中对各种管理理论的来源及其传承关系进行了梳理；在管理的原理与原则篇中提出并详细阐述了现代管理中公认的四个基本原则；在管理的基本过程篇中阐述了管理的过程。这四篇分别回答了管理是什么、为什么、如何做、做什么的问题，符合逻辑，自成一体。此外，本书在各章之前明示了重要知识点，章后进行了小结，提炼出关键概念，给出了“问题和讨论”，提供了“案例应用”，最后还留有“自我评估”的空间，充分体现了现代教学中理论与实践结合、自主学习与承接知识融合的特点。本书也彰显了该团队教师对教学，特别是管理类基础课程“教与学”的理解与诠释。

慎终追远是管理的传统。回顾上述各版本管理学教材，可以把深圳大学管理学原理教学的基本传统概括为三个方面：

一是重视管理学理论知识的传授。在《现代管理学》中，作者提出：一本好的管理学原理教科书的标准是“有正确的基本概念，……尽可能给学生一个广泛的但也是坚实的知识、心理基础，为高年级的进一步深造创造条件”。《管理学精要》则强调管理“涉及经济学、心理学、社会学等多种学科”，这种多学科性“大大地增强了管理问题的难度”，而掌握管理的理论知识是管理行为合理化的基础。本书则在“管理导论”篇明确提出了管理知识的理性基础、管理知识的条理化、管理学的学科定位等基本理论问题，指出管理理性是一种多元理性，并进一步界定管理知识条理化的职能方法，强调了管理学学科的“综合学科”定位和管理理论的普遍适用性。“管理伦理”一章体现了管理学的伦理归宿；组织环境一章则彰显管理的实用性和适宜性。

本书既保持了自法约尔以来学界普遍认同的“管理过程（也称管理程序或职能）”部分，同时仍然坚持构建了“管理思想的发展”篇和“管理的原理与原则”篇，意在追求管理知识体系的完整性，尽管这种完整性只能是相对的。一般而言，对管理知识的再现除了对“管理过程”的阐述外，还有两条基本路径，即管理思想史的路径和管理原理化路径。管理思想史路径立足于对有突出贡献的管理学家思想的条理化，是一条精细化的路径，能最大限度地呈现管理知识的精华，使学习者在管理思想史的基础上掌握管理知识的进化框架。正如丹尼尔教授所言：“管理学者从历史上可以吸取许多经验教训，其中重要的一条就是把研究过去作为研究管理的入门”[1]；管理原理化路径以管理实践的客观规律为基础，是一条抽象化的路径，能最简要地呈现管理知识中最基本的法则，这些原理既是管理知识的纲要又是管理实践的指导，还是方便学习者掌握处理各种管理问题的工具。本书在分析“管理的基本过程”时特别注重组织的有效性，将重点放在计划、组织和控制三个基本过程上。这是对管理过程有意识的精简，也是对“管理基本过程”追问后进行的再探讨，是管理基本过程的高度抽象和再基本化。

---

〔1〕［美］丹尼尔·A. 雷恩. 管理思想的演变［M］. 北京：中国社会科学出版社，1986.

二是重视本土化的传统。本土化契合着管理是一种环境设计的思想。《现代管理学》是应“教育本土化”需要而产生的著作。其作者在“后记”中强调了教材编写和内容构造与教学环境特点的适宜性，即适合“中国大学低年级的‘管理学原理’的教学”。《管理学精要》的作者们则关注到了“深圳经济特区的管理经验”和“珠三角的管理经验”。本书不仅重视本土化，还把对本土化的关注升华为对环境的关注。本书专列一章对组织环境做了细致分析，指出组织和外部环境每时每刻都在交流能量或信息，环境对组织的存续和发展具有重要影响，组织是在不断与外界交流能量与信息的过程中发展和壮大的，也是在这个过程中不断地适应、影响，甚至是改变着环境。本书对组织环境的强调，从根本意义上突出了“管理概念”，即“包括设计一种环境，使身处其间的、与集体在一起共同劳动的职工能够完成他们的目标”。[1] 可见，管理概念的根本就是环境设计。现代社会的中心既不是技术，也不是信息，更不是生产力，而是管理完善的组织。组织是产生成效的社会工具，而管理是帮助组织产生成效的特殊工具、功能和手段。“管理”并不等同于“生产力”。基于此，本书安排了“案例应用”，旨在让学生从管理的实际或情境去体会管理的“为我所用”。

三是坚持科研服务于教学的传统。前几本教材的写作动力直接来源于教学和作者群体多年从事管理教学的总结。在本书中，这一传统在很多章节中都能看到踪迹。如书中在各章之后都特别设计或引入了“自我评估”。通过这些“自我评估”，学生可以对自己的管理认知有一个较为明确的了解，为学生的再学习制造了一个有效的反馈机制。

深圳大学管理学院在管理学科和教材建设历程中折射出的传统及在管理基础教育上的诉求是前人成果的继承和理论与思维的创新。老师们对不断变化的管理现实的密切关注、对理性精神的坚持等是一个积极和良好的方向，是一种慎终追远的传统。“慎终追远”在管理者决策、行动和思考中将还原为对“结果又怎样”的无穷追问与启发真知！

固守慎终追远言易行难，不断地追问这个传统的精神值得提倡！

李　丽

2010年9月　深圳

---

〔1〕[美] 哈罗德·孔茨，西里尔·奥唐奈，海因茨·韦里克. 管理学 [M]. 北京：中国社会科学出版社，1987.

【第1篇 管理导论】

第2篇 管理思想的发展

第3篇 管理的原理与原则

第4篇 管理的基本过程

第1篇 管理导论

篇首语

如何理解管理，这是一个大问题，涉及管理存在的主体性、管理决策的基础和管理行为的范围等基本问题。作为一种存在，只能从“个人”、“组织”、“社会”三个主体间相互作用的整体意义上去理解管理的本质。按照这种方式来理解，管理者是管理的活性器官，管理是组织的器官，组织是社会的器官。这种理解是一种象征性的表达方式，勾画出了主体间的内在正式结构关系、制度联系，并揭示出社会组织的分化谱系，进而确立了管理的决策基础和管理的范围。

管理作为一种存在，还体现为一种深层的理性。这种理性涉及管理知识的基础，管理知识的整合、管理学的学科定位、管理学的终极归宿等基本问题，管理理性是一种多元理性，至少是一种二元理性，它反映了管理知识中“行”多于“知”的存在之常态，也显示“知”远远重于“行”的绝对性。管理理性决定了管理知识的可组织性和可整合性，确保了管理知识的系统化。管理理性的多元性还决定管理学科的学科定位于综合性学科和管理学学科的伦理学归宿。

任何社会科学理论，均要求一定的伦理观念指导，管理理论与实践也不例外。伦理管理是管理实践的客观要求，国内外经验显示，各国在管理伦理尤其在企业经营伦理方面都曾付出过沉重的代价，这就促使人类社会普遍认识到人文伦理对管理理论和实践的重大价值。

在人类产生之前，自然环境就客观地存在着。人类通过社会活动形成的任何组织都不是孤立存在的，组织存在于环境之中。组织和外部环境每时每刻都在交流能量或信息，环境对组织的存续和发展具有重要影响，组织是在不断与外界交流能量与信息的过程中发展和壮大的，也是在这个过程中不断地适应、影响，甚至是改变着环境。

▲ **学完本章后，你会知道：**

1. 管理原则的基础
2. 管理实践的基础
3. 管理知识的理性基础
4. 管理学的学科定位

第一章 管理与管理学

第一节 理解管理

一、管理的不确定性

理解管理在于确认基本的管理事实。确认管理事实的过程体现为寻找关于管理事实的基本假设，而这种关于管理事实的基本假设正好构成了管理原则的基础。

在关于管理事实的基本假设中，首要的是关于管理范畴的基本假设，这个假设的探寻将直接回答“管理是什么”。

1. 管理不等于“企业管理”

长期以来，在谈到对管理的理解时，大多数人都会联想到企业管理，十分自然地形成了管理就是企业管理的假设。这个假设几乎成为管理领域内外大多数人的主流观点，甚至认为这个假设是不言而喻的。也就是说，这个假设在这些人看来是判断管理事实的一个公理。实际上，假设管理是企业管理的观点是理解管理中的一种“想当然”的现象，反映了管理在企业组织之外应用和研究的不成熟状况，带有典型的绝对论色彩。

假设管理是企业管理，这种假设反映了管理研究者、管理实践者和社会普通大众对于管理的理解处于一种无意识状态，他们没有形成一种管理自觉，甚至可以说他们从来没有注意到“管理”这个词。正是这种管理自觉的缺失，直接导致管理研究者、管理实践者和社会普通大众自然地将“管理”等同于“企业管理”。

美国著名的管理学家、现代管理学的奠基人德鲁克曾从学术语言规范化的意义上强调了理解管理的困难：“‘管理’这个词是极难以理解的。首先，它是美国人特有的一个单词，很难翻译成其他语言，甚至很难准确地翻译成英国的英语。即使在美国人的用法里，把管理作为一种术语，也是有点差强人意的，这是因为：在工商企业以外的其他机构里，通常很少会谈到管理（management）和管理者（manager）。”[1] 在这里，德鲁克强调了三点：一是理解管理是一个具有挑战性的事情，是管理研究中一项充满艰巨性的任务；二是明确地说明了管理这个词在原生意义上是一个美国特色的词，难以同其他语言进行跨文化上的对比；三是指出美国人心中“管理”这个词在用法上是有局限性的。特别是第三点，对于我们来说极为重要。这一点说明了将管理等同于企业管理，是同美国社会对管理的理解有关，更同美国人头脑中管理一词的应用有关。简而言之，将管理等同于企业管理，是美国人所理解的管理的基本含义。

---

〔1〕［美］彼得·德鲁克. 管理：使命、责任、实务（使命篇）[M]. 北京：机械工业出版社，2006.

美国将管理等同于企业管理的认识确立于20世纪30年代的经济大萧条时期。1933年，美国爆发了经济大危机，这场危机影响之深远，以致今天人们谈起它时仍谈虎色变。在这个时期，社会普通大众对企业充满敌意，对企业管理者充满蔑视，“管理”成为一个可恶的词。社会普通大众对企业的厌恶直接促使美国社会的知识精英和管理实践者形成了一种恶习，表现为独立性和自主性的丧失，并有意识地向社会普通大众妥协。这不仅是美国的知识精英和管理实践者的不幸，更是人类管理认知史演化过程中的极大不幸，这意味着人类在理解管理的演进过程中犯下了可怕的“屈从”现象。为了不与企业混为一谈，公共部门的管理开始独立门户，抛弃“管理”这个名称不用，改名为“公共管理”（public administration），并将它单独设立一门学科，还在美国的大学里设立了有关公共管理的相应科系，使用独自的术语，并形成自己的职业升迁体系。出于对“企业管理”同样的厌恶，当时正处于发展中的医院也开始探索自己的管理认知之路。通用汽车公司的总裁阿尔弗雷德·斯隆（Alfred Sloan）的弟弟雷蒙德·斯隆（Raymond Sloan）曾成立斯隆—凯特林研究所，专门负责癌症研究的规划和方向，开启了医院管理以及医院管理研究的先河。来自美国医学界的这股管理探索潮，最终将“医院管理”（hospital administration）从管理学中分离出来，成为一门单独的学科。正是这种根深蒂固的社会潜意识，导致了公共行政和医院行政的兴起。从表面上来说，公共行政和医院行政是一种同企业管理分道扬镳的分离运动，但从实质上来看，它却是对“管理就是企业管理”假设的一种“反动”。这就是说公共行政和医院行政并没有同企业管理彻底分离，它们在理论上都是以管理就是企业管理假设为基础的，并最终确立了企业管理在管理学中的“帝国主义”地位。这种企业管理“帝国主义”还被赋予了一种意识形态色彩。德鲁克曾对此现象做过评论：“不使用‘管理’这个词汇是在大萧条时期在政治上做出的正确选择（political correctness）。”[1]

随着第二次世界大战的结束，由于美国企业在“二战”期间发挥了巨大的作用，企业管理“帝国主义”倾向不仅没有消除，反而得到强化。在“二战”期间，企业界配合政府，积极参与抵抗法西斯的战斗，人们彻底改变了对“企业”的厌恶态度。“这在很大程度上使企业成为‘一个非常时髦的词汇’”。[2]人们谈到企业就会联想到管理，谈到管理就会联想到企业。“企业”几乎同“管理”是同一个东西。“‘企业管理’‘在政治上成为一个正确的’研究课题，从那时起，普通大众和学术界就一直将管理视为‘企业管理’。”[3]

在20世纪80年代，企业管理“帝国主义”得到了进一步的伸张。这就是新公共管理的兴起。新公共管理将管理就是企业管理深深地移植到政府管理领域之中。

需要特别指出的是，中国人理解管理的困难是用语言难以表达的，这种困难远远超过了中国学术界和管理实践工作者的想象力。有学者正确地指出“‘management’一词很难找到一个中文字来对应它”，[4]这一点无疑是正确的。在对管理的理解上，中国人远比西方文化背景下的人更容易确信管理就是企业管理，这不仅体现在20世纪20～

〔1〕〔2〕〔3〕［美］彼得·德鲁克．21世纪的管理挑战［M］．北京：机械工业出版社，2006．

〔4〕［美］彼得·德鲁克．管理实践［M］．北京：机械工业出版社，2007．

40 年代的工业救国论思潮中，还体现在改革开放的思潮中。在改革开放的思潮中，有一种企业家改变中国论的思潮，这股思潮就是以“管理就是企业管理”为中心形成的。

“管理是企业管理”假设的错误是显而易见的，是与事实不相符的。这个假设不仅没有得到理论上的修正，反而在人们心中强化为一种共识。这可能有多方面的原因，一是长期以来，管理与企业组织相结合的程度较之其他社会组织更高；二是企业组织在社会中对于满足人类物质、文化，乃至精神需求上的特殊作用使然；三是非企业组织的管理在研究或重视程度上还显不足，这也恰恰说明管理的研究与实践空间和潜力还相当广阔和巨大。随着管理的普遍性和对各类组织运行重要性的彰显，修正管理就是企业管理的假设，对管理给予正确的理解，是非常必要的。这仍是摆在管理学界和管理实践界的一项挑战。“管理不等于企业管理”的假设具有非常重要的意义，就像医学不等于产科学一样。

2. 管理不等于企业管理的内涵

同管理是企业管理的假设相反，正确的假设是“管理不等于企业管理”。这个新假设对管理的理解是一种广义的理解。具体而言，管理不是企业管理的假设在理论上具有以下四点内涵：

（1）不同组织有不同管理方式。这意味着组织使命、组织战略、组织结构三者之间存在着直接的相关因果关系。也就是说，组织的使命决定战略，战略决定组织结构。

（2）不同组织固然有不同管理方式，但不同管理方式之间的差异往往比人们想象的要小得多。这意味着不同管理方式的最大差异主要体现在各类组织使用的术语上。换言之，组织在使命或挑战上往往更易于倾向相同的。管理的这个理论意义还在于提醒人们需要高度警惕过高估价不同管理方式之间差异性的错误倾向。

（3）不同组织管理方式的差异主要体现在应用上，而不是体现在管理原则上。这个意义在组织的使命（任务）和挑战不存在巨大差异情况下也是适用的。

（4）在不同组织关心的问题中，90%左右的问题都是普遍性问题。在这些普遍性问题之外，剩下近 10%的问题，是真正的管理问题。这意味着这 10%的管理问题才是这些组织独有的使命、文化、历史和专业用语需要解答的问题。

管理不是企业管理的假设，不仅具有理论意义，而且更具有现实意义。在 20 世纪，企业的增长趋势在发达国家开始明显下降，保持增长势头的部门是“非营利性机构”，即政府、脑力劳动者、卫生保健和教育。同时，非营利性社会部门也是今天最需要管理的部门。通过有系统、有原则和以理论为指导的管理，非营利性社会部门可以在短时间内产生最大的能量。这说明否定管理就是企业管理假设是有现实基础的，终结企业管理“帝国主义”是一种现实要求的必然选择。

一旦否定了管理就是企业管理的假设，确认了管理不等于企业管理的假设，这就从根本上解放了管理的理解，摆脱了管理同企业之间一对一的线性关系，认识到了管理的不确定性。这可以说是人类对管理理解上的“思想大解放”。在这个广义的管理理解基础上，我们可以得出一个最为根本的结论：管理是所有组织所特有的特殊工具。

二、管理组织基础的不确定性

在明白了管理的不确定性后，就有必要思考管理的根基在哪里。面对这个问题，人们形成了一个基本的假设，这个假设就是“企业必须具有一种恰当的组织形式”。这个假设同“管理是企业管理的假设”有着千丝万缕的联系，它也是一个错误的假设。正确的假设是“适合有关任务的组织形式”。

1. “恰当的组织形式”不是唯一的

组织实践是人类实践活动中重要的组成部分，它具有悠久的历史。人类社会的历史在一定的意义上就是一个漫长的不断组织化的历史演进过程。人类长期停留在国家是一个独大组织的状态。国家组织，即中央政府是一个唯一与众不同的组织，它巍然耸立于地平线上。中央政府之所以显得突出，不是其规模庞大，而是它的周围别无他物。远在中央政府组织之外，是无数的家庭这个高度组织化了的组织，直到 19 世纪末，家庭仍是世界上所有国家社会任务的执行者和活动器官。在中央政府和家庭的外围地带散布着无数的小型工场、小型学校、邻近街道的零售店等，这些组织承担了特定的社会任务，并以无数小分子的形式而存在。这些组织具有数量少、规模小、高度分散化等基本特征。在这些小组织之间，还有个体职业者，如医生或律师，他们自行开业，外加农户和手工业者常常穿梭其间。“中央政府”、“家庭”和“小组织”构成的社会是一个极不对称的社会，也是一个高度脆弱的社会，其致命的弱点是常常易于发生崩溃。

到 19 世纪末期，人类正式进入工业社会，工业化加快了人类社会的组织化进程，政府行政机构和庞大的现役部队突然出现，成为人类社会凤毛麟角的大型组织，被戏称为“大章鱼”。这些大型组织标志着人类组织化进程开始发生质的变化。工商企业得到了发展，先前的大企业有些变成了小企业，有些变成了巨大的托拉斯，无论是员工规模，还是资本金额和销售额，这些指标都远远超过历史上的任何企业。在工商企业机构发展的同时，其他机构发展得更快。大学从先前的“侏儒”组织发展到成为拥有几千人的大型组织。医院从过去收留贫困潦倒的病人的边缘机构发展成为“卫生保健中心”，它不仅是一个庞大的机构，还是一个最复杂的社会机构之一。同时，社会、工会、研究机构和其他许多机构都同样发展成为庞大而复杂的机构。政府机构为了满足日益增长的城市管理的需要变成“庞然大物”。这些组织的不均衡发展的结果就是发达社会演变成多机构的社会。

随着西方工业社会的兴起，对于管理事实，人们形成了一个假设，即“企业应该具有或者具有一个恰当的组织形式”，这个假设影响人们长达一个世纪之久。对这样一个恰当的组织形式的探索一直延续到今天。组织理论和大部分组织方法仍将“一个恰当的组织形式”奉若神明，人为地制造了“一个学术神话”。

在探索“一个恰当的组织形式”的过程中，“一个恰当的组织形式”所指的内容曾发生了多次变化。第一次是在 19 世纪和 20 世纪交替之际，法国、美国、德国的管理实践者以自己的管理经验为基础，并开始触及到“企业的组织结构问题”。他们普遍认为职能型组织结构（functional structure）是一个恰当的组织形式。第二次是从第一次世界大战到 20 世纪 30 年代，人们开始普遍认识到正式的组织结构的必要性，并认为“分权化”是一个适合做一切事情的恰当组织形式。第三次是从 20 世纪 50 年代到 90 年代，特别是 90 年代，人们一直宣传“团队”是一个适合做一切事情的恰当的组织形式。

虽然同企业应该或者必须具有一个恰当形式的假设的表述不同，但本质是一样的。这些不同表述的假设都强调了组织的“纯粹性”，认为存在“一个恰当的组织形式”。

2. “适合有关任务的组织形式”

面对“一个恰当的组织形式”的错误假设，有五点需要特别强调：

(1) 应该清楚地认识到，所谓一个恰当的组织形式是不存在的，存在的只有多种多样的组织形式。同生物有机体的结构千变万化一样，社会有机体（即现代机构）有各种各样的组织。

例如，假设团队是一个适合做一切事情的恰当组织形式，这个假设不仅会导致对等级制度的虚无主义态度，还会导致在现实中从根本上否认直线组织形式的合理性。任何机构都要有能最终决策的负责人，他可以作出最终的决策，可以要求其他人遵守这些决策。当集体处于危难之际时（每个机构迟早都会遭遇这种情况），所有成员只有遵循明确的指令才能幸免于难。如果船要沉了，船长不会召集大家开会，他只能选择下命令。如果要挽救这艘船，每个人都必须服从命令，必须准确无误地知道向哪里撤退和采取什么行动，而且在服从命令的同时不得参与决策或提出异议，集体的所有成员摆脱困境的唯一希望就是等级制度和毫不犹豫地接受它。这说明有些情况下，机构需要深思熟虑，有些情况下需要团队协作。特别是团队协作压倒深思熟虑的情况下，直线组织形式更是组织内在的多种组织形式之一。

任何一个组织都存在多种多样的活动，这从根本上决定了任何一个组织都需要不同类型的组织结构同时并存。组织活动的多样性表明组织需要多种类型的组织结构，而非唯一的“恰当的组织结构”。

结构的重要性说明组织需要遵守一些“原则”。

第一条原则是组织必须是透明的。员工需要知道和了解他们在什么样的组织结构中工作。这听起来非常合情合理，但大多数机构做不到，即使军队也做不到。

第二条原则是组织必须有人拥有最后拍板的权力来处理重大危机事件。这也就是说，组织在面临“危机”时必须有人站出来掌控全局。这条原则也是合情合理的，同时说明权力与责任应该是对等的。

第三条原则是在组织中，一个人只应当有一个“领导”。这是一条合情合理的原则。如果一个人的“领导”超过一个，那么这个人就会陷入困境。这个困境极为典型地存在于现在广为采用的“‘小编制的爵士乐团’型团队”之中。在这种团队中，每个人都有两个领导，一个是专业领域的领导，另一个是本部门的领导。一个人只应当有一个“领导”的原则同组织结构要尽可能扁平的组织理论是一致的，组织理论强调“管理层越少越合理，越有条理”。一个人只应当有一个“领导”的原则同信息理论也是一致的，信息理论强调“每一次接收与发送，噪音增加一倍，信息减少一半”。

组织应遵循的三条原则绝没有告诉人们应该做什么，仅仅告诉人们不应该做什么。这三条原则绝没有告诉人们哪些原则是行之有效的，仅仅告诉人们哪些原则不太可能有效。这三条原则与建筑师遵守的工作原则没有太大的差别。它们绝没有告诉建筑师盖哪种建筑，只告诉建筑师要注意哪些限制因素。这差不多就是不同组织结构原则要做的事情。这些原则是基本的，它们应该具有普遍的理论意义。

(2) 每个组织形式都具有独特的优势、局限性和特定的应用形式。任何一种组织都有优点和缺点。不同的组织有不同的优点和缺点。

(3) 应该认识到，组织不是绝对的，它是提高人们在一起工作的效率的工具。每个人都可以同时在不同的组织结构中工作，可以在团队中执行一项任务，但同时也可以在领导的指挥与控制下执行另一项任务。在组织中以“老板”身份出现的人在企业联盟、少数参股的企业和合资企业等组织中又扮演“合作伙伴”的角色。换句话说，组织应是管理层使用的工具之一。

(4) 应该认识到一个特定的组织结构是在特定的条件和特定的时间内执行特定的任务。不同性质的任务使得不同的组织结构之间存在着巨大的反差。这说明任务和组织之间存在可匹配关系，这种可匹配关系还会发生变化。在任务与组织之间的可匹配关系上，特定的组织总有最适合执行的任务。在执行某项特定的任务时，总会存在从一种组织形式转换到另一种组织形式的要求。特定的任务就这样限定了特定的组织结构的边界。特定的组织结构可以通过由员工组成的不同“团队”显现出来。人们已经发现现实中至少几种或十几种非常不同的团队，每种团队都有自己的应用领域、局限性和困难，都需要采取不同的管理方式。例如，现在广泛采用的“小编制的爵士乐团”型团队。已有证据显示，这种团队面临的困难最多、最难实行、缺点最难克服。所以，除非人们确定，并很快地确定什么样的团队适合执行什么样的任务，什么样的团队不适合执行什么样的任务，否则不出几年，团队的声誉就会一落千丈，昙花一现。能够匹配在恰当的时空和特定的任务的团队才是最有效的组织形式。

特定任务决定特定组织结构，也决定了任何一个组织都需要不同类型的组织结构并存。换言之，任何组织在结构上都是一种“混合型”的组织结构。研究和采用“混合型”的组织结构是管理的重要任务。例如，几十位训练有素的医护人员做心脏搭桥手术，他们的组织既可能是纯粹的职能型组织，又可能是团队。如果将他们的工作组织视为“法约尔式”职能型组织，每个成员都各司其职，都只负责一项工作，绝不插手其他事情。这个组织中有主治医生，有两名助理医生，有麻醉师，有两名护士帮助患者做术前准备，有三名护士提供术中帮助，有两三名护士和住院医生负责特护病房，有操作心肺仪器的呼吸科技术人员，还有三四名负责电子仪器的技术人员。由此可见，这实际上是一个最能代表职能型组织的组织。如果将这些医护人员视为一个“团队”，他们也的确是一个团队，没有人发号施令或说一个字，但每一个成员可以马上根据手术的进度和速度出现的最细微的变化，改变其工作的方式，以配合他人顺利完成手术。

(5) 应该注意最高管理层的结构。最高管理层结构问题同组织结构相关的一个重要问题就是，这是一个长期被忽视了的问题。一直到美国宪法开创了有意识地设计最高管理层职责的先河以来，最高层管理的组织形式问题实际上就在人们的意识生活中成为一个极其重要的组织问题。美国宪法关于最高管理层的设计确实第一次解决了政治社会中最古老的、此前的政治体制始终没有解决的组织问题，即继承问题。美国宪法明确规定，在这个职位上始终要有一位完全合法的、经过充分授权的和准备充分的首席执行官，然而，他不能像昔日的皇太子那样对现任者的权威虎视眈眈。

在美国有意识地设计最高管理层结构之后，一些非政治性组织的企业开始在实践中尝试试验最高管理层的组织形式，并从理论上探索最高管理层的组织形式。创办德意志银行的西门子，提出了一种由地位相同的合作伙伴组成的团队，每个成员在职务上都是专家，在自己的专业领域几乎拥有全部的自主权，而整个团队选出一名“发言人”，这个“发言人”不是“老板”，而是“负责人”。西门子所倡导的最高管理层结构，至今仍是德国最高管理层的法定结构，它还被中欧和北欧国家经过稍微变化，成为这些国家普遍采用的高层管理结构。西门子通过实施正式的组织结构，建立了最高管理层的制度，最终挽救了他堂兄弟的电气公司。西门子电气公司直到今天仍是德国最大的企业。

无论是美国宪法设计的最高管理层结构，还是西门子倡导的最高层管理结构，它们都不是最高管理层组织形式的终极形式，如何组织最高管理层的职责？这对于管理学术界来说，还是一个真正不了解的问题，也就是说是一个未知的问题。

无论是在企业中，还是在大学中，或是在医院中，都应该独自探索各自的最高管理层结构。特别是最近在“团队”讨论中热衷于一种错误的观点，认为最高管理层的确需要一个“团队”去履行它的职责。这是一种十足的绝对论化。实际上，最高管理层特别是CEO及其接班人如何和通过什么程序完成交接工作，即接班人问题始终是任何最高管理层的最大挑战，是任何机构面临的最大考验。

基于以上五点，我们可以得出一个正确的假设，这个假设就是“适合有关任务的组织形式”，它指出了组织的不确定性，进而指出了管理根基的不确定性。与其探寻恰当的组织形式，不如学会寻找、发展和检验适合有关任务的组织形式。

三、管理社会根基的不确定性

“对人的管理”的认识在人类认知史上是一个新近出现的事实，也是一个变化极为缓慢的过程。

1. “有关组织中的人及其工作”的假设

在第一次世界大战末期，人们形成了“有关组织中的人及其工作”的假设。具体而言，这个假设是由两个假设构成的。

第一个假设认为，为组织工作的人是组织的雇员（employees），全天工作，组织是他们生计和事业的依靠。我们将这个假设简称为“人是组织中的全职雇员”。

第二个假设认为，为组织工作的人是组织的下属（subordinates）。我们将这个假设简称为“人是组织中的下属”，它的核心认为人与人的关系是上下级关系。这个假设在实际生活中往往表现为一种极端的观点，认为组织下属中的大多数人要么什么技能都没有，要么只掌握初级的技能，组织要他们干什么他们就干什么。

这两个假设在第一次世界大战末期第一次出现时，非常符合事实，因此被认为是正确的假设。

到了20世纪50～60年代，在这两个关于组织中的人及其工作的假设基础上，管理学术界开始形成了一种较为综合和较为广义的有关人和对人管理的假设。这个假设就是“企业采取或至少应采取一种管理人的方式”。道格拉斯·麦格雷戈（Douglas

McGregor）于1960年出版了《企业的人性层面》（The Human Side of Enterprise），认为管理人员在管理人的时候只能从两种不同的方式中选择："X理论"和"Y理论"。对于Y理论，有学者评价道："1957年，麻省理工学院的道格拉斯·麦格雷戈（Douglas McGregor）提出著名的Y理论（Theory Y），激发管理人员重新审视对组织员工的认知假设。"[1]

1962年，亚伯拉罕·H. 马斯洛（Abraham H. Maslow ，1908～1970）出版了《优心管理》（Eupsychian Management）。1995年这本著作再版，书名改为《马斯洛论管理》（Maslow on Management）。在这本著作中，马斯洛宣称麦格雷戈对人的管理的基本观点是错误的。马斯洛不容反驳地指出：企业需要采取不同的方式来管理不同的人。这在实际上终结了有一种或者至少有一种正确的管理人方式的假设。

相对"人是组织的全职雇员"假设来说，在今天，大多数为组织工作的人可能仍旧是组织的雇员。然而少数人，虽然也为组织工作，但他们不再是组织的雇员，更不用说全天工作了。这些人的数量不算少，而且还在稳步上升。他们为外包承包商工作，是"临时雇员"或兼职人员。

针对"人是组织中的下属"假设而言，从事工作的人越来越不是下属。即使从事相当低层的工作，作为"下属"的人也越来越少。特别是随着知识经济时代的来临，这种趋势越来越明显了，组织中的下属逐渐成为"知识工作者"（knowledge worker）。知识工作者不是下属，而是"合作者"。一旦通过实习期考核后，知识工作者就会成为同组织相关的"合作者"。无论这种联系是直接的还是间接的，知识工作者在工作上必须比老板更了解他们的工作，否则他们一文不值。事实上，知识工作者之所以是知识工作者在于"他们比组织中的任何其他人更了解他们的工作"。知识工作者是"合作者"，但"合作者"并不排除"下属"的因素。这种下属因素主要体现为知识工作者的聘用、解雇、升迁和评级都取决于"老板"。对于知识工作者的工作来说，下属之所以成为上级所谓的"下属"，他们是一种名义上的下属。只有知识工作者，才能承担起教育上级的责任，即帮助"上级"了解市场调查或物理治疗法的内容、具体的程序和各自的"效果"，上级才能发号施令。反过来，这些"下属"需要上级下达命令。他们希望上级告诉他们，他们能得多少"分"。

换句话说，组织中人与人的关系，与其说属于传统的上下级关系，不如说就是交响乐团指挥与乐器演奏者之间的关系。聘用知识工作者的上级，通常不会做所谓的下属做的工作，就像乐队的指挥不会演奏大号一样。反过来知识工作者需要上级发号施令和给整个组织打"分"，即规定标准、价值、绩效和效果。正如交响乐团会影响到最才华横溢和最独断专行的指挥的指挥质量一样，知识型组织也可以轻而易举地降低最精明能干的上级的管理质量，最独裁的上级就更不用说了。

2. 对人管理的新假设

随着两个"关于组织中的人及其工作的假设"失效，以此为基础的"关于人和对

---

〔1〕［美］托马斯·科汉，理查德·施马伦奇. 管理的现在和未来［M］. 北京：中国劳动社会保障出版社，2005.

人管理的基本假设”也就失效了。这说明有关人和对人管理需要新的管理事实假设。

首先，组织需要采用管理志愿者的方式来管理越来越多的专职雇员。组织当然要支付他们工资。特别是考虑到知识工作者具有流动性，他们可以抬腿就走。他们拥有“生产资料”，即他们掌握的知识，这种用管理志愿者的方式来管理知识工人就显得更为重要和急迫。由于志愿者不领取工资，因此他们从工作中获得满足感应比领取工资的雇员多。最重要的是，他们需要挑战；他们需要了解组织的使命和对使命深信不疑；他们需要不断的培训；他们需要看到结果。

其次，企业要采取不同的方法管理不同类型的劳动者，而且相同类型的劳动者的管理方法需要因时制宜。企业越来越需要采取管理“合作者”的方法管理“雇员”，而合作关系（partnership）的定义强调的是所有合作者在地位上都是平等的。合作关系意味着不能向合作者发号施令，而是需要被说服。因此，管理人的工作日益成为一项“销售工作”。在销售的过程中，管理人员不会首先问：“我们想要什么？”而总是会问：“对方想要什么？他们有什么样的价值标准？他们的目标是什么？他们需要什么样的结果？”而这些都不是“X 理论”、“Y 理论”或任何其他管理人的理论可以解答的。

最后，有必要彻底推翻“对人的管理”的定义。“对人的管理”可能不是指“管理雇员的工作”。“以绩效为目标的管理”应是“对人的管理”理论与“对人的管理”实践的出发点。出发点应放在对结果的定义上，这与交响乐团的指挥和橄榄球教练的成绩出发点是一样的，有异曲同工之效。

考虑到人类已经进入知识经济时代，知识工作者的生产率很可能成为对人的管理的中心，这要求人们对组织中的人及其工作提出截然不同的假设。这些新的假设是：管理不是“管理”人；管理是领导人；管理的目标是充分发挥和利用每个人的优势和知识。这些新假设指出了对人的管理并不是对下属的管理，强调了管理中的“人”不能同“组织中的人”和“工作中的人”画等号，管理中的“人”仍有“自我”的一面，这就从根本上指明了管理的社会根基的不确定性。

第二节　管理实践的边界

一、技术的不确定性

管理实践总是先于管理原则而存在的。针对管理实践来说，我们不得不面对一个根本的管理实践问题，这个问题就是管理战略和管理政策赖以存在的基础是什么？或者说制定管理政策和战略的出发点是什么？

在实践中，人们逐渐对管理决策基础有了深刻的了解，认识到技术对管理的制约作用。这种认识可追溯到工业革命时期，当纺织业首先从家庭手工业中脱离出来时，英国社会上普遍认为纺织业拥有属于自己的、独一无二的技术。到 19 世纪及 20 世纪上半叶，人们将英国工业革命时期形成的纺织业拥有属于自己的、独一无二的技术假设绝对化，想当然地认为本行业以外的技术对本行业毫无影响，如果真有影响，那也是微乎其微的影响，甚至可以忽略不计。在纺织业拥有属于自己的、独一无二的技术假设绝对化的同时，人们将这个假设延伸到研究领域，进而假设本公司或本公司所在行业所需要的，自己的研究实验室都可以研制出来。反过来，研究实验室研制出来的，都可以应用到所在的行业。后一个假设显而易见是贝尔实验室产生的基础，在最近100年以来所有主要的研究实验室中，它是最成功的一个。自20世纪20年代成立起到60年代末，贝尔实验室创造和研制出的每一项新知识和新技术，的确都是电话行业所需要的。同时，贝尔实验室的科学家研制的所有产品，都可以在电话系统中得到广泛应用。

同样是贝尔实验室的研究证明了这个延伸假设是错误的。贝尔实验室最伟大的科学成就是晶体管的发明，晶体管技术表明它可以大大地应用到电话公司所在的行业之外。当晶体管刚刚开发出来时，贝尔电话公司对这种情况简直始料不及，以至于几乎白白拱手相让，因为它发现晶体管在电话系统内没有多大用途。但是，它也没有认识到晶体管在电话系统外有什么用途。因此，任何人只需付区区的2.5万美元，就可以买走贝尔实验室研制出的、最具革命性的和最有价值的新技术。如果不是贝尔实验室在这个问题上完全打错了算盘，人们也不会认识到它的这项成就的重要性，电话公司以外的所有现代电子公司实际上都是以晶体管为基础的。

晶体管革命的无意识效应的影响是深远的，它说明技术与行业之间不存在必然的联系。有些彻底改变电话系统的东西也不是来源于贝尔实验室，如数字交换器（digital switching）或光纤（亦称玻璃纤维电缆）。它们采用的技术与电话技术有着天壤之别。在过去三五十年里，这种事情屡见不鲜，而且在每一个行业都层出不穷。

贝尔实验室研制晶体管及其应用说明，本行业以外的技术对本行业毫无影响或小影响的假设受到高度的质疑。人们现在完全有必要提出新的假设，即对本公司和本行业影响最大的技术是本领域外的技术。它们经常你中有我，我中有你。某种业内人士几乎没有听说过的技术却给这个行业及其技术带来了根本性的变革。

没有一种技术是任何行业的附属品的假设表明：技术是变化的和未知的。所有技术在任何行业中都能够、实际上也很有可能发挥重大作用，并影响这些行业。换句话说，管理学将越来越多地需要技术的不确定性假设为基础，即技术不是管理政策赖以存在的基础，也不是制定管理政策和战略的出发点。

二、最终用户的不确定性

由于技术作为商品，直接涉及作为消费者的顾客，因此同技术是一成不变和已知的假设直接相关的是关于最终用户的假设。在工业革命时期，人们就形成了关于最终用户的假设，即最终用户是一成不变和已知的。企业、各行各业和消费者都接受这个假设，政府也对这个假设表示认可。

从第二次世界大战起，最终用户不再只与某一种产品或服务一一对应。塑料是第一个打破常规的产品，它能在各种领域中满足同一种需求。塑料材料革命的效应表明某一种材料在其他领域的利用不会再被认为侵犯另一种材料的“势力范围”。塑料材料革命的效应意味着同一种需求可以采用各种不同的方法来满足。换言之，只有独一无二的需求，而没有独一无二的满足需求的方式。满足唯一需求的方式是多种多样的。

否定最终用户是一成不变的假设的最有力根据来自于人们对信息资源的新认识。信息成为最新的“基础资源”。它与所有其他商品有着天壤之别，它不符合资源稀缺性定理。相反，它符合资源充裕性定理。例如，如果我卖了一本书，我就不再拥有这本书。如果我透露信息，我仍旧拥有信息。实际上，拥有信息的人越多，信息就越有价值。虽然我们清楚地认识到，信息将迫使我们从根本上修改基本经济理论，但是其在经济学上的意义仍需大力研究。但对管理学而言，它的意义却远不止于此。我们不得不逐渐修改基本假设。信息不是任何行业或任何企业的附属品。信息的最终用途不是单一的，任何最终用途也不要求某种特定的信息与之相对应或者依赖于某一种特定的信息。因此，信息充裕原理从根本上宣告了最终用户假设是错误的。

管理学界必须以这样的假设为出发点，即任何产品或服务的最终用途都不是一成不变的，同样，任何最终用途都不是任何产品或服务所特有的。

这个假设还暗示，无论是在企业、大学还是在医院中，非客户（noncustomer）或没有成为客户的人群尽管没有客户重要，但他们越来越显得与客户一样重要。

除政府垄断企业外，规模最大的企业的非客户的数量甚至超过了它的客户的数量。在竞争充分的市场，各个企业的市场占有率是很小的。换言之，大多数企业的非客户数量至少占潜在市场的70%。针对这样一个鲜明的事实来说，很少有企业对非客户有一星半点的了解。知道非客户存在的企业就更少，更不用说知道非客户们是谁了。知道非客户为什么没有成为客户的企业少之又少。然而，非客户始终都是变革的原动力。

这个假设还包含另一个重要信息，即管理层的出发点不再是其自己的产品或服务，甚至也不是产品或服务的已知市场和最终用途。出发点应该落在客户认定有价值的方面。出发点应该是这样的假设，即供应商不卖的，就是客户需要的。所有的经验告诉我们，这条假设经得起实践的检验。客户认为有价值的始终都与供应商认为有价值的或认为具有优质品质的方面存在相当大的出入。

换句话说，管理学将越来越多地需要以最终用途不确定性假设为管理政策赖以存在的基础。管理政策的基础和出发点是客户的可支配收入的分配、客户的价值观和决策。

三、管理范围中法律的不确定性

关于管理实践边界的第三个假设是管理的范围是由法律决定的。这个假设认为，管理在理论上和实践上研究的对象都是法律上承认的实体。管理的范围是由法律决定的假设，它过去是，现在仍旧是一条几乎放之四海而皆准的假设。

人们之所以提出这个假设，在很大程度上取决于传统的管理概念将管理看成是“命令与控制”。基于命令与控制的传统管理概念，命令与控制实际上是由法律决定的。企业的首席执行官和医院的院长拥有命令与控制权，但这种控制权绝对不能超出法律对这些机构的约束范围。

到20世纪末，大企业产生了，特别企业联盟出现了，人们第一次清楚地认识到，法律定义在管理的问题上还存在着不足。企业联盟有多种多样的形式。有的企业联盟是采取购买供应商股权的方法，由经营相当成功的小规模企业合并成一个规模较大的集成度较高的公司。企业不再是单个的实体，它将供应商包含于企业之内。这是管理开始超越法律的边界的一面，但另一方面仍旧认为管理是命令与控制。有的企业联盟将主要供应商融入一个集团，在整个经济链中实现统一规划、统一产品开发和设计及其成本控制。这种企业联盟没有采取买入这些供应商的做法，而是买入少数股权，从而以承诺代替投资，用合同维系关系。这说明实践中的管理是可以远远超出法律的边界的。有的企业联盟几乎所有向其供货的企业都被纳入到它自己的管理系统中，成为一个有机的整体，而维系它们之间关系的不是靠控股权或对所有权的控制，而只是一纸合同。还有一些企业联盟是企业的供应商与他们的主要客户在规划、产品开发和成本控制等方面构成一个有机的整体。

企业联盟证明管理的范围远远不是法律能概括的。这种超越主要表现在如下五个方面：

(1) 企业联盟的成本和效益较小。企业联盟，即使是集成度最高的企业，它的成本和效益在整个产供销流程的总成本和总效益中所占的比例也相当小。全盛时期的通用汽车，虽然整车中70%的零部件都是自己生产的，但在最后卖给消费者的实际售价中，它只能得到15%，而流通环节要拿走总售价的50%，用以抵消整车出厂后产生的成本。还有10%～15%是各种上交的税金。在剩余的20%～25%中，外部供应商还要拿走其中的一半，即10%左右。迄今为止，除了20世纪五六十年代处于鼎盛时期的通用汽车外，历史上没有第二个制造企业能够在整个经济流程中占有较大的份额。一般的制造企业的成本和收益在整个经济流程（即客户最终的付款金额）中所占的比例，很少能够超过10%。然而，如果管理的范围是由法律决定的，那么企业所掌握的任何信息都只能在这个范围内使用，而且企业的管理企图也只能在这个范围内实现。

(2) 企业联盟在本行业内和市场上都具有绝对的支配地位。企业联盟在成本获取上具有较大的优势，并在本行业内和在市场上都具有绝对的支配地位。

(3) 企业联盟内部的关系是基于经济利益联系。企业联盟将许多企业构成一个有机的管理系统，与这些企业的关系是靠经济利益维系的，而不是靠法律上的控制与被控制关系维系的。

(4) 企业联盟仍以权力为基础。同任何组织形式一样，企业联盟是不够完美的，它仍旧是以权力为基础。联盟的中心企业在经济上都拥有无法抗拒的权力。企业联盟的基础不是平等的合作关系，而是供应商的依附关系。

(5) 经济链中越来越多地出现了真正的合作伙伴的身影。企业联盟中萌芽的合作伙伴关系，是一种平等的合作关系，显示出了真正的独立性。

企业联盟的出现，意味着有必要重新规定管理的范围，特别是将整个流程纳入管理的范畴。对于企业而言，这基本上是指产供销的过程。不同类型的组织应该考虑不同的组织流程。大学的生物系不能被认为是一个经济个体（economic unit），也就不能按经济个体的管理方法进行管理。企业联盟的出现，也意味着需要采取不同的方式规定其他非营利性机构的流程。

总之，企业联盟说明实践中的管理日益需要以新的假设作为存在的基础，即管理的范围不是由法律决定的。这个新的假设应该具有可操作性，应该包含整个流程，应该关注整个经济链的效益和绩效。法律难以确定管理的范围表明：管理范围的选择同组织的信用密切相关。

四、管理范围中政治的不确定性

关于管理实践的边界界定的第四个传统假设是管理的范围是由政治决定的。这个假设认为按国家疆界划分的国内政治和经济体制是管理存在的生态环境。这既适用于企业管理也适用于非营利性机构管理。这个传统假设不仅是管理学界仍然普遍持有的观点，而且是大部分人在管理实践中仍旧认为理所当然的观点。

管理的范围是由政治决定的假设，奠定了传统意义上的“跨国公司”的基础。传统意义上的跨国公司有两个特点：

首先，传统意义上的跨国公司按“国内”和“国外”部门组织企业。换言之，国家是跨国公司内部的“组织单位”。

其次，管理和国家疆界是相互重叠的。在传统的跨国公司中，经济现实就是政治现实。按今天的话说，国家就是“企业单位”。

随着医药、信息等新行业的兴起，在这些行业中出现了新型的跨国公司，它们越来越多地放弃了传统的跨国企业管理方式。新型跨国公司具有一些新的基本特征：

（1）基于整个世界。新型跨国公司以整个世界为一个体系，按照“跨国”的原则组织各项经营活动，包括研究、设计、工程、开发、测试以及越来越多的制造和市场营销业务。这是新型跨国公司不同于传统跨国公司的地方。

（2）管理和国家疆界不再重叠。新型跨国公司的出现，并没有改变国家疆界的重要性，国家的疆界仍旧是重要的，但管理和国家疆界不再重叠了。管理的范围不再是由政治决定的。

（3）国家是一个成本中心。对于新型跨国公司来说，“国家只是一个‘成本中心’。它不是组织单位、企业单位、战略单位和生产单位”。[1]这一点对于越来越多的、被迫转型的老牌跨国公司来说，显得更为重要。新型跨国公司中国家的“位置”变化表明，跨国公司不再是国家的附属物，而是“一个错综复杂的事物”。[2]

无论是传统的跨国公司，还是新型的跨国公司，都说明国家疆界主要作为约束机制仍然对管理实践发挥着重要的作用。但决定管理实践的不是政治，而是经营方式。政治决定管理范围的假设是一个过时的假设，是到应该放弃的时候了。新的假设是一个完全相反的假设，即管理的范围不是由政治决定的。这个最新的假设也可表述为管理的范围是由经营管理方式决定的。

跨国公司在世界市场份额中占有相当大的比例。早在 1913 年，制造业中的跨国公司和金融服务业跨国公司是居于主导地位的公司，它们在国外的销售额与在国内的销售额一样多。

五、管理领域中创新的不确定性

关于管理领域的最后一个假设，即组织内部是管理的领域。这个假设同前面的四

〔1〕〔2〕［美］彼得·德鲁克. 21 世纪的管理挑战［M］. 北京：机械工业出版社，2006.

个假设存在联系，可以说这个假设是前面四个假设的终极结论，或者说是它们的逻辑归宿。

组织内部是管理的领域的假设，不仅阐述了管理与创业精神的区别，还将这种区别绝对化。认为没有这条假设，这种区别是完全无法理解的。这种绝对化的错误经过漫长的历史沉淀，逐渐成为人们内心深处的一种无意识。组织内部是管理的领域的假设，反而成为这种无意识的包装。也就是说，组织内部是管理的领域的假设，它诠释了人们普遍认为管理活动和创新各自属于不同范畴的东西，两者之间是水火不相容的。

传统的假设认为组织的内部是管理的领域，即认为管理不仅要关注成本，而且要关注行动。因为行动是组织内部唯一存在的事物。同样，组织内部的所有组成部分都是以成本为中心。

随着过去几十年信息技术的兴起，企业愈发重视对内部的管理。这对信息技术本身来说是一个莫大的讽刺，而对管理来说却是巨大的挑战。

在实际的管理实践中，组织内部是管理的领域的假设，对管理和创新所作的区别，是没有任何理论上的指导意义。

组织内部是管理的领域的传统假设是一个失效了的假设，这就有必要提出一些新的假设。这些新假设是建立在完全否定传统假设和新的管理实践的基础之上。这些新假设可以概括为五点：

（1）管理存在的目的是帮助组织取得成效。

（2）管理的出发点应该是预期的成效。

（3）管理的责任是协调组织的资源取得这些成效。

（4）管理是帮助组织在组织外取得成效的工具。

（5）“任何组织的绩效都只在外部反映出来”。[1]

新假设清楚地认识到，管理和创业精神只是同一项工作的两个不同方面。任何企业或非营利性机构，如果没有开拓创新的精神，没有创业精神，很快就会被社会淘汰。今天的企业和任何其他组织在事实上必须视变革为家常便饭，要主动创造变革，而不是被变革牵着鼻子走。特别是“创业活动是从企业外部开始的，而且以外部为主”。[2]正是这种创业活动彻底地否定了组织内部是管理的领域的传统假设。

在新假设看来，“组织的功能和性质恰好是一对矛盾体”。[3]管理必须侧重于组织的成效和绩效。实际上，管理的第一个任务是规定组织的成效和绩效，而任何有这方面经验的人都可以证明，这实质上是一项最艰巨、最有争议的任务，但同时也是最重要的工作。因此，管理的责任是通过协调组织的资源，在组织内外取得成效。

上述五条主要假设自始至终都涉及了管理实践的基础，这些假设实际上比管理学的历史都长。现代社会的中心既不是技术，也不是信息，更不是生产力，而是管理完善的组织。组织是产生成效的社会工具，而管理是帮助组织产生成效的特殊工具、特殊功能和特殊手段。正是出于对“社会”、“组织”、“管理”三者之间的总体认知，

---

〔1〕〔2〕〔3〕［美］彼得·德鲁克．21世纪的管理挑战［M］．北京：机械工业出版社，2006.

人们迫切需要一个整体意义上的管理学，这种整体意义上的管理学可能是最终的和全新的管理范式，它认为只要能影响组织的绩效和成效的，就是管理的中心和责任，无论是在组织的内部还是在组织的外部，无论是组织能控制的，还是完全不能控制的。

第三节 管理学

一、管理知识的理性基础

管理学知识是一种基本的，条理化的知识。这意味着管理学知识的科学诉求。科学是经过整理的条理化的知识，要求运用科学的方法去发展知识并使之系统化。科学知识是从假设、实验和分析发展而来的，并通过明确的概念、原理、理论框架来构筑知识殿堂。

管理知识毫无疑问是基于理性基础之上，但这一点往往被人们所忽视。

管理学的知识基本可以分成明晰知识和默示知识两大类。这种分类在理性的深处触及到管理者的决策和行动。

1. 明晰知识

明晰的知识可以用符号表示，可以抽象概括，跨越时空传递而独立于认知主体。明晰的知识可以通过逻辑推导产生，经由正规的学习而获得。明晰的管理知识是建立在一种近似科学的理性基础之上，它强烈地要求管理知识的条理化。

明晰的管理知识极其鲜明地体现在管理决策之中。决策贯穿管理的全过程，“管理就是决策”。管理是一个动态过程，处于不断决策之中。决策过程说到底就是根据环境条件不同而不断地进行分析、判断的过程，并使管理处于一个动态的决策过程之中。用哈罗德·孔茨和海因茨·韦里克的话来说，决策深处的理性就是“设计”，“管理就是设计并保持一种良好环境，使人在群体里高效率地完成既定目标的过程”。“所谓设计，意味着将理论知识应用于解决实际问题，其目的就是要在一种具体情况下，尽可能取得最好的结果”。[1] 有效地管理总是随机制宜的或因情况而异的管理，是一种理性的选择过程。在这个意义上，决策深处的理性是一种近似科学的理性，具有高度的知识性，体现为一种敏锐的洞察力。说得通俗些，决策深处的理性就是“知”（to know）之智识，它充分说明了个人通向知识之途的理性困境，证明了人类选择过程中理解力的极端重要性。这从根本上来说是人类在知识面前“去智存知”并“守望知识”的价值理性。但特别需要指出的是，这种深层的理性对于管理者来

---

〔1〕［美］哈罗德·孔茨，西里尔·奥唐奈，海因茨·韦里克. 管理学［M］. 北京：中国社会科学出版社，1987.

说是极其稀缺的。

2. 默示知识

同明晰的知识相比，默示的知识显然不同。默示知识的传授要求密切的互动，建立在共同的理解和相互信任的基础之上。默示的知识唯有在相关的场合通过实践体现而习得。这种管理知识往往被一些学者用艺术来隐喻。切斯特·巴纳德（Chester Barnard）就是这样来揭示默示的管理知识。“艺术就是达到某种具体的预期结果的‘诀窍’。这就是切斯特·巴纳德所说的行为知识。”[1]

默示的管理知识是高度个人化的知识。默示的管理知识所依赖的理性基础是管理者基于长期积累的经验，涉及个人信念、世界观、价值体系等因素。默示的管理知识是一种主观的知识，很难规范化，更不易于传递给他人，“只能意会不能言传”。这就是说，默示的管理守护着一种近似于“工具理性”的“实践理性”。

明晰的管理知识和默示的管理知识是基于理性之上的两个极端，它们各自拥有不同的张力。这种不同的张力保证管理理性的相互交融性。明晰的管理知识本身具有一种解决问题的张力。哈罗德·孔茨和海因茨·韦里克明确地指出了这一点，“确实，管理工作像所有其他各种技艺一样（无论是医学、作曲、工程设计、棒球运动，还是会计工作），都利用经过整理的基本知识（科学），并根据实际情况加以运用，以获得预期的实际效果。但这样做时，管理工作就是要谋划出一种有用的即能够取得预期结果的解决办法”。默示的管理知识极其充分地包容了个人的创造性。艺术是人类所从事的工作中最富有创造性的了。在任何社会中，只要重视集体内有效地进行协作的重要性，管理工作毋庸置疑地成为一切艺术中最重要的艺术了。

明晰的管理知识和默示的管理知识都存在张力上的局限性，进而从根本上确保了管理知识理性基础的多元性。默示的管理知识的实践理性宣判了明晰的管理知识教条化的死刑。从默示的管理知识的理性来看，那些靠书本来诊断、完全靠公式来运筹或者企图靠背诵来管理的人，几乎肯定都是忽视实践的。相反，明晰的管理知识的科学理性为默示的管理知识夸大个人经验挖掘了坟墓。人们易于夸大管理知识中的实践、常识和经验，形成了否认管理知识的理性基础的多种观点。在这些观点中，有两种观点极为流行：管理是常识，只能从实践中学习，无法从书本或课堂里学来；管理者是实践家，不是理论家，需要的是经验而不是理论。这两种观点强调了常识和经验的极端重要性，管理不能完全从书本或课堂里学来。但没有认识到用常识和经验解决问题也有很大的局限性。所谓常识，就是应具备的普通知识，按照常识办事就是只凭着直觉处理问题。许多企业失败的事实说明，管理并非全是常识。经验是从实际工作中体验出来的真实知识。在参加工作初期，经验可以用来印证理论，使之成为活的知识。但在经过若干年后，从工作中积累起来的经验有许多是重复的，新鲜的成分会越来越少。所以，过分本着常识或依赖经验办事，而不是设法通过理论学习增加新的知识，

---

〔1〕［美］哈罗德·孔茨，西里尔·奥唐奈，海因茨·韦里克．管理学［M］．北京：中国社会科学出版社，1987.

常识和经验反而会成为进步的绊脚石。

明晰的管理知识和默示的管理知识并存，各自显示出了对方致命的局限性，也就从根本上维护了管理知识理性的多元性，至少维护了管理理性的二元性。在实际生活中，有效的管理是建立在一种多元理性之上的，即使对于明晰的管理知识近似科学的理性来说，这也是适宜的。法约尔曾经说过："在管理方面，没有什么死板和绝对的东西，这里全部是尺度问题。我们在同样的条件下，几乎从不两次使用同一原则，因为应当注意到各种可变的条件，同样也应注意到人的不同和注意许多其他可变的因素。因此，原则是灵活的，是可以适用于一切需要的，问题在于懂得使用它。这是一门很难掌握的艺术，它要求智慧、经验、判断和注意尺度。"[1]

管理知识理性有多元性的一面，它还具有不对称性。管理多元理性存在最多的往往是默示的管理知识所依赖的实践理性，而不是明晰管理知识所依据的近似科学的理性。考虑管理理性中科学理性的稀缺，"知"（to know）往往多于"行"（to do）。彼得·德鲁克正确地指出，管理的本质不在于"知"而在于"行"。[2]或者说，管理不仅是"知识"，而更是"实践"。也可说管理是一种"意会"多于"言传"的艺术。

二、管理知识体系化

明晰的管理知识所隐含的近似于科学的理性，强烈地促使管理知识的体系化。"管理不仅是一种常识，也不仅是累积起来的经验，它至少蕴藏了一套系统化的知识。"[3]管理知识体系化本身就涉及如何组织和整合管理知识这个大问题，或者说涉及管理知识体系化的主线是什么。但这种系统化不可能完全显示所有的管理知识，仅仅是管理者所需的最基本的知识。同时还需指出，管理知识条理化的理性化路径肯定是多种多样的，但这些理性化路径的影响力并不是一样的。

据我们所掌握的资料来看，主要有三种体系化路径：

1. 主管人员职能说

哈罗德·孔茨在 1955 年出版的《管理学》，创立了主管人员职能说，对管理知识进行条理化。他力图以实用的方法去组织和介绍作为管理工作的基础的基本知识，采用主管人员的五种职能作为管理知识分类的标准。"这五种职能即计划、组织、人事、领导和控制。从而，将概念、原则、理论和技术环绕这五种职能组合起来，使之成为本书的基础。"[4]这五种职能在孔茨管理知识体系中居核心地位。

孔茨认为这五种职能是基本的职能，它具有极强的外延性。在五种职能的基础上，对每一项职能所包含的知识内容可再作进一步的分类。这种细分可将"管理学这门科学中的任何一种新知识，无论是行为科学的，定量科学的，或是来源于实践创造的，都可以纳入这个体系之中。我们希望这种分类方法在发展一门真正的管理科学（系统

---

〔1〕[法] H. 法约尔. 工业管理和一般管理 [M]. 周安华等译. 北京：中国社会科学出版社，1982.

〔2〕〔3〕[美] 彼得·德鲁克. 管理——任务、责任、实践 [M]. 孙耀君等译. 北京：中国社会科学出版社，1987.

〔4〕[美] 哈罗德·孔茨，海因茨·韦里克. 管理学 [M]. 北京：经济科学出版社，1993.

知识）方面作出一个良好的开端。它能把这门科学中所发展的最新成就纳入一个恰当的地位，能使这门科学对必须应用它来解决现实问题的实际工作有用”。[1]

除了五种职能的知识，管理学知识中还渗透了其他科学研究领域中的有关知识和技术，并将这些知识、技术和主管人员的工作密切结合起来。[2]这是孔茨管理知识体系中的“第二层知识”。[3]

孔茨管理知识体系还包含第三个层次的知识。孔茨特别强调任何一个企业或企业经理的职务都不可看做是一个封闭的社会系统。经理的重要作用是创造和维护一个内部的工作环境，但不能认为经理可以不必去考虑他们与所处的整个外部环境的相互作用问题，否则是很愚蠢的。孔茨指出：“我们在研究主管人员的工作时，切莫忘记主管人员永远不能处在真空中，或在不受处界影响的系统中经营。我们不认为管理或管理工作是一个不受外界环境影响的闭路系统。恰恰相反，作为主管人员，无论他们领导的是一个政府机构、一家公司、一个部门，还是某个组织中的一个处、室，他们都必须考虑影响他们工作的里里外外的许多影响因素。”[4]

2. 主管人员作用说

美国管理学家 W. H. 纽曼和小 C. E. 萨默在他们所著的《管理过程——概念、行为和实践》中提出了主管人员作用说，“环绕主管人员的作用组合管理知识。将管理知识整合的重点放在主管人员所做的工作上面，并证明了主管人员在计划、组织、人事、领导和控制方面所起的作用”。[5]这种管理知识体系可以说是孔茨管理知识体系的变异。

3. 专业管理体系说

德国管理学家弗雷德蒙德·马利克所写的《管理成就生活》，提出了专业管理体系说。马利克基于职业内在的任务、工具、原则、职责四项本质要素，指出管理可看做是一项职业，进而将管理知识分为有效的管理原则、有效的管理任务和有效的管理工具。有效的管理原则细分为关注结果、为整体作贡献、聚焦关键、利用优势、信任、正面思考。有效的管理任务细分为制定目标、组织、决策、监督、人的发展、其他任务。有效的管理工具细分为会议、报告、工作设计与任务组合、个人工作方法、预算和预算编制、绩效评估、系统的“垃圾”处理。[6]

在这三种管理知识体系中，孔茨的管理知识体系的影响是极其深远的。1984 年，哈罗德·孔茨博士去世，令世人深感惋惜。凡是认识他的人，都怀着悲痛的心情怀念他。在 1984 年管理学院的纪念会上，罗纳德·格林伍德（Ronald Greenwood）教授说，“孔茨是走在时代前面的人”，“在孔茨鼓舞和领导下，推广和发展了根据管理职能对管理知识的分类。现在这种分类成为世界各国使用的一种结构体系。他对管理学科作的贡献和他的很多著作，特别是他和西里尔·奥唐奈合著的本书第 1 版，当时定名

---

[1][2][3][4] [美] 哈罗德·孔茨，西里尔·奥唐奈，海因茨·韦里克. 管理学 [M]. 北京：中国社会科学出版社，1987.

[5] [美] W. H. 纽曼，小 C. E. 萨默. 管理过程——概念、行为和实践 [M]. 北京：中国社会科学出版社，1995.

[6] [德] 弗雷德蒙德·马利克. 管理成就生活 [M]. 北京：机械工业出版社，2009.

为《管理学原理》，于 1955 年首次出版，并从那时起，一直继续修订出版，他将永远铭刻在人们的心中。”[1]

本书是在继承孔茨管理知识体系遗产的基础上，突出了管理是一个各种职能构成的知识体系，认为这一知识体系主要由计划、组织和控制三个职能构成。计划是管理的开始；组织是管理的具体化，是对计划的执行，其具体内容则由设计结构、领导指挥、沟通协调、人员配备等组成；而控制则是一种保障执行结果与计划一致的机制。

这三种管理知识体系的存在，并不意味着管理知识体系的终结。事实上，有的学者经常提醒统一范式并未最终形成，这是一个有益的警示，值得铭记。

三、管理学的学科性质

在思考了管理知识的理性基础和管理知识条理化后，我们可以提出一个更为根本的管理知识问题了。这个问题就是“管理学是什么?”这是一个关于管理学学科定位的大问题。近年来管理学界开始反思和探讨这个根本问题。

1. 管理学的弱科学性

所谓学科，一般认为是学科形式。人们往往基于科学的标准来界定学科属性，判断一门学科的科学性的基本标准有三个：

第一，科学应有客观性，特别是客观的研究立场和研究对象。这意味着科学研究者在科学研究中要以事实为依据，尽量排除价值观和主观偏好的影响，追求客观真理，强调事实命题，回答“实然问题”，而不回答“应然问题”。

第二，科学应有严格的规范性，即可检验证实性、逻辑一致性、知识可积累性和方法简练性。这种规范性意味着科学研究建立在直接观测和实验的基础之上，科学所得到的陈述、命题和推理应该能够得到观测和实验的重复检验和证实；科学陈述系统前后不存在逻辑矛盾，至少能够自圆其说：科学存在一个完整的理论体系，使得科学知识能够继承、演绎和“自给自足”；科学研究中选择最简练的、前提条件最少的一种解释或者方法。

第三，科学具有广泛性、有效性和精确性。科学旨在探索事物的普遍规律，科学研究的结论共性越大，应用就越广泛；科学应该能够准确地说明或者解释世界；科学理论能够在解释世界、发现事物运行规律的基础上，预测世界和事物的发展。

如果严格按照科学的标准来界定管理学，那么管理学科很难说是一门真正的科学，管理学科的科学属性并不突出。首先，管理学研究的问题不仅包括“实然”问题，还包括“应然”问题，管理学研究的客观性难以保证；其次，数学公理化方法仅仅是用在有限的范围之内，管理学的知识大多不是通过逻辑推理演绎而来；再次，管理学中几乎不存在能够达成共识的、具有普遍指导意义的管理理论和原则；最后，管理问题的基本内涵和范围的认识不统一，极大地影响了管理作为一门独立学科的地位。这些都说明管理学不是一门严格意义的科学，相对于自然科学而言，只是具有“弱科学性”的学科。

2. 管理学的综合性

管理学的“弱科学性”警示防范管理学的自然科学化现象，这种现象在中国特别

---

〔1〕［美］哈罗德·孔茨，海因茨·韦里克. 管理学［M］. 北京：经济科学出版社，1993.

值得注意。管理科学在自然科学界同样受到了高度的重视。国家自然科学基金委员会1986年成立时，专门设立了管理学科组，担负着运用国家自然科学基金支持和发展管理科学的职责。将管理学（包括管理科学与工程、工商管理、公共管理等）设在国家自然科学基金资助领域之内，而不是在哲学社会科学基金资助领域中。这说明权威的认识是把管理学定位在自然科学范围，至少是倾向于自然科学。

管理学"弱科学性"突出了自然科学同社会科学的区别，这就要求人们防范把自然科学方法过度地运用到管理学之中，甚至照搬到管理学中。任何学科都有一种基本假设，无论是社会学科还是自然学科，它必须符合现实，这非常重要，尤其是对社会学科，比对自然科学更重要。科学结论说太阳绕着地球转，或者相反，说地球绕着太阳转，这对太阳与地球毫无影响。"自然科学研究的是客体的行为，而像管理学这样的社会科学，关注的是人和社会的机构的行为。因此，社会科学的实践者往往将该学科的假设奉为行动的准绳"。[1] 这表明管理学带有鲜明的社会科学属性。

管理学是无法回避人的价值、人的道德、人的生活意义等道德之类的人类问题，这就意味着管理学必然具有人文学科的性质。在从自然科学到社会科学、人文科学定位频谱中，管理学应该是位于社会科学和人文学科之间，管理学的科学性要弱于社会科学的科学性，更接近人文学科。正是在这个意义上，创立现代管理学的德鲁克在谈到他对管理学贡献时指出："我创建了管理这门学科；我围绕着人与权力、价值观和方式来研究这一学科；尤其是围绕着责任。管理学科是把管理当成一门真正的综合艺术。"[2]

管理学到底在多大程度上具有自然科学性，在多大程度上具有人文科学性，的确是很难回答的问题。事实上，管理学是自然科学和人文社会科学的跨学科、综合性的交叉学科和应用学科，把它单纯归为任何一类都难免牵强和偏颇，对整体管理学的发展和管理问题的解决都是有害的。在当代，管理科学不仅是一门独立的学科，而且是一个宏大的学科群，一个宏大的学科门类。也就是说，管理学的综合性大于独立性。大综合与大分化不断在学科内外进行着，这种大综合与大分化必将继续进行下去；而综合与分化的过程，学科建设的过程，都是科学探索的过程。管理科学的大综合时代已经到来，只有综合，才能实现管理科学的大飞跃和大突破。因此，管理学的学科性质被界定为交叉学科，这是探索管理学理论本身不断发展的内在要求。

管理学的综合性学科定位说明管理学是一门知识集成度较高的学科，管理学与其他学科存在较为密切的关系，心理学、社会学、经济学、数字与统计学、计算机科学与控制论、哲学、生理学、工程学、人类学等这些相关学科都对管理学作出贡献。

这些学科在管理学集成中的集成度是不同的。哲学、经济学、社会学是影响管理学知识综合的"铁三角"。管理学固守人类最低的共识价值（全球价值）。德鲁克在论述现代管理学创立过程中时指出："我确实相信基本价值的存在，尤其是人类的基本价值。我认为只存在很少的基本问题，但是我不相信存在'一个正确的答案'，现有的答案很可能是错误的——至少如果不是其他方法都失败的话，人们也不会想到它们。但

---

〔1〕［美］彼得·德鲁克．21世纪的管理挑战［M］．北京：机械工业出版社，2006.

〔2〕［美］彼得·德鲁克．管理的实践［M］．北京：机械工业出版社，2007.

是，当我们检验管理政策和其他社会规律时，关键不是看它们是对是错，而是看它们是否有效。我始终认为管理学不是神学的分支，它其实是一门临床型的学科。”[1] 哲学使管理学抵挡住了泛科学主义的洪流，并永远将其精神指向人类的行为有效性。管理学从根本上拒绝了经济学对资产的保管与成本控制的迷信，最终摆脱了对经济学的依附。第二次世界大战后，由于人们认识到这个问题，管理学才从当时所谓的企业经济学（现在称为微观经济学）中分离出来，成为一门独立的学科。同经济学的告别，使管理学找到了管理的真正使命，风险成为管理学思考的焦点。管理学的成长还总是在守望社会学中得到锤炼，关注管理之外的社会的政治、经济和文化的综合变革。“只能从外向内看，从顾客和市场的角度，来观察我们所经营的事业。时时刻刻都将顾客所见所思、所相信和所渴求的，视为客观事实，并且认真看待，其重要性不亚于销售员的报告、工程师的测试结果或会计部门的财务报表，……企业管理层必须设法让顾客诚实地说出他们的感受，而不是企图猜测顾客的心思”。[2] 这表明社会学是管理学的眼睛。

哲学、经济学和社会学是影响管理长远发展的三个外围学科，大致圈定管理学在人类科学知识地图中的领域，而目标管理、战略决策和外界环境就是管理学疆域耀眼的界碑。

在哲学、经济学和社会学“铁三角”的综合影响下，管理学最终会走向伦理学。管理学的发展显示了从经验发展到实用科学的一面，但这仅仅是管理伦理走向的其中一面而已！

小结

管理是一个具有整体性的概念，管理者是管理的活性器官，管理是组织的器官，组织是社会器官。管理概念的总体性显示了“个人”、“组织”、“社会”三者之间相互关系网络的内在联系。管理在知识形态上是一种理性，这种理性是一种多元理性，至少包含了近似科学和近似工具两种极端理性。这也意味着管理知识既可以以常识的形式存在，也可以以条理化的理论形式存在。基于这两种形式的不对称性考虑，管理知识的常识形式远远多于理论形式，这更说明管理知识的理论更加重要，提升管理知识的理论化是管理学永恒的任务。管理学由于内在的知识集成性说明它是一门综合性学科，哲学、经济学和社会学是影响管理发展的三个外围学科，大致圈定管理学在人类科学知识的相对领域，并决定了管理学的伦理归宿。

关键概念

管理　组织　社会　企业　非营利组织　组织中的人　最终用户　跨国公司　创新　管理知识　理性　管理学

---

〔1〕［美］彼得·德鲁克．公司的概念［M］．北京：机械工业出版社，2006.

〔2〕［美］彼得·德鲁克．管理实践［M］．北京：机械工业出版社，2007.

问题和讨论

1. 如何看待管理等同于企业管理之谬？
2. 如何分析唯一合理的组织形式之谬？
3. 如何认识管理是管理人之谬？
4. 如何剖析技术与行业之间线性关系之谬？
5. 如何界定管理的范围？
6. 讨论：你对“管理是一个整体性概念”的认识。
7. 讨论：你对“管理学是一门综合性学科”的理解。

案例应用

Z妈妈净菜店的厄运和传染科H主任的困惑

• Z妈妈净菜店的厄运[1]

1993年，上海市某纺织厂中年女工Z妈妈下岗了，她自立自强，筹集几万元资金办起了一家“Z妈妈净菜店”。街区政府、妇联对Z妈妈的精神和举动给予了舆论上的肯定、宣传和税收、场地租金等方面的大力支持，街坊邻居也常来买菜，生意红红火火，菜店不断壮大。出于对下岗姐妹的同情和为报答社会的关心与支持，Z妈妈决定本店只安排下岗女工就业，1995年菜店鼎盛时拥有4家连锁店和30多位女工。但是，随着企业发展，许多管理问题逐步显现。

1. 外部环境

政府税收、场租优惠逐步减弱。

街坊邻居对Z妈妈的同情心和对净菜的新鲜感下降。

宏观经济紧缩。

2. 内部经营

下岗女工大多人到中年，上有老下有小，家庭负担过重，经常因家庭困难迟到、请假甚至缺勤，影响经营。

下岗女工素质普遍较低，经营理念落后，市场意识淡薄。

出于同情，员工队伍扩张太快，且对员工的管理不严，惩罚更无法下手。

Z妈妈净菜店终于在1997年倒闭关门了。

• 传染科H主任的困惑

北方某医院传染病科H主任最近焦头烂额，事因一位患者不相信医院对自己的化验与诊断结果，查阅了化验单，发现化验结果被医生更改，没病变成有病，住院花了大笔钱，一怒之下将医院告上法庭。H主任心里清楚，科里医生采取不正当的手段使就诊者没病变有病、小病变大病的现象确实存在，目的是为了提高科里的营业收入。因为医院明文规定：各科室的年终奖金和浮动工资与营业收入挂钩。是恪守医生的道德良知，还是只考虑员工薪酬而弃职业道德于不顾，H主任陷入了两难境地。

---

〔1〕刘志坚，徐北妮．管理学［M］．广州：华南理工大学出版社，2003.

讨论题

1. 根据本章所学内容分析Z妈妈净菜店和北方某医院传染病科是性质相同的组织吗?
2. 这两个组织在管理上有差异吗？为什么？
3. 对这两个组织性质的认识重要吗？为什么？

自我评估

你是一个有效行动的人吗？

提示：对下列每一个问题只需回答“是”或“否”。

问　　题
1. 我个人习惯于积极行动。(　　)
2. 我总是思考“结果又怎样”的问题。(　　)
3. 我做事总是有明确的目的。(　　)
4. 我总是相信理性的力量。(　　)
5. 我总是意识到外界因素的不确定性。(　　)
6. 我习惯于行动而不是思考。(　　)
7. 我相信行动就是责任。(　　)

(结果说明：根据本问卷设计者的观点，有效行动的人的可能答案是：1. 否；2. 是；3. 否；4. 否；5. 是；6. 是；7. 是。)

第二章 管理者

▲ 学完本章后， 你会知道：

1. 为什么需要管理者
2. 界定管理者的基本路径
3. 管理者的工作
4. 管理者的能力

从某种意义上看，管理可以是一种活动，这种活动当然会有其主体，即管理者，或称管理人员。那么，为什么需要管理者？管理者是一些什么样的人？管理者都做些什么？他们又凭什么来开展其工作？管理者如何预防、制止并在可能的情况下消除官僚主义退化病？这些问题涉及管理者存在的必要性与重要性、管理者的界定、管理者的工作、管理者的能力等有关管理者的基本问题的分析。

第一节 为什么需要管理者

对外界而言，一个组织似乎只有一个管理者，也就是它的法人代表。但是实际上，企业的生存与发展必须有不同层级、不同业务领域的、一定数量的管理者，而且随着组织规模的扩大与组织复杂性的增加、随着组织面对的各种新老挑战的增加，管理者将越来越具有重要性和必要性。

一、管理者是组织生存与发展的基本资源，但组织不会自然产生管理者

在任何一个组织之中，都必须要有管理者，即便是在一个完全自动化的工厂中，它可能几乎没有一个普通员工，也一定会有管理者，而且会比以前的工厂拥有更多的管理者。因为组织要发挥群体的力量以图更好地生存与发展，就必须要有适当的人来提出组织的发展目标、制定好相应的行动方案、分配好相关各项工作并协调好工作中可能出现的各类问题、适时适度地检查各项工作的进展状况、尽量预防和纠正可能存在的偏差，这样的人就是组织中的管理者。

在各个组织的实际运作过程中，管理者有效地管理及有效地管理管理者不仅决定着组织目标的实现与否及实现程度，而且还在很大程度上决定着企业是否能够很有效地对员工和有关工作进行管理。其原因主要是：员工的态度所反映的首先是其管理当局的态度，同时直接反映出管理当局的能力和结构，而员工的效率则在很大程度上取决于管理者对他采取的管理方式。

根据彼得·德鲁克的观点，在绝大多数的组织中，管理者——尤其是有效的管理者——都是最珍贵的资源，而且是贬值最快、最需要持续补充的一种资源。建立一支管理者队伍通常需要花去多年时间，但是由于管理不当等原因却可以在很短的时间里垮台。而管理者的数量及每一个管理者所代表的资本投资必然会持续地增长，同时组织对管理者能力的要求也将逐步提高——没有理由期望这种趋势会有所减缓，至少在今后数十年的时间里不会减缓。

但是，组织不会自然地产生管理者。组织在其发展过程中，通常会经历一个“由最初创业的所有者或称老板自己经营而不断成长”的阶段，然而，管理与管理者并不是

随着这种不断成长演变而来的。随着组织的发展，最初的创业者即组织所有者或称老板的人可能会演变为颇具人格魅力、能力不一般的领导人物，但组织在这种情况下也越来越需要管理与管理者，如果组织所有者拒绝承认管理与管理者的重要性，那么组织的发展就会受到不利影响，若相反，必将在取向管理与管理者的变革之下获取进一步成长的机会。

关于这一点，我们可以通过如下这些企业发展轨迹中的两种选择、两种结果及其引发的思考得到具体化的认识：亨利·福特的兴起与衰落以及福特汽车公司在他孙子手中复兴的经历、德国西门子公司和日本三菱公司早期的发展经历、20 世纪 20 年代早期阿尔弗雷德·斯隆对通用汽车公司的整改。

亨利·福特从 1905 年的一无所有开始，到 15 年以后建立起世界上最大的、盈利最多的制造业，在 20 世纪初的时候，福特汽车公司已在美国汽车市场占据了统治地位，几乎垄断了整个市场——在世界上绝大多数其他的主要汽车市场上也占据了统治地位，并已积累了 10 亿美元的现金储备。然而，到 1927 年左右的时候，福特汽车公司已经摇摇欲坠，昔日的辉煌已不再了——已经丧失市场上的领先地位；大概 20 年之后，该公司已严重亏损、年年赔钱，一直到"二战"期间都无法以强劲的实力与其他对手展开竞争。1944 年，福特汽车公司创始人的孙子亨利·福特二世接管了公司并在两年后在公司中着手进行阿尔弗雷德·斯隆 20 年以前在通用汽车公司里所做的事——引进了一套全新的管理班子，改变了其祖父的用人套路，进而拯救了公司，实现了福特汽车公司的复兴。亨利·福特二世的祖父之所以失败，并不是因为他本身的个性或气质，而是因为他坚信企业并不需要管理者和管理、因为他拒绝承认管理者和管理是必要的、拒绝承认管理者和管理要以工作和职能为基础而不能以"上司"的"授权"为基础。

当然，福特一世并不是唯一一个"坚信企业并不需要管理者和管理"的人，"一战"之前的另外两家处于成长中的大型公司——德国西门子公司和日本三菱公司也有类似的经验：福特一世、西门子、岩崎弥太郎三人在公司经营方面可谓是生活在"创业者的社会"中，尽管随着公司的成长，他们不再是经营"个人的企业"了，但是他们认为复杂的大型企业是由一个人经营的小店铺有机地"演变"而来的，他们依旧不习惯进而"拒绝承认管理者和管理是必要的"。

然而，在 20 世纪 20 年代早期，当福特一世着手证明自己无需管理人员的假设时，新接任通用汽车公司总经理的阿尔弗雷德·斯隆则着手整改通用汽车公司——开始了一种新的实验，这种实验的假设与福特一世的信念是完全相反的。整改的背景是这样的：当时，通用汽车公司几乎要被庞然大物般的福特汽车公司挤垮了，它虽然在竞争中仅次于福特汽车公司，维持了一个第二号的位置，但是这个第二号位置很脆弱、维持得很勉强，因为它的生产线上没有一种能胜过福特汽车公司的汽车，没有经销商组织，没有财务实力；另外，通用汽车公司是由一些敌不过福特汽车公司的竞争而出售的小汽车公司拼凑起来的，拼凑之前的各个小公司的所有者在拼凑之后都还依旧拥有自主权，其实就是在进行一种不恰当的经营——各个小公司的所有者可以用自己的方式把以前的公司当成是自己的独立王国一样来进行经营。面对上述现实，阿尔弗雷德·斯隆深入思考了通用汽车公司的业务和组织结构问题，并且把那批不守纪律的独立“诸侯”改造成了一个有实力的管理团队，之后的5年内，通用汽车公司即发展成了美国汽车工业的领先者，并且这种领先地位一直持续到现在。

实际上，前述福特汽车公司等的革新是一种“从所有者兼企业家在其‘助手’的帮助下可以经营的企业向要求有管理者的企业”的转变，或者说是由“创业者的社会”向“管理者的社会”的转变。其中阿尔弗雷德·斯隆对通用汽车公司的改组表明：这可以在同一组织内部加以实现。同时还表明：要做到这一点，就必须从根本上改变人们的基本概念、基本原则和看法。至于福特一世试图经营的企业与斯隆所设计的企业，我们可以把它们比作两种不同的有机体——带有硬甲壳的昆虫和有骨架的脊椎动物。正如英国生物学家达西·汤普森所指出的：由硬甲壳支撑的动物在大小和复杂性上只能达到一定的程度，超过了这一程度，陆地上的动物必须要有一个骨架，但这骨架从其渊源上讲，并不是从昆虫的硬甲壳演化而来的，而是有着不同渊源的另外一种不同的器官。类似地，当企业达到一定的规模和复杂程度后，就必须要有管理和管理者，否则事情就会失去控制、计划就不能转变成行动，更糟糕的是，计划在实施过程中将严重不协调、“上司”的好恶逐渐变得比取得杰出绩效更重要，最终使企业无法长期存续下去。正如骨架与硬甲壳是有着不同渊源的、不同的器官一样，管理与管理者也不是由所有者自己经营的小型公司成长和演变而来的，而是从一开始就为本来就庞大而复杂的企业设计的。也就是说，组织不会自然地产生管理者，有组织不代表就有管理者。

总之，随着规模和复杂性的增加，企业从所有者兼企业家在其“助手”的帮助下可以经营的企业转变为要求有管理者的企业时，如果还像福特一世、年轻的西门子、岩崎弥太郎那样拒绝“硬甲壳昆虫”向“有骨架的脊椎动物”式的改组、不想要管理，其唯一的结果就是：胡乱地指挥企业成员、为他们确定一些不恰当的职位、破坏企业发展与兴盛的机会、最终导致衰落甚至倒闭。

二、管理者是组织应对新挑战的根本要素

组织在任何一个发展阶段都会面临其发展环境带来的一系列挑战，这些挑战需要组织管理者、需要他们的智慧。当前企业生存与发展面临的新挑战很多，涉及外界环境变化的新趋势、变革的引导者、信息挑战、知识工作者的生产率、自我管理等方面的挑战。

加里·戴斯勒（Gary Dessler）在其《管理学精要》中以企业为例，概括出竞争与变化是企业管理者应对的两个新挑战。他认为，类似于互联网这样的显著的技术进步以及企业在全球范围内扩大销售和生产的趋势都是一些新的驱动力量，这些驱动力量的存在和强化明显地加剧了企业间的竞争，结果导致适当的、有效的管理者对企业而言显得更加重要，管理者成了企业变革的根本。

1. 主要的变化

（1）技术创新。技术创新正在改变着企业的管理方式，而且这种改变并不局限于通用汽车公司这样的产业巨头。

（2）全球化。在全球化背景下，企业把产品的销售甚至生产都拓展到了国外市场，

这毫无疑问会加剧企业竞争，并使竞争复杂化。此外，许多企业在将业务转移到国外市场的同时，不仅寻求廉价的劳动力，也利用全球范围内大量的熟练工人，这种“全球劳动力”现象在某种意义上加剧了管理的艰巨性。

（3）政治与行政管理方式改制。如今世界上许多国家和地区都在推行和深化政治变革，这种政治体制的转变导致了拥有成千上万潜在消费者的市场的开放。同时，在全球许多国家与地区，政府还积极推进行政管理方式的改制，如政府解除了原本为许多企业提供保护的管制措施。对于企业发展来说，这自然是一个机会，但同时这也是卷入激烈市场竞争的开始。

（4）专业化分工的“杀手”。某些巨型企业不仅依靠规模经济优势来压低成本和价格，还用齐全的商品供给优势来吸引消费者，而大多数的小企业既不具备成本与价格优势，也不具备商品供给的种类优势，因此这些企业要生存和发展，则更多地依靠老板和经理们的聪明才智与管理能力，否则它们将在激烈的、残酷的市场竞争中被强大的对手“蚕食”。

（5）向服务和知识型工作转变。企业员工的工作正在发生变化，他们的工作开始向服务和知识型工作转变，因而，企业的管理也会相应地变化。

2. 变化所导致的结果

以上述五个方面为主的变化将导致一个什么样的结果呢？加里·戴斯勒进行了如下总结：竞争加剧；不确定性、动荡以及快速的变化；消费者有更多的选择；企业兼并和出售；合资；产品生命周期缩短；市场的不完整性；创纪录的破产企业数量；对于管理者更多的不确定性；等等。

3. 企业的应对及其根本

加里·戴斯勒在其《管理学精要》中认为，面对上述挑战，企业要生存和发展，必须具备快速的响应能力和高度的适应能力；组织扁平化；缩小规模；具备和强化质量意识；推进授权；建立较小的单元；实现多中心化；等等。

他指出：“管理者是变革的根本”，并引述通用电气公司韦尔奇的话说：“你不得不站在变化的前沿。你不能简单地保持现状，因为别人不断从其他国家带来新的产品，消费者的爱好和以前不一样了，成本结构发生了变化，技术上有了新突破，如果你不能快速行动并适应环境，你将很容易遭到损失。”

第二节 管理者的界定

既然管理者对组织的存在和发展如此重要，那么什么是管理者？换句话说，管理者是些什么样的人呢？

关于管理者的界定这个问题，本节将围绕普遍含义与特殊含义两方面作阐述。普遍含义即是对管理者所作的最一般意义上的理解，它反映了各领域、各层次管理者的共有特征。特殊含义是指对特定层次、特定工作领域的管理者所进行的特征概括，这主要通过对管理者分类的探讨来完成。

一、管理者的一般意义

从一般意义上去理解，管理者是指什么样的人？也就是说，各领域、各层次管理者的共有特征是什么？关于这个问题，目前存在的解答版本颇多，这里不一一罗列。不过就实质内容而言，这些关于管理者的界定相差不大。

我们认为，可以这样定义管理者：管理者是指在组织中居于权力职位，运用自己的能力（包括利用“外脑”和现代管理手段）进行决策，对该组织的运作效果产生影响并负有直接责任的工作者。

把握这一定义至少需要注意以下几个基本要素：权力职位——权力是管理者活动正常进行的保证，权力职位有权利和责任两重含义，管理者的责任，就是要求管理者正确运用权力进行管理，达到预期的管理目标；能力——能力是管理者素质的本质特征，本章第四节将对管理者的能力结构进行阐述；决策——决策是行动的先导，是管理者的经常性工作，当然，其他的各项管理职能工作，如组织、领导、控制等，对管理者而言也是不可或缺的；效果或效益——效果或效益包括经济的和社会的效益，这是衡量管理者工作特征与贡献的重要因素，其内涵可以用“效果（效益）＝效用×效率”这一式子表达。

为了更好地理解管理者的一般意义，我们需要综合如下几点作进一步的阐述——这里主要依据彼得·德鲁克曾作过的相应分析展开：

1. 关于“管理者是‘老板’的说法”

根据德鲁克的看法，管理者和管理这两个词令人很难捉摸。当问及怎样理解管理者的含义时，绝大多数人都会说是“老板”，也就是“所有者”。而事实是，我们经常见到的那些组织管理者——比如说部门经理——并不都是“老板”或者“所有者”，他们仅仅比一线员工拥有多一点自主权和工资的供雇用的人。

2. 关于“管理者是‘对其他人的工作负有责任的人’的说法”

这一关于管理者的定义形成并存在于管理的早期历史中，这一定义不仅使管理人员的职能与“所有者”的职能相区别，还表明“管理是一项可以进行分析、研究并加以系统改进的特殊工作”。

但是这一定义忽视了一个普遍存在的事实，那就是“有些人经常处于负责地位、是管理当局的一员，但他们不对其他人的工作负责”；而且这一定义“把重点放在完成任务所需的工具上，而不是任务本身”，换言之，它强调的是管理者次要的、而不是首要的特征。这一定义使得那些后来被称作“个体专业贡献者”的专业人员的头衔、报酬、职能与职业机会混乱不清，进而成为产生不满和造成摩擦的原因之一，这个定义也日益成了有效管理、有效组织和卓越绩效的障碍。

3. 管理者包含“个体专业贡献者”，即“知识工作者”也是管理者

20世纪50年代初，有人试图解决“管理者是‘对其他人的工作负有责任的人’”

这一说法所引起的专业人员问题，即知识工作者的问题，于是他们在管理者的定义中加入了“个体专业贡献者”，这使得专业人员不再依靠晋升到管理者职位来实现报酬级别的增加。

但是这一定义依旧没有完全解决问题，因为专业人员仅仅是稍微减少了不满情绪，而且依然觉得只有在行政管理结构中才有机会或者是更有机会获得真正的提升；此外，这种在传统定义中引入“个体专业贡献者”的、针对管理者的界定使得基层领导的职务模糊不清而又困难。

4. 基于对贡献的责任来界定管理者

按照德鲁克的说法，就是“在确定一个组织中负有管理责任的人时，较为恰当的是强调指出其首要标志不是对人员的指挥，而是对贡献的责任”。换个说法就是：管理者是负责一个团队所有成员工作绩效的人；是为实现组织目标，以特定的方式对组织中的人员和工作进行计划、组织、领导和控制的人；他们指挥别人活动，也会直接从事具体业务；职能与贡献才是管理者的首要表征，而不是权力与指挥别人活动。

5. 对管理者更加强调的是他们的行为

当我们谈及管理者的时候，主要强调的是他们的行为、他们所做的管理工作及其工作绩效、他们对企业生存与发展所作出的贡献，而不是他们的个人气质、领导魅力、教育背景或者社会出身。

当然，个人气质、领导魅力、教育背景或者社会出身都是值得倡导的积极因素，这些因素会使管理者工作得更为舒心愉快，但是管理者并不等于领导者，所开展的管理工作与工作绩效、作出的贡献才是认识与理解管理者时更应该关注的因素。

二、管理者的类型

考察管理者的类型，实际上是从某种特定的层面来对管理者作特定的理解。不同的管理者处于不同的管理岗位上，可以依据不同的标准对管理者进行分类，以便了解各层次、各领域管理者的特殊性。例如，可以按照管理者所处部门，在解决社会方面的问题时，将管理者分为政府管理者、企业管理者、第三部门管理者；或者可以按照同组织内纵向的管理层次，将管理者分为高层管理者、中层管理者、基层管理者；也可以按照同组织内横向的管理工作的专业性来加以区分。在这里，我们主要考察企业管理者的分类问题。

1. 按照管理者的层次分类

虽然管理者都行使同样的管理职能，但不同的岗位有不同的侧重点。在大多数组织中，管理群体由不同层次的管理者所组成。具体的职务名称可能因组织而异，但大致可分为三类：

（1）高层管理者。高层管理者是指负责整个企业资源运用及经营成效的高级人员。因为其承担着有关规模、一体化、多角化、成长以及创新等任务，所负担的责任特殊，面临的挑战艰巨，显然不同于组织内其他部门或阶层的管理者。总的来说，高层管理者所关心的是组织整体的绩效的经济结果，即应该关心整个组织，而不应将精力花在个别部门或功能性的事务上。

高层管理者是组织中的高级领导人，在一些大公司中通常包括董事长、首席行政长官、首席执行官和正副总裁等。在政府部门，市长、局长以上的官员往往也属高层管理者。我国一些企业的厂长、总经理，学校的校长等领导人员通常也被理解为高层管理者。

作为企业的高层管理者，必须明确自身的职责所在：追求企业使命；企业机构设定标准及形态；慎重思考企业的组织结构和组织设计；培养企业未来所需的人力资源，尤其是高层人力资源；与外界建立并维持良好的关系；参加各种“仪式”和“典礼”；在企业遭遇重大危机时充当企业的“备用工具”。

（2）中层管理者。中层管理者是指负责制定具体的计划及有关细节和程序，以贯彻执行高层管理者作出的决策和计划的人员。中层管理人员不直接指挥、协调一线人员的活动，他们主要是将高层管理者的决策和指示传达给基层管理者，同时将基层的意见和要求反映到高层管理部门，他们是连接高层管理者与基层管理者的桥梁和纽带。中层管理者还要负责协调和控制基层生产活动，保证完成各项任务，实现组织目标。

作为高层管理者和基层管理者之间的中级管理者。中层管理者可以是部门经理、分部负责人、地区经理，或生产厂、车间的负责人等。中层管理者一般又可分为三类，即行政管理者、技术性管理者和支持性管理者。

近年来，我国有学者提出了“中层革命”的思想。实际上，早在几十年前，就有人在《哈佛商业评论》上发表过影响甚广的论文，指出企业的中层管理将日益显得过时无用。而事实上，中层管理非但没有消失、缩减，反而大为膨胀，达到臃肿程度。这不仅放慢了决策速度，而且使组织难以适应改革的要求，精简中层管理机构正是现代组织面临的挑战。

（3）基层管理者。基层管理者又称一线管理者，是直接面对实际作业人员的管理者。基层管理者通常包括工长、领班、小组长或办公室主任。基层管理者的主要职责是给下属安排工作任务、次序，确保下属的工作条件和工作环境，使工作依流程顺利进行；他需协调下属人员，使之成为一支有组织的协作队伍；他有责任使下属愿意工作和能够工作；他必须根据组织的大目标制定出本部门的工作目标，并与下属一起按本部门的工作目标订出每个人的工作目标；他应对下属人员的调配负主要责任，并对培养部门中潜在的领导人员负有初步的责任。

基层管理者不应仅是充当监管人员，更应成为下属的导师、教练和助手。他应经常保持和下属人员作直接交流和沟通，并使上级管理部门知道，要取得卓越的绩效以及职工需要的是什么。下属做工作的能力取决于他计划和安排工作的能力。他在训练和调配职工方面做得怎样，决定了下属的工作是做得好，还是做得普通平常。

基层管理工作并非大杂烩。一些成功企业的经验表明，基层管理者必须是一个真正的管理者，负有重要的作计划和决定的责任。基层管理者的职权应足够大，使他能直接从企业的目标得出自己真正的目标，他的绩效和成果要用他对整个企业的绩效和成果所作的贡献来衡量。基层管理者必须能够控制使他履行自身职责所需的种种活动，需要有足够的人员来帮助他处理这些活动。基层管理者的职权范围需要扩大，他应能全权处理涉及他那个部门与组织相关联的各类问题，甚至有权雇用、推荐、执行训练、提拔本部门的职工及安排工作。

2. 按照管理者所从事的管理工作的专业性分类

同一组织不同层次的管理者也可按管理者所从事的管理工作的专业性来加以分类。首先可以将管理者划分为综合管理者与业务管理者，而在业务管理者中可能有市场营销、财务、生产、人事、行政及其他各类管理者。

（1）综合管理者。他们负责管理整个组织或组织中某个部门的全部活动。例如，工厂的厂长、车间主任都是综合管理者。他们是一个组织或部门的主管，对整个组织或该部门目标实现负有全部的责任；他们拥有这个组织或部门所必需的权力，有权指挥和支配该组织或该部门的全部资源与职能活动，而不是只对单一资源或职能负责。

（2）业务管理者。

1）市场营销管理者。市场营销管理者的主要职责和营销职能有关，即把该组织的产品和服务送到用户与消费者手中。营销职能包括市场调查、产品的调拨、定价与销售、促销推广以及消费者心理研究等。有调查数据表明，美国一些大公司的负责人中，有 13.7%是营销出身。显然，市场营销职能对许多组织而言是十分重要的。近些年来，不少成功的企业都采纳了“市场营销观念”，即企业所做的一切都紧紧围绕如何满足用户的需要。市场营销是企业取得成果的一个基础领域，市场营销的重要性决定了市场营销人员在企业中的地位及其重要作用。

2）财务管理者。财务管理者主要和组织的金融资源打交道。其主要职责包括资金筹集、预算、核算与投资等。有些机构如银行等金融机构，财务管理者的需求量特别大，美国大公司负责人原先搞财务的约占 35.6%，成功企业的领导人必须精通财务知识。

3）生产管理者。生产管理者的主要工作是建立一个能为组织制造产品和提供服务的系统。在这一系统中，他们负责计划、控制日常的营运活动。典型的任务包括生产控制、库存控制、质量管理、工厂布局、厂址选择及工作设计等。虽然这一职能的产生，最早是用于解决制造企业中的问题，但目前这一专业领域中的工具和原则，已普遍应用于服务业和各类其他组织。现代企业中所关注的一些热点问题，如提高生产率、节约稀缺资源、更有效地利用能源等，使生产经营管理者在许多组织中的地位变得更为重要。美国大公司中，大约 10.7%的高层管理者都有生产经营管理的经历。

4）人事管理者。人事管理者即人力资源管理者，主要负责人力资源规划、职工的招聘与挑选、培训和发展、设计报酬福利制度、制定绩效评估制度以及解雇表现不好和有问题的雇员等。在一些大企业、大公司中这些活动都由一些单独的专职部门来处理；在一些小的组织中，则由若干人负责行使所有的人力资源职能。

过去人力资源部门都被叫做人事部门，改变名称无非是为了突出人力资源在组织中的重要性。人事经理在组织中的地位也日益提高。

5）行政管理者。行政管理者或一般管理者并不专门从事某一特定的管理专业领域的工作，但其重要性可从美国企业的首席负责人中约有 16.4%来自于行政管理者的这一事实中得以显示。他们往往是一个通晓多方面知识的全才，而不是只受过某一领域训练的专才。他们基本上对管理各领域都有所了解并熟悉这些工作。

6）其他类型的管理者。除了上述的各类管理者外，在许多组织中还有其他一些专职管理者。例如，公共关系人员，负责处理与媒体之间的关系，以提高组织的形象；研究开发人员，负责协调组织的科研项目中科学家和工程师之间的活动。再如，有些企业中的内部咨询人员及跨国公司中的国际管理者等。这些专业管理者就其人数、性质及重要性来看，因不同的组织而异，但随着现代企业规模扩大和环境复杂化，这类管理者的人数及其重要性也在不断增长和提高。

3. 按照管理者的工作性质分类

（1）咨询管理者。在预测阶段上工作的管理者称为咨询管理者。企业咨询管理者的工作一是根据企业外部信息对企业未来的发展趋势作出科学预测，为决策管理者提供咨询意见；二是根据有关方面提出关于企业发展的课题，综合分析企业内外的大量信息，选择最佳的解决方案。咨询管理者的工作往往是针对整个企业而言，具有战略性。他们不直接管理企业的具体活动，而是潜心研究企业未来的发展问题，咨询管理者的意见只有被决策管理者采纳后，才能转变为企业决策，指导企业的发展。因此，咨询管理者的作用是通过决策管理者来实现的。

（2）决策管理者。在决策阶段上工作的管理者称为决策管理者。决策管理者居于组织最高职位，如企业的厂长或经理。咨询管理者的意见被决策管理者采纳后，有时还要修改或补充，才能形成厂长（经理）决策即企业决策。决策管理者的决策也是战略性的，但决策管理者的决策是直接在整个组织范围内执行的。

（3）执行管理者。在组织阶段上工作的管理者称为执行管理者。决策管理者输出决策信息后，就需要一部分管理者组织人力、物力加以执行。执行管理者的首要任务是根据组织整体决策作出本部门的决策，这种决策具有战术性，其决策执行的范围限于所在部门，但往往直接影响组织的工作效率。

（4）职能管理者。在协调阶段上工作的管理者称为职能管理者。职能管理者往往是企业生产、计划、财务等职能部门的负责人。他们根据企业决策，通过自己所在的专业系统，输出决策信息，促使直接生产或经营部门之间协调发展，保证企业生产经营顺利进行。职能管理者的决策相对于整个组织决策而言，具有战术性。在这一点上，职能管理者与执行管理者类似。但职能管理者决策的执行范围并不局限于他们所在的部门，而是关乎其整个专业系统。例如，企业财务部门的决策不只在财务部门中执行，必须在整个企业财务业务系统中执行，包括各科室、各车间的财会工作人员和核算工作人员。这样，财务部门作为职能管理者的协调作用才能发挥。职能管理者要为决策管理者提供战术性咨询。通过管理信息的反馈，职能管理者从其专业的角度，研究企业生产和经营中存在的问题以及这些问题的解决方法，供决策管理者参考。

明确管理者的分类，不仅是从特定工作领域增加对管理者的认识，也是搞好管理工作的重要环节，因为这有助于明确特定工作领域管理者的职责、有助于管理者在比照之下清楚自己目前所处的地位与角色分工，进而便于管理管理者与管理者自我管理的开展。

第三节 管理者的工作

管理学大师彼得·德鲁克指出：管理者要对他们的工作负责。那么，管理者的工作是什么？换句话说，管理者需要做些什么呢？

实际上，管理者的工作就是使用人力、财力、物力、信息、公共关系等管理资源进行有效管理，这一工作可以从宏观和微观两个层面上去理解。本节将结合法约尔及后世管理学者的管理职能论、德鲁克的“任务—作业”说、明茨伯格的角色分析等已有观点从宏观和微观两个层面阐释管理者的工作，并考察管理者工作的差异性。

一、宏观层面的管理者工作

亨利·法约尔提出的管理职能论，是关于管理者工作较为经典的论述——多数管理学教材都是按管理职能进行编排的；而彼得·德鲁克将管理者的工作划分为两项任务，并就这两项任务的完成谈及了五项相应的基本作业；弗雷德·卢森斯及其助手则将管理者的工作综合为四种活动。

1. 管理职能论

现代经营管理之父、管理过程学派的开山鼻祖亨利·法约尔认为，管理者的工作主要是履行五种重要职能——计划、组织、指挥、协调和控制。到了20世纪50年代中期，加利福尼亚大学洛杉矶分校的两位教授——哈罗德·孔茨和西里尔·奥唐奈把计划、组织、人事、领导和控制五种职能作为管理学教科书的框架。

（1）管理中的计划。计划是关于未来的行动方案、是五种管理职能中最基本的，它涉及的问题是在未来的各种行为过程中作出恰当的抉择，其他的四种管理职能都必须依据计划开展、反映计划职能的要求。

（2）管理中的组织。关于组织，孔茨着重研究的是组织层次和管理跨度问题。孔茨认为进行组织工作的理由在于使人合作得更有效率，同时，人们在管理跨度的限制中发现了需要有层次的理由。也就是说，管理层次的存在是因为一个主管人员能有效地加以管理起来的人数是有限的，即使这种限制随情况不同而有变化。管理跨度宽是与组织层次少相关的，管理跨度窄造成组织层次多。目前存在着这种倾向：把组织和划分部门本身看成是目的，并且以部门与部门层次的明确性和完整性来衡量组织机构的效率，把业务活动分成各个部门，等级组织和多层次的建立本身并非是完全合意的。

（3）管理的人事职能。有关人事职能包括对员工的选择、雇用、考评、储备、培养和其他一些有关员工的工作。关于对员工进行选择的测验方法，常用的有以下四类：智力测验——其目的在于衡量员工的脑力和记忆力、思想的灵敏性和观察复杂事物相互关系的能力；熟练和适应性测验——其目的在于发现员工现有的技术熟练程度以及掌握这类技术的潜在能力；职业测验——其目的在于发现员工最适宜从事的工作；性格测验——其目的在于衡量员工在领导方面的才能。

(4) 管理的领导职能。所谓的领导职能就是引导下级人员有效地领会和出色地实现企业的既定目标。因此，要理解领导的性质，就要先考察企业的目标及人的性质。企业的目标是生产某种产品或劳务。为了实现企业的目标，就要把生产中的各种要素（土地、资本、人员等）组织起来。其中，最重要的是人的要素。领导工作的三个重要原则是：指明目标的原则；协调目标的原则；统一指挥的原则。授权则是领导的一种重要方法，激励是领导工作的一项重要内容。激励可以看成是一系列的连锁反应：从需要出发，引起欲望或所追求的目标，促使内心紧张（由于欲求未得到满足），导致实现目标的行动，最后使欲望得到满足。以往的管理学家提出了各种激励理论。理论研究和实际应用表明，必须以一种系统的和随机应变的观点来看待激励，因为激励问题是很复杂的，因个人的品德等情况而异。如果不考虑这些变量而应用某种激励方法，就可能失败。

(5) 管理的控制职能。管理的最后一个职能是控制职能。在孔茨看来控制职能就是按照计划标准衡量计划的完成情况并纠正计划执行中的偏差，以确保计划目标的实现。在某些情况下，控制职能可能导致确立新的目标、提出新的计划、改变组织机构、改变人员配备或在指挥和领导方法上作出重大的改革等。控制职能在很大程度上使管理工作成为一个封闭系统。

时至今日，最普及的管理学教科书仍按照管理职能（management functions）来组织内容。不过一般已将这五个职能精简为四个基本职能——计划、组织、领导和控制。本书则用计划、组织和控制代之。

2. 彼得·德鲁克的"任务—作业"说

彼得·德鲁克认为，管理者有两项基本的任务。

第一项基本任务是创造出一个真正的整体，大于各个组成部分的总和的整体，一个富有效率的整体，投入其中的各项资源所带来的产出一定要大于投入资源的总和。德鲁克还用乐队的指挥来对管理者进行比拟，但是他同时指出了管理者的工作相对于乐队的指挥主要不同在于：乐队指挥有作曲家的乐谱为蓝本，他通常只是一个解释者；而管理者则既是作曲家又是乐队指挥。

德鲁克认为，如果管理者要有效地完成这个任务，就必须做好以下工作：尽可能有效地利用他所拥有的各种资源的优势，尤其是人力资源；以中和或消除所具有的各种缺陷；平衡和协调企业的各种主要职能——管理一项业务、管理工人和工作、立足于社区和社会来管理企业；在每一项行动中同时兼顾企业整体的绩效和成果，思考为了取得综合绩效所必需的各种不同活动。

第二项基本任务是在每一项决定和行动中协调当前的和长期的要求。也就是说，他必须既要注意到近处，又要看到远处。

为此，管理者所做的一切必须既有利于当前的目标，又有利于长期的根本目标和原则。即使不能把这两个方面协调起来，他至少也要在二者之间求得合理的平衡。换句话说，管理者实际上生活在两个时间维度中，也就是当前和未来，并要对整个企业的绩效和他所在部门的绩效承担责任。

分析了上述两项基本任务后，德鲁克进一步将管理者的工作分为五项基本作业进行阐述：

(1) 管理人员要制定目标——决定目标是什么、达成目标要做什么、这些目标在每一个领域中的具体目标又是什么，同时要把目标告知那些与目标的实现有关的组织成员。

(2) 管理人员要从事组织工作——分析所需的各项活动及它们之间的关系，把工作进行分类，然后将它们组合成一个组织结构，选择适当的人员来管理和开展这些工作。

(3) 管理人员要从事激励和沟通工作——把承担各项职务的组织成员团结起来、形成一个团体，达到这个目的的主要管理方式就是各种激励与沟通措施。

(4) 管理人员要进行衡量——建立各种标准，为每一个人确定一种衡量标准，对绩效进行分析、评价和解释，把这些衡量标准的含义和结果通报给上级、下级及同级。

(5) 管理人员要培养人才，包括他自己。

3. 弗雷德·卢森斯的管理活动观

权变管理理论体系的建立者弗雷德·卢森斯（Fred Luthans）及其助手们则在对450多位管理者进行研究的基础上，从不同的角度考察了管理者究竟干什么这个问题，他们指出，这些管理者都开展了以下活动：

(1) 传统管理——决策、计划和控制等。

(2) 沟通——交流例行信息、处理文件工作等。

(3) 人力资源管理——激励、惩戒、调节冲突、配备人员、培训相关组织成员等。

(4) 网络联系——社交活动、政治活动、与外界交往等。

二、微观层面的管理者工作

管理者工作在微观层面上主要是通过管理者所扮演的一系列角色体现出来的。1955年彼得·德鲁克提出“管理者角色”（The role of the manager）的概念，认为管理者扮演的角色或者说责任大体上分为三类：管理一个组织（managing a business）；管理管理者（managing manager）；管理工人和工作（managing workers and work）。

在微观层面上，依据管理者扮演的角色来分析管理者工作较为成功的是经理角色学派的主要代表人物，加拿大管理学家亨利·明茨伯格（Henry Mintzberg），他在其专著《管理工作的性质》等作品中将管理者扮演的角色分为人际关系、信息传递和决策制定三类角色系统，并进一步将这三类角色细分为十个具体角色。美国的工业心理学博士安德鲁·杜柏林（Andrew Dubrin）则结合计划、组织和人事、领导、控制这四大职能，在综合其他研究者关于明茨伯格十角色的分析的基础上，将管理者扮演的角色总结性地扩展为十七个。

1. 亨利·明茨伯格的管理者十角色

明茨伯格在分析管理者十角色之前批判了关于管理者工作的一些经不起实践考验的传说：管理者是深思熟虑的、系统的计划者。事实上，管理者的计划是灵活而又有针对性、具体的，不是深思熟虑的完美计划；富有成效的管理者不履行常规职责——事实上，除了处理一些意外事件之外，管理工作涉及了一系列日常工作的处理，包括仪式、庆典、谈判等；高级管理人员最需要由正式的管理信息系统（MIS）提供的综合信息。事实上管理者极为推崇口头交流，也就是电话和会议；管理正在迅速变成一门科学和专业——事实上，管理者的工作规划（时间安排、信息处理、决策制定等）都是在其大脑深处进行的。

明茨伯格在上述批判后分析指出："管理者的工作，可以以不同的'角色'，或以与特定职位相联系的一系列行为来描述。"

（1）人际关系方面：人际角色直接产生于管理者的正式权力的基础。管理者所扮演的三种人际角色是：代表人角色（作为头头必须行使一些具有礼仪性质的角色）、领导者角色（管理者和员工一起工作并通过员工的努力来确保组织目标的实现）、联络者角色（与组织内个人、小组一起工作，与外部利益相关者建立良好的关系所扮演的角色）。

1）代表人角色。这是经理所担任的最基本的角色。由于经理是正式的权威，是一个组织的象征，因此要履行这方面的职责。作为组织的首脑，每位管理者有责任主持一些仪式，比如接待重要的访客、参加某些职员的婚礼、与重要客户共进午餐等。很多职责有时可能是日常事务，然而，它们对组织能否顺利运转非常重要，不能被忽视。

2）领导者角色。由于管理者是一个企业的正式领导，要对该组织成员的工作负责，在这一点上就构成了领导者的角色。这些行动有一些直接涉及领导关系，管理者通常负责雇用和培训职员，负责对员工进行激励或者引导，以某种方式使他们的个人需求与组织目的达到和谐。在领导者的角色里，我们能最清楚地看到管理者的影响。正式的权力赋予了管理者强大的潜在影响力。

3）联络者角色。这指的是经理同他所领导的组织以外的无数个人或团体维持关系的重要网络。通过对每种管理工作的研究发现，管理者花在同事和单位之外的其他人身上的时间与花在自己下属身上的时间一样多。这样的联络通常都是通过参加外部的各种会议、公共活动和社会事业来实现的。实际上，联络角色是专门用于建立管理者自己的外部信息系统的，它是非正式的、私人的，但却是有效的。

（2）信息传递方面：管理者负责确保和其一起工作的人具有足够的信息，从而能够顺利完成工作。整个组织的人依赖于管理结构和管理者以获取或传递必要的信息，以完成工作。

1）监督者角色。作为监督者的管理者为了得到信息而不断审视自己所处的环境。他们询问联系人和下属，通过各种内部事务、外部事情和分析报告等主动收集信息。担任监督者角色的管理者所收集的信息很多都是口头形式的，通常是传闻和流言，当然也有一些董事会的意见或者是社会机构的质问等。

2）传播者角色。组织内部可能会需要这些通过管理者的外部个人联系收集到的信息。管理者必须分享并分配信息，要把外部信息传递到企业内部，把内部信息传给更多的人知道。当下属彼此之间缺乏便利联系时，管理者有时会分别向他们传递信息。

3）发言人角色。这个角色是面向组织的外部的。管理者把一些信息发送给组织之外的人。而且，经理作为组织的权威，要求对外传递关于本组织的计划、政策和成果信息，使得那些对企业有重大影响的人能够了解企业的经营状况。例如，首席执行官可能要花大量时间与有影响力的人周旋，要就财务状况向董事会和股东报告，还要履行组织的社会责任等。

（3）决策制定方面：处理信息并得出结论。管理者决策让工作小组按照既定的路线行事，并分配资源以保证计划的实施。

1）企业家角色。这指的是经理在其职权范围之内充当本组织变革的发起者和设计者。管理者必须努力组织资源去适应周围环境的变化，要善于寻找和发现新的机会。而作为创业者，当出现一个好主意时，总裁要么决定一个开发项目，直接监督项目的进展，要么就把它委派给一个雇员。这就是开始决策的阶段。

2）干扰对付者角色。企业家角色把管理者描述为变革的发起人，而干扰对付者角色则显示管理者非自愿地回应压力。在这里，管理者不再能够控制迫在眉睫的罢工、某个主要客户的破产或某个供应商违背了合同等变化。在危机的处理中，时机是非常重要的。而且这种危机很少在例行的信息流程中被发觉，大多是一些突发的紧急事件。实际上，每位管理者必须花大量时间对付突发事件。没有组织能够事先考虑到每个偶发事件。

3）资源分配者角色。管理者负责在组织内分配责任，他分配的最重要的资源也许就是他的时间。更重要的是，经理的时间安排决定着他的组织利益，并把组织的优先顺序付诸实施。接近管理者就等于接近了组织的神经中枢和决策者。管理者还负责设计组织的结构，即决定分工和协调工作的正式关系的模式，分配下属的工作。在这个角色里，重要决策在被执行之前，首先要获得管理者的批准，这能确保决策是互相关联的。

4）谈判者角色。组织要不停地进行各种重大的、非正式化的谈判，这多半由经理带领进行。对在各个层次进行的管理工作研究显示，管理者花了相当多的时间用于谈判。一方面，因为经理的参加能够增加谈判的可靠性，另一方面，因为经理有足够的权力来支配各种资源并迅速作出决定。谈判是管理者不可推卸的工作职责，而且是工作的主要部分。

2. 安德鲁·杜柏林的管理者十七角色

安德鲁·杜柏林在《管理学精要》中指出：亨利·明茨伯格在研究管理者角色方面树立了数个里程碑，其他研究者则扩充了他的成果——这些研究者所描述的角色是与管理者所履行的主要管理职能相联系的。与计划、组织和人事、领导、控制四种职能相联系，安德鲁·杜柏林总结性地将管理者角色扩展到十七个。

（1）与计划职能相关的角色。有两个与计划职能相关的角色——战略规划者和运营规划者：

1）战略规划者。为组织指明发展方向；处理组织外部环境问题；制定组织的有关政策。

2）运营规划者。阐明运营预算；为监管的部门制定工作日程表。

（2）与组织和人事职能相关的角色。有五种角色与组织和人事职能相关——组织者、联络者、人事协调者、资源分配者、任务授权者。

1）组织者。设计团队成员的工作；明确团队成员的任务；阐述组织的程序、规则和程序；在部门内制定政策、规则和程序以协调工作和信息的流动性。

2）联络者。发展与客户或顾客的关系；维持与供应者、顾客以及其他对部门或组织而言重要的人物和团队的关系；加入部门、组织或公共服务俱乐部；发展和维持内部的人际关系网。

3）人事协调者。招聘人员；向团队成员讲述他们的工作业绩如何评估；正式评估团队成员的综合工作业绩；在组织政策的范围内给团队成员支付薪水；确保团队成员经过适当的训练；提升或者推荐提升团队成员；开除团队成员或者使其降级。

4）资源分配者。批准物质资源的使用；批准财务资源的支出；中止不必要的、不合适的或者无效的仪器或服务的使用。

5）任务授权者。指派项目或者任务给团队成员；明确完成任务的优先权和绩效标准；恰当地委任团队成员以确保有效的工作业绩。

（3）与领导职能相关的角色。与领导职能相关的管理角色有八种——挂名领导、代言人、谈判者、指导者、团队建设者、团队作业者、技术问题解决者、企业家：

1）挂名领导。以组织正式代表的名义接待客户或者顾客；作为外界可见到的组织的代表；以组织正式代表的名义来聚集组织以外的力量；接待正式的访问者。

2）代言人。对询问作出回答；向管理者所在组织部门外的个人和团队作正式的报告。

3）谈判者。就有关资金、设备、仪器和其他形式的支持物等事宜与监管者协商；就有关人事、设备和其他形式的支持物等事宜与组织内其他部门协商；就有关服务、日程表和传递时间等事宜与供应商和卖主进行协商。

4）指导者。认识到员工的成就；给他们鼓励和支持；对有效绩效和无效绩效作出回馈；在提高绩效方面向团队成员提供建议。

5）团队建设者。确保认识到团队成员的成就；发动那些鼓励团队士气的活动；定期举行员工会议以鼓励团队成员谈论自己的成就、问题和关注点。

6）团队作业者。适当地发挥个人引导作用；与组织的其他部门合作；通过对监督者计划和决策的全力支持以表明自己的忠诚。

7）技术问题解决者。以一名技术专家或建议者的名义提供服务；执行个体贡献者的任务，如定期宣传销售口号或对软件故障进行检修。

8）企业家。阅读商业刊物和专业杂志，并搜索因特网上的信息以顺应时代的发展；与顾客或者组织中的其他人交流以了解最新的需求和要求；参与部门外那些能够对发展管理者所在部门的业绩起作用的活动。

（4）与控制职能相关的角色。与控制职能相关的角色主要是监管者和骚乱控制者：

1）监管者。设计、衡量或者监管组织各种业绩的体系；用管理信息系统来衡量生产率和成本；与团队成员交流指派任务的进程；监视仪器和设备的使用情况。

2）骚乱控制者。参与部门内抗议事件的解决；处理顾客、其他部门和监管者的抱怨；解决团队成员间的冲突；解决与其他部门之间的工作流动性和信息交流问题。这一角色也可以看做是与领导职能相关的角色。

三、管理者工作的差异性

管理者的工作是有差异性的。这里的差异性是指：由于组织的传统与现代性、组织规模、组织层次、管理者价值观等因素不同而导致的，管理者所扮演角色的侧重点的不同。

1. 组织的传统与现代性对管理角色的影响

管理者的工作范围发生了很大的变化。从控制者、主管到指导者、便利者和支持者。目前许多管理者都少了不少正式的权力，而像团队成员的搭档那样工作，并和他们一起实现目标。现在的管理者强调水平关系而降低了垂直（上下）关系的重要性。表2-1表明了现代管理者角色与传统管理者角色之间的不同。当然，传统管理者的做法与现代管理者的做法只有适合不适合管理环境之分，而没有对错之别。

表2-1　传统管理者与现代管理者的角色差异性

传统管理者	现代管理者
认为自己是管理者或“老板”	认为自己是负责人、领队或顾问
传达命令	与其他人交流以完成工作
在一个设定的组织结构中工作	随着市场的变化改革组织结构
独自做多数决策	邀请他人一起决策
掩盖信息	信息公开
试着掌握某种理论，如营销或者金融	试着掌握多种管理学理论
追求长期任职	追求成果
管理团队成员	与团队成员一起工作

2. 组织的规模对管理者角色的影响

组织规模即组织的大小。组织的大和小是相对的，划分的标准也是多种的。例如，组织成员的数量、企业的年销售收入、组织的总资产等。大规模的组织是复杂的、标准化的。小规模的组织是灵活的，能够迅速地对环境作出反应。组织的这些差异性，使身处其中的管理者扮演角色的侧重点存在着不同。

如图2-1所示，大组织管理者主要处理的是组织的内部事务，他们的首要角色是资源分配者，相比之下，小组织管理者的首要角色是发言人，他们需要花大量的时间和精力处理组织的外部事务；与大组织的标准化相比，小组织管理者的工作往往是非正规性的，小组织管理者更可能是一个通才，他们的工作内容综合了大组织上至高层管理者、下至基层管理者的工作。

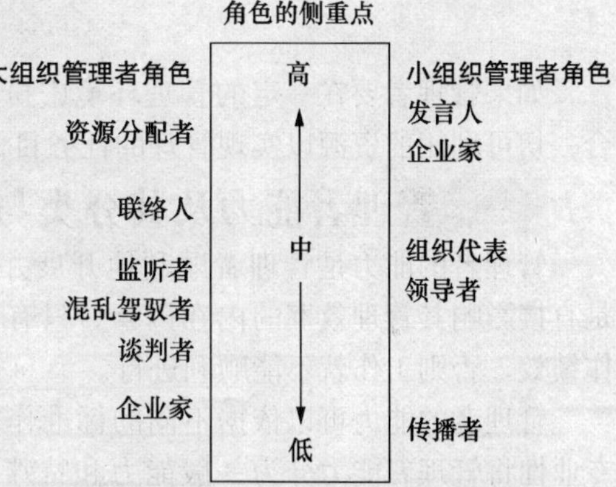

图2-1　大组织与小组织管理者的角色差异性

3. 管理者层次对管理者角色的影响

如前所述，组织中的管理者可以根据

其所处的管理层而划分为高层管理者、中层管理者和基层管理者。虽然管理者都履行着孔茨等分析的计划、组织、领导、控制等职能，扮演着明茨伯格所说的决策角色、信息角色和人际角色，但是却有不同的侧重点。

其变化规律是这样的：一般地，层次越高的管理者在计划与组织和控制三方面付出的时间就越多、在领导职能上付出的时间就越少。相应地，其扮演的角色的重要性由高到低的顺序是“决策角色—信息角色—人际角色”；而层次越低的管理者在计划与组织和控制三方面付出的时间就越少，在领导职能上付出的时间就越多。相应地，其扮演的角色的重要性由高到低的顺序是“人际角色—信息角色—决策角色”。

4. 管理者的价值取向对管理者角色的影响

价值取向（value orientation）是指某个人或者团体在思考或行动的过程中，不自觉地遵从一组价值标准情况下所表现出的行为倾向。不同管理者价值取向的不同会导致其在工作中的侧重点的差异。

传统中我们认为，在组织工作中最具成效的管理者，也是在组织中被提升得最快的人。但是卢森斯和他的助手们 1988 年却提出了不同的观点——最有成效的管理者并不能带来职位的同等提高，从而提出了有效的管理者和成功的管理者的概念。所谓有效的管理者是指在工作绩效的数量和质量两方面俱佳，并且使下属感到满意并得到下属支持的管理者。所谓成功的管理者是指在组织中提升速度快的管理者。他们都在管理实践中开展着前述的、卢森斯及其助手归纳的四种活动，但是越成功的管理者在时间分配上就越侧重于网络联系，而对人力资源管理活动所花费的时间最少；越有效的管理者则在时间分配中侧重于沟通，所以能取得好的工作绩效并得到下属的支持，但由于在网络联系上花费的时间太少，导致他们的晋升受阻。

第四节 管理者的能力

如果管理者要在一定的管理环境中扮演好有关角色、履行好应有的职能，进而整合一切可利用的资源以实现管理的任务目标，那么他们必须具备相应的能力。

一、管理者能力及其分类与差异

管理者的能力是管理者顺利地开展并成功地完成其管理工作所必需的个性特征，是直接影响其管理效率的内在因素。只有在能力上足以胜任工作，才能取得良好的工作绩效，否则工作就不能顺利进行。

管理者的能力可以依据不同的标准作出不同的分类，如可以根据能力作用范围的专业性将管理者能力分为一般能力和特殊能力——一般能力是在很多基本活动中表现出来的能力，它适用于广泛的活动范围，例如，观察力、记忆力、注意力、想象力、抽象思维能力等；特殊能力是表现在某些专业活动中的能力，它只适用于某种狭窄的活动范围，例如，节奏感受能力、色彩鉴别能力、计算能力、飞行能力等。当然，我们还可以从功能上将管理者能力分为认知能力、操作能力、社交能力；从创造性方面将管理者能力分为模仿能力与创造性能力等。

毫无疑问，管理者之间的能力是有差异的，这种差异性主要有两个方面：类型差异，即某些管理者具备某项能力而另一些管理者不具备这一能力；水平差异，即不同管理者在某项能力方面的水平高低之别。

然而，无论管理者的能力类型如何，它们之间的差异有多大，各个管理者的能力都有一些共同的构造要素——除了多数管理学作品中经常地、特别地强调的管理者技能之外，还应该包含管理者的体力、知识、品格，其中体力与知识是管理者能力的基础要素，品格直接影响了管理者能力发挥的方向与综合效果，技能则是管理者能力的核心或实质要素，本节下面的部分将对这些能力要素及管理者能力的获得与内化途径进行分析。

二、管理者能力的构成要素

1. 体力

体力是多数关于管理者能力结构的分析所忽略或不屑涉及的要素，而实际上，开展和有效完成管理工作不仅需要管理者具备足够的心智，也需要饱满的精力和充沛的体能，所以体力是管理者能力的必要组成因素。

体力是什么呢？它主要是指人在劳动中能付出的生理力量，是指人体各器官系统在肌肉活动中表现出来的机能。它是在遗传性和获得性的基础上表现出来的人体形态结构、生理机制和调节功能。体力强弱主要表现为以下五个方面——它们共同决定着管理者具体的体力水平：

（1）身体形态及其发育水平，包括体格、体形、姿势、外貌、营养状况及身体组成。

（2）生理机制，包括机体新陈代谢水平以及各器官、系统的效能。

（3）运动能力，包括速度、力量、耐力、灵敏、协调、柔韧等素质及走、跑、跳、投、攀、爬等身体活动能力。

（4）适应能力，包括对环境条件的适应能力、应激能力及对疾病的抵抗能力。

（5）感知能力，包括视力、听力、味觉、直觉等能力。

有人说，随着高科技物化为生产力的普遍性变化，现代生产与社会工作对人的体力要求越来越低了，其实不然。因为体力包括量与质两个方面，而不同的生产水平与社会活动对人们体力的质与量的要求也不尽相同。通常情况下，社会生产力水平越高、技术复杂程度越高，对体力质的要求也越高；反之，则对体力质的要求也低，而对体力量的要求越高。

2. 知识

知识是指管理者做好工作所必须具备的基础知识与专业知识，它是提高管理者能力的重要源泉。管理者应有一个科学的、优化的知识体系，我们形象地称为“T”形结构，或称通才结构，要求管理者的知识要有深度和广度。当然，为适应不断地、快速地发展的社会现实，管理者能力的知识要素还要有新度。

管理学是一门综合性很强的学科，这就要求管理者掌握很多方面的知识。一般而言，管理者能力的知识要素至少应该包括以下六个方面：

（1）行业知识。管理者应掌握专业方面的知识、了解本行业的科研和技术的发展情况。因为，无论在什么行业从事管理工作，都应该具备一定的、本行业的科技基础知识，否则就难以根据该行业的技术特性开展管理工作、进行有效的管理，同时树立起自己的权威也较难。

（2）管理学知识。管理者不懂管理知识是一个组织的悲哀。如果要在管理实践中尽量少走弯路、成为高效的管理者，那么管理者必须了解当前管理理论的发展情况、掌握管理的基本理论与方法。

（3）经济学知识。帮助管理者把握经济发展的规律、懂得按照经济规律开展相关的管理工作。

（4）政治与法律方面的知识。管理者要掌握所在国家执政党的路线与方针及政策、国家的有关法律与条例和规定，因为只有管理者了解相关的政策法规，才能不违反国家的方针政策和法律法规，正确地把握组织的发展方向进而保证组织顺利发展，维护自身合法权益。

（5）心理学与社会学等其他人文社科方面的知识。管理的主要对象之一是人，而人既是生理的、心理的人，又是社会的、历史的人，因此学习一些心理学与社会学等其他人文社科方面的知识有助于管理者了解管理对象，从而有效地协调人与人之间的关系、调动员工的积极性。

（6）计算机及其应用与统计等其他自然科学方面的知识。随着办公自动化的推进、管理工作的数字化与规模化，计算机及其应用与统计等其他自然科学方面的知识对管理者而言也愈益重要。

3. 品格

体力是各种知识的物质载体，知识在某种意义上即是才华，没有一定的知识积累，管理者能力便无从谈起，然而“德才兼备”历来是衡量人的一个基本标准。司马光还在《资治通鉴·周纪二》中讨论了德才关系，他指出：“才者，德之资也；德者，才之帅也。”也就是说，德才不可分割，“德”靠“才”来发挥、体现，“才”靠“德”来统率、指导。

德即品格，是个体用来调节与处理对己、对人、对事、对组织的关系的稳定行为特征与倾向；在外表现为态度与行为特征，在内表现为个人的信念与行为准则。它对管理者能力的最终形成及其效用发挥起着关键性的制约作用。

一般地，我们可以从以下五个方面来对管理者的品格进行观察和思考：为人正直、职业抱负、社会道德、处事心态、言行作风。

（1）为人正直方面。正直曾成为 2005 年度美国韦氏网络版词典十大流行词语之首，德鲁克在《管理——使命、责任、任务》（实务篇）中认为：正直是管理者开展工作的一项必要条件。并指出：正直的品格是一项无法学得的品质，是管理者无法从别人那里获得但却必须具备的品质。

对管理者而言，正直意味着什么呢？我们可以借西汉时期的韩婴在《韩诗外传》中所写的如下话语来感知正直的含义：“正直者顺道而行，顺理而言，公平无私，不为安肆志，不为危激行。”即正直者要公道正派、正心诚意、公平公正等。

（2）职业抱负方面。没有职业抱负的管理者是不可能有所作为的。管理者只有树立起一定的职业抱负，才会有强烈的事业心和责任感，才会有干劲，才会对组织有所贡献。管理者的职业抱负主要指他们对工作的责任感、作为人的进取心和坚韧性、能在困难与压力和竞争的氛围中勇往直前等，换句话说，就是作为管理者要“主动进取、追求卓越、创新发展”。

（3）社会道德方面。斯蒂芬·罗宾斯提出了道德标准方面的三个观点，他指出：完全依据成果或结果制定决策的道德观是道德的功利观；按照尊重和保护个人自由及特殊权益的观点进行决策的道德观是道德的权利观；根据公平和公正原则进行决策的道德观是道德的公正观。

管理者的道德即管理者制定与贯彻决策时所坚持的价值观及行为原则，在这里，管理者的社会道德是指管理者的社会责任感。米尔顿·弗里德曼等部分经济学家认为企业的真正所有者是股东，企业及其管理者不应该承担额外的社会责任，而斯蒂芬·罗宾斯等学者则指出企业对社会责任的承担与企业的经济效益是正相关的，因此要加强管理者的社会责任感、培养他们服务企业的同时，服务社会的公平公正观及远见卓识。

（4）处事心态方面。处事心态是管理者品德的重要组成因素之一，是管理者情商在管理实践中的重要体现。

乔纳森和明茨伯格认为，管理者需要同时综合五种不同的心态——每一种心态都与管理者的某一具体管理对象相联系。它们是：

1）反思的心态：管理自己。管理者需要适当地停下来思考他们到底在干什么，以便明白和强化自身行为的意义。

2）分析的心态：管理组织。管理者不可能不认真分析就能很好地开展相关的管理工作，在规模较大的、运作较复杂的组织中更是如此。

3）全球化的心态：管理背景关系。高效的管理者需要了解和熟悉背景关系，或者说制定决策与采取管理行动的特定文化和环境。

4）行动的心态：管理变化。有效的管理者在必要的时候要果断而审慎地突破陈规、采取变通的方式。

5）合作的心态：管理人际关系。管理者需要帮助人们能够与他人进行合作，并且创造条件以培养人们的情绪，使他们愿意努力完成工作。

进一步而论，这些处事心态需要管理者至少具备以下心理特征：自知、自信、乐观；锐意进取的胆识、坚定的意志；稳定的情绪；接纳、宽容与忍耐。

（5）言行作风方面。管理者的言行作风即他们在管理活动中所表现出来的行为特征之综合体，这一综合体在某种意义上是组织文化的外在表现，它必将影响下属的工作态度与工作风格，俗话说的“上梁不正下梁歪”就体现了这一思想。所以，管理者在工作中有必要优化自身的修养，注意自己的言行。例如，要善于调查研究、注意工作方法、讲求工作实效；要以身作则、言行一致、严于律己、宽以待人、作风民主、深入群众。

4. 技能

管理者的管理绩效决定着组织的成败兴衰，而决定其绩效好坏的关键因素之一，就是管理者是否具备与其所在管理岗位相适应的管理技能。

技能是人们把各种知识和业务应用于实践活动中所表现出来的能力。美国管理学学者罗伯特·L. 卡茨在《哈佛商业评论》上发表的“能干的管理者应具有的技能”的论文中，提出了管理者必须具备的三种技能是：技术技能、人际技能和概念技能。此外，许多管理学学者也在技术、人际、概念技能的基础上从各自的不同视角以及各自的理解提出了不同的观点。例如，孔茨、韦里奇和卡茨提到的设计技能；安德鲁·J. 杜柏林提到的诊断技能和政治技能；里基·W. 格里芬提到的沟通技能、决策技能、时间管理技能等；德鲁克还认为管理工作的特殊性要求管理者具有特殊的技能，其中包括：作出有效的决策，在组织内部和外部进行信息交流，正确运用控制和测评，正确运用分析工具技能等。下面将就管理学者与管理实践者常常提及或运用到的管理技能进行简单介绍。

（1）技术技能。管理者的技术技能是指管理者运用自身所掌握的某些专业领域内的有关工作程序、技术和知识来完或一项特定工作任务所具备的能力，即人们通常讲的业务能力。它是管理者对相应业务领域进行有效管理的必备条件。对于管理者来说，因其所处的管理层次的差异，对特定专业技术的精通程度的要求也有一定的不同，但起码应当对该专业领域要懂行。离开了技术能力的支持，将很难与所主管的组织或部门内的专业技术人员进行有效的沟通，也无法对他们所管辖的业务范围内的各项管理工作和业务工作进行具体的指导，尤其会对他们的决策的及时性、有效性造成不利的影响。这种技术技能对管理活动的支持作用，对于基层管理者来说更为重要。管理者的技术技能可以通过学校的专业技术教育或组织在职培训获得，并在实际工作的实践中得以强化。

（2）人际技能。人际技能也称“人事技能”，是管理者处理人事关系及人际关系的技能，包括理解、激励他人；能与他人有效沟通并和谐、愉快相处的能力。通俗地讲，人际技能就是管理者处理好人与人之间关系的能力。那么主要是指与哪些人之间的关系呢？纵向上包括与其上级的关系和与其下级的关系，横向上包括与组织内部其他部门、专业领域的关系，有时还涉及组织中的其他斜向关系和组织以外的相关组织及政府的关系。管理者必须具备人际关系技能，在同等条件下，人际技能可以有效地帮助管理者在工作中获得成功。

应当注意的是，人际技能不是为了关系融洽而去被动地迎合对方。它的根本是在复杂的利益关系中找到共同利益的基础，在纷繁的观点中找到共识，在共同利益的基础上激励他人协调一致。在以人为本的今天，人际技能对于各层次的管理者都是一种极其重要的基本功。没有人际技能的管理者是不可能做好管理工作的。

（3）概念技能。概念技能又称构想技能，属管理者的核心能力范畴。概念技能是指其观察、理解和处理各种全局性的复杂关系的抽象能力，包括感知和发现环境中的机会与威胁的能力；对全局性、战略性、长远性的重大问题的处理与决断能力；对突发事件、紧张处境的应变能力等。具体来讲，管理者的概念技能包括管理者认知和理解事物的相互关联性进而找出关键因素的能力；确定和协调各方面关系的能力以及权衡不同的方案和内在风险的能力；并在此基础上，为确保组织目标的实现和相关利益者利益的获得而解决问题的能力。

管理者的概念技能归根到底是其自身的一种洞察能力和思维能力。在市场竞争日益激烈的条件下，最高管理层的决策能力以及组织的创新能力，无一不与管理者自身的概念技能紧密相关。

（4）设计技能。所谓设计技能是指管理者采取对组织有利的方法解决问题的能力。一个有效的管理者，特别是高层管理者不仅要善于发现问题，而且必须像一个优秀的设计师那样，根据实际条件及时地找出对所在组织有利的解决问题的办法来。他们认为管理者不仅是能看出问题的观察者和讨论者，更应当是具有设计技能的解决问题的实践者和创新者。

（5）诊断技能。组织中的有效管理者理应具备组织管理所需的诊断技能。格里芬认为有效的管理者应根据组织中出现的"症状"表现，来"诊断"组织问题的本质，就像医学专家根据病人的症状确诊病人的病情一样，通过表现分析来确定组织问题的实质。例如，发生了某部门员工离职率高的问题。离职率较高的问题只是个表征，理论上讲引起这个问题的因素可能不止一个。管理者通过对复杂情况的分析和诊断，排除了其他因素，证实了本质是该部门主管的人际技能较差。有了正确的诊断后对应措施就不是问题了。又如，公司某产品的销量大幅上升且超出了预想程度。作为一个有效的管理者，不能只因销量大增的事实对本公司有利就认定不是问题而只顾欢喜了。因这个"销量大增且超出预想"只是个表象，其背后的深层原因有许多种：本公司该产品定价过低、某种特定原因引起的市场需求增加、竞争对手的定价过高等。只有通过诊断找出销量剧增真正的本质原因，才能做出对公司有利的最佳选择。

（6）分析技能。分析技能与概念技能密切相关，它是诊断技能的补充与延伸。分析技能是指管理者在某一特定形势下鉴别关键变量过程中，分析问题与问题之间、表象与本质之间、因素与因素之间的相互关系，进而找出最应关注的关键因素的能力。诊断技能帮助管理者认识并理解其所处的形势，分析技能使管理者了解和判断其在该种形势下行动的方向。

分析技能与决策技能也有密切的联系。一般来讲，分析技能并不涉及实质性的决定。从这个意义上看，分析技能是决策技能的基础和前置，而决策技能是分析技能的升华和后续。另外，在管理实践过程中，虽然分析者和决策者可能是同一个人，但在更多的情况下，分析主体和决策主体并不是同一个人。例如，在为新厂选址的整个过程中，相关管理人员要分析各个选点的优势及劣势、经过调查和预测提出建议和备选方案，这个过程主要是分析技能在起作用。而最终拍板定案是由决策层的决策者来进行的，这个过程虽不能说与决策者的分析技能毫无联系，但毕竟起主导作用的还是决策者的决策技能。

（7）政治技能。让工作有效率的方法中的一个重要部分是获得权力并阻止被其他人夺走。管理者用政治技能来获得所需的权力以达到目标，其他的政治权力包括建立适当的人际脉络并给必要的人留下深刻的印象。此外，具有较高政治技能的管理者对人有着敏锐的感觉，从而能够控制与别人交际的结果。这种控制感往往会减轻与别人交际的压力。

政治技能应该被视为工作能力和其他技能的补充物。那些将做实质性工作的时间用来发展政治技能的管理者会过分注重取悦公司内部人员和提升自己的职位。在行政上花费过多的时间会导致处理顾客问题和提高生产率的时间相应减少。

（8）沟通技能。沟通技能是有效传达理念和信息并有效接受理念和信息的能力。管理者需要这些技能向下属传达理念，让他们了解自己的期望；和同事协调工作从而在一起更好地共同工作；向高级管理者通报工作进展的信息。此外，它还帮助管理者倾听他人的言语，理解信件、报告和其他书面沟通工具背后的含义。

（9）决策技能。有效能的管理者具备良好的决策技能。决策技能是管理者正确认识和定义问题与机会，选择合适的解决问题的方法和抓住机会的能力。没有哪个管理者会永远正确。然而，有效能的管理者在绝大多数情况下作出好的决策，并且当他们真的作出错误决策之后，他们通常能够快速地认识到错误，然后作出好的决策以尽可能低的代价或损失进行补救。

（10）时间管理技能。有效能的管理者通常拥有良好的时间管理技能。时间管理技能是管理者为工作分配优先次序、有效率地完成工作和适当授权的能力。正如前面已经指出的，管理者们面对许多不同的压力和挑战。管理者很可能忙于完成完全可以推后或交给他人办理的工作。不幸的是，当这种情况出现时，更加紧迫和更加优先的工作却被忽视了。亚马逊网上书店的 CEO 杰夫·贝佐斯将每周的会议安排在三天时间里，他坚持在剩下的两天时间里不参加任何会议，他需要时间管理自己的思想并且留出时间同员工进行非正式沟通。

三、管理者能力的获得与内化途径

毫无疑问，管理者的能力与先天的禀赋是有一定联系的，但是依靠后天的学习和锻炼是可以改造和培养的，而且后天的能力获取和强化途径往往是管理者能力的更为重要的形成方式。

正直的品格是无法学得的，而对体力这一管理者能力的基础要素而言，主要的后天获取和强化途径是生理结构机能与机制的维护与保护，除医疗卫生、营养保健外，主要依靠人力资源管理部门的保障工作，包括工作姿势设计、环境条件改善、作息时间安排等内容；对知识、品德、技能等管理者的能力要素而言，其后天的获取和强化途径主要有三个：学校教育、先辈经验、管理实践。

1. 学校教育

管理是一门科学，是指它以反映客观管理规律的管理理论和方法为指导，有一套分析问题、解决问题的科学方法论。有关人员可以通过接受学校教育来掌握这些理论和方法，用来指导自己的管理实践。

学校教育可以说是提高管理者能力最根本的途径。据统计，世界上最早开展工商管理硕士（MBA）学位教育的美国哈佛商学院，30%的 MBA 毕业生 25 年后都成为公司的总裁、董事长、合营企业或自办企业业主，20%的 MBA 毕业生在美国 500 家最大的公司担任高层要职，而美国 500 家大财团中 2/3 的决策经理有哈佛商学院的学习背景。

作为管理能力的重要形成方式之一，学校教育的主要好处是可以学习一个得到良好开发的课程、熟悉当前的有关研究成果和思想，同时保证学习者在时间和精力上的全力投入。但是学校的管理教育通常过于宽泛，因为它的目标是满足所有类型学生的学习需要，这常常导致学习者难以获得专门的管理技巧。另外，尽管管理工作的许多方面都可以在学校教育中获得，但真正的理解和掌握还有赖于经验——先辈的经验与来自管理实践的自身的经验。

2. 先辈经验

简单地说，通过先辈的经验获得和强化管理能力就是从他人，准确地说，是其他管理者身上获取和强化管理能力。

这与学校教育的途径不一样，因为相对而言，学校教育所传授的东西都是已成体系的、见诸于世的管理知识，而这里的先辈经验则主要涉及那些还未被正式传播的个人或集体经验；当然，通过先辈的经验获得和强化管理能力与管理实践的途径也是不一样的，因为管理实践要求管理能力的获取者身体力行。

通过先辈的经验获得和强化管理能力的具体做法有通过实习与做助理等方式观察、访谈甚至一般性谈话等。形象地简化而言，这种途径是要“听他人的故事，想自己的管理”，当然，必须坚持“与时俱进、实事求是地走自身特色路”的原则。

3. 管理实践

管理是一种艺术，管理的艺术性就是强调实践性，没有实践则无所谓艺术。管理者必须通过管理实践，在实践中发挥自己的积极性、主动性和创造性，因地制宜地将管理知识与具体管理活动相结合，才能成为优秀的管理者。

实践可以说是培养管理者的核心。但是要有好的培养效果，必须以学习为前提。管理的科学性与艺术性是不可分离、互相补充的。管理者只靠背诵管理原理、原则来进行管理活动，就如同医生只靠背医书就给病人诊断疾病一样，必然是脱离或忽视现实情况的无效活动；而没有掌握管理理论和基本知识的主管人员，在进行管理时必然是靠碰运气，靠直觉或过去的经验办事，很难找到对管理问题的可行的、令人满意的解决办法。美国管理大师彼得·德鲁克曾对此作过精辟论述：“如果你理解管理理论，但不具备管理技术和管理工具的运用能力，你还不是一个有效的管理者；反过来，如果你具备管理技巧和能力，而不掌握管理理论，那么充其量你只是一个技术员。”

所以，只通过学习是不可能培训出优秀的管理者的，学习只是为培养管理者在理论知识方面打下坚实的基础。实践才是培养管理者的最好方式。只有在实践中，管理者才有机会面对生动的情境，应用管理知识和技能，分析、解决各种管理问题；只有在实践中，管理者才有机会面对复杂的情境，发挥人际理解能力、组织理解能力、影响能力，协调、处理和发展内外部关系。实践是管理者最好的老师，也是检验、衡量和评估管理者素质的最好途径。

第五节 管理者与官僚主义退化病

官僚主义（bureaucratism）一词是从西方转译过来的，其中的“官僚”在中国古代是指那些在衙署办事的官吏，在德国著名社会学家、“组织理论之父”马克斯·韦伯的官僚制理论（Max Weber’s bureaucracy theory）中，“官僚”主要是指组织中的、专门化的职业管理人员，并不含有贬义的成分。后来“官僚”一词常用作贬义词，主要指不负责任的政府官员。而官僚主义则主要指代那种脱离实际情况、脱离部属与群众、老爷式的领导作风。

在企业管理方面，官僚主义主要描述的是这样一种管理乱象：管理者脱离了他或者她所服务的企业，错把自身当做“目的”而把机构当做手段，最终导致管理异化，管理不再是管理了。也就是说，管理者在开展有关管理工作的过程中，忽视了管理工作所处的实际环境情况，偏离了原有的那些开展管理工作时应该遵循的制度和规则，将自己的管理工作这一本身应是非人格化的职责人格化了，最终导致“不能有效地履行计划、组织、领导、控制等管理职能，不能有效地扮演相关的管理角色，进而影响到企业的进一步发展甚至破坏企业继续生存的基础”。

官僚主义是管理当局的成员，特别是那些不受市场考验的管理当局的成员较容易犯的一种“退化病”。这种退化病的危害是巨大的，这种危害不仅表现为对管理者本身及其下属发展造成的不良影响，还有更严重的后果，那就是导致企业停滞不前甚至走向衰败直至倒闭。

首先，对管理者本身及其下属而言，由于官僚主义的存在与滋长，导致管理者不能很好地在管理实践当中锤炼自身的管理能力，离有效管理越来越远，而管理者的下属则因为身处官僚主义盛行的企业环境中，不能有效地开展有关工作，更谈不上实现个人的进一步成长。

其次，对企业而言，官僚主义将主要影响以下几个方面进而破坏企业发展：一是官僚主义导致企业的整体思维僵化，使企业在某种意义上失去活力。二是官僚化造成企业内部甚至企业与外部主体之间人际关系的紧张状态。工作中的推诿、搪塞现象使彼此丧失基本的工作信任，人与人之间的关系普遍不正常、沟通成本呈几何级增加，工作效率下降是一个自然而然的事情。三是官僚化使企业缺乏创新，人浮于事、官样文章、满天飞的通知或规定、无休止的开会，似乎成为解决问题的救命稻草，但实际上都是有其形而无其实。此外，官僚主义还会导致企业管理中的权责严重失衡、信息严重不对称、各个职能部门分歧恶化等消极后果。

随着企业规模的扩大、企业运作复杂程度的增加，企业管理者中的成功者就越来越受到上级的重视以及低层次企业成员的羡慕甚至崇拜，企业管理者，尤其是高层次的企业管理者，就更容易偏离相关业务的实际运作环境，同时多数企业管理者的职责范围不断扩张，诸般因素作用之下，企业管理者开展管理工作的过程中就越容易出现官僚主义退化病。

因此，预防、制止并在可能的情况下消除官僚主义退化病，应该是任何一位有效管理者的首要目标。

小结

管理者是管理的活性器官。管理者并不是组织自然延伸的产物，而是组织结构化过程中制度选择的结果。管理者的界定不能按照权力路径，仅能按照责任的路径，区分是否是真正的管理者的根本标准是对组织的贡献。管理者的工作有宏观和微观之分，宏观偏重职能，微观重视角色。管理者的能力多种多样，有的是先天的，有的是后天的。管理者受个体限制，其能力是有局限性的。真正的管理者是基于理性训练的有效的人，会深刻地认识到去智存知的重要性。防范管理者的官僚化，就是要杜绝管理者的理性放荡。

关键概念

管理者　管理工作　角色　管理能力　概念技能　人际技能　技术技能

问题和讨论

1. 为什么需要管理者？
2. 如何分析管理者的工作？
3. 管理者有哪些角色？
4. 管理者有哪些基本技能？
5. 讨论：你对“管理者不是组织的自然延伸”的认识。
6. 讨论：你对“管理者的正直诚实不是教育能培养出来的”的认识。

案例应用

冲突发生在伊拉克

1962年的5月，刘大荣领着中国建筑公司的400名工人来到伊拉克提克里特，好像到了火焰山！天上喷着火，一张嘴说话，嗓子马上就哑了。

一个火热的日子，一声哨音过后，工人扔下了工具，休息一会儿，混凝土工张明生今天喝了第三壶水，水早已浸到嗓子眼，可他还是要喝。

又一声哨响，工人们重新拿起工具，张明生的水喝得太多了，躺在地上懒得动，想再待一分钟。忽然，一只皮鞋重重地踢在他的工作帽上，他脑袋嗡的一声，火星直冒。他立即爬起来，还没等站稳，又一皮鞋踢在腿上，他踉跄了几步，才立住。

面前站的是日本人吉田，脸色阴沉，叽里哇啦地嚷着。张明生只听懂了里面的“八格”，他的脸由于气愤而涨得通红，眼睛里喷出怒火，“八格牙鲁!”张明生本能地对骂了一句。

吉田一愣，随即扬手挥了过去。张明生再也忍受不住，也猛扑过去，与对方扭成一团。在工地的其他工人停下活计跑上来，“打!”他们一齐喊道。吉田见势不妙，扭头就跑，边跑边回头恶狠狠地说：“你们的，统统解雇!”

“解雇就解雇，老子早不想干了!”张明生喊道。“对，不干了!”有人附和。

张明生手一挥，“走，不干的跟我走，找刘头儿去!”

一到队部，张明生带头嚷道：“刘头儿，我们不干了!快送我们回国吧!”

刘大荣了解了事情的缘由后，说：“你们不要这洋钱，国家还要呢!”刘大荣拍拍张明生的肩，又看了看另外几个小伙子说：“先复工怎么样?打人的事我去交涉!”

刘大荣戴上三道杠的工作帽，和翻译李文杰驱车去日方事务所，“小李”，刘大荣说，“日本人管理比较严，这是好的，我们在国内习惯了慢节奏，一下子很难适应，这就引起了工人们的牢骚。不过他们打人是不对的。日本人骂‘八格’是懒惰的意思，张明生骂‘八格牙鲁’就提高了几个等级，变成了××××了。”

日方事务所的空气紧张。丹野所长烦躁地来回踱步，吉田站在一旁不敢出声。工地上打架是一件最犯忌的事!

一声喇叭响，刘大荣和李文杰下了车，丹野迎上去说：“发生了这样的事情，我很遗憾!”

刘大荣通过小李表示，“我也有同感。”

丹野直截了当地说：“我要求张明生和那几个罢工的工人统统解雇!”

“没有工人罢工，他们是向我陈述事情的经过，现在已经工作了。我想指出的是贵国违反了我们共同签订的合同。”刘大荣毫不示弱。

“什么?”丹野像被炙了一下。

刘大荣不慌不忙地说：“合同第五条写着‘中国劳务人员与日方管理人员之间是承包与雇佣关系’，就是说打人是不允许的!”刘大荣语调沉静而有力，不卑不亢。

“这个……”丹野先生语塞了。当初签订合同的时候，中方执意要加上这一条，他与日方另外几个官员很爽快地答应了，他们认为这是虚的，重要的是中国人缺乏信息和经验。谁会想到，今天中国人会运用这个条款?

“丹野先生，您认为如何呢?”刘大荣又问了一句。

丹野无言以对，片刻的沉默以后，他转向吉田：“去，向刘队长道歉!”

吉田磨磨蹭蹭地不愿移步。

丹野走上前去，“啪!”一个耳光，吉田歪了一下，忙又站直，“啪!”又是一下。“你被解雇了，回去收拾东西，滚回东京去!”丹野对吉田怒吼道。

吉田慌了，哀求道："丹野先生！丹野先生！"

丹野不理他，转身走到刘大荣面前，鞠了一个九十度的躬："队长阁下，我代表日方向您表示歉意。"并表示今后不会发生此种不愉快的事。

刘大荣连忙站起来，握住丹野的手说："丹野先生，请别这样，我们也有责任。我们的工人还没有适应贵国的管理，也由于语言不通而造成一些误会，请您谅解。吉田先生虽然急躁了一些，但出发点还是好的。他是一位出色的工长，我请您继续让他工作，请相信我，我是真心的！"

丹野和吉田愣住了。

3个月后，由中国人施工的提克里特医院全部竣工了。伊拉克领导人视察后高兴地宣布"伊拉克有22座现代化医院，中国人造的这座是唯一的标准！"

丹野和吉田成了刘大荣的好朋友，并一再表示：希望在将来的工地上能与刘先生合作。

讨论题

1. 试分析刘大荣的管理艺术，其有效性如何？
2. 你还有其他较好的解决办法吗？

自我评估

你是企业家吗？[1]

提示：这个小测验是看看你是否具有与成功的企业家有关的性格，就每一种特征从－2～2的范围里选择适当的标度对自己进行评定，每种标度的含义如下：－2我肯定不具有这种特征；－1我基本不具有这种特征；0不能肯定或不知道；＋1我有这种特征；＋2我有很强的这种特征。

特　征	分　值 －2　－1　0　＋1　＋1
自信	
有干劲、勤奋	
冒适度风险的能力	
创造性	
灵活性	
积极地响应挑战	
推动能力、领导能力	
与人们和睦相处的能力	
对建议的敏感性	
对批评的敏感性	

〔1〕［美］斯蒂芬·P. 罗宾斯. 管理学（第四版）［M］. 北京：中国人民大学出版社，1997.

续表

特　征	分　值 －2　－1　0　＋1　＋1
市场知识	
坚定、决心	
随机应变	
对成就的需要	
首创精神	
独立性	
远见	
利润导向	
洞察力	
乐观	
多样化	
产品和技术知识	

（结果说明：把你对22项特征的得分加总，它将介于＋44～－44分之间。你的正分数越高，说明你就越具有成功企业家的共同特质。）

▲ **学完本章后，你会知道：**

1. 管理伦理的概念
2. 管理者在伦理管理中的作用
3. 管理者应有的价值观念
4. 管理者要注重培养人文情操和社会精神，学会从伦理思维高度指导管理实践

第三章 管理伦理

任何社会科学理论，均要求一定的伦理观念指导，管理理论与实践也不例外。伦理管理是管理实践的客观要求，国内外经验显示，各国在管理伦理尤其在企业经营伦理方面都曾付出过沉重代价，这就促使人类社会普遍认识到人文伦理对管理理论和实践的重大价值。管理伦理主要关注管理实践中的重大道德问题，要求管理者“保护所有受组织决策和活动影响的人们（包括顾客）的幸福”。[1] 至今，管理活动的伦理要求已在全球成为新的趋势，并对人类社会生态产生巨大影响。一方面，伦理因素改变着管理者的价值取向，越来越成为管理过程和管理决策不可忽视的重要指标；另一方面，伦理因素也改变着被管理者以及整个社会的心理期待。伴随人类社会的进程，管理水平不仅仅表现为有效和高效，更表现为价值的提升和要求，管理伦理将促进人类社会更高层次的秩序和幸福。

第一节 管理伦理概述

一、管理伦理的概念

伦理学是研究道德现象及其发展规律的学问。了解管理伦理规律，首先要把握道德与伦理的概念。

1. 什么是道德

据中国古代典籍，“道德”二字在最早是两个单独的概念。道，即道路，所谓“周道如砥，其直如矢”。在后来被引申为原则、规范、规律、道理，以及学说等。孔子曰：“志于道，据于德，依于仁，游于艺。”又说：“朝闻道，夕死可矣。”这里的所谓“道”，即做人治国的根本原则。老子曰：“道生一，一生二，二生三，三生万物。”其所谓“道”，即宇宙本体。所谓德，在《卜辞》中，其概念与“得”字相通，意为对“道”的认知，实行后之所得。东汉末刘熙曰：“德也，得事宜也”，是说把人与人之间的关系处理适宜得当，使自己和他人都有所得，即“德”。东汉许慎则解释为：“德，外得于人，内得于己也”，即是说，德，一方面指“以善念存储心中，使身心互得其益”，是“内得于己”；另一方面指“以善德施之他人，使众人各得其益”，是“外得于人”。与“道”相比，“德”的含义偏重于主观方面，是指人在实行“道”的过程中的内心所得。

“道德”二字的连用，最早始于《荀子》。荀子曰：“故学至乎礼而止矣，夫是之谓道德之极”，即是说，人们学到了“礼”，按“礼”的要求为人处世，就可达道德的最高境界。荀子在此将“道”与“德”连结为一个概念，并赋予道德二字以确定的意义，

---

〔1〕［美］加雷斯·琼斯，珍妮弗·乔治. 管理学基础［M］. 北京：人民邮电出版社，2004.

即指人们在社会生活中形成的道德品质、境界，以及调整人与人之间关系的道德规范。

中国人民大学罗国杰教授认为，“道德是一种特殊的规范调节方式，是通过社会舆论、传统习俗和内心信念维系并发挥作用的行为准则、规范的总和”；北京大学魏英敏认为，“道德，是人们在社会生活中形成的关于善与恶、公正与偏私、诚实与虚伪等观念、情感和行为习惯，并依靠社会舆论和良心指导的人格完善与调节人与人、人与自然的规范体系”。

在西方，“道德”（morality）一词起源于拉丁语“mores”，指风尚、习惯、性格等。之后从“mores”一词创建了形容词“moralis”，指国家生活的道德风俗和人们的道德个性，英文的“morality”即是该意的沿袭。

从中西方关于道德词源历史形态的考察可见，道德一词包含了社会道德原则和个人道德品质两方面的内容。

道德的构成要素主要包括道德意识、道德活动和道德关系三个方面，三者的统一，构成了一个完整的道德体系。

道德意识，即在道德活动中形成并影响道德活动的各种具有善恶价值取向的观念、情操、思想，以及理论体系，包括道德认识、道德情感、道德意志、道德信念、道德习惯和道德理论体系等。道德意识既是进行道德活动和形成道德关系的前提，又是在一定道德关系基础上和一定道德活动过程中产生的。

道德活动，即人们在社会生活中从事的具有一定善恶价值取向的所有个体行为和群体活动，包括道德行为、道德选择、道德评价、道德教育、道德修养等。道德活动是联系道德意识和道德关系的桥梁，是主观道德意识见之于客观道德关系的中介。

道德关系，即建立在一定权利和义务基础之上的，由一定道德原则、道德规范和道德标准加以维系的一种特殊的社会关系，包括人与自然的关系、人与自身的关系、人与他人的关系、人与群体的关系等。道德关系既是道德意识的具体再现，又是道德活动的目的和结果。道德关系由一定的经济关系决定，其一旦形成或变化会影响或制约人们的道德意识和道德活动。

2. 什么是伦理

韦伯斯特第 9 版新大学词典将伦理定义为：“涉及什么是善与恶以及道德责任与义务的学科。”

“伦”、“理”二字早在公元前 6 世纪前后就出现在《周易》、《尚书》等历史文献中，这些字在当时大都单用。在中国古代文化中，其最初含义是“轮”与“纹理”。“伦理”二字连用则最早见于战国末期《小戴礼·乐记》：“乐者，通伦理者也”，其本意是分类条理之意。后来，东汉许慎解释为：“伦，从人，辈也，明道也；理，从玉，治玉也”，这里的“伦”，即类别、辈分，引申为人与人之间的辈分关系；“理”，即治玉以显其纹理，引申为人类社会生活应遵循的秩序和行为准则。可见，中国古代的伦理即伦常之理。

西方的“伦理”（ethic）一词源于古希腊文“ethos”，意为风俗、风尚、品性等，其最早出现于荷马史诗《伊利亚特》，表示人们习惯共居的地方。后来，词义逐渐扩大，含有人的性格、气质、风俗、习惯的意思。公元前 4 世纪，亚里士多德首先在名词"ethos"的基础上，构造了形容词"ethicos"，以后又构造了新名词"ethika"（伦理学），使之具有道德品性和道德行为规范的涵义。

3. 道德与伦理的区别

伦理和道德的关系一直是伦理学界多年来模糊不清的问题，二者通常是被混用的。其实，二者既有区别又有联系。

现实而言，人们普遍承认伦理学以道德为研究对象，伦理学是关于道德的科学，两者在日常生活中常常相互替代或连用。因此，伦理学在西方又被称为"道德哲学"或"道德科学"。伦理学虽以道德作为研究对象，但其绝不是只专注研究道德的某一个方面，而是把人类社会的道德现象作为一个整体，全面地加以研究。换言之，伦理学的研究对象是由道德意识、道德活动和道德关系三个方面要素构成的道德体系。

道德与伦理虽有相通之处，比如它们都是指处理人与人之间关系的原则和规范，但也有些微区别。具体而言，道德往往是一种主体内在品性的要求，伦理则往往反映人们在道德实践中的人伦关系，可以说，伦理侧重于人与人之间的实际道德关系，更具实践性、客观性和外在的他律性，而道德则多指有关这种关系的主体性规范，如主体内在的精神性、主观性、自觉性或自律性。伦理是道德规范背后之理，是道德规范之所以如此的依据。伦理之于道德更为根本，脱离伦理谈道德是无本之木、无源之水。

4. 什么是管理伦理

从管理伦理的内涵界定而言，理论界主要有两种最具代表性的观点。一是"伦理"中心观，持这种观点的学者认为管理伦理就是指管理中蕴涵的伦理价值、道德原则（管理中的伦理）以及针对管理所作的伦理评价（管理的伦理）。它以伦理道德为参照点，强调管理本身的合伦理性、合道德性，重点在于关注管理的建设问题。[1] 二是管理中心观，这种观点认为管理伦理既包含管理的合道德性，又把一定社会的伦理原则和要求提升规定为管理法则。这两种观点一种侧重了对管理的伦理思考，另一种则侧重对伦理的管理功能的思考。[2]

从管理伦理涵盖的研究对象而言，目前，国内外的研究往往是将管理伦理（Management Ethics）和企业伦理（Business Ethics）混为一谈。有时候也称为"经济伦理学"、"商业伦理"、"商业道德"等。那么，我们究竟应该如何理解和定义管理伦理的概念呢？根据逻辑学，一个概念，其内涵越小外延越大，其内涵越大外延越小。因此，管理伦理覆盖了人类社会所有管理领域的伦理问题，管理伦理的研究不仅涵盖商业管理伦理、企业管理伦理，而且涵盖经济管理伦理、政治管理伦理、军事管理伦理、社会管理伦理、科学技术管理伦理，以及宏观管理伦理、中观管理伦理和微观管理伦理等一切管理领域的伦理问题，对整个管理领域的伦理建设起到指导和基石作用。

综上所述，本书认为，管理伦理，即从事各种管理活动的道德规范，是任何社会组织处理内部员工、组织与服务对象、组织自身与社会之间关系的行为规范总和。

根据管理伦理的理论与实践的发展，我们可以把管理伦理分为广义的和狭义的。

---

〔1〕 陈炳富，周祖城．企业伦理学概论［M］．天津：南开大学出版社，2008.
〔2〕 李平．管理伦理建设研究［D］．西南师范大学，2004.

广义的管理伦理包括工商企业伦理，也包括整个管理学科体系涉及的整个社会（营利的和非营利的）组织的管理伦理。从广义上理解的管理伦理，可以说之前的认识比较模糊，其受到特别关注和研究的历史也较短。狭义的管理伦理可谓企业伦理或商业伦理，如美籍华人成中英指出：企业管理伦理是“任何商业团体或生产机构以合法手段从事营利时，所应遵守的伦理规则”。[1] 该定义是对工商企业管理伦理的描述，而不包括工商企业之外的其他社会组织。狭义的管理伦理引起人们关注和重视的历史更长。而我们在这里更侧重于对管理伦理的广义思考和研究，不仅仅针对工商企业组织，而更着眼于对各类组织普遍适用的共性问题，是每一位有志从事管理职业者均须面对的重要问题。

二、管理伦理的特点

1. 管理伦理具有明显的实践性

管理伦理不是元伦理（meta-ethics），而是一种规范伦理，具有明显的实践性。一方面，其总是提倡某种理念与行为，使之得以蔚然成风，或贬抑某种理念与行为使之受到唾弃；另一方面，其所解决的往往不是道德本质、发展规律，以及研究方法等理论问题，而是重在管理实践中如何做得完美正确，并能给社会、组织，以及组织成员带来有意义的或美好的价值，这些情况表明管理伦理带有明显的应用性。

2. 管理伦理是行为规范，有一套相应的规则体系

管理伦理与一般的管理艺术或技巧不同的是，其在解决怎么做的时候，更侧重以人为主体，强调和重视人的价值观的地位和作用，从人的价值实现、需要满足出发，来规定应该怎么做，其重点在于解决管理的效用问题，是一个是非、取舍层面的问题，最终形成一个规范体系，用于约束形形色色的组织行为的种种狭隘利益冲动。

3. 管理伦理是组织伦理、关系伦理

管理伦理是组织伦理、关系伦理，体现为管理活动对其所涉及的一群人的内在要求以及这群人在管理活动中所具有的道德自觉性。这群人既包括管理者，又包括被管理者，还包括与管理活动有关的其他人员如服务对象、联络销售员等；既包括管理者的权利、义务、责任，又包括被管理者的权利、义务、责任，还包括管理组织对社会的义务、责任以及组织群体在社会上的道德影响。

4. 从管理伦理的作用来看

李平指出，根据管理伦理的主要功能，理论界普遍认为它具有两个特征：其一，终极关怀。即具有对人类管理活动的终极依据（合理性、合法性）和社会生活的终极理想的探求的特征。其二，反思和批判。即具有作为管理的根本价值观能够评价现存管理世界和建构理想管理世界的特征。[2]

5. 法律超越性

法律是社会成员共同遵守的行为规范，其调节的是违法行为，不追究不道德行为。

---

〔1〕 成中英. 文化、伦理与管理［M］. 贵州：贵州人民出版社，1991.

〔2〕 李平. 管理伦理建设研究［D］. 西南师范大学，2004.

而道德伦理的调节范围比法律更广，道德既谴责违法行为，又谴责虽不违法、但却违背道德的行为。因此，一切社会组织的存在与运作，仅遵守成文的法律法规已经远远不够，管理伦理可以超越法律进行更深层次的道德思考和实践，发挥其调节作用。

6. 自律性

所谓自律，是指自己给自己制定道德准则，自己订立的道德法则自己遵守，把遵守惯例伦理规范当做一种责任，而不仅仅是出于某种功利的驱动。法律与制度是一种外界约束，属于他律，伦理管理在于“以唤醒人们的良知和羞耻感、内疚感，从而实现自我控制和社会控制的理性目标”，所以，伦理可“禁于将然之前”，是管理中的组织与个体的自律行为。因此，合乎伦理的管理具有自律特征。

第二节 管理伦理问题的起因

20 世纪初期，企业的使命仅仅是获得经济利益，而这种趋利的内在冲动，决定企业非提高效率和竞争能力不可。因此，企业往往竭其全力，尽其所能，采取各种方法和手段。其中难免存在不择手段的，甚至铤而走险的做法。这些做法要么是通过违背人性来提高效率，要么是通过违背社会性来获得竞争胜利。对管理伦理问题的关注起因于不道德的工商活动和管理问题，这也是为什么讲到管理伦理往往就将其等同于企业或商业伦理的原因。

周祖城博士认为，管理伦理引起社会关注，除了作为直接原因的经济丑闻外，还有一些社会因素，如社会压力增加、竞争加剧等深层因素。[1]

一、经济丑闻直接引起管理伦理问题的社会关注

20 世纪 70～80 年代，发生于美国的“经济丑闻”和“寻租行为”频频曝光。如美国洛克希德飞机公司、美国国际电话电报公司、海湾石油公司、埃克森公司、格鲁曼宇航公司、默克公司的贿赂事件，海湾石油公司、布兰尼弗和美国航空公司非法捐助尼克松竞选连任，美国牛奶生产商为提高联邦牛奶价格贿赂前总统尼克松等，此外，证券领域非法操纵市场和股票交易，工业领域随意处置有毒化学物质、污染严重、生产有毒或危险产品、无视工人和顾客生命安全，致使化学工厂有毒气体大爆炸等事件。这些事件直接导致经济管理中的企业道德危机、公众信任危机和企业生存危机，迫使管理者们开始清醒地思考棘手的伦理问题。阿基·B. 卡罗指出，“回顾过去 30 年来人们对企业伦理的兴趣，可以得出两个结论：一是对企业伦理的兴趣不断加深；二是对

〔1〕 周祖城. 管理与伦理［M］. 北京：清华大学出版社，2000.

企业伦理的兴趣看来是由重大丑闻曝光引发的”[1]。许多人注意到企业伦理和伦理教育的重要性，认为旧有的仅以效率性和竞争性原则为中心的经营体系必须加以否定，只有发生伦理观念上的变革，才能把这些问题真正解决。在此之前，无论是在中国还是在世界，“管理”与“伦理”两个词在人类的理论形态中即便不是对立的，也没有联系在一起。

二、竞争推进伦理化管理的步伐

在市场经济条件下，技术进步使竞争方式和手段不断发展，顾客对商品有了更大的选择余地，越来越多的企业跨越国界，在走向一体化的全球市场上展开竞争。传统的以牺牲社会性和忽视人性为主要手段的竞争方式已经无法奏效，信誉、诚信、口碑、形象、以人为本等因素在赢得持续竞争优势上的作用日益突出。这些因素，无一不与伦理息息相关。正是这些因素使得伦理在管理中的地位越来越重要，使伦理成了管理追求的应有境界。正如弗里德里克·B. 伯德和杰弗里·甘兹所说：“如果管理者能更多地意识到他们的价值观、社会准则和伦理规范，能考虑到社会分析和伦理选择，那么对管理者本身、企业和社会都是有益的；各种伦理分析工具能帮助管理者作出更好的决策，更清晰地向利益相关者解释其行为的理由。”[2]

三、社会压力迫使管理走向伦理化

随着消费者生活水平的不断提高，顾客对各种产品和服务要求越来越高。而组织内部员工则对更清洁的环境、更安全的工作场所、更有意义的工作、更高尚的精神生活越来越渴望，“照顾好你的员工，照顾好你的顾客”，成为企业的“黄金法则”。与此同时，在人类迈进信息社会的过程中，舆论监督的力度大为加强，“投诉”、“新闻曝光”等成为迅速、便捷、有效的监督工具；法律的逐步完善，执法力度的加大，迫使企业为不道德或违法行为付出高昂的代价。

正是在上述社会背景之下，管理伦理成为一个既具有学科交叉性质，又具有前沿开放性质的重要概念，并成为当代管理理论研究中的一个世界性课题。

第三节　管理伦理的价值

经过几十年的争论、探索，管理伦理从理论到实践的地位、作用和意义日益凸显，具体可从以下几个方面来考察：

〔1〕 Archier B. Carroll. Business and Society：Ethics and stakeholder Management [M]. Cincinnati，Ohio：South－Western Publishing Co.，1993.

〔2〕 Frederick B. Bird and Jeffrey Gandz. Good Management：Business Ethics in Action [M]. Scarborough，Ontario：Prentice－Hall Canada Inc.，1991，VI.

一、管理伦理的学科意义

管理学属交叉学科，介于哲学、社会科学与数学、自然科学之间。目前，国内外普遍认为管理伦理学既是管理学的一个分支，又是伦理学的一个分支，它是以管理学为元理论，用伦理学的观点和方法研究管理实践的理论体系，是管理学和伦理学相联系的中介。

就作为伦理学的一个分支而言，管理伦理归属于应用伦理学范畴，是伦理学基本理论在管理领域的应用，它主要研究管理过程中的道德现象、道德评价、道德标准和道德发展的规律，具有很强的实践性。

就作为管理学的一个分支而言，它就像管理心理学等新兴学科一样，是以自己独特的研究视角和角度来分析、研究管理思想和行为。“管理伦理并不只是一种普通的应用伦理，更不是为道德而道德的文化行为策略。与普通应用伦理不同，管理伦理是一种依据现代管理科学的技术性和组织化条件所形成的团体行为或企业行为的价值规范，其基本对象和范围是各特殊社会实业团体或行业的生产者、工作者以及其他从业人员的生产行为、工作方式、组织协调方式、企业内部的人际关系和全体从业人员的道德素质、职业伦理或工作伦理。它作为一种社会特殊伦理的存在，正处于个人与社会之间的中间地带的中介化组织和群体结构。这一存在结构决定了管理伦理既具有其实践的特殊性，又具有其职业应用的普遍性。”[1] 可见，管理伦理学作为交叉边缘学科，其在学科的完善和理论发展上，对于管理价值观和管理行为的指导和规范将产生日益深远的影响。

二、管理伦理在现代社会结构中的功能

从管理伦理在现代社会结构中的功能来看，我国学者达成的共识主要有三个方面：

（1）价值判断功能，即能够评价现存管理世界。

（2）行为导向功能，即为人们管理活动及其变化提供基本的观念框架和价值指标。

（3）工具性功能和规范性功能，即具有指导人们管理的认识活动和实践活动的功能。

同时，在国外的管理伦理研究领域里詹姆斯·M. 布坎南又提出了管理伦理的凝聚功能（表现在具体的管理组织中就是管理组织的凝聚力）、整合功能（即对具体的合作关系、交换关系和利益关系的整合）、激励功能（使组织成员形成一种扬善抑恶、慕正厌邪的情感，对一定理想和信念的坚定信心，以及为实现这种目标的强大道德责任感和克服困难的坚强意志，从而激发出极大的工作热情和开拓进取的积极性、创造性）。[2]

赵丽娜认为，人们的行为是要受到一定的思想道德观念所支配的，并受到心理因素的强烈影响。一定的伦理道德总是体现特定群体的共同利益、习俗和传统，因此伦理就成为组织中的一种潜在的规定，如果违背了它就会受到舆论的谴责；反之，如果某一成员模范地遵守组织的伦理规范，就会得到大家的鼓励与赞赏。这种通过善恶评

〔1〕万俊人. 文化资本与管理伦理［J］. 学习与探索，1999，1.
〔2〕李平. 管理伦理建设研究［D］. 西南师范大学，2004.

价所造成的社会舆论和良心意识，一方面是人们形成明确的善恶评价标准，对人们的行为具有巨大的导向作用，它使每个成员都受到一种无形的导向力和约束力，使人们知道自己应该做什么和不应该做什么，自觉地使自己的行为向组织共同的伦理准则调节和靠拢。这种道德力量不仅能够支配和决定每个成员的行为方向，而且能引导整个组织向着预定的目标前进。另一方面，它能使组织成员培育一种扬善抑恶的情感，形成对一定思想和信念的坚定信心，以及为实现这种目标的强大道德责任感和克服困难的顽强意志，从而激发出极大的工作热情和开拓进取的积极性、创造性。这种伦理道德的力量是推动个人和组织发展的强大精神力量。伦理的导向作用的实现，实际上也就是其评价作用的实现。伦理是人们"实践——精神"地把握世界的一种方式，它不仅给管理者提供管理的"实然"知识，而且提供管理的"应然"知识；它不仅描述"管理事实"，而且评判管理行为，告诉管理者行为中的好与坏、善与恶，还能预设管理的理想境界，作为一种深层的精神动力推动管理的发展。[1]

三、管理伦理的意识作用

辩证唯物主义认为，社会存在决定社会意识，社会意识对社会存在具有反作用。管理伦理属于社会意识，它对社会组织的存在和发展具有巨大的反作用。正确的管理伦理道德，必然推动管理实践的发展。

（1）进步的伦理道德可以论证管理改革的合理性、科学性，阐明改革的重要意义，澄清人们的模糊认识。随着科学技术的迅速发展，社会经济活动的空前活跃，市场需求的千变万化，社会关系的日益复杂，管理者面对新情况、新问题，从管理理念到管理方法都必须不断创新，更需要进步的伦理道德作为指导，予以保证。

（2）伦理道德作为理论化、系统化的世界观的组成部分，作为制定政策法规的指导思想，影响着管理法规的制定，由于不同的道德观念，对管理者和被管理者的看法截然不同，会制定出完全不同的管理法规。[2]

四、管理伦理的文化意义

文化对于管理的重要意义在于一定的组织文化培育的共同价值观、凝聚力和约束力。首先，伦理文化集中了个人、组织和社会的价值取向，有强大的感召力，为社会、组织和身在其中的人们提供存在与发展的意义。通过对各级组织及其员工社会的、道德的、生活的、职业的等各方面的理想与追求的全面整合、教育和引导，确立符合各类组织所要求的集体和个人的具体目标，影响与制约、激发与培育、规范与引导人们的需要与动机，进而解决"人本精神（价值观）"的深层问题。其次，从凝聚力来看，其形成主要靠两种因素：一是管理规章制度的他律作用，二是伦理道德的自律调节作用。其中伦理的自律作用出于人们内心的道德情感与信念，在范围和深度上具有规章制度所不及的优势。而由伦理形成的道德、心理、情感可以通过人与人之间的传递和感染，在潜移默化中建立起平等、互助、和谐友好的人际关系，从而改善人与人、人与组织、组织与社会的相互关系。建立在共同伦理规范和价值观念基础上的思想、情

---

〔1〕 赵丽娜．现代管理伦理化的根本趋势——人本管理［D］．河北师范大学，2005．

〔2〕 何欢欢，冯勇．浅析现代企业管理伦理化［J］．管理观察，2009，4．

感和行为可以对与之背离的个体产生心理压力和群体压力，对与之相符的个体进行肯定和褒奖，使人们相互协调，凝聚成整体，形成强大的向心力和整体效率。最后，作为组织文化基础的伦理文化其重要的组成部分，就是约定俗成的社会行为准则和道德规范。而一个组织特定的伦理文化氛围往往通过潜移默化的心理作用、有形无形的导向作用、一定倾向与标准的筛选作用，以及多方面的凝聚和激励作用，形成广泛的群体暗示、感染、模仿等心理氛围、典型示范、舆论导向、制度规范等，对人们产生广泛而深刻的无形约束力。正是由于根植于管理者和组织成员的价值观、行为准则的不同，决定了一个组织发挥群体的积极性、主动性和创造性去优化配置人力、物力和财力资源，进行少投入多产出的运作，最终达成管理的有效性与管理目标的结果截然不同。

五、管理伦理的人文环境价值

任何社会组织都是在一定环境中依照组织的机理从事各项活动的，组织面临的环境包括自然的和人文的环境。只有在合乎伦理的管理之下，才可能建立竞争有度、互助合作、积极进取的工作环境，使个人的生活、工作、事业、理想等和整个组织保持大方向的一致性。同时，由于任何相对独立的个别组织都是社会系统的组成部分，合乎伦理的管理，可以使相对独立的个别组织发展和社会发展保持和谐一致，从而营造一个良好的社会人文环境。

六、管理伦理的创新价值

管理伦理的创新价值，从管理方式的内容上看，已形成一系列管理与伦理结合的“管理伦理化”或“伦理管理化”方式。戴木才教授指出管理伦理在这方面的贡献主要表现在六个方面：一是追求理想与利润最大化的结合；二是从手段人到目的人；三是从注重目标、战略、结构、制度到强调企业价值观；四是注重所有利益相关者的利益；五是从遵纪守法到德法并重；六是从玩弄技巧到注重道德修养等。[1]

第四节 管理伦理思想与实践的研究与发展

管理伦理，确切地说是商业伦理成为热门话题，是从 20 世纪 70 年代起的美国和 80 年代起的欧洲开始的，并迅速发展成一门正式学科。管理伦理思想和行为也许与人类管理活动同生，但其真正引起全社会关注，并将管理问题置于管理伦理之下加以研究，则主要是最近二三十年的事。经过几十年的研究与实践，管理伦理问题从理论和实践两个方面已在国际范围受到来自政府、学术界以及企业界的高度重视，取得了很

〔1〕 戴木才．西方管理伦理的发展趋势［J］．中国党政干部论坛，2002，12．

多重要研究成果。80 年代后期，管理伦理学在美国学术界和企业界进入长足发展时期，并从美国扩展到了世界各地，兴起了一股管理伦理热。

一、问题的提出：企业社会责任

管理伦理问题最初是围绕企业社会责任问题展开研究的，虽然 20 世纪初期的管理思想对此已有涉及，但一般均以霍华德·R. 鲍文（Howard R. Bowen）所著的《工商业家的社会责任》（Social Responsibilities of the Businessman）一书出版为源头。鲍文认为工商企业应当考虑其决策的社会含义，[1] 他后来被誉为“企业社会责任之父”。在一项对 439 名高层管理人员的调查中，68%的应答者同意“企业的社会责任是认真考虑企业行为对社会的影响”。[2] 随着研究的发展，企业社会责任被扩展到企业同有关的环境、社会，包括经济制度和政府经济政策方面的伦理问题的研究。

二、学科的发展：企业伦理学的教学与研究

1. 企业伦理学的教学与教材

1962 年，美国政府迫于社会公众对企业丑闻不满的压力，公布了《关于企业伦理及相应行动的声明》（A Statement on Business Ethics and a Call for Action）。同年，威廉·洛德（William Ruder）在美国管理学院联合会（American Assembly of Collegiate Schools of Business，AACSB）所属成员中发起了一项有关开设管理伦理学必要性的调查，被调查者认为管理伦理学应该成为管理教育的一个重要部分。1974 年 11 月，在美国堪萨斯大学召开了第一届全美管理伦理学讨论会，以此为标志，管理伦理学作为一门学科正式确立。从此，管理伦理学研究进入了一个新阶段。

1979 年，美国大学课堂可用的管理伦理学教科书只有 3 种，把管理伦理学列入企业管理课程的商学院寥寥无几；80 年代初管理伦理教科书增加至十几种，开设管理伦理课程的大学也有所增加。与此同时，有关管理伦理的学术论文也大增。到 1985 年，管理伦理学文献索引出版了 5 种，并出现了专业杂志，这表明管理伦理学作为一门学科初步建立。

自 20 世纪 80 年代初开始，企业伦理学方面的研究机构、出版物在美国、欧洲、日本、韩国纷纷问世。首当其冲的是美国管理学联合会明文规定，工商管理学院必须以某种形式教授伦理学。此后，美国工商管理院校几乎都开设了专门的“企业伦理学”课程或与其他专业或课程结合的企业伦理学课程，如“企业与社会”、“管理伦理学”等。美国前证券交易委员会主席约翰·沙德（John Shad）于 1987 年给哈佛商学院捐款 2000 万美元时提出倡议，开设“管理决策与伦理价值”课程。相应的企业伦理教科书也猛增至 40 多种。继美国之后，欧洲各国大学的商学院和经济学院相继开设了一系列企业伦理学讲座。法国里昂高等商学院还与法国一家公司合作，开设了以《企业伦理和欧洲文化》为主题的讲座，旨在把企业伦理与欧洲最优秀的文化传统结合起来。在日本很多大学的经营学部（相当于我国大学中的企业管理系），都开设了“经营伦理”

---

〔1〕 Howard R. Bowen. Social Responsibilities of the Businessman[M]. New York: Harper Brothers, 1953.

〔2〕 John L. Pawtzek. Business and Society：1976—2000 [M]. New York：AMACOM，1976.

课程。

截至1993年，美国90%以上的商学院在企业伦理学领域开设了相关的课程。企业伦理学不再是“企业与社会”和“公共政策”之类课程的附加的或从属的内容，而形成一门独立的课程，教科书的质量也大为提高。从80年代偏重哲学理论或者案例分析发展到90年代理论与案例相结合，从早期单纯的道德批判发展到当今的道德批判与企业伦理建设的结合。1996年，史蒂文·西尔比格（Steven Silbiger）从全美10所最佳商学院开设的MBA课程中，概括出各商学院普遍重视的MBA课程精华（9门核心课程），企业伦理学榜上有名。

2. 企业伦理学学术研究及成果

继20世纪50年代霍华德·R. 鲍文《工商业家的社会责任》之后，60年代企业伦理研究的重要成果包括：1961年，R. C. 鲍姆哈特（R. C. Baumhart）对企业管理者的伦理规范的调查；1963年，T. M. 加瑞特（T. M. Garrett）等人收集、分析了发生在企业活动中的企业伦理案例，编写的《企业伦理案例》一书；同年，R. 巴特尔斯（R. Bartels）出版的《企业中的伦理》一书，以及他后来为企业营销人员设计的伦理决策模型；1968年，美国天主教大学原校长C. 沃尔顿（C. Walton）出版的《公司的社会责任》，书中倡导公司竞争要以道德目的为本等。

70年代初期，企业伦理问题引起了美国公众更为广泛的关注，特别是“水门事件”后，美国企业频繁卷入非法政治捐款、非法股票交易、行贿受贿、收受回扣、弄虚作假、窃取商业机密等活动，针对美国部分企业白领阶层的犯罪、管理人员道德沦丧的状况，1974年11月，美国堪萨斯大学哲学系和商学院共同发起召开了首届全国企业伦理研讨大会。这次会议的论文和记录被汇编成书出版，深化了自60年代以来人们对企业伦理问题的讨论，标志着企业伦理学作为一个学术研究领域正式产生。

80年代以来，企业伦理学方面的研究机构、出版物在美国、加拿大、欧洲、南美、中东、日本、韩国纷纷问世，美国很多大学都建立了伦理研究中心。欧洲对企业伦理的研究采取联合行动，建立了欧洲企业伦理网络，参加国有德国、瑞典、意大利、法国、西班牙、荷兰和英国，总部设在荷兰，各参加国设有相应的分支机构。[1]

1989年，豪斯特·斯特曼（Houst Sterma）和阿尔伯特·卢安（Alberta Leon）出版的《管理伦理学》，是一部由30位学者和企业界人士撰写的代表该学科全面观点的著作。意大利米兰诺的马利·乌尼亚（Mary Woolley）创立的《伦理学与公共事务》是欧洲最早出版的企业伦理学方面的杂志。

80年代末以来，企业伦理在管理学中的渗透显著，几乎所有的管理学教科书都辟专章讨论“企业社会责任和企业伦理（或管理伦理）”。哈罗德·孔茨（Harold Koontz）和海因茨·韦里克（Heinz Weihrich）在1988年出版的《管理学》（第9版）中，新增了“道德决策模型”、“政府工作人员的道德准则”等内容。有的教科书甚至在每一章都插入有关伦理小实例或伦理难题，唐·赫尔雷格尔（Don Hellriegel）和小约翰·W. 斯洛克姆（John W. Slocum，Jr.）的《管理学》（第7版）和斯蒂芬·P. 罗

〔1〕周祖城. 管理与伦理［M］. 北京：清华大学出版社，2000.

宾斯（Stephen P. Robbins）的《管理学》（第 3 版）便是如此。

乔恩·L. 皮尔斯（Jon L. Pierce）和约翰·W. 纽斯特朗（John W. Newstrom）在 1990 年出版的《管理宝典：现代观点集萃》（第 2 版）中精选了 36 部 80 年代以来的管理畅销书。该书的其中一部分是“伦理与管理”，并收录了两本畅销书。它们是：R. 爱德华·弗里曼（R. Edward Freeman）和小丹尼尔·R. 吉尔伯特（Daniel R. Gilbert，Jr.）的《公司战略与追求伦理》；肯尼斯·布兰查德（Kenneth Blanchard）和诺曼·V .皮尔（Norman V. Peale）的《道德管理的力量》。80 年代以来的管理著作何其多，能在该书中专辟一章收录两本书，足见“伦理与管理”的学术地位之高。戴维·J. 弗里切（David J. Fritzsche）集 16 年潜心钻研所著之《商业伦理学》，也是一部颇具影响的伦理学研究成果。

此外，企业伦理学的研究方面还有好几部有分量的综合性论著，其中主要有：《企业伦理百科辞典》，P. H. Werhane 和 R. E. Freeman 主编（1997 年）；《企业伦理手册》，R. E. Frederick 主编（1999 年）；《企业伦理手册》4 卷本，W. Korff 等人主编（1999 年）。

在国内，该领域也涌现出不少可喜的研究成果，如温克勤研究员等的《管理伦理学》（1988）；高兆明教授的《管理伦理导论》（1989）；严绿华等主编的《管理伦理学》（1990）；许启贤教授和苑立强副研究员的《管理与道德》（1992）；张文贤教授等的《管理伦理学》（1995）；苏勇博士的《管理伦理学》（1998）；万俊人教授的《道德之维——现代经济伦理导论》（2000）；周祖城教授的《管理伦理》（2001）；戴木才教授的《管理的伦理法则》（2001）；徐大建教授的《企业伦理学》（2002）；陈炳富和周祖城教授的《企业伦理学概论》（2004）；李兰芬教授的《管理伦理学》（2004）；唐凯麟和龚天平教授的《管理伦理学纲要》（2004）；纪良纲教授的《商业伦理学》（2005）；李萍教授的《企业伦理：理论与实践》（2008）；童建军的《商业伦理学》（2008）；周祖城教授的《企业伦理学》（2009）等。

三、管理伦理在实践中的发展

在管理实践中，人们越来越注重伦理道德思维导向和管理伦理的可操作性，把伦理融合到日常管理之中。1988 年全美企业圆桌会议将公司伦理称为“企业的一项首要资产”，随之美国各大公司纷纷采取重大步骤，将伦理价值整合到公司文化中。具体表现为以下三点：

1. 制定企业伦理守则或准则

20 世纪 80 年代，美国已有 500 个大公司制定了公司伦理章程，1991 年美国通过了一套企业道德法则和含最高达 2.5 亿美元罚款规定的《联邦宣判指南》。但如果公司建立了一套道德法则和诸如道德培训班或电话热线有关的相应支持机制，罚款处罚将大幅度减轻。20 世纪 90 年代中期，《财富》（Fortune）杂志排名前 500 家企业中的 90%以上制定了成文的伦理守则，用以规范员工行为；一些日本企业通过制定社誓、社训，唱社歌，做朝礼等活动推动企业伦理建设。1994 年，美国、日本和欧洲一些企业界领袖在瑞士通过《CAUX 圆桌会议企业商务原则》，为企业经营提供了商业伦理的基本准则。该圆桌会议认为，企业的经营活动应基于以“共生”和“人的尊严”二者为基点的伦理观念中。这种基本伦理观念应该得到所有企业的普遍尊重和严格遵守。“共生”，即为全人类的利益和幸福而共同生活，共同劳作，使相互合作、共存共荣与正当、公平的竞争两者并存；“人的尊严”，即把个人的神圣不可侵犯性和真正价值作为终极目标，而不是简单地作为达到他人目的或获得过半票数的手段，即实现真正的“人性化”；据周祖城教授介绍，韩国企业界为了强化自我约束，促进文明经营，由企业界的民间联合组织“全国经济人联合会”于 1996 年 2 月代表企业界向政府和国民公布了《企业伦理宪章》，内容包括：正确认识企业的地位、作用，树立社会责任感；通过创造和革新，追求正当的利润；提倡公平、正当的竞争，尊重竞争对手，遵守公正交易和竞争秩序；实行大企业与中小企业的密切合作，实现共同、协调发展；树立与顾客的共存意识，保护和增进消费者权益；实行按个人努力和业绩进行公平分配，保障企业成员的利益；树立环境意识，推行与环境协调的经营；尊重地区传统文化，为地方经济与社会发展作出贡献。

1997 年 5 月，荣事达集团在国内一些大报上以整版广告的形式推出了《荣事达企业竞争自律宣言》，保证在接受法律、法规制约的同时，严格进行企业自律。此举在国内引起很大的反响，被列为当年全国十大经济新闻之一，据称这是中国第一部“自律宣言”。

1999 年 7 月 15 日，担任全国人大代表、全国政协委员、全国工商联常委的 33 位非公有制经济代表在人民大会堂发表了《信誉宣言》，“在社会主义市场经济活动的各个环节中，从自己做起，带头做到守信用、讲信誉、重信义；做到爱国敬业、照章纳税、关心职工；做到重质量、树品牌、守合同、重服务”。此举立即得到全国各地非公有制经济人士的响应，江苏、陕西、重庆、福建等 10 多个省、市、自治区的非公有制经济人士以各种形式发出了倡议来响应《信誉宣言》。

2. 设置专门机构和伦理主管

日本于 1993 年 4 月成立了全国性的经营伦理学会；英国伦敦大学皇家学院建立了管理伦理学研究中心，伦敦企业董事会基督教联合会创立了管理伦理学研究会；德国希尔德斯海姆建立了有关伦理、教育和经营管理的研究会；美国制造业和服务业前 1000 家企业中，20％的企业聘有伦理主管，主要任务是训练员工遵守正确的行为准则，并处理员工对经营行为提出的质疑；1995 年 8 月，英国《经济学家》的一篇文章中提到，美国约有 3/5 的企业设有专门的企业伦理机构，欧洲约有一半的大型企业设有专门的企业伦理机构，负责有关企业的伦理工作。

3. 进行伦理培训

至 20 世纪 90 年代中期，有 30％～40％的美国企业进行了某种形式的伦理培训；日本企业定期就企业伦理展开培训；比利时鲁汶教会大学经济系和西班牙纳瓦拉大学开设了“公司和人道”的长期研讨班。

目前，美国绝大多数公司伦理建制完备，从伦理规章、伦理官员、公司监察官到伦理教育等。最近，美国公司的高层次伦理官员还成立了全国伦理官员协会，有组织地定期共同研究公司伦理问题，许多公司设有法人仲裁机构，它们作为第三者身份仲裁法人争端，支持公平过程和管理。

第五节 管理伦理化

伦理化管理，即符合社会伦理地从事各项组织活动的管理。管理伦理化是管理水平成熟度的标志之一，全面伦理管理是伦理管理的高级阶段，本节主要讨论“如何做”的问题。

一、合乎伦理的管理：以人为核心

1. 从管理者对被管理者的认知态度出发

管理者对被管理者的认知态度，即对被管理者人性的认知和态度体系，反映管理者如何看待组织成员的本质、需要和价值，以及管理者对组织成员明示的或蕴涵的态度。管理中对被管理者人性的观点经历了早期的“经济人”、“社会人”、“自我实现人”，直至当代的“知识人”的发展过程。把人看做“经济人”，往往视体力劳动者为“机器”，在管理上采取严格的监控，并以金钱或利益换取劳动者的努力；把人视为“社会人”则在管理中以组织成员社会人需求满足度为目的，建立新的领导方式；把人视为“自我实现人”，在管理上注重目标效价、成就、赏识，以及责任等激励因素；把人视为“知识人”，在管理上则更加注重“愿景”的感召，以及学习型组织的培养等等。

现代合乎伦理的管理强调管理者应全面客观地看待人的天性，充分尊重人的价值，信任人、尊重人、关心人；注重满足人在物质、精神上的正当需要和利益；客观全面地把握人性特质，更加注重人性积极层面的挖掘与发挥，使被管理者在人格、尊严上得到应有的承认，提升员工的职业生活质量；在管理方法上，变强调硬性控制和物质因素刺激（工作标准、工作程序、组织结构、规章纪律、物质奖惩等），为强调柔性控制和激励因素（价值导向、情感满足、心理归属、文化认同、愿景追求、社会形象等）以信任人、尊重人、关心人、注意发挥人的潜能为着眼点。

2. 秉持“目的人”的理念

“目的人”是德国古典哲学家康德提出的道德律令，他认为：人只能作为目的，而不能作为手段。马克思认为，人是手段与目的的统一，既是目的，又是手段。戴木才教授指出，“传统管理之所以认为人重要，是因为人是一种弹性最大、具有潜力可挖的资源，是能带来丰厚回报的资源，是实现企业自身利益最大化的工具。伦理化管理尊重人，把人看做目的而不仅仅是实现目的的手段，尊重每个人的尊严、权利、价值和愿望，以人为中心，高度重视人的作用，充分发挥人的创造精神，认为这是企业社会责任概念的核心”。合乎伦理的管理，始终坚持在管理中以人为本的基本原则，倡导以人为核心，充分体现“人的主体地位”，不仅管理者是主体，被管理者也是主体，是管理实践、认识活动的主体。

二、合乎伦理的管理：以合理、崇高的价值观导向

价值观是人本素质的要素，是人们判定某种行为、事物的是非、好坏，以及是否有价值或价值大小的根本观点。合乎伦理的管理不以小我的利益为评判标准，而是以符合整体利益和社会利益的价值观为行为导向。

1. 组织目标的价值取向："多赢"追求，整体观念

管理者对组织目标的价值取向，即内在的价值评判标准，对管理方式具有导向作用。传统的观念认为，组织存在的意义是实现某个有形的单一目标。合乎伦理的管理追求的是组织对于内外一切利益相关者价值实现的兼顾。强调组织对社会的责任，更加注重实现经济效益与社会效益的高度结合；强调对组织成员多层次需要的满足，更加注重组织成员的主体价值和发展。

就企业组织而言，传统管理以利润最大化为目的，单纯从企业自身或所有者利益而非社会整体利益来看待企业目标。伦理化管理则把企业作为社会一分子所肩负的使命来界定企业目的，不仅从组织自身角度，还要从社会整体角度看问题。讲求伦理的企业倾向于追求多种目标，既追求利润，也追求范围更广泛的、意义更深远的理想和价值实现；既追求企业自身或所有者的利益目标，也追求企业内部员工和企业外部供应者和服务对象的价值实现，把考虑利益相关者的利益当成一种责任。

2. 推崇合理而崇高的群体价值观

任何组织及其管理行为都秉持着一定的价值观，价值观对管理行为有深刻影响。价值观是指人们对事物或行为的是非、对错、善恶、正负等的价值评判及价值大小的衡量。从性质上看，价值观有正确（合理）与不正确（不合理）的区分；从水准来看，有崇高与低劣之别；从共享程度上看，有个人价值观和群体价值观。

20 世纪 80 年代以前，管理领域并没有高度重视价值观的地位和作用，直到美国管理领域出版了 4 本畅销著作（帕斯卡尔和阿索斯的《日本的管理》；彼得斯和沃特曼的《追求卓越——美国企业成功的秘诀》等），才掀起了一股以企业文化为主题的管理新潮。合理而崇高的价值观不仅是使组织顺利实现自身利益这一管理的基本目的，而且还是使组织成员奋发向上、积极进取、团结协作，重视社会责任，讲求诚信，为整个组织和社会树立典范，引导社会进步，从而为社会发展作贡献。如 P&G 公司的核心思想是：一流的产品，不断自我完善，诚实与公正，尊重和关心人。IBM 公司所坚守的信念是：尊重人、一流服务、追求卓越。追求崇高的价值观，实际上也就是用道德的高标准来要求自己。引导被管理者群体树立合理而崇高的价值观，应成为管理者的义务。

3. 加强全社会的诚信建设

作为一种广泛的社会伦理道德要求，诚信是整个人类社会信用的基石，是一个国家和民族健康发展的基础，也是一个人或一个组织生命的灵魂。诚信建设，既是地方政府、行政执法和舆论部门的重要工作，又是全社会共同的责任。因此，诚信建设，需要社会各方大力支持和参与，包括社会道德的支撑、法律的保障，用法律上严格的他律促进道德上的严格自律。从政府层面来讲，要严格履行对社会的承诺，接受群众和舆论的监督；执法部门要公正、廉明，保证执法的公正、公平、公开，提高公信力；

倡导和组建全社会的信用服务体系，促进征信行业的发展，把诚实守信作为整个社会的基本行为准则，使“守信为荣，失信为耻，无信为忧”成为一种社会风气和行为习惯。从组织层面来讲，高思宇指出，作为管理者，首先要对管理客体做到以诚相待。只有这样才能使管理主体与管理客体之间形成良好的信任关系，从而同心协力促进组织的建设和发展。其次，管理者要带领组织对社会诚信。组织在谋取自身利益的同时，不能以践踏社会和他人的利益为前提，提倡和坚持诚信的道德标准。[1]

三、合乎伦理的管理：管理者的优良品质和领导方式

良好的伦理道德是立身之本，立业之本。管理者要有良好的道德素养，在管理活动中遵循良好的伦理原则，做到严格要求自己，对被管理者起到表率作用，正是所谓“欲正人，先正己”；领导行为模式处在管理方式结构体的外显层次，表现为管理者采取适当的手段和方法来处理自己和组织成员的关系，从而影响组织成员的行为，使管理主客体发挥最优的运作效率。从领导行为方式看，伦理化管理方式强调文化因素的中介作用，强调管理主体的影响作用，强调管理客体的主体化，主张通过顺应文化传统、创建文化氛围、以价值观为导向而实施柔性的控制，寓刚于柔之中，寓硬于软之中，组织秩序的有效化尽在自然而然之中。

四、合乎伦理的管理：管理伦理的管控

1. 要有伦理管理方案

伦理管理是任何社会组织自身的行为，应成为一种自觉的行动，不应将伦理管理视为一种管理的额外负担。应根据组织各自的具体情况，确定伦理管理的阶段发展计划，制定企业伦理管理的中长期发展战略。Dale H. Besterfield曾提出一个企业伦理管理方案，内容分为三个步骤：首先是评估（appraisal），即分析与违反伦理行为相关的成本；其次是预防（prevention），即开发一个足以使前述成本降至最低的系统；最后是促进（promotion），即不断倡导伦理行为，以便开发一个明确、积极和有效的伦理组织文化。[2]

2. 要有管理伦理规范

伦理准则是处理组织诸方面利益相关者（员工、供应商、债权人、社区）关系的行为准则，也是实施伦理管理的行动指南，以使成员了解哪些应该做，哪些不应该做；哪些行为是道德的，哪些是不道德的。任何个人和组织在追求利益和效益时，都要遵守制度和规则，不能具有特殊的权力，不能把自己的利益和利润最大化作为唯一目标，凌驾于国家、社会利益之上。例如，美国企业的伦理准则中就员工关系和利益冲突方面作如下规定：企业要求员工从企业最大利益出发而不是从个人私利出发进行决策，如果员工从与本企业交易的实体获得财务利益与员工自身履行职责发生冲突，员工及其任何直系亲属都不应接受；假如礼物可能使接受者处于一种对本企业形成负担的境地，本企业就不应该赠送礼物给竞争对手、供应商或客户及其直系亲属；员工不应使用或披露由担任本企业的职务所获知的非公开信息来为自己或其直系亲属谋取利益。

---

〔1〕高思宇. 管理伦理学的发展对策［J］. 商业文化，2008，9.

〔2〕http://blog.luosi.com/articles/12502.html.

需要注意的是，伦理标准是不断变化的。而且，伦理标准在不同社会组织间具有差异性，适合一个企业伦理的行为不一定适用于其他企业。因此，伦理准则不能照搬，应根据具体情况分析后制定，同时伦理准则还应是一个持续改进的过程。

3. 要有专人或一定组织部门负责

目前最紧迫的是从组织的高层开始重视伦理化管理的行动方案，根据组织规模、性质等情况，设置专人以专职或兼职方式，充任伦理官员（Ethical Officer），甚至成立伦理监督委员会（Ethical Oversight Committee，EOC）。其工作的基本责任包括：规定伦理官员的任职资格；选择合适的伦理官员；决定伦理官员和伦理监督委员会的职责（分析公司的伦理决策过程、创造一种支持伦理的环境、制定并实施伦理准则、对组织行为从伦理角度进行监督和控制）。

五、管理伦理化：管理伦理的环境保护问题

"人性权利负载着人的尊严、平等和自由，是从道德哲学上对'以人为本'精神的一种归纳和抽象，是至今唯一能激活人类管理文明并给予生命搏动的思想源泉。从人性权利的角度看待全球化管理伦理，是将人类管理精神和信念向更高阶段拓展，也是人类为生存延续保存自然生态体系的唯一抉择。"[1] 伦理化管理在强调以人为本的同时也要看到，如果人类对自然的生态权利迫害严重，使其不能自我得到很好的修复，那么人类自身的人性权利也就失去了价值意义和发展方向。因为如果是这样，也就说明了人性权利的丧失，把自身降低到动物水平。同时人也是自然的一部分，自然不复存在，人类也会消亡。

符合环境道德标准的企业经营原则应该是：

（1）综合效益原则。即企业在经营过程中，不应只重视自己的利益，还应考虑相关利害关系人及全社会的综合利益。不应单纯追求企业效率，要多方面考虑经济行为的实际影响，特别是它的负面影响，关注综合效益。

（2）公平与正义原则。环境和资源是全人类共同的财富，任何个体对环境和资源的肆意妄为，对他人来讲，既不公平，又不符合正义的要求。企业对环境的利用和影响，既要考虑到"代内公平"，又要考虑到"代际公平"，企业为了自身利益所造成的外部不经济，不符合公平和正义的要求。

（3）可持续发展原则。环境是人类从事生产的物质基础，企业的行为虽然是个体行为，但无数的个体行为作用于环境的时候，可能会破坏环境有限的承载能力，制约未来的发展，因此，企业应克制自己对环境无限制的索取，以实现人类社会的可持续发展。[2]

六、管理伦理化：从遵纪守法到德法并重　追求卓越

现实中，许多管理者认为只要自己的行为合法就行了，只要不违法，做什么、怎么做，甚至钻法律空子都是可以的或被允许的。而伦理化管理则认为，仅仅做到守法是不够的。正如哈佛商学院的林恩·夏普·佩因所说："法律不能激发人们追求卓越，它不是榜样行为的准则，甚至不是良好行为的准则。那些把伦理定义为遵守法律的管理者隐含着用平庸的道德规范来指导企业。"伦理化管理是追求卓越境界的管理，在追

〔1〕 刘云柏. 管理伦理学——管理精神的价值分析［M］. 上海：上海人民出版社，2006.

〔2〕 熊胜绪，黄昊宇. 企业伦理文化与企业管理［J］. 经济管理，2007，4.

求这种崇高境界中，管理者通过各种管理措施营造良好的道德环境，使组织成员不仅做到守法，而且还要符合超越法律的道德规范，每一组织成员做或不做某件事，不仅因为奖惩，还因为感到那是道德的或不道德的。

小结

管理伦理，即从事各种管理活动的道德规范，是任何社会组织处理内部员工、组织与服务对象、组织自身与社会之间关系的行为规范总和。在当今，管理伦理覆盖了人类社会所有管理领域的伦理问题，不限于商业伦理或企业伦理。

管理伦理的学术价值，体现于它的发展丰富了伦理学和管理学科体系及内容，其在学科的完善和理论发展上，对于管理价值判断、管理行为导向和规范具有深远影响。

管理伦理问题引起社会关注，直接原因在于“经济丑闻”和“寻租行为”，而深层次原因则在于社会生产力的发展。管理伦理问题最初是围绕企业社会责任问题展开研究的，20世纪 60 年代兴起管理伦理的教学与研究，至今无论在理论和实践上都取得了长足进展。

伦理化管理，即符合社会伦理的从事各项组织活动的管理。管理伦理化是管理水平成熟度的标志之一，全面伦理管理是伦理管理的高级阶段，如何在管理实践中实现伦理管理是中国社会和全球化的重要问题。

关键概念

道德　伦理　管理伦理　管理伦理化

问题和讨论

1. 什么是管理伦理？
2. 简述管理伦理的特点。
3. 简述管理伦理产生与发展的历史沿革。
4. 如何实现伦理化管理？
5. 讨论：你认为企业应当承担社会责任吗？为什么？
6. 讨论：假如你是政府某部门领导或企业管理者，你将怎样在本组织实行伦理化管理？

案例应用

巴塔工业有限公司[1]

1894 年，托马斯・巴塔（Tomas Bata）在捷克斯洛伐克的兹林（Ziln）创建了巴塔工业有限公司。公司以制鞋为主，直到 1939 年德国纳粹占领捷克斯洛伐克前，公司的业绩一直很好。今天，公司的总部已搬到加拿大，在 70 个国家和地区拥有工厂 71 家，商店 7000 家，员工 67000 人。在 1991 年一年中，公司鞋子的销量达到 2.7 亿双。

---

〔1〕［美］戴维・J. 弗里切. 商业伦理学［M］. 北京：机械工业出版社，1999，4.

巴塔工业公司在加拿大相当知名，且受人尊敬。公司长期以来一直注意对社会的贡献。公司在安大略巴塔洼（Battawa）的生产厂生产皮鞋和合成材料的鞋。生产鞋子的过程中，工厂制造了大量液态工业废料，如废涂漆、溶剂、油料和聚乙烯氯化物。这些废料在交给有营业执照的废物处理公司之前，通常分开存放在不同的容器中。

由于一些原因，废物处理不能如期完成。1990 年，安大略环境部发现工厂在厂外放置着 200 桶未处理的液态工业废料。而且，他们发现一些盛废料的容器有被腐蚀和破裂的迹象。进一步的调查还发现，其中一些废料已存放在工厂外达 6 年之久。环境部的一位法官杰里·赫利希（Jerry Herlihy）指出，一位调查人员曾发现"废料桶中只剩下一些固态废料，废料桶被腐蚀，桶周围的地面上有斑渍。很明显，液态废料已经泄漏渗入到周围的土地中了。很快，巴塔公司被指控对液态工业废料不负责，影响了当地地下水的质量和附近的特伦特（Trent）河水。管理不善的废料中包含了致癌物质苯和聚乙烯氯化物，这两种物质以前是允许向周围排放的。

事实上，1986 年，巴塔公司的副总裁、工厂的总经理基思·韦斯顿（Keith Weston）先生已经知道废料存放在桶中。而且，当时公司可以花 45 万加元运走这些桶和废料。1989 年，巴塔公司的总裁道格拉斯·马钱特（Douglas Marchant）先生也得知了废料储存的问题。但是他们两人都未采取措施解决这一问题。最后，公司花费了 45 万加元研究环境问题和废物清理。经过了 27 天的审判，巴塔公司被罚款 12 万加元，韦斯顿和马钱特两位先生则被罚款 12000 加元。

讨论题

1. 本案例涉及哪些利益相关者？
2. 巴塔公司违背了哪些商业伦理的原则？
3. 你认为公司为什么不能及时转移废料？管理当局在决策时是出于怎样的考虑？
4. 为什么韦斯顿先生和马钱特先生在得知了废料的问题后，都不着手解决这一问题？
5. 为什么像巴塔这样以对社会负责而著称的公司也会出现这种问题？

自我评估

你的个人价值倾向是什么？[1]

提示：以下列出了 18 个价值准则，通过排序指出它们的重要性。从 1～18 排序。"1"表示这一价值准则在你的生活中是最重要的指导原则；"2"次之；以下类推。

---

〔1〕［美］斯蒂芬·P.罗宾斯. 管理学［M］. 北京：中国人民大学出版社，1997.

价值准则
抱负（努力工作、鼓舞）
胸怀（思想开放）
能力（技能、效能）
性情（轻松、愉快）
整洁（干净、整齐）
勇气（坚持你的信仰）
宽恕（愿意原谅别人）
帮助（为他人幸福而工作）
诚实（忠诚、可信）
想象（大胆、创新）
独立（自力更生、自给自足）
智慧（智力、反省）
逻辑（一致、合理）
热情（感情、体贴）
服从（责任感、尊重）
礼貌（有礼、态度好）
责任（可靠、可信赖）
自制（约束、自律）

（结果说明：研究发现，不同的人群具有不同的价值偏好次序，下面分别给出了不同人群的价值偏好样本统计：毕业于某大学高级 MBA 的 345 名经理；地方钢铁工人工会的 1000 名成员；234 名社区工作者。你的前 5 项和后 5 项价值观是什么？你与这三组人群的价值观相比有何异同？）

	经理	工会	工作者
前 5 种价值观			
1	诚实	负责	诚实
2	负责	诚实	帮助
3	才能	勇敢	勇敢
4	雄心	独立	负责
5	独立	才能	才能
后 5 种价值观			
1	帮助	帮助	雄心
2	礼貌	快乐	自制
3	快乐	理智	礼貌
4	整洁	宽恕	整洁
5	顺从	想象	顺从

▲ **学完本章后， 你会知道：**

1. 什么是管理学中的环境
2. 组织环境的概念和分类
3. 管理者为什么要持续关注环境状况
4. 如何分析组织环境

第四章 组织环境

在人类产生之前，自然环境就客观地存在着。人类通过社会活动形成的任何组织都不是孤立存在的，组织存在于环境之中。组织和外部环境每时每刻都在交流能量或信息，环境对组织的存续和发展具有重要影响，组织是在不断与外界交流能量与信息的过程中发展和壮大的，也是在这个过程中不断地适应、影响，甚至是改变着环境。

组织环境是一个组织生存的外部条件，它在影响一个组织的管理业绩方面有着极其重要的影响。在当代，由于全球化的影响，组织赖以生存的外部环境越来越趋于多变、剧变，因此管理者必须非常重视对环境因素的了解和认识。现代管理一般将组织的环境分为自然环境和社会环境。本章主要从一般管理的角度研究环境。

第一节 组织环境概述

一、环境和组织环境的概念

1. 什么是环境

环境是系统科学中的一个重要概念，它是指研究对象周围所在的条件。对不同的对象和科学学科来说，环境的内容也不同。对生物学来说，环境是指生物生活周围的气候、生态系统、周围群体和其他种群。对文学、历史和社会科学来说，环境指具体的人生活周围的情况和条件。对建筑学来说，是指室内条件和建筑物周围的景观条件。对企业和管理学来说，环境指社会和心理的条件，如工作环境等。[1]

2. 什么是组织环境

关于什么是组织外部环境，以及组织外部环境包括哪些内容，目前的表述可谓不一而足。归纳起来主要有：

邓肯（Duncan）首次将组织外部环境定义为："组织在决策过程中必须考虑的，在组织边界之外的物质及社会因素。"[2]

罗宾斯（Robbins）认为环境是对组织绩效起着潜在影响的外部机构或力量。[3]

卡斯特和罗森茨韦克提出，从广义上说，环境就是组织界限以外的一切事物。[4]

理查德·达夫特认为，企业外部环境是存在于组织边界之外，可能对组织总体或局部产生影响的所有因素。[5]

---

〔1〕 项利清．企业管理环境的复杂动态性浅析［J］．管理与财富，1994，4．

〔2〕 Duncan R L．Characteristics of organizational environments and perceived environmental uncertainty［J］．Administrative Science Quarterly，1972，17．

〔3〕 斯蒂芬·P．罗宾斯．管理学（第四版）［M］．黄卫伟等译．北京：中国人民大学出版社，1997．

〔4〕 卡斯特，罗森茨韦克．组织与管理——系统方法与权变方法［M］．中国社会科学出版社，2000．

〔5〕 理查德·L．达夫特．组织理论与设计［M］．北京：清华大学出版社，2003．

托马斯·卡明斯指出，企业外部环境是指任何组织之外的直接或间接影响组织绩效的事务。[1]

王萍与宋合义从管理者的角度认为，组织环境是指“组织中的个体在决策时所直接考虑的物质及社会的各种因素的总和”。[2]

综上所述，组织环境，即与社会组织管理过程及管理者相联系并对其发生影响的各种外部因素或周边条件。就是说，任何组织离开一定的环境便不能生存，组织是环境的组成部分，环境是组织的载体，组织实体并不包括组织环境。组织实体是在一定的组织环境下与外界进行交流和沟通的，组织实体和组织环境之间是有界限的，但其界限是相对的，处于经常的变动之中。组织一旦确定，组织环境与组织实体的边界就有了相对的确定性。这个边界把组织实体与组织环境分离开来，边界的内部即为组织结构及其活动所组成的组织实体，边界的外部即为与该组织具有直接或间接关系的事物和条件组成的组织环境，它们之间相互联系、相互作用，不断交换信息和各种能量等。对于特定组织的外部环境可以从广义理解，也可以从狭义来理解，广义的环境包括与组织直接相关的具体环境要素，也包括仅与组织间接相关的一般环境要素或宏观环境要素。其实组织的内部环境也是管理者决策的重要依据，应该纳入组织环境的范畴，只是相比之下，组织外部环境更加难以掌控，我们往往会给予更多关注。

二、现代组织环境的特点

在当代经济国际化、市场全球化的形势下，现代组织环境的基本特点可以用“变”字来描述。今天，我们越来越明显地感觉到，组织环境是动态的、高速变化的，日益呈现出高度的不确定性和复杂性。因此，现代组织环境的特点可以概括如下：

1. 组织环境的复杂性

组织环境的复杂性，是说组织环境是一个复杂的综合体，它是由各种事物和条件组成的系统，其中有物质的，也有精神的；有自然的，也有社会的；有有形的，也有无形的；有国内的，也有国际的。而单一的某个事物或某个条件只是环境的一个子系统或组成部分，组织环境是与组织相关的全部外部条件的集合体。组织环境，是客观世界中与组织相关联的一部分，组织环境的性质与内容都与组织息息相关。

现代组织环境变得日趋复杂，原因在于组织环境中的各种变量相互影响，持续变化的速度越来越快，这种变化又促使环境要素之间发生相互作用，更进一步放大了这种变化，形成了混沌复杂的系统变化局面。整个社会正以加速度的方式发生变化，社会各个具体部门、行业等组织，许多原有的组织环境要素如技术、信息、人员等都在不同的领域和组织间互动。同时组织无论与政府、员工、服务对象或顾客、资源供应方等利益相关者之间，以及上述利益相关者之间也在进行着复杂的互动，这些环境要素相互交织，更加深了环境的复杂性。

一般来说，随着时代的发展，组织作为一个开放系统，其所面临的外部环境变化将是加速的趋势，因此组织环境会变得更加复杂，在这个混沌系统中，原因与结果之

---

〔1〕 托马斯·卡明斯．组织发展与变革精要［M］．北京：清华大学出版社，2003．

〔2〕 王萍，宋合义．企业外部管理环境的研究综述［J］．预测，2003，5．

间的关系是非线性的，环境复杂程度大大加深。外部环境的复杂性要求组织在进行环境分析与预测时应充分考虑到环境因素的总量水平，在上述复杂过程中识别出对组织成败的关键因素。

2. 组织环境的变动性

组织环境的变动性，即组织环境要素的动荡状态。当今人类社会处于“知识爆炸”的时代，知识的不断积累和运用促进科技发展速度不断加快，进而推动社会变革，这些变化表现在：急速变化的政治、社会、经济和技术等宏观环境，加速了市场的全球化、技术的交叉渗透和相互融合等；急速变化的市场环境（激烈的市场竞争和顾客的多样化及个性化需求）改变了营利性组织竞争的内涵，如速度取代成本和价格、“快鱼”吃“慢鱼”取代“大鱼”吃“小鱼”、创新与学习取代秩序与纪律、竞争焦点向价值链终端聚集等；急速变化的组织外部运作环境，加速了组织内部的变化，如组织边界的模糊化、组织结构扁平化、业务流程再造等，变动性已经成为组织环境的主要特点之一。

动荡的环境对组织原有的规则、模式提出了挑战，在管理中，意味着没有多少先例可供借鉴，很多组织的失败往往是因为“成功的经验”，能否对迅速变化的问题进行准确、迅速的判断，正在考验一个组织的敏感性和反应力，现代组织必须通过知识管理、培育学习型组织等，使自己能够具备赋予成员更多自由裁量权、发挥成员主观能动性和创新精神，从而科学把握环境动荡性，在高速动荡变化的环境中掌握行动先机，更聪明地应对环境这种高度变动性的能力。

3. 组织环境的不确定性

组织环境正处于从低度不确定性向高度不确定性发展的阶段，与以往的社会相比，现代社会的不确定性正在迅速增长，现代组织所处的环境比以往任何一个时代都包含了更多的不确定因素，使得组织的前景变得更加复杂，可测度大为下降，并且难以预测。休伯（Huber）等人认为，被感知的环境不确定性对于组织的能动性来讲是缺少信息的。被感知的环境不确定性在可获得的信息和已获得的信息之间是不同的。

米利肯（Milliken）将环境不确定性（Environ Mental Uncertainty）划分为三种类型，即状态不确定性、效果不确定性和反应不确定性。[1] 目前，环境不确定性等级的排序或评价是以汤姆森（Thompson）的复杂多变环境模型为依据的。[2] 美国学者邓肯认为，应该从两个维度来确定企业所面临的环境不确定性：一是企业所面临环境的动态性，二是企业所面临环境的复杂性。[3] 组织环境的不确定性由两个维度决定，即组织环境变化程度和复杂程度。而我们谈到的不确定性，指的往往是那些难以预测或不可预测的变化。如果变化能够被轻易确切地预测，就不是管理者难以应付的那类不

---

〔1〕 Milliken F J. Perceiving and interpreting environmental change: an examination of college administrators' interpretation of changing demographics [J]. Academy of Management Journal, 1990, 33.

〔2〕 Arthur A. Thompson. Strategic Management Concepts and Cases [M]. 北京：机械工业出版社，2002.

〔3〕 Duncan R L. Characteristics of organizational environments and perceived environmental uncertainty [J]. Administrative Science Quarterly, 1972, 17.

确定性问题。

由于环境的不确定性威胁着一个组织的成败，因此管理者需对不确定程度较高的要素保持敏感，采取措施，尽力将这种不确定性减至最低程度。

4. 组织环境的非平衡性

组织环境的非平衡性，即是说组织环境要素的频繁变动，打破了原有的平衡，组织环境的动荡变化不再呈直线发展，而是非线性、非连续性的，处于一种非平衡的状态。这种非平衡的状态要求管理者必须善于从非平衡态中找出规律和完成任务的有效路径。

5. 组织环境的交互性或关联性

组织环境的交互性，是指构成组织环境的各种因素不是孤立存在的，而是相互依存、相互制约的，相互间存在着连带关系，无论哪一个因素发生变化，都会直接或间接地引起其他因素的连锁反应，使众多环境因素发生相应变化。组织环境的这一特征要求管理者要对环境进行综合把握，同时，对环境施加影响必须慎重，特别要考虑到由此可能发生的一系列变化。

鉴于现代组织环境的上述特征，管理者必须重视那些将会对组织产生重大影响的环境要素。密切关注那些不确定的环境因素对组织可能带来的一系列影响，善于应对和处理环境变化的冲击，时时根据环境的变动，选择正确的行动方案，实现组织环境、组织内部条件和组织目标三者的动态平衡。

三、组织环境的分类

哈姆布瑞克（Hambrick）认为，环境不是单一的整体而是由几个部分组成的，且每一部分可以显著地影响政策的制定和组织行为。[1]

1. 巴纳德分类

1938 年巴纳德提出组织所依赖的环境有：投资者、供应商、顾客和其他外部机构等。[2] 巴纳德当时对环境的分类就是后来被称为企业直接环境的因素。

2. 布昭斯分类

布昭斯（Bourgeois）将企业外部环境明确地划分为任务环境和一般环境。[3]

（1）任务环境。任务环境，一般是指具体、直接、迅速地对某一组织产生作用和影响的环境因素，也称特殊环境、具体环境或特定环境。不同社会组织其特定环境往往有所不同，如企业组织的特定环境包括供应商、顾客、竞争者、政府和社会团体等。行政组织的特定环境包括资源的提供者、服务对象、利益群体和政府组织等。

（2）一般环境。一般环境，即对所有社会组织都发生作用，但不是全部因素都对

---

〔1〕 Hambrick D C. Specialization of environmental scanning actives among upper level executives [J]. Journal of Management Studies，1981，18.

〔2〕 Barnard，Chester I. The Functions of Executive [M]. Cambridge，MA：Harvard University Press，1938.

〔3〕 Bourgeois L J. Strategy and environment：a conceptual integration [J]. Academy of Management Review，1980，5.

某一组织发生直接作用的因素，其对组织的影响往往带有间接性和长远性，包括自然环境和社会文化、经济、政治、法律制度、技术发展水平、人口等。

达夫特（Daft）曾明确界定了企业外部环境的六个主要因素，指出顾客、经济和竞争者这三个因素比科技、政策、社会文化等因素对战略不确定性能够产生更大的影响。[1] 总之，组织是与其任务环境相互作用、相互依存的系统，一般环境对组织具有潜在的或间接的作用。

3. 席酉民分类

席酉民教授（2001）把组织外部环境分为硬环境与软环境，其中硬环境包括自然环境与基础设施；软环境包括人文环境、经济环境、政治环境、市场环境、技术环境、政府环境、网络环境。并对上述环境进一步细分[2]（详见表 4-1）。

表 4-1 席酉民外部环境因素细分表

主因素	子因素
硬环境	自然环境
	基础设施
软环境	人文环境
	经济环境
	政治环境
	市场环境
	技术环境
	政府环境
	网络环境

资料来源：根据文献整理。

4. 赵锡斌分类

赵锡斌教授（2004）则将企业外部环境分为社会环境、市场环境和自然环境三个子系统：[3]

社会环境系统（包括政治环境、经济环境、科技环境、法律环境、社会文化环境等）；市场环境系统（包括市场容量、市场结构、市场规则、竞争对手、供应商、购买者等）；自然环境系统（包括资源环境、生态环境等）。同时他也指出，各环境子系统又有各自不同、数量不等的环境构成要素，并有各自的运动规律。各环境子系统及其构成要素本身也是变化的，它们之间是互动的或互为环境。

---

〔1〕 Daft R L，et al. Chief executive scanning environmental characteristics，and company performance：an empirical study [J]. Strategic Management Journal，1988，9.

〔2〕 席酉民. 企业外部环境分析 [M]. 北京：高等教育出版社，2001.

〔3〕 赵锡斌. 企业环境研究的几个基本理论问题 [J]. 武汉大学学报（哲学社会科学版），2004，1.

5. 按照环境系统不确定特性划分

以环境系统的特性来划分，主要是从环境的复杂性和动态性两个方面来考察。相对稳定的环境就是变动性、复杂性和不确定性程度较低的环境，它很少发生变化，即使发生变化，也是可以预测的，它对组织的影响是确定的，能够促进组织变动的因素较少。[1] 低度不确定的环境包含着一定程度的变动性和复杂性，不确定性程度较低，具体表现为，环境中存在着中等强度和频度的变动性，对于组织而言，存在着中等数量的影响因素，影响因素之间具有一定的相关性，但是，整个环境的不确定性较低。或者说，组织赖以存续的环境框架基本上是稳定的，在这个较为稳定的框架下发生的要素变化并不足以对组织发生结构性的影响，因此，组织所面对的未来情景，是可以被描述为几种具体的前景预测之一的。在这一环境之下，虽然组织通过分析还无法说明自身的未来结果属于哪一种，但是，组织却有可能明确地确定不同结果发生的概率。[2] 高度不确定的环境意味着环境的不确定水平非常高，环境中的各种因素各不相同却又相互交织，环境构成要素变动频繁，使人难以预测发展前景。

基于环境系统的特性，组织环境被分为四大类（详见图 4-1）：

（1）简单——稳态环境。

（2）简单——动态环境。

（3）复杂——稳态环境。

（4）复杂——动态环境。

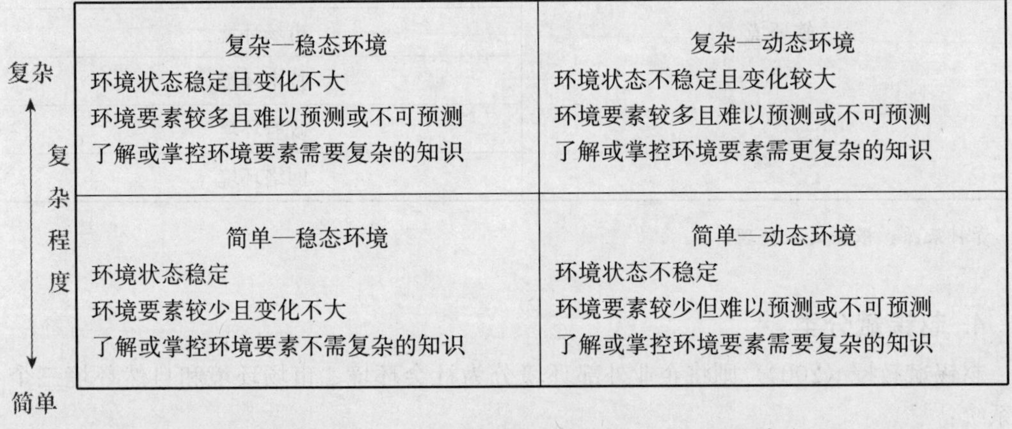

图 4-1 基于环境系统不确定特性的环境分类

6. 按照组织界限（系统边界）划分

以组织界限（系统边界）来划分，可以把组织环境分为内部环境和外部环境两类：

（1）内部环境。内部环境，即管理的具体工作环境，也称为工作环境或具体环境。

---

〔1〕张康之，程丹. 论任务型组织环境的变动性特征［J］. 甘肃行政学院学报，2008，1.

〔2〕项利清. 企业管理环境的复杂动态性浅析［J］. 管理与财富，1994，4.

R. I. Hall 指出，组织内部环境变量包括组织在长期发展演变过程中具有的基本特点和管理机制。[1] H. Mintzberg 认为，组织的内部环境指组织在过去的活动学习中积累的知识、行为、组织结构、规范和价值观。[2] 组织内部环境包括物理环境、心理环境和文化环境。

(2) 外部环境。作为一个开放系统，组织时刻与环境进行能量（物质、信息）交换。外部环境影响组织整体运作系统。外部环境往往被分为一般环境和任务环境。

从总体上来说，外部环境是不易控制的，其对组织的影响往往是相当大的，有时甚至能影响到整个组织结构的变动。对外部环境作分析，目的是要寻找出在这个环境中可以把握住哪些机会，必须要回避哪些风险，抓住机遇，健康发展。

7. 按照环境要素的性质划分

组织环境是一个组织生存的外部条件，它在影响一个组织的管理业绩方面有着极其重要的影响。在当代，由于全球化的影响，组织赖以生存的外部环境越来越趋于多变、剧变，因此管理者必须非常重视对环境因素的了解和认识。现代管理一般将组织的环境分为自然环境和社会环境。

(1) 自然环境。自然环境是组织生存和发展空间上的各种自然条件的总和。包括组织所处的地理位置、地质地貌、气候、空气、水、矿产资源，以及各种微生物、动植物构成的生态系统。

自然环境的变化速度是相对缓慢的，但自然环境的变化，仍应引起管理者的充分注意，组织应有更多手段预测和防范自然条件的突变。

(2) 社会环境。组织的社会环境，即与组织有关的各种社会关系的总和，它主要是由经济环境、政治环境和文化环境组成的。

社会环境的变化周期则要快得多，对组织的威胁也要更大一些。

8. 从企业战略管理角度划分

从企业战略管理角度一般将环境划分为一般性环境和行业环境。

(1) 一般性环境。一般性环境，即企业面临的宏观环境，通常称为 PEST 分析（见图 4-2），主要包括：政治因素（political）、经济因素（economic）、社会（social）、技术（technological）。[3]

(2) 行业环境。行业环境，也称为竞争环境，它是以美国哈佛商学院的迈克尔·波特的“五力分析模型”（见图 4-3）为代表的。波特教授认为一个行业存在着五种基本的竞争力量，即潜在进入者的威胁、替代品的威胁、现有企业间的竞争、购买者的议价力量、供应商的议价力量。这五种力量的状况及其综合程度决定着行业的竞争激烈程度，同时也决定了行业的最终获利能力。

---

[1] Hall R. The Natural Logic of Management Policy Making：Its Implications for The Survival of An Organization [J]. Management Science，1984，130.

[2] H. Mintzberg The Structure in Fives：Designing Effective Organizations [M]. Prentice Hall，1992.

[3] MBA 智库百科. PEST 分析模型. http：//wiki. mbalib. com/wiki.

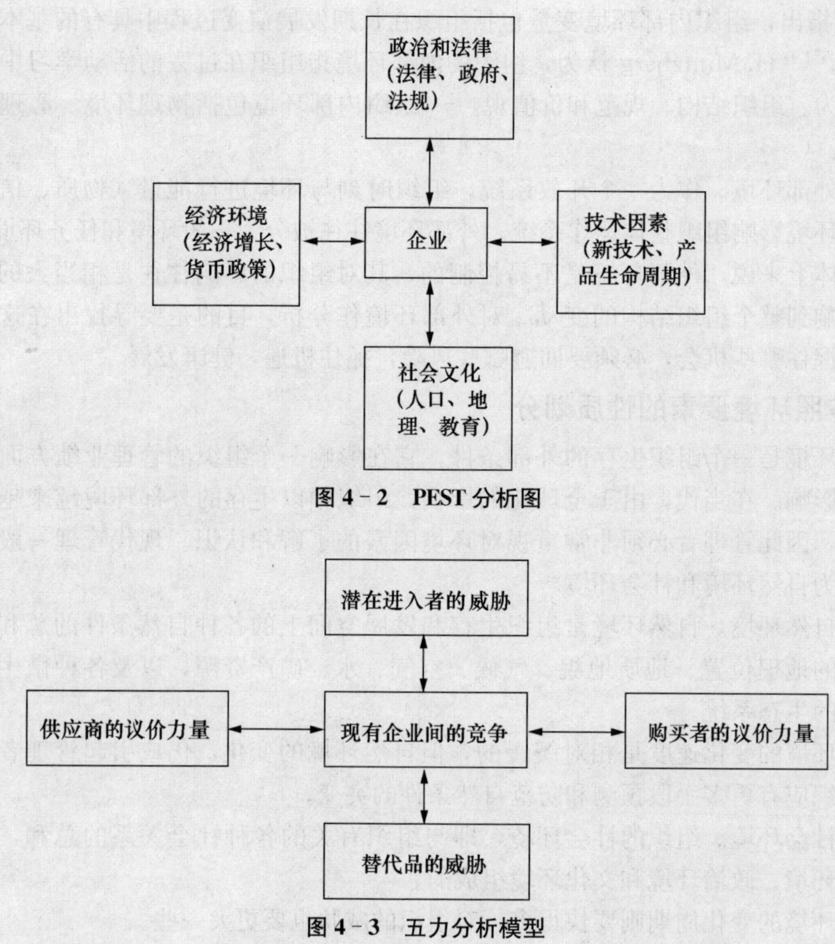

图 4－2　PEST 分析图

图 4－3　五力分析模型

第二节　环境对组织的影响

组织作为开放系统，必然受其生存环境的影响。环境是组织生存的土壤，在为组织活动提供条件的同时，也必然对组织活动产生制约作用。组织运营的目标和计划是在对环境调查与预测基础上作出的重要决策，是组织运营活动的方向，组织内外环境限制管理者决策的自由度。关于环境和组织关系的代表性研究主要有：法默—里奇曼模式，美国印第安纳大学教授法默·里奇曼于 1964～1965 年，应用生态学方法进行研究，说明外界环境、管理过程同管理效果的相互影响；布劳赫—霍尔模式也认为环境因素对管理过程和管理行为有着重要影响，布劳赫认为，在国家政策、文化特点和经济发展阶段这三组环境因素中，尤以国家政策这一组环境因素起主要作用；杰弗里指出，“组织内部所发生的一切不仅仅是组织自身的功能，也不仅仅是组织结构、领导能力、程序和目标所能决定的。组织的行为也是环境影响的结果，是环境中产生的特定的偶然性和约束条件综合作用的结果。”[1] 目前，国内外普遍重视组织环境的研究，正是因为环境为组织带来问题也提供机会，组织依赖环境获取各种有价值的资源；达夫特认为，企业环境或许比其他因素对组织结构、内部过程及管理决策影响更大。[2] 环境对组织的影响既有显性的，也有潜在的，加之现代组织环境的特点，就带来了环境研究的难度。

一、环境要素对组织的影响

1. 自然环境的影响

（1）环境保护的要求。我国的生态保护政策分布在水资源、土地、森林、海洋、草地、物种等多个领域，每个领域的政策又有具体的实现形式。近 20 年来，为了解决严峻的资源和生态问题，并适应市场经济的发展，生态和资源保护政策经历了几个方面的变化：一是变国家对资源统一开发和管理的体制为引入市场经济手段，确立了多种形式的使用权；二是变单纯强调资源开发的政策为资源开发利用与保护增值并重的方针；三是建立生态保护法律、法规体系，确立了有关资源开发和保护的重要法律制度。政府在生态和资源保护的法律、政策的制定和实施方面还在不断加强。

（2）环境利用的要求。自然环境是人类各种社会活动，特别是生产活动的物质基础和物质资料的来源。这些自然条件的基础作用决定了经济与社会发展的某些特色，决定了组织的资源优势或劣势，组织可以根据自然环境的特点，扬长避短。

2. 政治（法律）环境的影响

政治环境主要体现在国家政治制度、社会制度、执政党的性质、政府的方针、政策、法律法规和政治事件等方面。不同国家和地区不仅在政治制度、政治体制上存在差异，并且其在稳定性上也有很大不同。一个社会法律和政治体系变化比较缓慢，管理程序相对完善，组织就较为准确地预测未来；反之，一个社会政治不稳定，法制不健全，就不利于组织开展各种业务。

3. 经济环境的影响

当今，在经济环境的影响上，感触最深的莫过于 2008 年的国际金融危机的影响。在组织生存发展宏观环境迅速恶化的情况下，为应对业务萎缩、出口下降，很多企业不得不采取各种措施节约成本，甚至不惜裁员以减少人力资本投资，使得降薪、裁员、福利削减之风盛行。

4. 社会环境的影响

文化环境（包括组织的内部文化和外部文化环境）作为影响组织行为的一个重要因素，对组织的业务开展具有重要影响。例如，社会舆论对组织形象建设具有十分重

---

〔1〕 杰弗里·菲弗，杰勒尔德·R. 萨兰基克. 组织的外部控制——对组织资源依赖的分析 [M]. 北京：东方出版社，2006.

〔2〕 Daft R L，et al. Chief executive scanning environmental characteristics，and company performance：an empirical study [J]. Strategic Management Journal，1988，9.

要的意义，良好的社区关系则有助于组织建立好的信誉和形象。

5. 技术环境的影响

科技发展水平从根本上决定着一个国家或地区的社会生产能力，对其组织管理系统产生着越来越重要的影响。例如，蒸汽机技术的出现导致了现代工厂组织的诞生；现代高科技和信息技术革命导致了学习型组织、虚拟组织产生等；先进的技术系统有助于组织活动的协调和工作效率的提高，如运用各种高科技及其产品所建立的信息收集与处理系统有助于电子政务、电子商务的发展；高科技机装备的运用、办公自动化和信息处理系统软件的引入，促使组织结构的扁平化等。技术环境对组织发展与变革的影响越来越大。

二、环境状态对组织的影响

环境对组织的作用是多方面的，归纳起来有两大作用：一是给组织提供生存与发展的机会；二是企业环境给予组织以制约作用。组织了解环境的目的主要在于抓住环境提供的机会，避开环境可能带来的威胁，充分利用组织优势来发展组织。保证组织决策建立在坚实、客观的基础之上，避免由于情况不清，信息不准确、不及时、不完整，而“拍脑袋”、“想当然”的主观判断和盲目决策带来的危害，保证决策的科学化。组织是在与环境的交互作用中生存和发展的，组织运营行为的出发点——组织目标本身就是一个受制于环境的决策。

1. 环境状态决定组织运营行为模式

环境的不确定程度，对组织行为模式的要求不同。稳定的环境要求稳定的组织结构和程序，这种稳定性可以使组织获得较高的运营效率。盲目变革的管理行为，只能造成成本的无谓增加，甚至打乱组织运行秩序，造成混乱。动态不稳定的环境要求组织适时变革自我以适应环境变动的要求。固守原有的结构和程序，可能导致组织危机。

2. 了解和熟悉环境状态是组织科学决策的依据和保障

任何组织都存在于环境中，它要在环境中生存、发展，就必须适应周围环境的各种要求和变化，不断满足社会各种需要，使组织活动与社会需要和变动协调一致。为此，管理者必须对环境有充分的了解，否则决策就失去了可靠的基础。正确决策是符合客观实际的决策。要使决策符合客观实际，必须充分掌握各种环境因素及其发展趋势，否则不可能作出正确的决策；了解环境有助于组织及时作出决策。及时决策，就是不失时机地进行决策。外部环境千变万化，经常出现各种机会和风险，抓住先机、避开风险，能争取主动权，容易获得成功。错过机会则会处于被动而遭受挫折，甚至是失败。决策需要及时，而做到及时决策，秘诀就是了解环境、熟悉环境、掌握环境变化脉络。了解掌握环境可以保证决策具有预见性和适应性。决策关系到组织的全局发展，必须具有一定的稳定性，不能朝令夕改。但环境是多变的，它必然影响原定决策与环境的适应性，因此，为使决策能在较长的时间内保持适用性，要求管理者必须了解和掌握环境的变化规律，预见环境的发展趋势，从而采取适应性的对策。

3. 环境变化引发组织变革与创新

组织运营过程也是一个组织与环境之间的互动过程，正是这种互动引起了组织内部结构的变化和程序的调整。组织的发展与变革，正是这种结构变化和程序调整的过程。从历史的角度来看，组织总是会从一个较稳定的环境转向较不确定的环境。组织建立之初往往是与特定的环境相适应的，基本达到内外环境和组织目标的平衡。当组织运行一段时间之后，原有的平衡会逐步发生变化，特别是在急剧变化的环境之下，组织与环境的不平衡已成常态，“信息革命的到来，经济全球化的推进，不稳定事件的扩散，意识形态的崩溃，以及网络社会的发展把我们的世界变成了一个地球村——所有这一切彻底改变了游戏规则，它会使原有的组织突然之间变得过时”。[1] 过去曾为组织带来成功的创意、计划、管理理念、管理方法等，不仅变得过时了，甚至可能成为拖累。面对着这种状况，组织唯一不变的就是变革，变革就只能是管理者的唯一选择。这些变革可能涉及组织结构、人员、理念，以及业务流程等方方面面，如直线职能制、事业部制、多维立体组织结构、组织的扁平化、学习型组织、倒三角形的组织结构理念等都是复杂动态性环境的产物。

4. 环境变化冲击组织人力资源管理

环境复杂动态性对企业人力资源管理产生三方面的影响：

（1）引起企业人力资源管理理念的变革与管理职能重心的转变。组织形式由传统组织向现代组织转变的过程实际上就是人力资源由传统的人事管理向现代人力资源管理的转变过程。现代的人力资源管理将人视为组织中的资源，强调以人为本的思想观念，主要职能集中在：人力资源计划、招聘、选拔、人力资源开发、薪酬福利、公司文化、领导艺术、公司与员工的劳动法律关系。

（2）组织的变革模糊了岗位的工作边界，增加了工作分析的难度。运作的柔性化要求管理层级之间存在模糊的职能空间，便于企业管理职能范围适应环境的复杂动态变化。网络化则要求企业内部各部门之间进行协作交流，组成多种临时性的跨部门跨职能工作团队，团队使命、功能的顺利实现与发挥则要求团队组成人员具备多种素质，同时承担多项职能，这就要求企业员工有较大的弹性工作职能空间与较高的素质要求。这些与企业人力资源管理的工作分析产生较大的冲突，必须采用动态的预测性的工作分析方法才能满足上述要求的实现。

（3）组织文化的变革要求企业人力资源管理增强以人为本的管理理念。注重企业员工的素质提高与职业成长阶梯设计，满足员工个人实现的要求，包括合理的薪酬与激励制度、绩效考核制度的设计、企业内部人力资源的培训与开发等。注重企业文化的建设与重塑，宣传企业的核心价值观，增强员工对企业文化的认同感与归属感，减少企业组织变革的阻力。

我们注意到，在现代管理伦理观念中，人已经不仅仅被视为资源，更被视为“目的”，组织存在的目的不仅仅是“用人”，更是“为人”。

总之，组织环境调节着组织结构设计与组织绩效的关系，影响组织的有效性。组织环境对组织的生存和发展，起着决定性的作用。荷兰皇家科学院院长 Drenth 教授则提出“Person Situation＝Behavior”的公式来表述管理行为，即管理行为取决于管理者

---

〔1〕 李·鲍曼，特伦斯·迪尔.组织重构［M］. 北京：高等教育出版社，2005.

和管理情景两方面的特性，管理与其环境互相作用，只有管理者特性与管理环境相得益彰才可能带来理想的管理行为。可见，环境在管理效果中的地位和作用。

第三节 组织环境管理的基本要点

环境对组织的生存发展及对管理的决定与制约作用，要求管理者必须抓好环境管理，能动地适应环境，谋求内部管理与外部环境的动态平衡。

一、了解与认识环境

管理者要能动地适应环境，首先要了解、认识环境，这是环境管理的基础。管理者要把对环境的了解与掌握纳入重要管理事项。要通过各种渠道搜集有关环境的信息，掌握关于环境的各种因素与变量，把握环境发展变化的趋势与规律。对各种环境变量做到心中有数，始终保持对环境的动态监视与整体把握。

二、分析与评估环境

在掌握组织环境大量信息、对组织环境充分了解的基础上，要对各种环境因素进行深入的分析与评估。要划分与确定环境因素的类型，确定环境对组织与管理影响的领域、性质及程度的大小。例如，根据一些因素与组织之间的联系，将环境区分为一般环境和任务环境；还可以根据环境的变化程度，将组织所面临的环境分为稳定环境和动态环境两类。

三、能动地适应环境

在对环境科学评估、正确分类的基础上，要研究与选择对待不同环境的办法。一般是采取依据分类区别对待的管理办法。对于一般环境，是所有组织共同面临的，而且，也是个别组织无法改变的，所以，只能采取主动适应的办法。管理者要从组织环境既定条件与因素出发，去研究、解决本组织的问题，千方百计地利用环境的有利条件，发挥本组织适应环境的优势，因势利导地寻求组织与环境的平衡，以获得组织的发展；对于任务环境，既是本组织直接面临、且影响巨大的环境，又是本组织在一定程度上可以施加影响的环境，所以，管理者要积极干预，创造条件，影响环境朝着有利于本组织的方向发展。例如，企业通过广告、促销等多种方式影响消费者购买心理，从而，使消费者产生对本企业产品品牌的特殊偏好，导致其采取大批购买行动。包括利用正确的竞争策略，打败竞争者、扩大市场份额；对于稳定环境，管理者可以按正常的程序和规范进行预测与计划，并实行较为稳定和长期的战略与政策；对于动态环境，管理者则要加强监测，并采取权变管理模式，灵活应变。包括在职权配置上给基层实体以更大的自主权，以便让其独立地、灵活地适应多变的外部环境。

第四节　环境分析的基本方法

一、环境扫描技术（PEST）

环境扫描技术，又叫做 PEST 方法，是将组织决策问题涉及的众多环境因素进行分层，通过主观评分法，判断机会与问题、优势与劣势的强弱状况，从而作出判断和抉择。要素分层法是一种将定量与定性分析结合起来的方法，使用简便、直观。要素分层法的步骤如下：

1. 找出环境要素

找出环境要素，即列出管理者关心的环境要素，如政治环境（P）、经济环境（E）、社会环境（S）、技术环境（T）等。

2. 作出环境要素分层表

找出环境要素的相关要素，也就是分层。如在政治经济、社会、技术等环境要素之下列举出下一层次的分支要素，制作环境要素分层表（见表 4－2）。

表 4－2　环境要素分层（得分）表

要素（X_i）	分支要素（X_{ij}）	评价得分
政治环境	1. 国家政治制度 2. 政权稳定性 3. 党派性质 4. 法规法令 ……	
经济环境	1. 经济增长率 2. 国民收入状况 3. 利率 4. 汇率 ……	
社会环境	1. 社会道德风尚 2. 民俗特点 3. 宗教信仰 4. 文化教育水平 ……	
技术环境	1. 技术装备 2. 新技术应用 3. 技术人才 4. 质量标准 ……	

3. 评定优位系数

优位系数，指某要素的重要程度。优位系数的确定，可以由5～15人通过集体讨论评定。优位系数分值，最高可设为10分，最低可设为1分，或根据具体情况而定。

4. 设定评价标准

设定评价标准，即对拟评价的相关要素确定若干评判标准等级，并给出相应的评价值（详见表4－3）。

表4－3　评价标准表

标准等级	理想	很好	好	一般	差
评价值	4	3	2	1	0

5. 进行评分、计分

根据评价标准，由评价人员针对每个拟订方案具体情况结合环境要素进行评价并记分；将评价得分逐项填入评价结果统计表中斜线的上方；将评价值和优位系数相乘，得出各要素的得分值，记入表中斜线的下方；然后将各方案的环境要素得分（斜线下方数据）相加，求出各方案环境总得分，记入环境要素评价得分统计表（详见表4－4）。

表4－4　某环境要素评价得分统计表　　　　专家：×××

评价要素（X_{ij}）	优位系数	组织行动方案			
		A	B	C	D
X_{11}	6	0/0	2/12	2/12	3/18
X_{12}	7	1/7	4/28	3/21	3/21
X_{13}	10	1/10	0/0	2/20	3/30
X_{14}	8	1/8	1/8	2/16	3/24
X_{15}	6	4/24	1/6	0/0	3/18
X_{16}	5	1/5	2/10	1/5	1/5
X_{17}	9	1/9	3/27	2/18	3/27
得分合计	63	91	92	143	

6. 评分修正

实际上，评估人员还可进一步对决策问题的可行方案进行调整，也可考量是否能够经过主观努力改变环境要素，比如争取税收减免或争取银行的利率优惠等，因此就有重新评分的必要。重新评分，即对转化后的情况重新评分，实际就是分析决策问题转化为机会的可能性或劣势转化为优势的可能性。

对于一些环境要素比较复杂，以及难以确切估计或预测的环境分析，这是一个比较实用的方法。

二、SWOT分析法

SWOT分析法，由美国旧金山大学管理学教授韦里克于20世纪80年代初提出。SWOT是英文Strengths、Weaknesses、Opportunities和Threats的缩写，SWOT分析法将组织将要解决的问题与自身内部资源和外部环境有机结合起来思考。其中，优势和劣势分析主要是着眼于分析组织自身与竞争对手比较的实力状况，机会和威胁分析则注重外部环境的了解与分析。该法主要用于营利性组织战略研究、竞争分析，以及项目论证等方面，目前已经成为组织环境分析最常用的方法之一。SWOT 分析的基本步骤如下：

1. SWOT 因素列举

SWOT 因素列举，即罗列组织自身的优势（S）和劣势（W），找出组织外部可能的机会（O）与威胁（T）。

2. 确定组织策略

将优势、劣势与机会、威胁相组合，形成 SWOT 结构矩阵，并对矩阵的不同区域赋予相应的分析意义，即得出 ST、SO、WT、WO 策略（见表 4－5）。

表 4－5 SWOT 分析模型矩阵

	威胁（T）	机会（O）
优势（S）	ST 策略（利用优势，回避威胁）	SO 策略（发挥优势，利用机会）
劣势（W）	WT 策略（减少弱点，回避威胁）	WO 策略（利用机会，克服弱点）

3. 确定行动方案

对 SO、ST、WO、WT 策略进行甄别和选择，确定组织应采取的具体行动方案（如图 4－4 所示）。

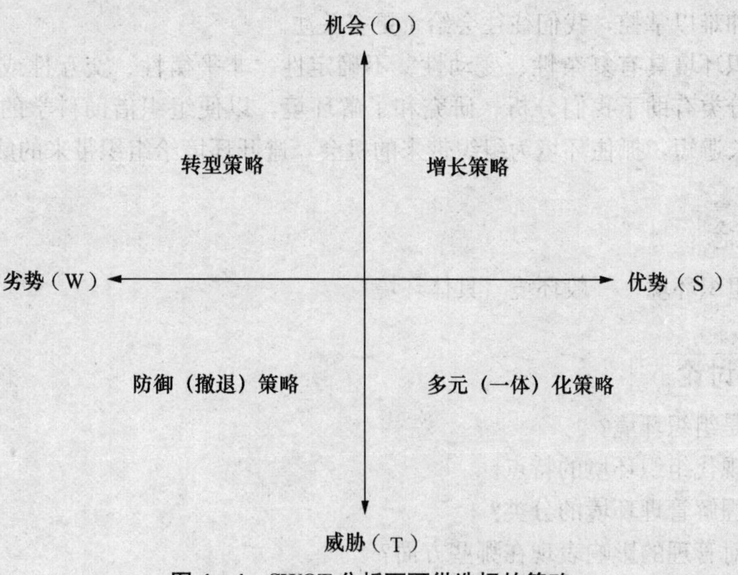

图 4－4 SWOT 分析下可供选择的策略

SWOT分析法直观、使用简便，其采用系统的思想将一些看似独立的因素匹配起来进行综合分析，使组织问题的分析论证更加科学全面，即使没有精确的数据支持和更专业的分析工具，也可得出有说服力的结论。

三、预测的方法

什么是预测？简单地说，预测，即根据已知推断未知；根据过去和现在推断未来。预测是对各种调查信息的深加工活动，通过研究人员的预测工作，可以形成具有决策支持作用的增值性信息产品，从而满足组织多方面的信息需要。

预测的方法很多，一般可分为三大类：外推法、因果法和直观法。前两种偏重于数理方法，后一种则偏重于经验判断方法。

小结

组织环境，即与社会组织管理过程及管理者相联系并对其发生影响的各种外部因素或周边条件。任何组织离开一定的环境便不能生存，组织是环境的组成部分，环境是组织的载体，组织实体并不包括组织环境。组织实体是在一定的组织环境下与外界进行交流和沟通，组织实体和组织环境之间是有界限的，但其界限是相对的，处于经常的变动之中。组织一旦确定，组织环境与组织实体的边界就有了相对的确定性。这个边界把组织实体与组织环境分离开来，边界的内部即为组织结构及其活动所组成的组织实体，边界的外部即为与该组织具有直接或间接关系的事物和条件组成的组织环境，它们之间相互联系、相互作用，不断交换信息和各种能量等。对于特定组织的外部环境可以从广义理解，也可以从狭义理解，广义的环境包括与组织直接相关的具体环境要素，也包括仅与组织间接相关的一般环境要素或宏观环境要素。其实组织的内部环境也是管理者决策的重要依据，应该纳入组织环境的范畴，只是相比之下，组织外部环境更加难以掌控，我们往往会给予更多关注。

现代组织环境具有复杂性、变动性、不确定性、非平衡性、交互性或关联性。通过对环境的分类有助于我们分析、研究和了解环境，以便组织借助科学的环境研究方法，做到扬长避短，抓住环境为组织带来的机会，避开环境给组织带来的威胁。

关键概念

环境　组织环境　一般环境　具体环境

问题和讨论

1. 什么是组织环境？
2. 简述现代组织环境的特点。
3. 怎样理解管理环境的分类？
4. 环境对管理的影响表现在哪些方面？
5. 管理者应怎样进行环境管理？
6. 环境研究的方法有哪些？

7. 讨论：你认为非营利性组织有必要进行环境研究吗？为什么？
8. 讨论：你认为组织环境应该包括内部环境吗？为什么？
9. 讨论：试分析比较一个工商管理部门（局）和一家银行的特定环境的异同。

案例应用

福特汽车公司[1]

福特公司的创始人亨利·福特有着精明强干的头脑和丰富的技术经验。自从1889年《科学美国》作了有关德国奔驰汽车的结构和制造的报道后，许多美国人开始从事汽车制造，福特于1896年制造出第一辆汽车。1903年福特汽车公司成立，开始生产“A”型到“R”型和“S”型汽车参与几十家汽车公司的竞争，当时还没有什么优势。但1908年开始生产福特“T”型车就标志着福特垄断局面的开始。“T”型车的特点是结构紧凑、设计简单、坚固、驾驶容易、价格较低。1913年福特采用了汽车装配的流水线生产法，并实行汽车零件的标准化，形成了大量生产的体制，当年产量增加到13万辆，1914年增加到26万辆，1923年增加到204万辆，在美国汽车生产中形成垄断的局面。福特从而建立起一个世界上最大和盈利最多的制造业企业，他从利润中积累了10亿美元的现金储备。可是，福特坚信企业所需要的只是所有主要企业家和他们的一些“助手”，只需“助手”的汇报，由他发号施令即可运行。他认为公司组织只是一种“形式”，企业无须管理人员和管理。随着环境变化，其他竞争者兴起，消费者的需求状况也发生了一定的变化，市场对汽车有了不同档次的需要，科技、产供销、财务、人事等管理日趋复杂，个人管理难以适应这种要求。只过了几年，到1927年，福特已丧失了市场领先的地位，以后的20年，逐年亏本，直到第二次世界大战期间都无法进行有利的竞争。当时，它的强劲对手通用汽车公司，从20年代开始走着一条与福特经验相反的路子。“通用”原是一些竞争不过福特的小公司拼凑起来的。在建立之初，这些小公司作为“通用”的一部分各自为政。通用公司组织机构不健全，公司的许多工作集中在少数几个人身上，不仅使这些领导人忙于事务，无暇考虑公司的方针政策，并限制了各级人员的积极性。而1920年后，新接任的通用汽车公司总裁小艾尔弗雷德·斯隆在大整顿、大改组过程中建立起一套组织结构和处理问题的方法，根据市场上不同层次顾客的需要，确定产品方向，加强专业化协作，谋取大规模生产，按分散经营和协调控制的原则建立管理体制，组织坚强的领导班子，加强科研和发展工作，使技术产品保持先进，加强产供销管理，做好工资福利和人事管理，建立起财务管理，等等。这样，大大提高了组织管理水平，从而于1926年至1927年使“通用”的市场占有率从10％一跃而达到43％，此后多年均占50％以上，而“福特”则每况愈下，到1944年，福特的孙子——福特二世接管该公司时，公司已濒于破产。当时26岁的福特二世向他的对手“通用”学习，着手进行斯隆在“通用”所做的事，创建了一套管理组织和领导班子，五年后就在国内外重新获得了发展和获利的力量，成为通用汽车公司的主要竞争者。

〔1〕周建临. 管理学［M］. 上海：上海财经大学出版社，1996.

讨论题

结合环境状况及其变化，说明福特汽车公司在20年代初期为何能获得成功而后又濒于破产？

自我评估

你对组织环境的认识正确吗？

提示：请在你认为正确的括号内填“是”，错误的括号内填“否”。

1. 外部环境给组织提供机会的同时也带来了威胁。（ ）

2. 任务环境中的各种因素基本上会对管理者产生间接而滞后的影响。（ ）

3. 为另一个组织的生产活动提供原材料的组织被称为竞争者。（ ）

4. 就同样的顾客群展开竞争的组织是供应商。（ ）

5. 进入壁垒影响一个组织进入特定行业的能力。（ ）

6. 政府管制有像进入壁垒一样的功能。（ ）

7. 年龄是人口因素。（ ）

8. 管理者必须予以响应的因素的多少会影响到组织环境的复杂性。（ ）

9. 进口关税的目的之一在于保障国内的就业机会。（ ）

10. 一个社会的价值观是静止的。（ ）

11. 违背社会习俗是一个严重的社会问题。（ ）

12. 日本文化重视个人主义，而美国文化看重集体主义。（ ）

13. 违背社会道德规范是一种严重的罪过。（ ）

（结果说明：根据本题目设计者的观点，对环境的正确认识，可能的答案是：1. 是；2. 否；3. 否；4. 否；5. 是；6. 是；7. 是；8. 是；9. 是；10. 否；11. 是；12. 否；13. 是。）

第2篇 管理思想的发展

篇首语

管理思想是指导管理人员从事各项管理活动的路标，它是由一系列观念或学说构成的知识体系。管理思想的演变过程是人类从农业社会经工业社会向后工业社会发展的社会进化过程的反映，是不同历史时期社会实践中存在的管理经验的概括和总结。换言之，管理思想实际上是评价同期社会现实的独立尺度。

有关管理的论述早在世界各文明古国的学术文献中就不断出现，但管理科学作为科学的分支却是一门年轻的学科。直到 19 世纪末 20 世纪初，工业革命席卷欧美国家，管理作为一个独立的领域进行研究才受到高度重视。

管理理论与思想的产生在时间上的划分并非泾渭分明、非此即彼。但大致可以分为古典管理思想（主要有前工业社会的传统管理思想、工业化社会的近代管理思想）、行为科学的管理思想（包括早期的行为科学和后期的行为科学）、现代管理思想（主要是带有综合色彩的管理理论的丛林）和当代管理思想（带有一定的管理前沿性）。传统管理思想是人类管理思想发展的星星之火，近现代管理思想是传统管理思想的发扬光大。传统管理思想至今仍是管理思想内在的宝贵遗产，近现代管理思想则是在不断开放过程中创造自己发展的广阔空间。

人类管理思想总是在不断分化、整合中发展，并寻找自我创新的生命火花。在由单一的科学管理学派发展为“管理丛林”的过程中，即使在同一学派内部其观点也不尽相同，往往是各种观点的综合。未来的管理思想唯有保持这种开放的特色，管理科学才会充满无限的生命力。

事实上，即便是古典的科学管理，在今天的管理实践中仍是普遍适用的。我们不能说哪一种理论过时了或无用了，而应结合自己的实际，兼收并蓄，有选择地取舍，这样才能在继承前人思想的基础上发展自我，这才是我们回顾历史的目的所在。

▲ **学完本章后， 你会知道：**

1. 古代希腊、罗马、印度的管理思想
2. 中世纪的管理思想
3. 工业革命时期的管理思想
4. 泰罗、法约尔和韦伯的古典管理思想

第五章 早期的管理思想

第一节 前工业社会的管理思想

前工业社会基本的社会特征是社会相对固定不变，社会占主导地位的文化不利于创造利润，个人限于生活处境，对统治不可能有疑问，人们对组织中的管理者所能起的作用有一种相对狭隘的观念。前工业社会的管理思想是零星分散的，几乎没有有效的管理概念。

一、管理思想的起源

管理思想是随着社会生产力的发展和人类集体协作活动的进化而发展起来的知识体系。原始社会的人是猎人和采集者，生活在独立的氏族、部落集团内，主要使用的工具是石器工具，通过捕鱼和采集野果为自己和家人提供衣食住行的基本社会需要，并在经济活动中结成联盟以防御共同的敌人，这就导致原始的管理思想的出现。原始社会的社会生产力水平非常低下，生产效率增长不明显，管理水平普遍不高，管理思想是处于萌芽状态的思想，依附于经济活动而存在。分工、合作、专业化、交往与活动能力、贸易、财富和领导是原始社会管理思想的重要因素，它们在当今社会组织中仍发挥着重要作用。

1. 分工

原始社会是以集团内部性别分工为主的自然分工，男性成员担任狩猎和为衣食提供原材料的工作，妇女则留在家中照料家庭和加工男人提供的原材料。这种建立在自然分工基础上的经济活动隐含了管理学中一个带有根本性意义的基础性概念，即各项任务都要根据一个集团内各成员的特殊兴趣和能力进行分工。

2. 合作

在原始社会，人类在共同狩猎的活动中认识到，唯有与其他人合作才能更有效地完成任务，才会获取更多猎物。单干的猎人获取食物的可能性是建立在幸运和浪费时间的基础上的，凭借集体协作来联合狩猎的集团能确保集团内每人每天都有可能获得食物，并且不需要花费大量的时间。

3. 专业化

在原始社会，人类在诱捕大动物的过程中发现，集团中每个人发挥不同的作用是比较有效的配合：有的擅长远距离投掷标枪，有的精于设计诱捕陷阱，有的搜寻动物，有的制造武器等，彼此发挥专长的合作才能更快地开展捕捉活动。人类已意识到专业化的最大好处是确保集团内弱者不因缺少必要的技能而难以维持自己的生存。

4. 交往与活动能力

在原始社会，人类在狩猎的同时学会了改进和使用更为精美的工具，学会了耕地，生产开始出现剩余。语言和文字的进化，交通工具的采用，交往方式的改进，原始社会人开始从事更复杂的贸易和商业，最终导致人们认识到交换产品和服务的好处，活动能力大为提高。

5. 贸易

原始社会人的语言的发展和活动能力的提高为产品和服务交易的发生奠定了基础，产品和服务交易的经常化和制度化导致地方市场中心的出现。不同的生产者来到地方市场中心，用以物易物的方式交换剩余产品。地方市场的发展加速了专业化的进程，反过来，专业化的进程又促使地方市场变得更加复杂。

6. 财富

产品交换引起了财富的积累。拥有熟练技术的生产者比别人更善于生产产品，能够以较多的剩余产品同别人进行劳动交换，并开始雇用奴隶为市场提供更多的产品和服务。

7. 领导

在原始社会人的集团中，有一个起着领导人作用的成员，他要决定任务的分配和协调集团内的各种活动。这个角色通常是由集团内最有智慧、体格最强健的成员担任。随着贸易的发展和财富的创造，特别是雇佣劳动的出现，领导不再是单纯依靠强健的体格，而是同财产体制相关联。

原始社会人的管理观念是依附于经济活动而存在的原始管理思想，它是人类管理思想的胚胎形态，其重要性是不可忽视的。

二、古代的管理思想与实践

随着原始社会的解体，人类开始使用金属工具，生产效率有了大幅提高，人类社会组织日益复杂化，家庭、部落、僧侣、团体、军队和国家与人类社会同时存在，特别是行政管理的出现，进行有效管理活动的必要性大大加强。

古代东方文明古国的管理体系似乎非常发达，埃及人和苏美尔人成立了一个等级制的政府体系，以管理日益增长的人口；建立了一个财政制度以记录贸易和税收；协调和组织军事行动；有系统地计划大型公共工程的修建并管理修建所需的人力资源；处理家务；组织生产、安排祭祀活动。在古代的埃及、中国、巴比伦、希腊、印度等世界文明古国的史籍和许多宗教文献中均有对公共事业进行管理并取得辉煌成就的文字记载。

古代埃及素以公共工程的建设而闻名，埃及金字塔作为世界七大奇迹之一，就是世界著名的古代大型公共工程。据考古学家研究，修建金字塔花费了 20 多年的时间，共动用 10 万人力资源，用 230 多万块上万吨的巨石垒砌而成。古埃及人修建金字塔是一项非常艰巨的组织管理工作，如组织技工进行工程设计和制订工程计划，根据工程流程进行采石、打制、搬运、垒砌方面的合理分工。在没有良好运输工具的条件下，金字塔工程的管理意识是不能低估的，它是各种工程技术知识和多方面管理经验的综合结果，反映古埃及人已认识到计划、组织的重要性，以及管理者控制的幅度等问题。古埃及人的文献还论述到计划、参谋咨询和管理职责等方面的问题。

两河流域是同埃及文明古国密切相连的人类文明地区。巴比伦在公共工程，特别是社会的法治化管理方面给人类留下了宝贵财富。巴比伦的“空中花园”，同埃及金字塔一样享有世界奇迹的盛名。古巴比伦国王汉穆拉比在位时曾颁布一部法典，全文共282条，这部法典以法律的形式对各种社会活动和人与人之间的关系作了明确规定。诸如个人财产的保护、臣民应遵守的规范、进行货物贸易的准则、臣民之间关系的协调、最低工资标准的制定、家庭纠纷的调解、刑事犯罪的处理等，均体现了丰富的管理思想。汉穆拉比法典对合同、证人和经济责任的规定都十分具体。古以色列人的重要经典《圣经》记载了有关管理活动的三条建议，涉及法令的制定过程、授权委任过程和分级管理问题。希伯来（今以色列）人的领袖摩西在率领希伯来人摆脱埃及人的奴役而出走的过程中，其岳父叶忒罗对他处理政务事必躬亲的做法提出了批评，并向他建议，一要制定法令，昭告民众；二要建立等级、授权委任管理；三要责成专人专责管理，问题尽量处理在下面，只有最重要的政务才提交摩西处理。叶忒罗可以说是人类最早的管理咨询人员了。叶忒罗向摩西提出的建议，就是现在常用的授权原理和例外原则等，同时体现了现代管理思想中的管理幅度原理。

古代印度丰富的管理思想，往往被忽视，甚至一字不提。《摩奴法典》和考底利耶所著的《政事论》是反映古代印度管理思想的重要文献。《政事论》阐述了土地和房屋买卖、家庭财产的分配、不动产的抵押、服务性劳动的报酬、村社的治理、国家政权的集体决策、会议管理等；《摩奴法典》中也不乏类似的管理思想，它也是古代印度传给后人的重要的涉及管理学内容的著作。

古希腊和古罗马是比古代东方文明国家发达的奴隶制文明国家，工商业发达，自由民主、内部斗争激烈、行政建制复杂，民主政治相对发达，文化交流相对频繁。古希腊和古罗马的哲学家、历史学家、政治学家对管理思想的论述，其理论抽象化程度远远高于古代东方诸文明国家，对现代管理思想的发展具有重要影响。

古希腊哲学家、政治学家苏格拉底是最早论述管理问题的学者之一，他在《对话》中最先认识到管理具有普遍性，“管理私人事务和管理公共事务仅仅是在量上的不同”，因为两者之间的管理技术是可以通用的。思想家柏拉图在《理想国》中似乎是矛盾的，他看不起商业活动，称它为“卑鄙和粗俗的”，但他却研究了国家范围的分工，集中论述了人们对商业和管理技能的需要。柏拉图认为：“如果一个人根据自己的天性才能，在适当的时间内不做别的工作，而只做一件事，那么他就能做得更多、更出色、更容易。”以此为理论根据，柏拉图得出“每个人必须在国家里执行一种最适合于他的天性的职务”的结论。柏拉图的学生，政治家亚里士多德是古希腊百科全书式的学者，他反对商业以营利为动机，但他的思维逻辑却成为现代决策的基础。与柏拉图和亚里士多德不同，古希腊历史学家色诺芬持相反的观点，他认为商业应该受到鼓励，商人应在“公共场合接受令人尊敬的荣誉地位”。色诺芬根据自己经营管理庄园的亲身经验写成著名的《经济论》（家庭管理），并以制鞋业为例对劳动分工进行理论论述。“在制鞋工厂中，一个人只以缝鞋底为业，另一个人进行剪裁。还有一个人制造鞋帮，再由一个人专门把各种部件组装起来。这里所遵循的原则是：一个从事高度专业化工作的人一定能工作得最好”。色诺芬关于劳动分工的管理思想强调了分工可以提高产品质量和劳动技艺，它同科学管理的创始人泰罗的分工思想非常接近。色诺芬还以自己的亲身经历为基础写成著名的《自传》，这部著作被认为是第一部系统论述领导作用的著作，现代管理学创始人彼得·德鲁克称誉它是迄今为止有关领导问题最好的著作之一。

古罗马是意大利北部的一个奴隶制小城邦，那里的人们凭其卓越的组织天才，利用等级原理，通过分权、授权、委派等管理方法，经过几百年的努力，从一个小城发展成为横跨亚、欧、非三大洲的世界帝国。公元 284 年，古罗马取得了统治欧洲和北非的成功，建立了层次分明的中央帝国，并延续了几个世纪的统治。管理罗马国家及其帝国的复杂性，使人类管理技术有了相当的发展。古罗马人在权力等级、职能分工和严格的纪律方面都表现出相当高超的理解能力和管理能力。最引人注目的特征是罗马社会的权力下放制，以及自上而下建立起来的一种直接的权威关系链。著名的政治家加图在《论农业》的著作中提出挑选管家的主要原则。这些原则是：维护纪律；尊重他人权利；负责调解奴隶纠纷并予以惩罚；监工举止应谦恭有礼；保证使农场奴隶忙于劳作；加强奴隶主农场之间奴隶和物品的交流；认真核对农场账目；奖励爱护牲畜的奴隶；事先安排各项工作等。

古代管理思想长期以技能形式而存在，其理论形态虽然朴素粗糙，但它仍然不失为人类管理思想的组成部分，是人类管理思想的星星之火。

三、中世纪及文艺复兴时期的管理思想

随着奴隶制的衰落、古罗马帝国的覆灭、基督教的兴起，古代文明逐渐被基督教文明所取代，人类历史进入中世纪时代，中世纪社会的停滞不前直接阻碍了管理思想的发展。基督教圣经中包含的管理思想对以后西方封建社会的管理实践起着指导作用。罗马天主教会照搬罗马帝国政府的模式，从组织上成功地控制了世界各地的教徒，有效地组织了基督教世界宗教活动。罗马天主教会采用按地理区域划分基层组织，并在此基础上采用了具有较高效率的职能分工。在不破坏指挥统一性的前提下，各级组织都配备参谋人员，以确保专业人员和下级参与制定决策的过程。罗马天主教会的组织形式对西方社会的组织结构产生了重要影响，以教会制度为原型，欧洲中世纪建立了以领主—封臣为核心的社会制度。

直到 14、15 世纪，文艺复兴运动从意大利发端并逐渐扩散至欧洲各国。这时，社会生产力、商品生产均有一定发展，农奴纷纷逃离封建庄园获得自由，商业行会和手工业行会相继出现，这些经济组织设在不受封建庄园约束的城镇，特别设置在欧洲的海港和贸易路线的沿途各地，同时，新兴城镇为保护自己得到的自由，形成自我管理的共同体，从而导致自治城市勃兴，手工业行会都获得许可证，被授予在特定地区垄断生产某种产品或提供服务的权利。特别是洲际商业开始在地中海地区发展起来之后，“重商主义”日渐成为占支配地位的意识形态，欧洲出现了当今的一些重要管理手段，如意大利商人用于记录商业交易手段的复式簿记的出现。但欧洲社会各种组织形态的权力在很大程度上仍取决于惯例和与之相联系的个人，很少有人试图客观、系统地阐

述管理理论。此外，考虑到劳动力主要是农民与手工业者，并且产品只是家庭内社会生活的一部分，因而还不必突出管理实践的重要性。

意大利史学家 F. 莱恩在《威尼斯商人安德烈·巴巴里戈》中介绍了意大利商业领域的合伙企业和合资企业，金融领域的复式簿记制度。合伙企业是由一个拥有不同资本的个人合伙组成的松散的、分权的家族式企业，这种家族式企业往往组成一种联合投资信托公司和控股公司，拥有不动产、政府债券、商品等巨额财产，有较大的经济和政治影响力。合资企业是由两个负有限责任的个人在获得政府批准的前提下成立的企业，股东按资本份额分摊企业的费用和利润。合伙企业主要存在于工商业领域，合资企业主要存在于冒险和矿藏勘探。复式簿记制度最早在 1340 年的热那亚银行使用，其后推广到佛罗伦萨、威尼斯等地。复式簿记制度先是把所有的交易都记在流水账上，然后记入作为法律制度依据的日记账，最后再过到分类账上去。复式簿记制度主要用于分类账，同现代成本会计制度是相符合的。F. 莱恩还在《文艺复兴时期的船舶和造船业者》中总结了威尼斯造船厂的管理经验。威尼斯造船厂是政府建立的兵工厂，占有陆地和水面面积达 24.28 万平方米，雇用工人多时达 2000 人。威尼斯造船厂在建立相互制衡的领导体制、部件储存、装配线生产、部件标准化、会计控制、存货控制、成本控制，以及人事管理等方面提供了许多宝贵的经验。

而意大利佛罗伦萨的著名思想家、历史学家尼古拉·马基雅维利（Niccolò Machiavelli，1469～1527）在 1513 年出版的《君主论》代表了管理思想发展的一个历史性进步。他关心的是国家政府机构，阐述了治理国家的管理思想，向佛罗伦萨统治者美奇第家族提出有关运用权威的建议。马基雅维利提出了四项领导原则：

第一，君主权力来自群众并要得到群众认可。

马基雅维利认为不仅君主的权力要得到群众的认可和拥护，君主做事还要征得群众的同意。他特别强调君主的权力是来自于群众的，指出如果一位君主可以通过人民获得权力，就不应通过贵族获得权力。

第二，君主必须维持组织的内聚力。

马基雅维利认为权威是在组织团体中行使的，君主必须把组织成员紧紧地团结在自己的周围，必须高度关注组织成员、充分利用和安慰组织成员，确保自己在组织成员中具有吸引力。马基雅维利特别强调，君主如果想使自己领导的不同利益集团与个人协调起来的话，就必须取得高级同僚的支持。从这个目的出发，他建议新的君主在取得政权后应迅速“剪除异己”，但需深谋远虑和小心谨慎地行事。

第三，君主必须尽力使组织存在下去。

马基雅维利认为任何组织的根本目标都是确保组织的生存，君主应该“居安思危”、高度警觉，以便在混乱发生时及时予以扑灭。君主在国家处于生死存亡的危急关头应采取任何严酷的措施。马基雅维利强调要想成为成功君主，必须使自己的行为适应某一特定形势的观点。一个按形势要求表现出耐心的君主，如果不能在形势发生变化时迅速改变自己的策略，就会遭遇毁灭。马基雅维利还认为机会对于事件的结局起着举足轻重的作用，能在风云变幻之际因势利导、果敢决断的人才是较为精明的君主。

第四，君主必须具有崇高的品德和非凡的能力。

马基雅维利认为领导有天生型和后天获得型两种，年轻的君主要努力掌握领导艺术。君主应该以自己为榜样来鼓舞群众从事伟大的事业，特别是当国家受到敌人侵略时，他应努力振奋群众的精神，引导群众进行战斗。君主还应具有博爱和仁慈的美德，关注群众生活，同群众打成一片，但要始终保持尊严。根据时代所显示的经验证明，忽视诺言而善于诡计惑人的君主总是战胜专讲信义的君主并创下丰功伟绩。马基雅维利认识到："不管什么人，只要他渴望创造一个国家并为它制定法律，他首先必须设想所有的人都是坏人，而且一有机会，他们就要表现出其罪恶的本性。"进而他提出，君主作为"统治者必须是一头能识别陷阱的狐狸，同时又必须是一头能使豺狼惊骇的狮子"。

需要指出的是，在这一时期对管理思想作出过重要贡献的先辈中，除尼古拉·马基雅维利之外，还有一个很有必要提及的人，那就是欧洲早期空想社会主义学说的创始人之一、英国人托马斯·莫尔（Thomas More，1478～1535）。1516 年，其著作《乌托邦》（全称是《关于最完美的国家制度和乌托邦新岛的既有益又有趣的金书》）问世，莫尔因此书而名垂史册。在书中，莫尔揭露了资本主义社会的黑暗，抒发了他对消除人剥削人的未来美好社会的向往，其中的管理思想主要是通过他对英国现实的批判和未来社会的设想而表现出来的，主要体现为以下四点：

（1）批判私有制度。莫尔根据英国当时的情况，把社会成员分为两种人：食利者和生产者，并进一步认为这种分化的根源在于私有制。他声称，只要私有制存在，这种贫富不均和少数人掌握巨大财富而多数人遭受苦难和重压的状况就会存在。因此，他认为"只有完全废止私有制度，财富才可以得到平均、公正的分配，人类才有福利"。

（2）统一组织生产活动。莫尔的乌托邦新岛已十分注意生产的布局和生产的组织。首先，在乌托邦中，各城市的周围环绕着农场和田野，人们都是生活在错落有致的城市中的居民，并在城市中从事某一职业，而农场的生产劳动则由人们轮换完成。其次，乌托邦中的城市，由若干个以户为单元的工场作坊组成，每一个户由 10～16 个成年人组成，从事某一项手工业产品制作，每个生产出来的产品交公共仓库保管，以供统一分配，在岛中每人每天只需要劳动 6 小时，其余的时间从事科学、艺术等活动。最后需要指出的是，在乌托邦中已有专门从事管理工作的非体力劳动者，比如极少数学者和行政长官。

（3）对国家事务实行民主化管理。莫尔主张用民主的方式选举政府官员，按民主的方式治理国家。在乌托邦中，人民具有选举权和被选举权，一切权力机关都是选举产生的，除去最高执政官是终生职务外，所有其他公职人员每年选举一次。在这里，公职人员不是高高在上的老爷，而是植根于人民之中的公仆，他们的职责是组织、监督人民从事生产和消费，杜绝浪费和懒散，使人人都能敬业、爱业。

（4）按照一定的统一原则管理新岛的经济事务。国家估量全岛产品，并在必要时重新进行分配。国家可以统一调动劳动力，统一经营对外贸易，实行按需分配的产品分配原则；岛上实行公有制，岛上居民所生产的一切产品都归公有，并成为整个社会的财产，每个人从公共仓库领取他所需要的一切。由于社会产品十分丰富，因此，每个人都会自觉地按需要领取物品。

中世纪及文艺复兴时期的管理思想是古代管理思想和早期资本主义管理思想的中介环节。特别是文艺复兴时期，各种进步运动冲破了封建制度、封建思想和封建教会的束缚，使人类的思想和社会生产力获得了巨大的发展。知识的地位得到了提升，科学得到了较大的发展，确立了以人为本的思想，这些为管理思想的发展创造了新的条件，促进了管理思想的进步与管理实践的开展。如威尼斯造船厂是一个管理实践的出色范例，体现了现代管理思想的雏形；马基雅维利为君主成功地管理国家提出的管理原则带有一定的普遍性，适用于其他组织的管理，它同现代领导理论中的原理相当类似，对以后管理思想的发展有相当大的影响。莫尔积极地探讨了生产活动的组织形式、经济事务的管理、国家事务的管理等问题，并提出了统一、集中、民主化等有价值的思想。

第二节 工业革命时期的管理思想

一、工业革命与管理思想的萌芽

工业革命时代是一个技术变革的时代。英国是第一个实现工业化的国家，1765年织工哈格里夫斯发明名为“珍妮机”的手摇纺纱机，揭开了纺纱行业工作机的连续变革过程的序幕，工作机的飞跃式发展推动了动力机的变革。1789年机械师瓦特在改进蒸汽机的基础上研制出了联动式蒸汽机。各行业都以发达的技术为基础。到19世纪30年代，英国各主要工业部门都采用了机器，大机器生产在纺织业中取得主导地位。紧随英国工业化之后，工业革命迅速向英国以外的世界传播，法国、美国、德国都兴起工业革命浪潮。工业革命为管理理论的萌芽准备了主客观条件。

管理理论的兴起同工业化发展存在一定的直接关系。工业革命带来的管理问题是企业规模的不断扩大、企业组织形式变革和企业所有制形式多元化。家庭手工业制度逐步被工厂制度所代替，所有者直接经营的小型企业逐渐让位于大工业企业。典型的企业单位是合股经营或独家经营。合股经营形式是占统治地位的企业所有制形式。合股经营的基础是自筹资金、实用的专业、经商技能和个人的专门技术。合股经营实行所有权与经营权的统一，有助于企业主避免将企业交给管理者经营带来的种种危险。随着合股经营企业规模扩大，制造业和商业中的合股企业主开始将合股企业交给值得信任的雇员经营。制造业和商业企业发展模式相反，造船、钢铁等行业的企业规模扩大是通过发展公司组织形式来实现的，但这不是占支配地位的企业所有制形式。1855年英国通过《企业所有者对其债务负有限责任的原则》，有限责任公司仅占重要企业组织形式的5%～10%。

工业革命时期是一个高度重视商业活动的时期，劳动产品复杂程度加深，企业以增加产量来满足急剧增长的消费需求，市场日益成为企业的方向，市场营销成为企业成功经营的关键。企业活动专业化程度日益提高，技术发展和机械化在企业中起着越来越重要的作用，机械化程度的提高和制造业规模普遍扩大已直接影响经济发展。大规模生产、技术改良与创新显得更加重要。

随着工厂制度的发展和企业形态的转换，特别是企业规模的扩大，单靠个人的力量已不能有效管理整个企业。企业的计划、组织、控制等职能相继产生，企业的销售和财政职能的发展，要求招聘和发展专业管理人员，建立一套等级制的管理体系，工厂内部终于出现了管理权下放制度。工厂内部管理的实践问题越来越突出，紧张的劳资关系成为必须注意的问题，企业主感到其下属是不可靠的，而老板受雇员欺骗也是屡见不鲜的，管理人员不诚实，负债潜逃和酗酒现象十分普遍。雇主认为工人性格受前工业化时代社会的影响，不适应新的工业体系，应该对工人的性格进行改造。管理问题的普遍化为管理思想的发展奠定了现实基础。

工业革命时代是企业竞争的时代，有的企业欣欣向荣，有的企业垂死挣扎，经营失败是常有的事。詹姆斯·汤普森和阿尔弗雷德·柏德父子是经营成功与失败的典型例子。汤普森（1800～1850）是英国从事印染花布的先驱，他在兰开夏经营的普利姆罗斯厂，主要生产一种小批量的名贵印花布，花布的图案是由皇家科学院院士设计的。1841年，大多数花布印染者转向为大众市场服务，进行大批量生产，设计较为便宜的图案，降低工人工资，大大地降低了生产成本。汤普森的化工经理向他发出工厂不进行生产方式变革将面临厄运的警告，但他却对化工经理的建议置之不理，不愿放弃小批量生产。一度闻名的普利姆罗斯厂在汤普森死后不久就倒闭了。阿尔弗雷德·柏德（1810～1879）和小阿尔弗雷德·柏德（1849～1920）父子是工业革命时期经营成功的典范。老柏德最初是化工厂的见习生，后取得化学协会研究员的资格，并成为一位试验化学家，是一位典型的创业者。他于1837年在伯明翰开了一家药房，还发明了举世闻名的焙粉（一种发酵物）和一种粉状的无蛋奶冻。老柏德用免费赠送日历的方式宣传自己的产品，这是有史以来第一次利用日历牌作广告。小柏德是一位管理者和企业家，是第一个在企业推行销售宣传政策的企业主，实行招聘代理商进行广告宣传的做法，这是20世纪广告宣传系统模式的萌芽。他还在全国各地任命代理商，专做与消费者接触的工作，这就是“销售力量”概念形成的基础。小柏德关心市场销售、采用新技术和扩大企业规模。他发明了柏德多种风味的牛奶冻粉，推出柏德鸡蛋代用品和柏德果子冻。企业经营的成功与失败为工业革命时期管理思想的兴起准备了可供“解剖的麻雀”。

工业革命时代是一个创业者辈出的时代。工业革命时期的企业主大多数是技术人员，成功的厂长、经理，还有的是工程师、科学家，他们控制企业的商业和技术。创业者都非常热衷于表现相互之间的差别，都把主要精力用在改善技术上。创业者经营企业的主要目的是养活自己和家庭。创业者——特别是在企业经营实践中取得相对成功的创业者，不仅善于总结自己的经验，而且有资格对别人的管理方法评头论足，探讨具有普遍性的管理问题，把个性化管理实践经验上升为普遍性的管理原则，这些管理原则和管理方法可以普遍应用。同时，经济学家认识到管理是值得探索、研究、丰富和发展的领域，预见到研究管理领域的重要性将不断提高。经济学家越来越多地涉及有关管理方面的问题，他们涉及的管理问题主要是工商关系、劳动的地域分工、组织分工和职业分工的意义及其必然性、劳动效率与工资的关系、管理职能与企业（厂商）职能的区分等。

二、英国工业革命时期的管理思想

英国工业革命时期的管理思想由两部分构成：一是创业者对实践经验的总结；二是经济学家的探索。

1. 最早运用科学管理的博尔顿和瓦特

马修·博尔顿（1728～1809）和詹姆斯·瓦特（1736～1819）是英国最早使管理思想系统化，并做出了完备记载的人。博尔顿是一家制造厂的企业主，热心技术革新，资助并采用瓦特发明的蒸汽机。博尔顿和瓦特还是合伙经营的伙伴，他们于1800年建立英国博尔顿—瓦特联合公司所属苏霍制造厂，共同探讨企业中存在的危机问题。博尔顿和瓦特还在企业中采用“正规化”、“权力下放制度”和“职能分工”。苏霍制造厂是最早将科学管理运用于制造业的工厂之一，它有科学的工作设计，根据利用机器的要求进行劳动分工和专业化，实行比较切合实际的工资支付办法，有着较完善的记录和成本核算制度。

2. 行为学派的先驱欧文

苏格兰人罗伯特·欧文（1771～1809）是一位工厂主，空想社会主义的代表人物之一。他先在曼彻斯特，后又在新拉纳克一家棉纺织厂任经理。欧文对社会变革特别感兴趣，为实践自己的政治主张而进行的“新拉纳克”及“新协和村”的试验虽未获得成功，但他的实践与思想对管理学的形成作出了贡献。欧文是第一个赞成管理人员负有社会责任的工业家，就人和机器而言，他认为“至少要像对待无生命的机器那样重视有生命的人的福利”。欧文还制定了一个具体的纲领，为他的工人提供住房和教育，其标准远远高于当时工人团体提出的标准。欧文特别注重对工人的行为教育。现代管理中的行为学派公认欧文为其先驱者之一。1794年，他在自己的工厂进行了一系列改革，如改善工厂的工作条件，把十几个小时的劳动时间缩短为10.5个小时，严禁未满9岁的儿童参加劳动，给工人提工资，提供免费膳食，建厂区，改善劳动条件；开设工厂商店，按成本出售工人所需的必需品；设立幼儿园和模范学校，创办互助储金会和医院，发放抚恤金；等等。他认为，工厂是由员工组成的，实行良好的人事管理，是每个经理人员的基本工作。欧文是在工业企业中重视人的作用和地位的第一人，因此被誉为“人事管理之父”。

欧文的管理思想主要体现在以下几个方面：

（1）对人的重视。欧文曾在一篇论文的前言中谈到：“我自从开始担任经理以来，就把当地居民、厂内机器以及企业的其他部分看成是一个由许多部分组成的体系。我要把这些部分加以组合，使每一个人、每一根弹簧、每一根杠杆和每一个轮子都有效地配合起来，为企业主产生最大的金钱利益。这是我的责任，也是我的利益所在。”欧文在这里谈到了提高企业效益的基本思路，即将生产的所有要素（人的、物的、环境的）

有机地、合理地配合起来，这是管理者的职责和利益所在。欧文认为，在生产的诸要素中，人的因素比物的因素对工厂的利润能起到更为举足轻重的影响，但是当时的企业主没有合理地处理好生产各要素间的关系，这主要表现在，这些企业主通常只重视有效地保养和利用机器、设备（死机器）的作用，而忽视活机器（人）的保养和维修。

针对这种事实情况，欧文呼吁厂长们抽出一些时间、精力和金钱来考虑改善和保养他们的“活机器”，他曾在给其下属的一个指示中宣称：“如果说，对无生命的机器给予细心照顾尚能产生有利的效果，那么如果你们以同样的精力去关心其构造奇妙得多的有生命的机器，那么还会有什么事办不成呢？”

（2）创新管理、废除惩罚。欧文在工厂内推行了一种新的管理制度，其核心是废除惩罚，强调人性化管理。欧文根据工人在工厂的表现，将工人的品行分为恶劣、怠惰、良好和优质四个等级，用一个木块的四面涂上黑、蓝、黄、白四色分别表示。每个工人的前面都有一块，部门主管根据工人的表现进行考核，厂长再根据部门主管的表现对部门主管进行考核。考核结果摆放在工厂里的显眼位置上，所属的员工一眼就可以看到各人木块的不同颜色。这样，每人目光一扫，就可以知道对应的员工表现如何。刚开始实行这项制度的时候，工人表现恶劣的很多，而表现良好的却很少。但是，在众人目光的注视中和自尊心理的驱使下，表现恶劣的次数和人数逐渐减少，而表现良好的工人却不断地增多。为了保证这种考核的公正，欧文还规定，无论是谁认为考核不公，都可以直接向他进行申诉。这种无惩罚的人性化管理，在当时几乎是一个奇迹。同时，部门主管考核员工，经理考核部门主管，同时辅之以越级申诉制度，开创了层级管理的先河，也有利于劳资双方的平等沟通和矛盾化解。

（3）注重环境对管理的积极意义。欧文认为，好的环境可以使人形成良好的品行，坏的环境则使人形成不好的品行。他不仅对当时很多资本家过分注重机器而轻视人的做法提出了强烈批评，还采用多种办法致力于改善工人的工作环境和生活环境。在工厂里，欧文通过改善工厂设备的摆设和搞好清洁卫生等方法，为工人创造出一个在当时看来尽可能舒适的工作场所，这对工人的身心健康有着十分积极的效应。同时，为了使工人在闲暇时间有正当向上的娱乐和学习，消除酗酒斗殴等不良风气，欧文还专门为工人建造了供他们娱乐的地方——晚间文娱中心。

（4）强调教育。在欧文的管理思想中，教育制度占有很大比重——为了普及教育，他主张建立教育制度，实行教育立法。欧文认为，“教育下一代是最最重大的课题”，“是每一个国家的最高利益所在”，“是世界各国政府的一项压倒一切的紧要任务”。他的教育理念是：“人们在幼儿时期和儿童时期被培养成什么样的人，成年后也就是什么样的人。现在如此，将来也是如此。”在他这一理念的指导下，欧文非常重视儿童教育。他禁止他的工厂雇用10岁以下的童工，并于1816年耗资一万英镑在他的厂区建立了第一所相当接近现代标准的公共学校——“性格陶冶馆”，这所学校是新拉纳克的中心建筑，为2～14岁的少年儿童提供良好的教育，另外还附设成人教育班。

3. 以管理才能闻名英国的威廉·布朗

威廉·布朗以其管理才能闻名英国，他是杜底一家亚麻制造厂的企业主，曾担任亚麻制造业的顾问。他于1818～1823年发表了一系列论述管理的文章，认为企业的首要目标是盈利，并将工厂按系统组成11个部门，各部门都要记录自己的事务。各部门设有一名经理和一名基层管理人员，他们负责发布指示，检查工作进度，材料使用和质量问题。每隔一定时间，都要对各部门轮流检查。布朗意识到各部门间配合的必要性，尤其是销售和生产部门的协调。布朗强调一个优秀的经理除了具备良好的个人品质外，还应具备管理、社交能力、技术和经营知识。有效地使用管理与社交能力，有助于保证工厂纪律严明，消除管理人员和工人之间不必要的摩擦。

4. “自由经济之父”亚当·斯密

亚当·斯密（1712～1790）是英国古典政治经济学家、哲学家，他于1776年发表了著名著作《国民财富的性质和原因的研究》（简称《国富论》），比较深入地剖析了劳动分工，提出了“经济人”的概念，这是一本最早对经济管理思想进行论述的经典著作。其主要贡献是：

（1）提出劳动是国民财富的源泉。他认为，只有减少非生产性劳动，增加生产性劳动，同时，提高劳动者的技能，才能增加国民财富。其中的决定性因素是劳动生产力的改良和增进。

（2）提出劳动分工和生产合理化的概念。斯密在分析增进“劳动生产力”的因素时，强调了劳动分工的作用，“劳动生产力上的最大的增进，以及运用劳动时所表现的更大的熟练、技巧和判断力”。斯密不仅研究了产品分工、职业分工和工种分工，还以制针业为例说明了劳动分工可提高劳动效率。他认为，如果一名工人没有受过专门的训练，劳累一天也难以制造出一枚针来，更不可能希望他每天制造20枚针。如果将制针业程序分为抽线、拉直、剪断、磨尖、打孔、磨角等项目，每项都变成一门特殊的工艺，由专人承担和负责，平均每人每天可生产48000枚针。这个事实说明生产效率提高的幅度是相当惊人的。

亚当·斯密认为，无论行业分工还是行业内部的分工，“分工的效果总是一样的。凡能采用分工制作的工艺，一律采用分工制，便相应地增进劳动的生产力”。

在斯密看来，劳动分工的益处主要有三点：

1）劳动者的技巧因业专而日进，从而增加每一个专业工人的灵巧程度。斯密认为，劳动熟练程度的增进必然提高劳动者单位时间内所能完成的工作量。实施分工使劳动者局限于一种单纯的操作，这必然大大地增进其劳动的熟练程度。这种因熟练而产生的操作速度，人们如果不是亲眼目睹，简直难以相信。

2）节省从一种工作转变到另一种工作所损失的时间。他认为，因节省这种时间而得到的利益比我们想象的要大得多。斯密认为一个人在由一种工作转到另一种工作时，往往要闲逛一会儿，而且在开始新工作时难以立即全神贯注。最重要的是一个人老是换工作、换工具，势必养成闲荡、随便的习惯。这种习惯会大大削减所能完成的工作量。

3）劳动分工使劳动者的注意力集中在一种特定的对象上，有利于新工具和设备的改进，并促使机器的发明，而许多简化劳动和缩减劳动的机械发明，使一个人可以做许多人的工作。即由于分工而产生的简化劳动有利于机械的发明和改善，而机械的发明和使用则能在很大程度上简化劳动和节省劳动。

（3）对劳动报酬和资本利润的论述。亚当·斯密讨论了工资和利润的问题，提出了平均工资和平均利润的概念。他认为在一个一切听其自由、每个人都能自由选择自己认为合适的职业并能自由改业的社会，在同一个地方，工资和利润总的来说是完全相等或不断趋于相等的。因为“在同一地方内，假若某一用途，明显的比其他用途更有利。这样，这种用途的利益，不久便和其他各种用途相等”。从而达到平均工资和平均利润。

亚当·斯密认为欧洲各地的工资因劳动和资本用途不同而大不相同，这其实是“对某些职业的微薄金钱报酬给予补偿，对另一些职业的优厚金钱报酬加以抵消”。他还分析了影响工资大小的五种因素：业务的难易、污洁、尊卑；业务学习的难易，学费多寡；业务的安定或不安定；劳动者所需负担责任的大小；取得资格可能性的大小。

亚当·斯密对影响工资大小的五种因素的分析主要是就社会不同行业而论的，但他的原理也同样适用于行业、企业内部。他认为以上五种因素对劳动工资的大小起很大的作用，但对资本利润大小的影响则弱得多。

（4）提出了“经济人”的观点。斯密在研究市场经济时提出了“经济人”的观点，他认为经济现象是基于利己主义目的的个人活动所产生的。个人在经济行为中追求私人利益，但必须顾及其他人的利益，这是因为个人利益完全又为其他人的利益所限制。个人利益的整合产生相互的共同利益，共同利益的整合形成社会利益。社会利益以个人利益为基础，用斯密的话来说，“请给我我所需要的东西吧，同时你也可以得到你所需要的东西”。这就是说经济人的目的是既能刺激个人利己心，又能有利于他人。“经济人”的观点，被视作资本主义经济理论的基石，对资本主义管理理论和实践都有重要影响。

亚当·斯密的管理思想，比较集中地反映在上述几个方面，但绝不仅仅局限于以上思想——如他曾讲到管理的控制职能。此外，需要注意的是：斯密在英国开创了经济学家研究管理的先河。尽管约翰斯图亚特·穆勒、塞缪尔·纽曼、艾尔弗雷德·马歇尔分别在《政治经济学原理》（1848 年）、《政治经济学原理》（1885 年）、《工业经济学原理》（1892 年）中都对管理问题进行论述，其中纽曼、马歇尔等人还提出了对厂主（同时也是管理者）的要求——选择厂址、控制财务、进行购销活动、培训工人、分配任务、观察市场动向、富于新思想、开拓市场，具有对采用新发明的判断力等，但这些论述大都是比较零碎的，就事论事，缺乏系统化、理论化和概括。

5. 系统研究专业化问题的数学家查尔斯·巴贝奇

英国数学家查尔斯·巴贝奇（Charles Babbage，1792～1871）是英国产业革命后期对管理思想贡献最大的人物。他原本是一位数学家、科学家，他发现了电子计算机的基本原理，发明了手摇台式计算机，解决了繁重的计算工作，因此，有人称巴贝奇是“计算机之父”。巴贝奇对管理理论特别感兴趣，曾游遍英国和欧洲大陆，亲自了解有关制造业的各种问题。巴贝奇于 1832 年发表了题为《论机器与制造业的经济学》的著作。他特别感兴趣的是劳动分工经济学和指导经理使用设备、材料和人力资源以求取得尽可能好的效果的科学原则。其贡献主要体现在以下几个方面：

（1）进一步发展了有关劳动分工的论述。巴贝奇在亚当·斯密劳动分工理论的基础上，又进一步对专业化问题进行了深入研究，对劳动分工与提高生产率的关系做了全面分析。首先，巴贝奇概括指出，劳动分工不仅节省时间（包括缩短学习时间、工序转移时间和工具革新时间），而且还节约原材料；同时劳动分工还有助于锻炼肌肉、消除疲劳，提高技术、加快工作速度，从而有助于使注意力集中于单一作业、便于改进工具和机器。其次，巴贝奇还指出，脑力劳动也同体力劳动一样地可以进行分工。他举例指出：法国桥梁和道路学校校长普隆尼把他的工作人员分成技术性、半技术性、非技术性三类，把复杂的工作交给有高能力的数学家去做，把简单的工作交给只能从事加减运算的人去做，从而大大提高了整个工作的效率。

（2）关于劳资关系的新见解。在劳资关系方面，他强调劳资协作，强调工人要认识到工厂制度对他们有利的方面，这同泰罗在几十年后发表的论点很相似。为实现他所强调的劳资协作，巴贝奇还提出了一种工资加利润的分享制度，这是他最富有创见的思想，远远超越了同时代的人对人与组织的看法。与巴贝奇同时代的人认为雇员对工作抱有敌意，对工作毫无兴趣。巴贝奇却提出工人和企业主之间利益相关的观点，认为工人应根据他们准备付出的努力来分享企业的利润。巴贝奇认为工人的报酬应根据生产率来分配，主要由三部分构成，即反映工人工作性质的固定比率的报酬、利润的部分以及提出任何能提高生产率的建议而获得的奖金。巴贝奇认为这种工资加利润的分享制度会带来很大的好处：每个工人同工厂的发展和利润的多少有直接的利害关系；每个工人都会关心浪费和管理不善的问题；能促使每个部门改进工作；鼓励工人提高技术和品德，表现不好者减少分享的利润；由于工人同雇主的利益一致，能消除隔阂，共求繁荣。也就是说，这一制度的实施将促生的结果是：工人利益同企业利润直接相联系，工人关心工厂经营，进行技术革新，同雇主利益保持一致，共求企业发展。

除了进一步发展了有关劳动分工的论述、针对劳资关系提出了新见解，巴贝奇在其著作中对时间研究、成本分析、批量生产、均衡生产等问题都作了充分的论述，并将这些研究作为对经理人员的建议而提出来。经理人员的主要工作是：选择邻近原料供应地，合理选择厂址，分析制造程序，进行集权化管理，追求规模经济效益，根据统计材料进行量化采购，重视研究开发，提倡技术革新，采用标准表格进行信息收集，比较分析企业经营状况，分析颜色对效率的影响，鼓励工人正确提问和提出合理的建议。

总之，巴贝奇的《论机器与制造业经济学》是管理史上的一部重要文献，几乎研究了有关制造业的各种管理问题，提出了一些重要的管理原则，它们不仅适用于制造业，也适用于其他类型的组织。

三、法国和德国工业革命时期的管理思想

与英国创业者和经济学家一样，法国、德国经济学家也致力于管理问题的探索。

1. 自由主义经济学家让·巴蒂斯特·萨伊

法国自由主义经济学家让·巴蒂斯特·萨伊（J. B. Say，1767～1832）在其著作《政治经济学概论》中对企业家问题、效率问题、控制问题和指挥问题进行讨论。萨伊

关于企业家的论述确立了他在管理思想中的地位，他明确指出，“冒险家”同土地、资本、劳动同等重要，是生产要素中最主要的因素，它是结合三者的纽带。萨伊认为“冒险家”（企业家）是拥有与管理他人财产的管理人员，是企业的部分所有者，向别人借钱或同别人合作经营企业。“冒险家”承担经营风险，“他有时必须雇用大批人员，在另外一些时候，他又必须购买或订购原料，招募工人，寻找消费者，并且随时都要严密注意秩序和节约。总之，他必须掌握监管与管理艺术，尽管这种冒险总是有一定的风险。因此，冒险家可能要荡尽他的财产，而且在一定程度上，可能失去他的声望。由于冒险家承担了把三个传统的生产要素结合起来时要冒的新的风险，他除了获得他本人的资本的投资利润外，还要得到一笔管理的报酬，早期的企业家是生产力的第四要素”。企业家的培训和教育是管理的首要问题。

概括而言，萨伊的政治经济学说之中有关的管理思想有以下三个方面：

（1）更全面地看待劳动分工。萨伊关于分工的论述使分工理论达到了较为全面的程度。首先，萨伊认为制约分工的因素主要有三个——产品的消费量、资本的实力、行业本身的性质。其次，他还指出，如果只讲分工的利而看不到其弊，那么我们对分工的看法便不全面，而关于分工的弊端，萨伊是这样阐述的：一生专门从事一种工作的人，对这工作一定比别人干得更快更好，但同时他将不适应干其他一切工作，不管是体力劳动还是脑力劳动，他的其他才干将逐渐减退，或完全消失，作为一个人来说他实际上是退化了。

（2）共同劳动的思想。萨伊认为，任何人类劳动，无论它是用于什么目的，总是由三个步骤组成。“取得任何产品的第一个步骤就是研究关于该产品的规律和自然趋势。如果不知道铁的性能，不知道开铁矿的技术，不知道炼铁的方法，不知道怎样熔铁和铸造，锁便制不成。第二个步骤就是应用上述的知识来实现一个有用的目的，例如，把铁铸成某一形式，就可提供一种工具把一切监房的门锁起来，除携有钥匙的人之外谁也开不开。第三个步骤就是进行上述两步骤所揭示的用手的工作，如锻、挫和把锁的零件镶配在一起等”。

萨伊指出这三个步骤通常由三种人分别来执行，这就是：研究规律和自然趋势的哲学家或科学家；把前者的知识应用于创造有用的产品的农场主、工厂主或商人；在前两者的指挥监督下提供执行力量的工人。这样萨伊就将生产的产品看做是科学家、企业主和工人共同劳动的结果。

萨伊把财富看做是科学家、企业主和工人共同劳动的结果，认为三种人的劳动均是有效的，是能产生经济效益的。从管理学的角度看，这种共同劳动的思想指出了“企业主作为管理人员，在社会财富的创造中具有不可替代的作用”。虽然企业主不等于管理人员，但在早期的工厂中，企业主毕竟承担了工厂的大部分管理职能。

（3）劳动报酬及其决定因素。萨伊所讨论的劳动报酬包括三个部分——科学家的劳动收入、工人的劳动收入和企业主的劳动收入。萨伊将报酬、收入统称为利润，也就是说萨伊所谓的利润是劳动报酬而非我们通常理解的资本的增值部分。

萨伊提出了决定劳动利润率的两条原则：第一，在充足的资本引起大量的劳动力需求的地方，劳动利润的比率最高；第二，从不同生产部门的劳动力的利润的比较看，利润的大小和以下情况成比例：工作的危险、困难或疲劳的程度、愉快或不愉快的程度；工作的定期性或不定期性；所需要的技巧和才干的程度。依据这两个原则，萨伊认为，能够成为成功的企业家的人数量相当有限，这就决定了冒险家劳动报酬的高水平。

2. 军事组织和管理理论家卡尔·冯·克劳塞维茨

普鲁士军事理论家卡尔·冯·克劳塞维茨（Carl Von Clausewitz，1780～1831）在《战争论》一书中主要论述军队的组织和管理问题，认为军队管理的基本原理同样适宜于其他大型组织。他曾指出“企业简直就是类似于打仗的人类竞争的一种形式”。大型组织的有效管理的关键是精心的计划工作，规定组织的目标。任何决策是以可能性而不是以逻辑必然性为依据，管理者应该承认可能性中包含不确定性，必须进行细致的分析和规划，使不确定性减少到最低限度，然后再采取行动。克劳塞维茨还指出一切军事活动都集中体现在作战计划之中，好的作战是着眼于政治目标，并以所有分目标交织而成为一个总目标。政治目标是决定准备战争与否和选择战争手段的前提条件，管理者必须了解本国与敌国的国力、同其他国家的关系，以及政府和公民的关系等。

3. 管理教育者查尔斯·杜平

查尔斯·杜平（Charles Dupin，1784～1873）是法国的管理学家和管理教育家。他曾于1816～1818年访问英国，其后于1820～1824年写出了《在大不列颠的旅行》一书。1819年他就任巴黎的公立艺术和职业学校的数学和经济学教授。他在管理方面的代表作是1831年出版的《关于工人情况的谈话》一书。

杜平是最早指出管理技术可以通过教授来获得的人。他把管理作为一门独立的学科来进行教学。他曾写道：“工场和工厂的管理者应该借助于几何学和应用机械学，对节省工人劳力的所有方法进行特别的研究。对于一个成为别人的领导者的人来说，体力工作只占有第二位的重要性，使他处于高位的是他的智力。”1826年，法国98个城市中有5000多名职工学习杜平有关管理的教材。后来，他出版了《关于工人情况的谈话》等有关管理的著作，读者就更为广泛了。

杜平还提出了初步的工时研究和劳动分工后的工作量平衡等问题。他曾在著作中指出，当进行作业的劳动分工以后，必须仔细地注意计算每种作业的持续时间，以便使担任作业的工人人数能同其工作量相适应。

杜平也是工厂制度的维护者。他劝诫法国工人不要破坏机器或进行罢工等。他要工人和管理当局都认识到机械化对他们自己和整个社会都是有利的。他指出，对机械化进行反抗是徒劳无益的，要广泛地开展工业训练工作，以便把农民和无技术的人训练成为技术工人，使他们共享工业化的繁荣。

工业革命时期的管理思想是人们对各种管理的实践活动所进行的观察与总结逐渐增强的结果，是创业者、经济学家、军事学家、数学家对管理活动内在联系有意识探索的表现。他们主要是对军事、经济、政治、行政等的某些领域或某些环节提出了某些见解。但这些见解都停留在一个较低水平上，没有能够进一步系统地、全面地加以研究，有关管理的思想仅仅散见于一些历史学、哲学、社会学、经济学、军事学等著作之中，是一些对管理的零碎的研究。这就说明，19 世纪以前还没有形成一个比较完整的管理理论体系。但是这些有关管理的研究与见解却为日后体系化的管理思想的产生及发展奠定了良好的基础。

第三节 大规模生产时代的管理思想

一、泰罗的科学管理思想

1. 科学管理思想的先驱

“科学管理运动”是从 19 世纪末至 20 世纪 30 年代发生在美国的一种历史现象，是人们对管理与经济发展关系认识空前深化的过程，是管理经验理性化、科学化的过程，是探索提高效率的思维过程。

“南北战争”结束后，美国社会的经济、政治和文化发生了重要变化。美国废除黑奴制，不仅为西部开发和南部重建提供了大量劳动力，而且提供了广阔的市场。1862 年出现了一种新的筹资形式——有限责任联合股份公司，劳动分配和劳资关系相应变化。1890 年封闭边境，国内人口趋于稳定，工业革命蓬勃发展，美国的商品经济有很大发展。“社会达尔文主义”成为主流意识，“适者生存”是大众社会普遍信仰的信条。

美国西部开发使铁路发展非常迅速，铁路公司不仅成为美国规模最大的公司，而且成为所有公司的典范。但铁路公司缺乏管理，时间延误和人为事故时有发生，经营效率极低，有大量管理问题需要从理论上加以解决。伊里公司总监麦卡勒姆（1815～1878）和《美国铁路杂志》编辑亨利·普尔（1812～1905）对铁路管理理论作了有益的探讨。麦卡勒姆首先看到美国铁路改革的必要性，认为良好的管理是以严格的纪律、具体而详细的职务说明书、经常准确地报告任务完成情况、根据成绩确定工资和提升、明确规定上下级的权力层次以及整个组织机构中贯彻个人负责制和下级对上级报告的责任为基础的。麦卡勒姆在伊里公司有意识地试验其管理思想，并使伊里公司成为美国其他铁路公司学习的榜样。亨利·普尔根据麦卡勒姆在美国铁路改革中的经验，主张建立一种管理体系，由专职管理人员替代创业者和资助者来进行企业管理。他还提出建立有效管理体系的三条基本原则：组织分工、通信联系和情报资料制度。此外，他还提出采取新的领导方式，以克服旧领导方式中“把人看成是一部机器”的观念。

工业企业经营管理中存在的问题类似于铁路，普遍存在效率、刺激、行政管理、教育等问题，并引起企业中的工程技术人员的高度关注。美国机械工程师学会会长亨利·汤（1844～1924）于 1886 年发表《作为经济学家的工程师》一文，向协会倡议，发起运动，把管理从工程学独立出来发展为一门学科。汤强调指出“为了高效率地指挥一个企业，工厂管理与工程技术有着同等重要性……但目前在工厂的管理方面却是无组织的，而且几乎没有什么有关的文献，没有交流经验的机构或媒介工具，没有协会组织……为了补救这种情况，不能只从‘生意人’或办事员、会计师那里去寻求，而应该由那些由于训练和经验能从两个方面—机械方面和文书方面了解有关重要问题的人去着手办理，应该由工程师来发起!”

汤在《利益分享》一文中还提出了一种激励职工的收益分享制度，职工报酬应同职工所在部门的实际成绩和生产要素的成本相联系。职工有一个最低保证工资，其定额用科学方法测定。每一部门超过定额而生产出来的收益，由职工和雇主各得一半。这种测定的定额应保持三五年不变，以免降低职工积极性。亨利·汤的职工的收益分享制度有其内在的局限性：没有考虑工人生产以外的收益增长因素，懒惰的工人不公正地同勤劳的工人同样享有收益分配，工人享受所增加的收益的时间太长，工人分享收益而不分担损失。费雷德里克·哈尔西于 1891 年在美国机械工程师学会上发表题为《酬偿劳动的奖金方案》的论文，在批评亨利·汤的收益分享制度的基础上，提出了一种新的奖金方案。哈尔西的方案是以工人目前的产量作为标准产量，以工人目前的时间作为标准时间，工人的奖金按其超前完成任务定额而节省的时间所得收益的比率进行分配。这个方案简单易行，消除了平均主义，工人同雇主分享收益，而又共同承担损失。

梅特卡夫（1847～1917）是从事军工企业管理的美国军官，把劳动控制、成本控制、材料控制同工厂管理紧紧地结合起来，建立了一套新的控制制度。梅特卡夫于 1885 年出版《制造业的成本和公营及私营工厂的管理》，这是一本管理科学领域中具有开创性的著作。梅特卡夫阐述了管理技巧与管理科学的关系，认为：“管理技巧追求的是产生一定的效果，而管理科学主要关心的是调查产生这些效果的原因。因此，管理技巧固然非常重要，但始终存在着一种相应的管理科学。这种管理科学搜集过去的记录并加以分类，以便管理技巧在将来能更有效地发挥作用。对兵工厂和其他工厂的管理在很大程度上是一种技巧，把这些原则归并起来，就形成了所谓的管理科学。”

麦卡勒姆、亨利·普尔、亨利·汤、费雷德里克·哈尔西、梅特卡夫等科学管理的先驱者对管理理论的高度重视，特别是亨利·汤关于建立独立管理科学的观点对泰罗的“科学管理”有直接的影响。

2. 泰罗与“科学管理”理论

弗雷德里克·温斯洛·泰罗（1856～1915），被称为“科学管理之父”，出生于美国宾夕法尼亚城杰曼顿一个富有的律师家庭，从小受到良好的教育，迷恋科学观察和科学实验，对任何事物都想找出“一种最好的方法”。泰罗在中学毕业后进入哈佛大学法律系学习，但由于眼疾而被迫辍学。1875 年，泰罗进入恩特普利斯液压机厂当学徒，1878 年转入米德维尔钢铁厂做机械工，直到 1890 年。在此期间，由于工作努力，业绩突出，先后被提升为车间管理员、小组长、工长、技师、制图主任和总工程师，并参加新泽西州的斯蒂文斯技术学院自学考试，获得机械工程学士学位。在米德维尔钢铁厂 12 年的工作实践中，泰罗不断地从事管理和技术试验，系统地研究工人的操作方法，分析工人劳动所花费的时间。

离开米德维尔钢铁厂，泰罗任过一家纸板制造投资公司总经理，为贝瑟利恩钢铁公司做工厂管理咨询工作。1901 年后，泰罗主要从事管理咨询、写作和演讲，宣传其

“科学管理”理论，并担任美国机械工程师协会主席。1915 年泰罗病逝，享有“科学管理之父”的声誉。

泰罗在管理方面的主要著作有《计件工资制》（1895 年）、《车间管理》（1903 年）、《科学管理原理》（其中包括在国会上的证词，1912 年）。泰罗通过这一系列的著作，总结了自己长期管理实践的经验，概括出一些管理原理和方法，经过系统化整理，形成了“科学管理”的理论。

泰罗科学管理思想的基本点是：第一，通过一系列简明的例证，指出由于我们几乎普遍存在的日常行为的低效能而使全国遭受到的巨大损失；第二，试图说服读者，补救低效能的办法在于科学的管理，而不在于收罗某些独特的精英或非凡的个人；第三，论证最佳的管理是一门实在的科学，其基础建立在明确规定的法律、条例和原则上，并且进一步表明，科学管理的根本原理适宜于人的一切行为——从我们最简单的个人行为，到我们大公司的业务运行。

科学管理的基本思想是：管理的主要目的应该是使雇主实现最大限度的富裕，同时也使每个雇员实现最大限度的富裕。“最大限度的富裕”这个词，从其广义的意义上去使用，不仅意味着为公司或老板取得巨额红利，而且还意味着把各行各业的经营引向最佳状态，这样才能使富裕永存。同样的道理，对每个雇员来说，最大限度的富裕不仅意味着他能比同级别的其他人取得更高的工资，更重要的是，还意味着能使每个人充分发挥他的最佳能力。

泰罗第一次系统地总结了当时人类历史中的先进管理知识，提出了管理职能、管理原则、例外原则和标准化原则等基本原理，构成一个相对成熟的管理知识哲学体系。正如英国管理学家林德·厄威克所指出的：“泰罗所做的工作并不是发明某种全新的东西，而是把整个 19 世纪在英、美两国产生、发展起来的东西加以综合而成的一整套的思想。他使一系列无条理的首创事物和实验有了一个哲学体系，称为‘科学管理’。”但泰罗并没有把他提出的科学管理原理绝对化，他在去世前的一次讲话中指出：“科学管理的每一步都是一种发展，而不是一种最终理论。在各种条件下，实践都在理论之先。我所知道的同科学管理有联系的所有的人，都准备放弃任何计划、任何理论，转而拥护能找到的更好的东西。在科学管理中并不存在着什么固定不变的东西。”这就充分肯定了管理科学发展的实践精神，科学管理理论不是管理理论发展的最终形式和最高形式。

总之，泰罗在科学管理方面做出的开拓性工作，改变了人们的观念和思想，为现代管理理论奠定了基础。尽管泰罗的科学管理思想在实际执行过程中存在一定的障碍，如确定工作的优劣是管理部门同工人争论不休的问题、工人不愿互相鼓励超过以工作测定为基础的小组标准、某些雇主利用动作研究来制定高额的生产标准、以便在不相应提高工资水平的情况下增加产量、剔除工作中不必要的动作使工作变得千篇一律，但泰罗的科学管理却是人类历史上第一个得到广泛传播和应用的管理思想。首先，带动美国管理界的精英积极从事管理实践与理论的研究，丰富和发展了“科学管理理论”；其次，还在美国和美国之外传播“泰罗制”，促进了科学管理工作的合理化。

3. 泰罗的追随者

泰罗是科学管理的先锋，其追随者和同行也对科学管理作出了重要的贡献。追随泰勒的人主要有：

(1) 卡尔·乔治·巴思（1860～1939），美籍数学家，是泰罗最早、最亲密的合作者，也是泰罗的“嫡系追随者”。泰罗称巴思是“能解决那些不可能解决的问题的人”，为科学管理工作作出了很大贡献。他有很高的数学造诣，善于用数学方法和数学公式分析管理问题，他发明了一种计算尺和一套公式。工人只要知道了机器的马力和切削工具，用尺和公式就可以很快决定切削速度和进刀量，为泰罗的工时研究、动作研究、金属切削等研究工作提供了理论依据。

(2) 亨利·劳伦斯·甘特（Henry Laurence Gantt，1861～1919），美国管理学家、机械工程师。甘特是美国“在工业管理方面对社会作出优异成绩的人”。他是泰罗在创建和推广管理时的亲密合作者，他们两人密切配合，有效地推动了“科学管理”理论的发展。甘特一生著述颇丰，专著和论文多达 150 种。甘特在管理思想上的贡献主要有三个方面：

1) 发明了甘特图。甘特为管理学界所熟知的，是他发明的甘特图（Gantt Chart）。在早期，他用水平线条图说明工人完成任务的进展情况，每天把每个工人是否达到标准和获得奖金的情况用水平线条记录下来，达到标准的用黑色加以标明，未达到标准的用红色加以标明。这种图表对管理部门和工人本人都有帮助，因为图表上记载了工作的进展情况以及工人未能得到奖金的原因。管理部门能够根据图表指出缺点所在，并把进展情况的资料告诉工人，而工人则能直观地看到自己的工作成效。

由于这种绘图办法提高了工作效率，甘特又进一步扩大了这种图表的范围，在图表上增加了许多内容，包括每天生产量的对比，成本控制，每台机器的工作量，每个工人实际完成的工作量及其与原先对工人工作量估计的对比情况，闲置机器的费用，以及其他项目，使这种图表发展为一种实用价值较高的管理工具。

甘特的“甘特图”是对科学管理的最大贡献。“甘特图”是一种“日平衡图”，是当时计划和控制生产的有效工具，并为现代的计划评审技术方法奠定了基石。甘特图的实质，是为了表明如何通过各种活动来恰当安排工作的程序和时间，以完成该项工作。

2) 提出了“奖励工资制”。甘特在他的《劳动、工资和利润》一书中，论述了他的任务加奖金制设想。按照任务加奖金制的设想，工人在规定时间内完成规定定额，可以拿到规定报酬，另加一定奖金。如果工人在规定时间内不能完成定额，则不能拿到奖金。如果工人少于规定时间完成定额，则按时间比例另加奖金。另外，每一个工人达到定额标准，其工长可以拿到一定比例的奖金。一名工长领导下的工人完成定额的人数越多，工长的奖金比例就越高。

在企业管理方面，甘特提出的奖励工资制有着很大影响，人们一般称为“任务加奖金制”（task work with bonus）。与泰罗的差别计件工资制不同——泰罗的差别计件工资制着眼于工人个人，甘特的“奖励工资制”则着眼于工人工作的集体性，所提出的任务加奖金制具有集体激励性质。甘特认为，泰罗的办法促进了管理者与工人之间的合作，但不能促进工人与工人之间的合作，而是促使工人进行单干。所以，甘特所设计的这种奖金制度，补充了泰罗的差别计件工资制的不足，对于工人来说形成了基本工资的保证，对于工长来说矫正了他们的管理方式。泰罗本人也曾对甘特的“奖励工资制”给予很高的评价。

3）甘特还是人际关系理论的先驱者。在科学管理运动中，甘特引人注目的另一点，是他对人的关注——特别重视管理中人的因素，强调“工业民主”和重视人的领导方式，这对后来的人际关系理论有很大的影响。在这一方面，他与泰罗有相似之处，同时又有重大的区别。其共同点在于，他们都重视工业生产中的和谐问题；其不同点在于，泰罗重视管理者，而甘特重视工人。

（3）吉尔布雷斯夫妇。美国工程师弗兰克·吉尔布雷斯（1868～1924）与夫人莉莲·吉尔布雷斯（1878～1972）在动作研究和工作简化方面作出了特殊贡献。弗兰克·吉尔布雷斯被称为“动作研究之父”，他认为“世界上最大的浪费，莫过于不必要的、错误的、无效的动作造成的浪费，”他采用两种手段进行时间与动作研究：把工人的操作动作分解为17种基本动作，吉尔布雷斯称为“THERBLIGS”（这个字即为吉尔布雷斯英文名字母的倒写）。用拍影片的方法、记录和分析工人的操作动作，寻找合理的最佳动作，以提高工作效率。通过这些手段，他纠正了工人操作时某些不必要的多余动作，形成了快速准确的工作方法。

弗兰克·吉尔布雷斯还将动作研究扩展到疲劳研究。莉莲·吉尔布雷斯是美国第一位获得心理学博士学位的女士，她善于从心理学的角度对管理方式进行研究，有“管理学第一夫人”之称。弗兰克·吉尔布雷斯毕生致力于提高效率，即通过减少劳动中的动作浪费来提高效率，被人们称为“动作专家”。

（4）哈林顿·埃默森。哈林顿·埃默森（Harrington Emerson，1853～1931）。美国早期的科学管理研究工作者，从1903年起就同泰罗有紧密的联系。他的管理思想主要涉及以下内容：

1）提高效率的12条原则。有关效率问题，是埃默森一生中最有成效的研究。埃默森也因此成了西方管理学界所公认的传播效率主义的一位先驱者。

他在《效率是经营和工资的基础》一书中就针对当时整个美国工业体系中普遍存在的浪费和效率低这两大弊病提出了自己的看法。他对效率问题开展了广泛的研究，并结合自己当顾问时的经验，提出了提高效率的12条原则，即明确的目的；注意局部与整体的关系；虚心请教；严守规章；公平；准确、及时、永久性的记录；合理调配人、财、物；定额和工作进度；条件标准化；工作方法标准化；手续标准化；奖励效率。

在埃默森的效率思想中，这些原则不是孤立的，是相辅相成的，它们之间的相互配合构成了管理体系的基础。而所有的这12条原则又是以“直线—参谋”形式的组织为基础的。

2）直线—参谋组织。在《效率是经营和工资的基础》一书中，埃默森对泰罗的职能工长制提出了批评。他认为，泰罗提出的参谋人员掌握专门知识的意见是正确的，但在如何运用这些知识的方法上，则是不可取的。他认为，每一个公司都要设一位

“参谋长”，下设四个主要的次参谋小组，职责分别是：负责处理有关人、计划、指导和建议的工作；对结构、机器、工具和其他设备提出意见；负责管理物资方面的工作，包括对物资的采购、保管、发放和经销工作提出意见；有关标准、负责记录和会计方面的工作。

埃默森的直线—参谋组织不是设立如同泰罗设想那样的八个职能工长、使每个工人同时接受八个职能工长的指挥，而是让直线组织在参谋人员的计划和建议的基础上去进行监督和行使权力。这一改变使直线人员既保持了拥有专门知识的长处，又维护了统一指挥的原则。

3）奖励工资制。与 12 条效率原则相配合，埃默森创造了一种按工人的工作效率的高低确定是否给予奖金和奖金高低的工资制度。这种工资制度的主要内容是，对生产的各个方面，用科学的方法来确定是否给予奖金和给予奖金的数额。

这一制度的特点是：保障能力较差、工作效率较低的工人的基本工资；工人不断努力提高效率、奖金率随工作效率的提高而逐渐提高。但由于这种方法比较复杂，工人不易了解，需要增加管理费用，因此后来应用得并不十分广泛。

除了上述三点以外，埃默森还在职工选择和培训、心理因素对生产的影响、工时测定等方面作出了贡献，值得一提的是，他特别强调了通过思想创造财富这一观点。

泰罗及其追随者在美国和法国的工业企业、铁路、教育等公共领域和城市管理中推行科学管理。1911 年东方铁路公司提高客货票价，遭到货主和公众反对，马萨诸塞州州际商业委员会为此举行一次听证会，律师邀请泰罗等工程师作证，铁路公司可通过采用科学管理的技术和方法，但不必提高票价同样可以盈利，从而将科学管理引入美国公共管理领域。1920 年美国通用汽车公司改组，公司总经理小斯隆有意识地在公司推行科学管理，对公司进行了大刀阔斧的改组，实行“集中政策控制下的分权制”，建立多个利润中心，将企业管理从技术与生产领域扩大到组织管理领域。

二、法约尔的管理过程和管理组织理论

法约尔是古典管理理论的杰出代表之一，他着重研究企业组织的效率和管理活动过程，法约尔提出的一般管理理论对管理思想的发展具有重大影响，被称为“一般管理理论之父”。

亨利·法约尔（1841～1925）是法国一位矿业工程师，1860 年法约尔从圣艾帝安国立矿业学院毕业后进入康门塔里—福尔香堡采矿冶金公司，任采矿工程师，负责采矿工程和安全技术，六年后升为矿长。1872 年升任矿井经理，由一名工程技术人员逐渐成为专业管理者。1888 年，当公司处于破产边缘之际，法约尔临危受命，任公司总经理，对公司进行改革，使公司起死回生，它直接促使法约尔从理论上对其管理实践经验进行总结，逐渐形成了自己的管理思想和管理理论。法约尔主要的研究兴趣是如何发挥组织的功能。1916 年，法约尔出版《工业管理与一般管理》。1918 年，法约尔从公司退休，从事调查研究，致力于管理理论宣传，并得到多种奖章和荣誉称号。

《工业管理与一般管理》是法约尔留给后世的管理学名著，是他一生管理经验和管

理思想的总结。法约尔是第一个概括和阐述一般管理理论的管理学家，他认为他的管理理论不仅用于大工商企业，而且可应用于政府、教会、慈善团体、军事组织以及其他各种事业。法约尔的管理理论概括起来大致包括以下内容：

1. 社会有机体概念

社会有机体（组织）是区别人与组织的概念，它是管理活动的基础。社会有机体中的成员是社会的细胞，它们的结合和变化决定了管理机构的形成和管理机构的专业化。社会有机体中管理活动同动物有机体中神经组织的活动相似，是一种信息系统的活动。社会有机体同管理活动是相互依存的，没有社会有机体，管理活动是不能存在的；而没有管理活动，社会有机体就不能有效地形成和维持。

2. 经营和管理

法约尔认为“经营”和“管理”是两个不同的概念，“经营”是指导或引导一个组织趋向一个目标，“管理”是“经营”的重要组成部分。法约尔认为任何企业的“经营”都存在着六种基本的活动，这六种基本活动是：技术活动、商业活动、财务活动安全活动、会计活动和管理活动。

在这六种基本活动中，管理活动处于核心地位（见图 5－1）。

法约尔认为管理活动有五项要素：计划、组织、指挥、协调和控制。

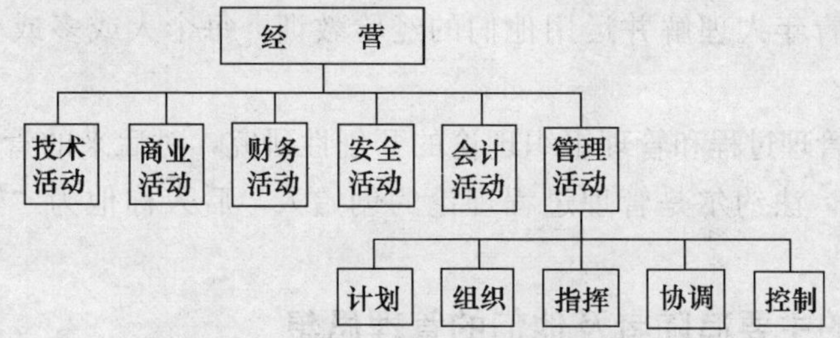

图 5－1 法约尔关于经营与管理图示

3. 管理的 14 条原则

法约尔根据自己的工作经验，归纳出简明的 14 条管理原则是：分工；职权与职责；纪律；统一指挥；统一领导；个人利益服从整体利益；人员报酬；集中；等级链；秩序；公平；保持人员稳定；首创精神；团结精神。

法约尔强调指出，14 条原则是管理的尺度，它们不是死板和绝对的东西，而是需要灵活运用的艺术。这 14 条原则是管理中的灯塔——为那些知道通往自己目的地的人指明方向。没有原则，人就会处于黑暗之中，没有经验和尺度，最好的原则也会使人处于困惑不安之中。法约尔特别强调“原则的运用是灵活的，是一门很难掌握的艺术，它要求的智慧、经验、判断和注意尺度，由经验和机智合成的掌握尺度的能力是管理者的主要才能之一”。法约尔提出的管理原则被后来的许多管理文献广泛采用。

4. 管理人员的素质与管理教育

在法约尔提出管理人员应具备的能力的同时，还提出了管理人员个人素质的问题。

他认为，技术能力、商业能力、财务能力和管理能力等都以几方面的素质与知识为基础：身体——健康、体力旺盛、敏捷；智力——理解和学习能力、判断力、精力充沛、头脑灵活；道德——有毅力、坚强、勇于负责任、有首创精神、忠诚、有自知之明、自尊；一般文化——具有不限于从事职能工作范围的各方面知识；经验——从业务实践中获得知识，这是人们从自己的行为中汲取教训的记忆。

与泰罗否认专业管理训练对培养管理人员的作用，即认为管理人才是“天生”的观点明显不同，法约尔强调管理教育的必要性与可能性。鉴于当时学校中并不开设管理方面课程的情况，法约尔呼吁管理教育应该普及：在小学里是初级的，在中学里稍广泛一些，在大学应是很普及的。

而管理教育实现的首要前提是形成一种管理理论，因为没有管理理论，又没有方法，许多管理人员将永远是一个“初学者”，只能去墨守以往技术、商业等方面的成规。为此，法约尔担当起创立管理理论的重任。他提出了他的理论依据：管理是一种可应用于一切机构的独立的活动；一个人在某机构内地位愈高，管理活动愈加重要；管理是可以教授的。

法约尔还认为，管理教育不是为把所有的学生都培养成好的管理者，如同技术教育不是为了把所有的学生培养成优秀的技术人员一样，只是要求起到像技术教育那样的作用，即引导青年人理解并运用他们的经验教训。每个人或多或少都需要管理的知识。

法约尔关于管理过程和管理组织理论的开创性研究，对后来的管理理论研究具有非常深远的影响。法约尔是管理过程理论的创始人，后人称他为“管理过程理论之父”。

5. 法约尔的主要追随者及他们的管理思想

法约尔之后，研究者继续开展了针对管理职能和管理原则的探讨，在诸多研究者中，厄威克和古利克影响最大，他们在总结的同时也提出了自己的管理思想，对管理思想的发展作出了应有的贡献。

（1）林德尔·福恩斯·厄威克的管理思想。林德尔·福恩斯·厄威克（Lyndall Fownes Urmick，1891～1983）是英国著名的管理学家、顾问和教育家，是公认的管理学权威。除了对古典的管理理论进行综合这一巨大贡献外，他还提出了适用一切组织的八项原则，即目标原则；权责相符原则；职责原则——上级对直属下级工作的职责是绝对的；组织阶层原则；控制幅度原则——每一个上级所管辖的相互之间有工作联系的下级人员不应超过 5 人或 6 人；专业化原则；协调原则；明确原则——对于每项职务都要有明确的规定。

此外，厄威克还是组织设计论的主要代表之一。他指出，组织设计有两个作用：一是决定从事经营各个成员的职务；二是决定这些职务之间的相互关系，其目的在于有效地解决经营技术问题。

（2）卢瑟·哈尔西·古利克的管理思想。卢瑟·哈尔西·古利克（Luther Halsey

Gulich，1892～1993）是美国管理学家，曾任美国哥伦比亚大学公共关系学院院长、担任罗斯福总统的行政管理委员会的成员。

古利克对管理思想的主要贡献是把关于管理职能的理论系统化，提出了有名的管理七职能论（POSDCORB）、发展了亨利·法约尔的五种职能理论。这七种职能是：

1）计划。计划职能是为了实现企业所规定的目标，制定出所要做的事情的纲要和做这些事情的方法。

2）组织。为了实现企业规定的目标，必须建立正式的权力机构和组织体系，并规定各级机构的职责和协作关系，为组织机构配备好合适的人员。

3）人事。包括有关职工的选择、训练培养和恰当地安排等方面的职能，这是企业长期发展和企业持续前进的关键。

4）指挥。这项职能包括对下属的领导、监督和激励。他认为古典管理学派除了泰勒以外，都强调统一指挥的原则，否则会影响效率。

5）协调。所谓的协调，就是为了使企业各部门之间工作和谐、步调一致，共同实现企业目标的职能，可以有两种实现路径：一是通过组织来协调；二是通过思想来协调。

6）报告。包括下级对上级的报告和上级对下级的考绩、调查和审核，为了使上级能及时有效地了解和考核下级，就要实行有效的控制制度。

7）预算。包括财务计划、会计、控制等。这些控制活动可以通过以下过程来实现：经济测定，实际成果和预算的比较，对共同和差异进行分析并找出原因，消除差异或改变计划。

他还根据古典的管理理论提出了10项管理的原则：劳动分工和专业化；按目标、程序、顾客或地区把工作加以部门化；通过等级制度协作；通过思想协作；通过委员会协作；分极化或控股公司概念；统一指挥；直线参谋；授权；控制制度。

三、韦伯的行政组织理论

马克斯·韦伯（1864～1920）是德国著名的社会科学家，出生于一个社会关系相当广泛的贵族家庭，先后就读海德堡大学、柏林大学和哥丁根大学，接受过三次军事演习，并由此对德国军事组织产生浓厚兴趣。1891年韦伯取得博士学位后，先后在柏林大学和海德堡大学从事大学教育工作，在法学、经济学、政治学、历史学和宗教学方面造诣颇深，主要的管理学著作有《新教伦理和资本主义》、《社会和经济组织理论》。韦伯运用行政组织概念来研究管理行为，其主要贡献是提出所谓理想的行政组织体系理论，被称为“组织理论之父”。

1. 关于理想的行政集权制

“行政集权制”是韦伯借用社会学中有关集体活动理性化的概念，并通过这一概念对宗教、军队和商业组织进行分析，形成通过职务或职位而构建行政组织体系的思想。

“理想的行政集权制”，不是指现实存在的组织形式，而是理论意义上的“纯粹的”组织形态。现实中存在的组织形态是各种组织形态的混合物。“理想的行政集权制”是理想的行政组织体系理论的核心。行政集权制是一种正式的组织结构，其主要特点是：

（1）任何组织机构都应有明确的目标。机构是根据明文规定的职责组成的，并按确定的组织目标进行日常活动。

（2）组织目标的实现取决于劳动分工。每个职位的权利义务都应有明确的规定，人员按职业专业化进行分工。

（3）组织中人员之间关系的非人格化。组织中人员之间的关系是一种以理性准则为指导的指挥和服从关系，个人之间的关系不影响工作关系。

（4）自上而下的等级系统。组织内的各个职位，按照等级原则进行法定安排，形成自上而下的等级系统。

（5）人员的任用。所有的职位完全是根据职务要求而确定的，承担每一职位的人都必须通过正式考试和教育培训获得任职资格。除特殊职位选举外，其他职位的管理者都由委任产生。

（6）职业管理人员。管理人员不是企业或组织的所有者，而是企业或组织的职业管理者，有固定的薪金和明文规定的升迁制度。管理人员是解释和应用一个组织条例的人。

（7）规则和纪律。管理人员必须严格遵守组织中规定的规则和纪律，以及办事程序。

2. 权力的分类

韦伯指出，任何一种组织都必须以某种形式的权力为基础，才能实现其目标，只有权力才能变混乱为有序。如果没有这种形式的权力，其组织的生存都是非常危险的，就更谈不上实现组织的目标了，权力可以消除组织的混乱，使得组织的运行有秩序地进行。

韦伯把这种权力划分为三种类型：

（1）法定权力。法定权力，即理性—法定的权力，是依法任命并赋予行政命令的权力，这种权力的依据是对标准规则的“合法性”的信念。

（2）传统权力。传统权力是以传统不可侵犯和执行权力的人的正统性的信念为依据的权力。

（3）超凡权力。超凡权力，即神授权力，是建立在对个人崇拜和迷信基础上的权力。

在三种权力中，理性—法定的权力是行政组织的基础，用韦伯的话来说“等级制、权威和集权制（包括明确的规章、明确的任务和纪律）形成了一切社会组织的基础”。这主要表现为理性—法定的权力能保证组织正常运转、选拔称职的人员和有序行使权力。理性—法定的权力是保证组织良性发展最好的权力形式。因为理性的合法权力具有较多的优点，如有明确的职权领域；执行等级系列；可避免职权的滥用；权力行使的多样性等。这样就能保证经营管理的连续性和合理性，能按照人的才干来选拔人才，并按照法定的程序来行使权力，因此是保证组织健康发展的最好的权力形式。而传统权力的效率相对较差：其领导人不是按能力来挑选的，仅是单纯为了保存过去的传统而行事；超凡权力则过于带感情色彩并且是非理性的，不是依据规章制度而是依据神秘或神圣的启示，所以这两种权力都不宜作为行政组织体系的基础。

3. 理想的行政集权组织的管理制度

韦伯认为，管理就意味着以知识和事实为依据来进行控制。“领导者应在能力上胜任，应该依据事实而不是随意地来领导。”他指出，组织中除了最高领导之外的每一个工作人员都应该按照下列准则被任命和行使职能：

（1）他们在人身上是自由的，只是在与人身无关的官方职责方面从属于上级的权力。

（2）他们按明确规定的职务等级系列组织起来。

（3）每一职务都有明确规定的法律意义上的职权范围。

（4）根据契约受命，即原则上建立在自由选择之上。

（5）候选人是以技术条件为依据来挑选的，在最合乎理性的情况下，他们是通过考试获得的、通过证书确认的专业业务资格的，他们是被任命而不是被选举的。

（6）他们有固定的薪金作为报酬，绝大多数有权享受养老金，雇佣当局只有在某些情况下（特别在私营组织中）才有权对这些官员解雇，但这些官员则始终有辞职的自由。工资等级基本上是按等级系列中的级别来确定的。此外，还根据“身份地位”的原则。

（7）这个职务是任职者唯一的，或至少是主要的工作。

（8）它成为一种职业，存在着一种按年资或成就或两者兼而有之的升迁制度。升迁由上级的判断来决定。

（9）工作中官员完全同“行政管理物资分开”，并且不能滥用其职权。

（10）他在行使职务时受到严格而系统的纪律的约束和控制。

这种类型的组织，在营利性的企业里，或者在慈善机构或者任何其他追随个人的思想目的或者物质目的的企事业单位里，以及在政治的或者僧侣统治的团体里，都同样可以应用。例如，在私人诊所以及在修道院医院和教会医院里，其官僚体制在原则上是相同的。也就是说，典型地把“职务”工作和“私人”活动区分开来，都是典型的官僚体制的现象。

韦伯高度结构的、正式的、非人格化的理想行政组织体系理论，不仅是对泰罗、法约尔的理论的补充，而且是有其独立内涵的组织思想，韦伯因此被称为“组织管理之父”。

韦伯之后，美国管理学家古利克和英国管理学家厄威克于 1937 年收集了当时管理学上的重要论文，合编了《管理科学论文集》，这是一部带有路标性质的著作，它的出版意味着古典管理理论的系统化。古典管理理论提供有关组织性质、形式、功能和结构的认识，这些认识是对组织中看得见摸得着的部分的认识，这是人类管理思想史上的一个巨大进步。但同时又应看到古典管理理论过分狭隘集中于组织形式的分析，没有包括影响组织和管理的人类行为和环境因素，从而限制了它的价值。

小结

管理思想是随着社会生产力的发展和人类集体协作活动的进化而发展起来的知识体系。原始社会人的社会生产力水平非常低下，生产效率增长不明显，管理水平普遍不高，管理思想是萌芽状态的思想，依附于经济活动而存在。分工、合作、专业化、交往与活动能力、贸易、财富和领导是原始社会管理思想的重要因素，它们在当今社会组织中仍发挥着重要作用。“工业革命”引起工业生产技术变革，形成机器大工业生产，促使社会生产力产生飞跃式发展。从 20 世纪初到 20 世纪 30 年代，人类进入大规模生产时代，大集体成为人类各种组织的理想形式和常态，古典管理学派兴起。这个学派意味着管理被看成是对人类经济活动有影响的一门完整知识，管理学作为一门科学蓬勃兴起，管理作为一门重要课程登上了名牌大学的讲台，成为一个独立的研究领域。

关键概念

管理思想　汉穆拉比法典　《政事论》《君主论》　罗伯特·欧文　《国富论》　查尔斯·巴贝奇　让·巴蒂斯特·萨伊　企业家　卡尔·冯·克劳塞维茨　科学管理运动　科学管理　亨利·汤　甘特图　哈林顿·埃默森　社会有机体　经营　等级链　行政集权制

问题和讨论

1. 叶忒罗向摩西提出了哪三条建议？
2. 马基雅维利提出的四项领导原则是什么？
3. 为什么说罗伯特·欧文是“人事管理之父”？
4. 亚当·斯密的劳动分工学说同古典管理学有何直接联系？
5. 如何理解让·巴蒂斯特·萨伊的“企业家”概念？
6. 如何理解泰罗科学管理思想？
7. 如何认识法约尔的过程管理理论？
8. 为何说韦伯是“组织管理之父”？
9. 讨论：谈谈对“古典管理学派的管理知识传统”的看法。

案例应用

联合邮包服务公司的科学管理[1]

联合邮包服务公司（UPS）雇用了15万名员工，平均每天将900万个包裹发送到美国各地和180个国家。为了实现它们的宗旨，“在邮运业中办理最快捷的运送”，UPS的管理当局系统地培训它们的员工，使他们以尽可能高的效率从事工作。让我们以送货司机的工作为例，介绍一下它们的管理风格。

UPS的工业工程师们对每一位司机的行驶路线进行了时间研究，并对每种送货、暂停和取货活动都设立了标准。这些工程师们记录了红灯、通行、按门铃、穿院子、上楼梯、中间休息喝咖啡时间，甚至上厕所时间，将这些数据输入计算机中，从而给出每一位司机每天中工作的详细时间标准。

为了完成每天取送130件包裹的目标，司机们必须严格遵循工程师设定的程序。当他们接近发送站时，他们松开安全带，按喇叭，关发动机，拉起紧急制动，把变速器推到1档上，为送货车完毕的启动离开做好准备，这一系列动作严丝合缝。然后，司机从驾驶室处溜到地面上，右臂夹着文件夹，左手拿着包裹，右手拿着车钥匙。他们看一眼包裹上的地址把他记在脑子里，然后以每秒3米的速度快步跑到顾客的门前，先敲一下门以免浪费时间找门铃。送完货后，他们回到卡车上，在路途中完成登录工作。

这种刻板的时间表是不是看起来有点烦琐？也许是，它真能带来高效率吗？毫无疑问！生产率专家公认，UPS是世界上效率最高的公司之一。举例来说，联邦捷运公司平均每人每天不过取送80件包裹，而UPS却是130件。在提高效率方面的不懈努力，看来对UPS的净利润产生了积极的影响。虽然这是一家未上市的公司，但人们普遍认为它是一家获利丰厚的公司。

讨论题

1. 结合联合邮包服务公司的实际，讨论科学管理的核心思想是什么？
2. 结合联合邮包服务公司的实际，讨论科学管理的核心内容是什么？
3. 联合邮包服务公司的科学管理给你的启示有哪些？

自我评估

你是一个注重组织的人吗？

提示：对下列每一个问题只需回答“是”或“否”。

---

〔1〕资料来源：根据 www. dianjiao. yzu. edu. cn 相关资料整理。

问 题
1. 我个人有强烈的组织忠诚感。(　　)
2. 我特别注重工作场域。(　　)
3. 我总在意我自己的个性。(　　)
4. 我特别看重知识。(　　)
5. 我喜欢遵从常识行事。(　　)
6. 我强调处事重于为人。(　　)
7. 我相信人格的力量。(　　)
8. 我特别相信组织的力量。(　　)

(结果说明：根据本问卷设计者的观点，注重组织的人可能的答案是：1. 否；2. 否；3. 是；4. 是；5. 是；6. 是；7. 否；8. 否。)

▲ **学完本章后，你会知道：**

1. 行为学派先驱在工业心理学上的主要贡献
2. 人际关系学说
3. 行为学派的主要管理理论

第六章 行为学派的管理思想

20 世纪 30 年代中期，美国等西方发达国家进入大规模销售时期，消费者对基本消费品的需求达到相对饱和的状态，许多消费者的要求已不再停留在实用方面。面对这种状况，一些新兴工业企业开始探索新的管理方法，如福特汽车采取措施对付销售量的下降，通用汽车公司则采取一年换一种型号的做法保持自己产品的独特性。随着产品花样的翻新，通用汽车公司在销售、广告和销售技术等方面也得到了发展。大规模销售时期的特点是权力重心从主管生产的经理向主管销售的经理转移，随着这一权力重心的转移，出现了一系列新的管理问题，这些问题需要新的解决途径。主要包括六个方面：一是产品花样的翻新；二是销售、广告和销售技术的发展；三是变革组织结构的需要，对管理层影响深远；四是企业内部冲突，工会组织蓬勃发展，工人开始同雇主进行有组织的斗争；五是企业之间竞争关系加剧，生产和资本进一步集中，企业规模不断扩大，公司竞争异常激烈，纵向和横向合并是常有之事；六是企业市场导向越来越明显。

随着大规模销售时期的兴起，传统的古典管理理论越来越同时代不相适应，没有对人的因素给予足够重视、不考虑工作条件的社会与心理因素，也没有全面解释一段时间内一个组织的各种工作。传统的古典管理理论有助于提高生产率，但带来了工人的反抗，特别是经济大危机时期，加剧了工人同雇主之间的矛盾，运用传统的管理理论已经不能有效地控制工人，更不可能从根本上提高劳动生产率。传统古典管理理论无法阻止 20 世纪 20 年代整个工业部门时常发生的生产率和生产标准下降的趋势，这就迫使人们不得不为管理部门寻找理解和激发工人的方法。传统古典管理理论的局限性使人们对管理理论探讨的兴趣开始转移到企业组织内部的社会和心理因素方面，充分考虑组织内部成员的需要和行为，从而导致行为学派的兴起。

在这样的背景下，管理思想研究者的主体角色发生巨大变化，许多心理学家、行为学家和社会科学家开始进入管理研究领域，他们从生理学、心理学、社会学等方面出发研究企业中有关人的问题。如人的工作动机、情绪、行为与工作之间的关系等，以及研究如何按照人的心理发展规律去激发其积极性和创造性。研究者主体角色变化带来了管理学科体系的变革，开辟了工业心理学、组织行为学等管理新学科，这些新学科将工人同其工作环境、工作伙伴和基层管理人员联系起来进行研究。行为学派正是以管理新学科为主线发展起来的。

行为科学是继古典管理理论之后管理学发展的一个重要阶段，也是现代管理学的重要组成部分。管理学意义上的行为学派在早期的发展阶段是人际关系学派，而人际关系学派的产生是 20 年代末、30 年代初以梅奥和罗特利斯伯特的霍桑实验研究为标志的。1949 年在美国芝加哥召开有哲学家、精神病学家、心理学家、生物学家和社会学家参加的跨学科的科学会议，大会上第一次提出“行为科学”，标志着行为科学学派进入发展后期，1953 年美国福特基金会召开美国各大学科学家参加的会议上，行为学派被正式定名为行为科学学派。同年，芝加哥大学成立了行为科学研究所。行为科学学派又分早期行为科学和后期行为科学。

第一节　行为学派先驱与工业心理学

19世纪的欧洲思想家马克斯·韦伯、埃米尔·杜克海姆和阿尔福雷德·帕累托，美国学者玛利·帕克·福莱特、雨果·孟斯特伯格、本杰明·西博姆·朗特里都是有影响的管理理论家，他们的研究成果为行为学派的管理理论发展开创了一个全新的局面。

埃米尔·杜克海姆（1825～1917）是法国社会学家，他认为集团是价值和准则形成的结果，并有可能在组织中控制个人的行为。

阿尔福雷德·帕累托（1848～1923）是意大利社会学家，他把社会看成是一个由自趋平衡的子系统结合而成的社会系统，如果一个系统的平衡受到干扰，那么这个系统的结构就会吸纳或排斥干扰所产生的结果。帕累托还指出感情和态度是干扰社会系统平衡的主要因素。

玛利·帕克·福莱特（1868～1933）是美国政治学家，毕业于哈佛大学和坎布里大学，主修哲学、历史和政治学，对社会工作感兴趣，积极参与成立青年就业局。福莱特从社会角度研究管理，先后出版了《新国家》（1920）、《动态的管理》（1941）和《自由和协作》（1949）。福莱特虽然生活在"科学管理"时代，但她的管理思想远远超出她所处的时代。福莱特被认为是第一个意识到心理学有助于了解工人和管理人员的学者。她认为任何组织内部都存在冲突，管理的问题是如何协调个人需要同个人所属的社会集团的需要，管理的任务是了解社会集团是如何以及为什么而形成的，并协调社会集团的目标。福莱特进而提出解决组织内部冲突的"利益结合原则"，这个原则要求把冲突双方的利益结合起来，创造一种双赢的结果。福莱特还提出一种新的权力观，主张用"共同的权力"代替"统治的权力"，管理者在作出决策之前应当同受这个决策影响的人进行协商，以便提高组织内的士气和改善人们的动机。权力存在于形势之中，而不存在于个人或地位之中，权力的行使重在遵循形势法则，这个法则要求命令的发布或指挥的实施应根据特定形势的客观要求，而不能出自某一管理人员的荒诞念头。总之，在福莱特看来，管理应当造成一种使组织成员能够轻松地为自身的和谐而协调一致的局面。

同福莱特一样，雨果·孟斯特伯格是一个以社会科学观点考察管理问题的人，他出生于波兰，大学主修心理学和医学专业，并对实验心理学深感兴趣。孟斯特伯格是第一个将心理学应用于商业和工业领域的人，1913年孟斯特伯格出版《心理学与工业效率》，成为工业心理学创始人之一。孟斯特伯格强调管理主要是要找到发现人才的最佳途径，确保人的才智和所承担的工作相适应，发现激励个人最大限度地提高产量的条件。孟斯特伯格关于心理学在管理领域中应用价值的观点有极其重大的影响，工业心理学已经成为管理学中的一个重要的学科领域。

本杰明·西博姆·朗特里（1871～1954）是英国管理学家，是最早广泛推行职工福利计划的著名企业家和慈善家。他先后在其家族企业内任劳工董事和董事长，在企业中建立医疗部门和全日制补习学校，采用每周工作五日制，推行养老金制度和利润分成制度，实行失业救济，并在企业内部设置小卖部和娱乐设施。朗特里还训练公司内自己的工业心理学家以指导管理人员和工人。这些措施在当时是前所未闻的现象。朗特里的管理思想主要来自于亲身经历的改革经验，其管理学著作有《企业中人的因素：工业民主的试验》、《董事会和企业的目标》和《工业中的经济条件》。朗特里特别重视管理中人的因素，认为企业的真正目标是为社会服务和满足员工的生活需要。

韦伯、杜克海姆、帕累托、福莱特、孟斯特伯格、朗特里用社会科学方法研究管理问题的思想路线，为梅奥等人的人际关系学说奠定了基础。

第二节 霍桑试验与梅奥的人际关系学说

一、霍桑试验

霍桑是美国芝加哥郊外西部电气公司所属的一家制造电话的工厂，工厂福利优越、医疗和养老金制度完善，娱乐设施齐全，但工人的生产积极性不高，生产效率低。为了解决这个难题，西部电气公司进行了前所未有的工业专项试验项目，这就是著名的霍桑试验。霍桑试验历时近 8 年，从 1924 年 11 月到 1932 年 5 月，分前后两个时期四个阶段，前期从 1924 年 11 月至 1927 年 4 月，由美国国家科学委员会同西部电气公司合作进行的；后期是从 1927 年 4 月至 1932 年 5 月，由哈佛大学教授梅奥负责进行的，又称“霍桑研究”。

著名的霍桑试验分为四个阶段：车间照明试验、电话继电器装配试验、访谈计划试验和电话线圈装配工试验。

1. 车间照明试验

车间照明试验是 1924 年 11 月～1927 年 5 月间进行的，其目的是检测照明强度对工人生产效率的影响。试验是在挑选的 12 名绕线女工中间进行的，她们 6 人为一组，分为“试验组”和“控制组”（参照组），各自在不同的照明条件下进行相同的工作。在试验过程中，先后改变“试验组”的工场照明强度，让“试验组”的工人在不同照明强度下工作，而“控制组”的工人则在照明度始终维持不变的条件下工作。两组试验结果证明，照明度的变化对生产率几乎没有影响。从失败的车间照明试验中，研究人员得出一个矛盾的结论：车间照明对工人生产效率的影响是微不足道的；工人生产效率受多重难以控制的因素影响，其中任何一个因素都足以影响试验结果，故照明对产量的影响无法准确测量。这个结论使人感到有些迷惑不解，部分实验者退出了实验。但西部电气公司检验部主任、车间照明试验的主要参加者潘诺克并没有气馁，要求哈佛大学教授梅奥参加霍桑试验，梅奥接受潘诺克的邀请，组织了一批哈佛大学的教授同西部电气公司人员成立了一个新的研究小组，使霍桑试验进入第二阶段。

2. 电话继电器装配试验

电话继电器装配试验是在 1927 年 8 月～1928 年 4 月开展的，在福利增加会影响工人生产效率的假设前提下进行的"福利试验"。梅奥选出 6 名女工，在单独的房间从事装配继电器的工作。实验者在试验过程中不断地增加或减少福利措施，如缩短工作日、延长休息时间、免费供应茶点等，但试验结果表明：无论各种福利因素如何变化，产量都是增加的。这个结果虽然同试验的原始假设是相矛盾的，但它使实验者发现生产产量增加是因为职工积极性的提高，而职工积极性的提高是同职工与实验者之间有一种融洽的人际关系相联系的。这个新的发现证实了监督与控制方式的变化会改善人际关系和工人的态度，并影响工人生产效率的新假设。

3. 访谈计划试验

访谈计划试验是在 1928 年 9 月～1932 年 5 月进行的第三阶段的实验。这个阶段主要是调查职工对公司领导、保险计划、升级、工资报酬等方面的意见和态度，在两年内实验者们开展了全公司范围的调查，访问了 2 万多人次，最终得出"任何一位员工的工作绩效，都受到其他人的影响"的重要结论。

4. 电话线圈装配工试验

第四阶段的研究是在 1931 年 11 月～1932 年 5 月进行的"群体试验"，主要目的是研究非正式组织的行为、规范及其奖惩对工人生产率的影响。这个试验是在挑选的 14 名职工组成的正式组织中进行的，其中 9 名是绕线工，3 名是焊接工，2 名是检验工，他们组成一个群体，在一个单独的房间内工作。绕线工和焊接工又分成 3 个小组，每个小组包括 3 名绕线工和 1 名焊接工。工资报酬是按小组刺激工资制计算，以小组的总产量为基础支付工人报酬，目的在于以集体计工资制为刺激手段，企图形成"快手"对"慢手"的压力以提高效率。公司当局给小组规定的工作标准是焊合 7312 个接点，但他们完成工作量总是在 6000～6600 个接点之间停滞不前。这个试验结果表明，工人对"合理的工作量"有明确的理解，而这个"合理的工作量"低于公司当局拟定的标准。工人既不愿意充当工作做得太多的"害人精"，成为超定额完成工作量的"快手"，也不愿意充当工作做得太少的"懒惰者"，成为完不成工作定额的"慢手"，当他们达到集体认同的"过得去"的产量时就会自动松懈下来。这个试验结果还表明，生产小组中虽然存在不同的派别，每个派别都认为比别的派别好，但在无形中却存在相互默契的行为规范，这些规范往往采取挖苦、嘲笑、排斥于社会活动之外的方式，目的在于共同对付公司管理当局再度提高标准、解雇工人以保护速度慢的同伴。

霍桑试验的结果主要反映在梅奥的合作者 F. J. 罗特利斯伯格和威廉·J. 迪克逊合著的《管理与工人》(1939) 中，霍桑试验表明，如果工人属于一个稳定的工作小组，工人将会获得一种满足感，管理部门完全可以通过建立工人小组来达到管理的目标。霍桑试验虽然没有引起管理思想的革命化，但却使管理界的注意力转向管理行为方面，并重在揭示个人工作行为中最重要的决定性因素，诸如激励、领导、角色、集团和交流等。人们普遍认识到工人生产效率不仅受生理方面因素的影响，更重要的是受社会环境、社会心理等方面的影响，这个结论对"科学管理"只重视物质条件，忽视社会环境、社会心理对工人的影响来说，是一个重大的进步。

二、乔治·埃尔顿·梅奥和人际关系学说

乔治·埃尔顿·梅奥是原籍澳大利亚的美国心理学家。他1880年出生于澳大利亚阿德雷德市，1899年获阿德雷德大学逻辑学和哲学硕士，并到英国苏格兰爱丁堡大学学医，1919年担任昆士兰大学哲学系主任，1926年任哈佛大学工商管理研究生院教授，集中于工业心理学方面的研究。1927年作为霍桑试验第一阶段评价者被邀请参加霍桑试验的后续工作，并成为霍桑试验后期的重要主持者。梅奥在管理学方面的著作有《工业文明中的人类问题》（1933年）、《工业文明中的社会问题》（1945年）和《工业中的团体压力》（1945年）等。

梅奥在总结霍桑实验时特别指出，与工人谈话有助于他们解除不必要的心理负担和调整自己对于个人问题的态度及情绪，从而使他们清楚、明白地提出自己的问题；访谈有助于工人与周围的人相处得更容易、更和谐；访谈还会提高工人与经理人员更好地合作的愿望和能力，这就有助于形成工人对工作群体和对工厂的双重归属感；与职工交谈是培养训练管理人员的重要方法；与职工交谈是获取信息的重要源泉，对于经理来说具有巨大的客观价值。

在这里，梅奥提出了人际关系的重要性——这是一个经理人员是否成熟的重要标志，也是一个组织是否有效的重要标志。他指出，经理人员应该将他的下属看成一个社会群体中的社会人，而不应该看成一个群体的个人。这否定了传统管理理论对于人的假设，表明了工人不是被动的，孤立的个体，他们的行为不仅受工资的刺激，影响生产效率的最重要因素不是待遇和工作条件，而是工作中的人际关系。梅奥据此提出了自己的观点：也就是人际关系学说——这是与古典管理理论不同的新观点。梅奥的人际关系学说的主要观点是：

1. 工人是“社会人”

梅奥认为，工人是“社会人”，是一种有感情的动物，而不是一种逻辑的动物。工人需要人们把他们看成是属于某个团体的，而且是不可缺少的一部分。工人作为复杂社会系统成员，其思想和行动更多是由感情，而不是由逻辑来引导的。工人希望能感到自己是重要的，并让别人承认自己的工作是重要的。工人不是单纯追求金钱收入的“经济人”，金钱并非刺激工人积极性的唯一动力，工人还有社会、心理等方面的需求，因此社会和心理因素等方面所形成的动力，对工人的工作效率有更大影响。

梅奥认为“工业社会”割断了社会合作的文化传统，造成“社会解体”和“孤独的个人”。个人难以找到表达个人不满的渠道，往往表现为无能为力、悲观失望、怨愤情绪、士气低落和限制产量，这些表现最终导致社会失调和行为失范。任何社会的社会合作都是依存于以可调节的人际关系为特征的非逻辑的社会规范的，企业管理者的职责是协调组织内部的人际关系，维持社会稳定。

2. 企业中存在“非正式组织”

梅奥从组织是一个社会系统的角度出发，认识到组织是一个力图在各种不同的环境中生存并维持平衡的自然有机整体或系统，组织有“正式组织”和“非正式组织”两面。“非正式组织”是“一些惯例、价值观准则、信条和非官方的规则”，是企业成员在共同工作的过程中，由于具有共同的社会情感而形成的非正式团体。非正式组织

有它特殊的感情、规范和倾向，左右着成员的行为。“非正式组织”服从“感情逻辑”（或工人逻辑），并同“效率逻辑”（或管理者的逻辑）相冲突。非正式组织不仅存在，而且与正式组织是相互依存的，对生产率的提高有很大影响。

梅奥根据霍桑实验的材料指出，非正式组织的存在尽管带来种种弊端，但也可以为雇员和组织带来许多好处。其中最重要的事实是这些混杂在正式组织中的非正式组织构成一个有效能的总体组织系统。梅奥认为在瞬息万变的情况下，官方正式的计划与对策缺乏灵活性，因此不可能随机制宜地解决纷至沓来的具体问题，恰恰是这些可以灵活应变的非正式组织能够满足这些需要。非正式组织的另一种效用是减轻管理工作的负担。非正式组织的配合导致管理者放手委托并实行分权，一般来说，非正式团体对管理人员的支持，很可能导致更融洽的协调配合和更高的生产效率，从而有助于工作任务的圆满完成。

那么，对于管理者来说，怎样才是对待非正式组织的正确态度呢？一是要正视和重视非正式组织的存在，管理当局不能忽视和否认正式组织中存在的非正式组织，因为非正式组织的存在是一种客观现象，又是一种普遍现象；二是应对非正式组织及其成员的行为加以正确的引导，使之有利于正式组织目标的实现。如果管理人员懂得了工作中的社会力量，他在设计自己的正式组织及在进行计划、领导和控制的过程中就能做得更为巧妙些。

3. 提高员工“满足度”

为了解释“人为什么而工作”的重要问题，梅奥对员工的社会需要作了深入的思考。他认为员工是不是全心全意地为组织提供其服务，在很大程度上取决于他对其工作、伙伴和上级的感觉，特别是其工作是否被上级、同伴和社会所承认。员工工作绝不是单纯地为了金钱，金钱只能满足员工的一部分需求，员工社会需要的满足主要在于员工被社会所承认、在社会上重要性的明显证明和安全的感觉。员工的安全感主要来自于他是“一个组织的公认成员，而不是来自银行中存款的金额”。新型的领导的职责是通过增加职工“满足度”，提高工人的“士气”，进而提高生产效率。新型的领导应善于倾听和沟通下属职工的意见，确保正式组织的经济需要和非正式组织的社会需求之间保持平衡，以解决劳资之间乃至整个“工业文明社会”的矛盾和冲突。

梅奥从霍桑试验中发现了员工组织行为的秘密，形成了独特的“人际关系”理论。人际关系学说的问世，丰富了管理科学的研究内容，开辟了管理理论的新领域，弥补了古典管理理论的不足。

第三节　行为科学学派的主要理论

在第二次世界大战以后，行为科学理论对员工在生产中的行为以及这些行为产生的原因的分析研究有了较大的进展，这包括人的本性和需要、行为的动机，特别是生产中的人际关系、领导同工人之间的关系的研究。行为科学在管理学领域中的理论创新主要集中在关于人的需要和动机的理论、关于管理中的“人性”的理论、关于领导方式的理论、关于企业中非正式组织以及人与人的关系的理论。

一、切斯特·巴纳德的组织理论

切斯特·欧文·巴纳德（1886～1961）是美国的高级经理人员和社会心理学家，深受帕累托、梅奥和罗特利斯伯格等管理思想家的影响。1938 年，巴纳德出版了《经理的职能》，在组织理论研究方面作出了重大贡献。他的基本主张是，经理的职能是在一个正式组织中维持一个努力合作与协调的系统。

1. 组织是一个协作系统

巴纳德认为，组织是一个两个以上的个人有意识地加以协调的各种活动的系统，任何个人都存在生理、心理、物质和社会的限制，要克服这些限制，必须自觉地进行协作。任何组织结构都存在“正式”组织和“非正式”组织之分：正式组织是组织中自觉协调的、相互影响的一面，其基本特征是有一个精心制定的、协调的目的。正式组织作为一个协作系统，无论级别的高低和规模的大小，都包含三个基本要素，即协作的意愿、共同的目标、信息的联系。非正式组织是组织的另一面，其基本特征是没有共同的或自觉协调的协同的目的。非正式组织是无形的组织，是同工作有关的联系和客观存在，以一定的看法、习惯和准则为纽带。非正式组织的活动对正式组织有双重作用，既有不利的影响，但又可能促使组织的效率得到提高。

作为自觉协作活动系统的正式组织能否长期存在、功能能否正常发挥，主要取决于系统的效率和效果。巴纳德认为正式组织存在的客观必要条件是：组织成员愿意并且有能力相互交流、愿意为集团的行动做出贡献和具有自觉的共同目的。巴纳德进而指出正式组织存在的充分条件是组织必须提供人尽其才的机会，一套能激励个人为推动集团目标而作出贡献的奖励制度，一套允许经理作出决策并加以执行的权力制度和一套以逻辑为基础的决策制度。

正式组织与非正式组织的平衡是组织有效运行的关键，而经理人员又是关键中的关键，巴纳德认为经理有四项基本职能：维持正式组织与非正式组织之间的和谐性；鼓励组织内正常的交流；明确和监督组织内个人的责任；制定并执行行动计划。

2. 自下而上的权威

巴纳德还认为组织效果的正常发挥是离不开个人之间的合作的，而个人之间的合作又是同健全的领导分不开的。个人之间的协作固然可以通过命令和指挥形式来实现，但实现的有效性取决于个人承认这种命令权威的合法性。

为此，巴纳德详细论述了经理人员的权威问题，尤其是对权威作出了不同以往的解释，分析了权威发生作用的必备条件。

巴纳德有关权威的理论是最不寻常和最具特色的，因为以往的权威概念大多是建立在某种等级系列或组织地位的权力之上的，其来源在于权威者或发布命令的人，而巴纳德则给权威以一种自下而上的解释。他对“权威”概念作了如下界定：“权威是正式组织中信息交流（命令）的一种性质，通过它的被接受，组织的贡献者或‘成员’

支配自己所作贡献的行为，即支配或决定什么是要对组织做的事，什么是不对组织做的事。”他认为权威包括两个方面：一是主体方面或个人方面，把命令作为有权威的来接受；二是客体方面，命令被接受的性质。在他看来，“如果一个命令下达给了命令的接受者，命令对他的权威就被确认或确定了。这成为行动的基础。如果他不服从这个命令，就意味着他否认这个命令对他有权威。因此，按权威的定义来说，一个命令之是否有权威决定于接受命令的人，而不决定于‘权威者’或发命令的人”。这里，巴纳德明确地指出应当从组织成员是否接受一项命令、指示或建议的角度去看待权威。他认为，当一个组织成员接受了另一个组织成员的指示或建议时，他们之间就发生了权威关系；反之，当我们说到两个人之间有权威关系时，就意味着其中一个人接受了另一个人的指示或建议。

3. 权威的四个条件

巴纳德不仅提出了一个全新的权威概念，而且还对权威被接受的条件作了阐释。他认为，权威要对人们发生作用，则必须得到人们的同意，而要得到人们的同意，则必须具备以下四个条件：

（1）使所传达的命令能被真正地、明确地理解。因为“一个不能被人理解的命令不可能有权威”。例如，发布的指示语言晦涩，令人费解，或者只罗列一些空洞的原则，连发布指示的人自身都难以做到。在这种情况下，执行人对待指示的态度是可想而知的：或是不予理睬，或是敷衍塞责，应付差事。许多情况在发布指示时预见不到，作为弥补，就需要在贯彻过程中作出补充和修正。组织行政工作的重要任务在于结合具体实际，保证指示的执行。

（2）使命令接收者认为所收到的命令同组织目标是一致的。因为“一个被接受者认为同组织目的相矛盾的命令是不会被接受的”。如果执行人认为指示同组织的宗旨不相符合，指示也难以得到执行。最常见的例子是许多指示自相矛盾，使人无所适从，难以执行。对这类指示，聪明人就采取阳奉阴违的态度。所有有经验的经理人员都懂得，当实际情况要求发布一项看来同组织宗旨不相符合的指示时，应该采取必要的措施，作出补救性的解释和说明，力求这种不相符合的情况显得并不存在。否则，这类指示很可能得不到执行，或执行得不好。

（3）使命令接收者认为所收到的命令同他们的个人利益是一致的。因为“如果个人认为一个命令所带来的负担会破坏他同组织关系的纯利益他就会不服从这个命令”。如果一项指示被认为会损害作为组织一员的个人利益，下面就缺乏执行的积极性，而这种积极性正是使任何指示具有权威性的客观基础。在这种情况下，很可能出现不服从指示的现象。在日常生活中，许多人可能采取回避态度，假装生病或敷衍应付。也有人因此而自动辞职，离开组织。

（4）命令接收者在精力上和体力上能胜任所收到的命令。因为“如果一个人没有执行命令的能力，显然他一定会不服从这个命令，或更好的办法是不去管它”。如果勉强一个无法完成指示任务的人去执行指示，结果只能是拒绝执行或敷衍了事。生活中常有这样的例子，要求一个人去从事他力所不能及的事情，即使这种要求同他的能力之间的距离只相差“一点点”，但这“一点点”却是决定性的，这将影响他完成任务。

此外，巴纳德还就组织决策进行了精辟的论述，这与其在组织本质、组织构成要素、非正式组织、组织平衡、管理者权威诸方面的论述共同构成了一个独特的组织理论。

巴纳德的组织理论在整个管理科学发展史上占有十分重要的地位，为后来称为社会系统学派的理论奠定了基础，巴纳德因此而享有“社会系统学派精神之父”的美誉。

二、马斯洛的需要层次理论

行为科学认为，人存在的各种需要诱导出一定的动机，而动机支配人的行为，并产生出一定的意志，确保特定的目标的实现。人的行为过程是一个不断循环发展的激励的过程，从需要出发，为达到某一目标而采取行动，进而实现需要的满足，旧的需要满足后会产生新的需要，为了满足新的需要也会产生新的行为。行为学派认为，未得到满足的需要是能产生行为的需要，是产生激励的需要。

亚布拉罕·马斯洛（1908～1970），美国社会心理学家，1933 年获威斯康星大学心理学博士学位，主要著作有《人类的动机理论》（1943）、《动机与人格》（1954）和《精神管理》（1965）。1954 年马斯洛提出了人类基本需要等级理论，将人的需要分为五个层次：生理的需要、安全与保障的需要、交往和归属的需要、尊重的需要和自我实现的需要。如图 6－1 所示。

1. 马斯洛的五层次需要

（1）生理的需要。这是人类维持自身生存的最基本要求，包括饥、渴、衣、住、行等方面的要求。如果这些需要得不到满足，人类的生存就成了问题。在这个意义上说，生理需要是推动人们行动的最强大的动力。马斯洛认为，只有这些最基本的需要满足到维持生存所必需的程度后，其他的需要才能成为新的激励因素，而到了此时，这些已相对满足的需要也就不再成为激励因素了。

（2）安全与保障的需要。这是人类要求保障自身安全、摆脱事业和丧失财产的威胁、避免职业病的侵袭、抵触严酷的监督等方面的需要。马斯洛认为，整个有机体是一个追求安全的机制，人的感受器官、效应器官、智能和其他能量主要是寻求安全的工具，甚至可以把科学和人生观都看成是满足安全需要的一部分。当然，当这种需要一旦相对满足后，也就不再成为激励因素了。

（3）交往和归属的需要。这一层次的需要包括两个方面的内容：一是友爱的需要，即人人都需要伙伴之间、同事之间的关系融洽或保持友谊和忠诚；人人都希望得到爱情，希望爱别人，也渴望接受别人的爱。二是归属的需要，即人都有一种归属于一个群体的感情，希望成为群体中的一员，并相互关系和照顾。感情上的需要比生理上的需要来得细致，它和一个人的生理特性、经历、教育、宗教信仰都有关系。

（4）尊重的需要。人人都希望自己有稳定的社会地位，要求个人的能力和成就得到社会的承认。尊重的需要又可分为内部尊重和外部尊重。内部尊重是指一个人希望在各种不同情境中有实力、能胜任、充满信心、能独立自主。总之，内部尊重就是人的自尊。外部尊重是指一个人希望有地位、有威信，受到别人的尊重、信赖和高度评价。马斯洛认为，尊重需要得到满足，能使人对自己充满信心，对社会满腔热情，体验到自己活着的用处和价值。

(5) 自我实现的需要。这是最高层次的需要，它是指实现个人理想、抱负，发挥个人的能力到最大程度，完成与自己的能力相称的一切事情的需要。也就是说，人必须干称职的工作，这样才会使他们感到最大的快乐。马斯洛提出，为满足自我实现需要所采取的途径是因人而异的。自我实现的需要是在努力实现自己的潜力，使自己越来越成为自己所期望的人物。

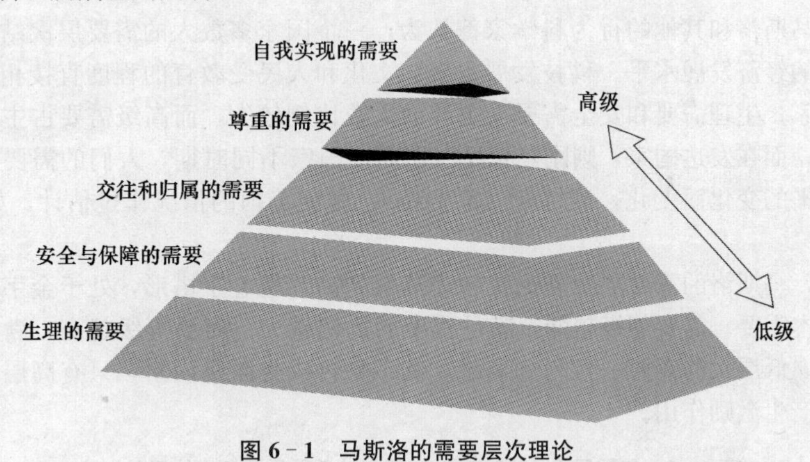

图 6-1　马斯洛的需要层次理论

马斯洛后来又在尊重的需要与自我实现的需要之间加了求知和审美两个需要层次，但是这个观点在后来并没有流行开来。

2. 理论假设

马斯洛的需要层次理论是基于以下三个假设构建的：

(1) 人要生存，他的需要能够影响他的行为。只有未满足的需要能够影响行为，满足了的需要不能充当激励工具。

(2) 人的需要按重要性和层次性排成一定的次序，从基本的（如食物和住房）到复杂的（如自我实现）。

(3) 当人的某一级的需要得到最低限度满足后，才会追求高一级的需要，如此逐级上升，成为推动继续努力的内在动力。

3. 基本观点

(1) 五种需要像阶梯一样从低到高，按层次逐级递升，但这种次序不是完全固定的，可以变化，也有种种例外情况。

(2) 需要是发展遵循“满足/激活律”。一般来说，某一层次的需要相对满足了，就会向高一层次发展，追求更高一层次的需要就成为驱使行为的动力。相应地，获得基本满足的需要就不再是一股激励力量。

(3) 需要的强弱受“剥夺/主宰律”的影响。也就是说，某一需要被剥夺的越多，就越缺乏、越不足，这个需要就越突出、越强烈，即“物以稀为贵”。

(4) 五种需要可以分为高低两级，其中生理上的需要、安全上的需要和感情上的需要都属于低一级的需要，这些需要通过外部条件就可以满足；而尊重的需要和自我实现的需要是高级需要，它们是通过内部因素才能满足的，而且一个人对尊重和自我实现的需要是无止境的。

(5) 同一时期，一个人可能有几种需要，但每一时期总有一种需要占支配地位，对行为起决定作用。任何一种需要都不会因为更高层次需要的发展而消失。但每一个特定的时期总会有一种占支配地位、对行为起决定作用的需要，这种需要被称为优势需要。

(6) 马斯洛和其他的行为科学家都认为，一个国家多数人的需要层次结构，是同这个国家的经济发展水平、科技发展水平、文化和人民受教育的程度直接相关的。在不发达国家，生理需要和安全需要占主导的人数比例较大，而高级需要占主导的人数比例较小；而在发达国家，则刚好相反。在同一国家不同时期，人们的需要层次会随着生产水平的变化而变化，戴维斯（K. Davis）曾就美国的情况作过估计，如表 6－1 所示。

总之，马斯洛的需要层次理论是一个从低到高并呈金字塔形，处于金字塔底层的是人的基本需要。需要等级越低，满足程度的比例越大；需要等级越高，满足程度的比例越小。低层次的需要一旦得到满足，就不会再成为激励因素，只有高层次的需要才会对人产生激励作用。

表 6－1　美国民众 1935 年和 1995 年的各种需要所占比重的对比

需要的种类	1935 年	1995 年
生理的需要	35%	5%
安全与保障的需要	45%	15%
交往和归属的需要	10%	24%
尊重的需要	7%	30%
自我实现的需要	3%	26%

三、赫茨伯格的保健—激励因素理论

弗雷德里克·赫茨伯格是美国行为科学家，1957 年提出了保健—激励因素理论（又称为双因素激励理论或双因素理论），这个理论是其对 200 名工程师和会计师调查的总结，主要体现在 1959 年出版的《工作与激励》之中。

赫茨伯格认为可以用保健因素和激励因素来解释人的动机。

1. 保健因素

保健因素是不能满足人的需要和不能激励人工作的因素，它们的存在不能激励人反而使人产生不满情绪。保健因素包括公司政策、行政管理、监督、工作条件、人际关系、工资、地位、工作安全和个人生活等因素。

2. 激励因素

激励因素是能够满足人的需要和能够激励人工作的因素，它包括取得成就、受到重视、从事富于进取精神的工作、工作出色并有所进步、责任等。赫茨伯格还认为提高工作效率的关键不在于工作合理化，而在于工作丰富化。唯有工作丰富化才能为职员的心理成长提供机会。

赫茨伯格的双因素激励理论同马斯洛的需要层次理论有相似之处。他提出的保健因素相当于马斯洛提出的生理需要、安全需要、感情需要等较低级的需要；激励因素则相当于受人尊敬的需要、自我实现的需要等较高级的需要。当然，他们的具体分析和解释是不同的。但是，这两种理论都没有把"个人需要的满足"同"组织目标的达到"这两点联系起来。有些西方行为科学家对赫茨伯格的双因素激励理论的正确性表示怀疑。有人做了许多试验，也未能证实这个理论。赫茨伯格及其同事所做的试验，被有的行为科学家批评为是他们所采用方法本身的产物：人们总是把好的结果归结于自己的努力而把不好的结果归罪于客观条件或他人身上，问卷没有考虑这种一般的心理状态。另外，被调查对象的代表性也不够，事实上，不同职业和不同阶层的人，对激励因素和保健因素的反应是各不相同的。实践还证明，高度的工作满足不一定就产生高度的激励。许多行为科学家认为，有关工作环境的因素或工作内容的因素，都可能产生激励作用，而不仅是使职工感到满足，这取决于环境和职工心理方面的许多条件。

但是，双因素激励理论促使企业管理人员注意工作内容方面因素的重要性，特别是它们同工作丰富化和工作满足的关系，因此是有积极意义的。赫茨伯格告诉我们，满足各种需要所引起的激励深度和效果是不一样的。物质需求的满足是必要的，没有它会导致不满，但是即使获得满足，它的作用往往是很有限的、不能持久的。要调动人的积极性，不仅要注意物质利益和工作条件等外部因素，更重要的是要注意工作的安排，量才录用，各得其所，注意对人进行精神鼓励，给予表扬和认可，注意给人以成长、发展、晋升的机会。随着温饱问题的解决，这种内在激励的重要性越来越明显。

根据赫茨伯格的理论，在调动员工积极性方面，可以分别采用直接满足与间接满足两种基本做法。

直接满足，又称为工作任务以内的满足。它是一个人通过工作所获得的满足，这种满足是通过工作本身和工作过程中人与人的关系得到的。它能使员工学习到新的知识和技能，产生兴趣和热情，使员工具有光荣感、责任心和成就感。因此可以使员工受到内在激励，产生极大的工作积极性。对于这种激励方法，管理者应该予以充分重视。这种激励的措施虽然有时所需的时间较长，但是员工的积极性一经激励起来，不仅可以提高生产效率，而且能够持久，所以管理者应该充分注意运用这种方法。

间接满足，又称为工作任务以外的满足。这种满足不是从工作本身获得的，而是在工作以后获得的。如晋升、授衔、嘉奖或物质报酬和福利等，就都是在工作之后获得的。其中福利方面，诸如工资、奖金、食堂、托儿所、员工学校、俱乐部等，都属于间接满足。间接满足虽然也与员工所承担的工作有一定的联系，但它毕竟不是直接的，因此在调动员工积极性上往往有一定的局限性，常常会使员工感到与工作本身关系不大而满不在乎。研究者认为，这种满足虽然也能够显著地提高工作效率，但不容易持久，有时处理不好还会产生负作用。

在实际工作中，借鉴这种理论来调动员工的积极性，不仅要充分注意保健因素，使员工不至于产生不满情绪；更要注意利用激励因素去激发员工的工作热情，使其努力工作。如果只顾及保健因素，仅仅满足员工暂时没有什么意见，是很难创造出一流工作成绩的。

四、麦格雷戈的人性理论

1957 年，美国麻省理工学院教授道格拉斯·麦格雷戈（1906～1964）提出 X 理论和 Y 理论，这是两种可供选择的人性理论。1960 年，麦格雷戈在《企业的人性层面》中对两种理论进行全面比较。

1. X 理论的要点

（1）人的本性是懒惰的，好逸恶劳，人总是尽可能逃避工作。

（2）人缺乏进取心，不愿承担责任，情愿受人领导。

（3）人天生以自我为中心，对组织需要漠不关心。

（4）人习惯于保守，反对变革。

（5）人缺乏理性，易于受他人煽动。

显然，X 理论假设人对于工作的基本评价是负面的，即从本质上来说，人都是不喜欢工作的，并且一有可能就逃避工作，一般人都愿意被人指挥并且希望逃避责任。基于上述假设，X 理论得出这样一个结论，管理人员的职责和相应的管理方式是：管理人员关心的是如何提高劳动生产率、完成任务，他的主要职能是计划、组织、经营、指引、监督；管理人员主要是应用职权，发号施令，使对方服从，让人适应工作和组织的要求，而不考虑在情感上和道义上如何给人以尊重；强调严密的组织和制定具体的规范和工作制度，如工时定额、技术规程等；应以金钱报酬来收买员工的效力和服从等。

也就是说，在 X 理论的导引之下，对大多数人都必须实施强迫、控制以及指挥，甚至要以惩罚相威胁，才能使他们尽到自己的努力。管理人员以这些假设为指导，在完成其任务时有各种可能性。在一个极端，管理人员是“严厉的”，指挥人们行为的方法包括强迫和胁迫，严密监督；在另一个极端，管理人员可能是“温和的”，指挥人们行为的方法包括宽容，以求相安无事。“严厉的”做法存在着一些困难，压力引起反抗，员工会有敌对情绪；“温和的”做法则常常导致放弃管理，管理者为了相安无事，最终导致对业绩的漠不关心。一种流行的做法是“坚定而公正”，这是一个兼软硬两种态度之长的企图。正如老罗斯福所说的“言语温和，但手中拿着大棒”。

由此可见，此种管理方式是胡萝卜加大棒的方法，一方面靠金钱的收买与刺激；另一方面严密的控制、监督和惩罚迫使其为组织目标努力。这时管理人员的职责和相应的管理方式是：管理者的角色是家长、是指挥、是督导。

然而麦格雷戈认为，虽然当时工业组织中人的行为表现同 X 理论所提出的各种情况大致相似，但是人的这些行为表现并不是人固有的天性所引起的，而是现有工业组织的性质、管理思想、政策和实践所造成的。他确信 X 理论所用的传统的研究方法建立在错误的因果观念的基础上。通过对人的行为动机和马斯洛的需要层次论的研究，他指出，在人们的生活还不够丰裕的情况下，胡萝卜加大棒的管理方法是有效的；但是，当人们达到了丰裕的生活水平时，这种管理方法就无效了。这是因为，那时人们行为的动机主要是追求更高级的需要，而不是“胡萝卜”（生理需要、安全需要）了。

正是由于上述的这些理由以及其他许多原因，麦格雷戈认为我们需要另一种建立在对人的特性和人的行为动机具有更为恰当的认识基础之上的人事管理新理论。有鉴于此，他提出了他的Y理论。

2. Y理论的要点

（1）人并非是生性懒惰，要求工作是人的本能。

（2）人的天性不是逃避责任，而是勇于承担责任。

（3）人的追求是满足欲望的需要，同组织的需要是没有矛盾的。

（4）人会运用自我控制和自我指导进行协调和平衡其参与目标。

（5）人的承诺同达到目标所得报酬是直接相关的，是达成目标的报酬函数。

（6）人的潜力往往只有部分发挥，其余的部分没有得到充分的利用。

根据以上假设，相应的管理措施为：管理职能的重点——在Y理论的假设下，管理者的重要任务是创造一个使人得以发挥才能的工作环境，发挥出职工的潜力，并使职工在为实现组织的目标贡献力量时，也能达到自己的目标，此时的管理者已不是指挥者、调节者或监督者，而是起辅助者的作用，从旁给职工以支持和帮助；激励方式——根据Y理论，对人的激励主要是给予来自工作本身的内在激励，让他担当具有挑战性的工作，担负更多的责任，促使其工作作出成绩，满足其自我实现的需要；在管理制度上给予工人更多的自主权，实行自我控制，让工人参与管理和决策，并共同分享权力。

事实上，X理论假设较低层次的需要支配着个人的行为；Y理论则假设较高层次的需要支配着个人的行为。麦格雷戈认为，与X理论的假设相比，Y理论更实际有效，因此他建议让员工参与决策，为员工提供富有挑战性和责任感的工作，建立良好的群体关系，这都会极大地调动员工的工作积极性。他在《企业的人性方面》一书中把Y理论称为“个人目标与组织目标的结合”，他认为关键不在于采用强硬的或温和的方法，而在于要在管理思想上从X理论变为Y理论。

总之，X理论和Y理论是两种可供选择的人性理论，两种人性理论的差别不仅在于对人的需要的认识不同，而且在于采用的管理方法不同。基于X理论，管理主要采用的是控制、强制方式；基于Y理论，管理主要在于创造良好的环境，充分发挥人的智力和能力。在管理的现实生活中，管理的关键不是选择“强硬的”方式或者选择“温和的”方式的问题，而是从管理思想的深处变X理论为Y理论的问题，这个思想转变却是一个较为漫长的过程。

五、克里斯·阿吉里斯的不成熟—成熟理论

克里斯·阿吉里斯（1923～），美国行为科学家，曾任耶鲁大学和哈佛大学教授，著有《人格与组织》（1957）、《个人与组织相结合》（1964）、《组织与创新》（1965）、《调和理论与方法：一个行为科学的观点》（1970）、《管理与组织发展》（1971）等著作。阿吉里斯的研究重点一直是放在个人与组织的关系上的，融合早期学者和当代学

者的观点，提出一种综合性的“个性和组织”的假设。

阿吉里斯认为人的个性的发展如同婴儿成长为成人一样，是一个从“不成熟”到“成熟”的连续发展过程。“不成熟”与“成熟”的基本个性特征比较如表 6-2 所示。个人在“不成熟—成熟”连续发展过程中所处的位置是其自我实现的程度。在这个过程中，人的个性有以下七个方面的变化：

（1）从婴儿的被动状态发展到成人的主动状态。

（2）从依附别人发展到相对独立——相对独立指在自立的同时又和其他人保持必要的依存关系。

（3）从有限的行为发展到多样化的行为。

（4）从飘浮不定、肤浅的、简单的兴趣到更加稳定的、更浓厚的兴趣。

（5）从注重短期目标发展到关心长期目标。

（6）从一个从属的社会地位发展到一个平等的或较高的社会地位。

（7）从缺乏自我认识发展到自我认识和自我控制。

这七个方面的变化表明，个人是愿意从事工作的，希望实现自导、自治、自主负责和自我实现。

表 6-2 “不成熟”与“成熟”的基本个性特征比较

不成熟的特点	成熟的特点
被动性	能动性
依赖性	独立性
办起事来方法少	办起事来方法多
兴趣淡漠	兴趣浓厚
目光短浅	目光远大
从属的位置	自主的位置
缺乏自知之明	有自知之明，能自我控制

关于阿吉里斯的不成熟—成熟理论，我们需要特别注意三个问题：首先是个体发展的“起点”问题；其次是“成熟”到“不成熟”的逆向成长问题；最后是正式组织对个体个性成熟的阻碍问题。

首先，在从“不成熟”到“成熟”的连续流上，每个人都拥有自己的发展“起点”，至于这个起点的位置是更接近“原点”还是更接近“终点”，首先受到个体特征的影响。

就多样化的个体特征而言，在同一时刻，有的人呈现优缺点都比较明显的中等成熟状态，有的人表现出稳定而全面的成熟特质，而有的人则暂时看来极不成熟，但具有可发展到非常成熟的潜质。当以连续流框架体系来标定若干个体的发展起点时，这些起点就根据相互比较而形成的差异散落在连续流的不同位置上。一般来说，极少有人完全符合 X 理论或 Y 理论，因此很难找到一个恰好落在“原点”或“终点”上的起点。大多数人在某一特定时刻的起点都以不同的距离偏离“原点”或接近“终点”：比较成熟的人是从连续流上更近“终点”的地方开始（或重新开始）成长的，这些人在追求“自我实现”的过程中具有既成优势；而那些较不成熟的人的发展起点则距离

"终点"更远一些，他们在起始成长阶段的心理和行为特征更多的带有"经济人"的色彩。

这就要求管理者必须努力识别每个被管理者的独特的成熟程度（具体表征为个性、能力等），然后才能判断所采取的管理方式是否适当，并根据具体对象考虑如何管理。在现阶段，管理在某种意义上仍是人作为被管理者时的一种需求。根据心理学的相关理论，一个人的独特需求得到"合拍"的满足时，便可以受到真正有效的激励，最终表现为行为的改善和绩效的提高。如此说来，一味追求"一视同仁"的管理行为都有简陋而专横的嫌疑，违背了"人本主义"管理的初衷。

其次，连续流本身并不排斥特定条件下可能出现的从"成熟"到"不成熟"的逆向成长，甚至承认，在某些情况下，正、逆向成长是交替出现或同时存在的。

一方面，从"不成熟"到"成熟"的个人成长过程在理想条件下其方向是较为单纯的，然而实际上"不够理想"的条件不可避免，因此员工个体完全可能在受到不利因素的影响时产生心智水平与行为模式上的"退化"现象（即逆向成长为"经济人"），而在有利因素再次出现时，又恢复正向成长的状态；另一方面，连续流理论为如何说明个人是否成熟抽象出了能动性、自主性等七个指标，每个指标代表个性特征的某个维度，然而在个人的成长过程中，这些维度彼此之间未必完全同步。例如，一个人可能由于经验的积累，眼光逐渐变得长远了，但对事物的兴趣则越来越冷淡；或者其自主性增强的同时能动性却降低了，表征为坚持己见但凡事被动。因此，个人的成熟过程，在连续流上是可以正、逆向交替出现或同时存在的。

最后，阿吉里斯认为组织并不能自动保证个人个性"成熟"目标的实现，从而使组织得到好处。正式组织总是使个人保持在"不成熟"阶段，并妨碍个人达到自我实现。正式组织内部存在着劳动分工、权力等级、统一指挥、控制幅度等固有的内在缺陷，它们同个人个性发展是不相适应的，是个人个性发展的障碍。正式组织的内在缺陷是由组织内缺少人际交往能力导致的，组织内成员相互怀疑和不信任，缺乏坦率的作风和让人放手工作的气氛。

为了消除个人个性和组织之间内在的冲突，阿吉里斯建议，管理部门应发挥个人的全部潜力，改善人与人之间的关系，从而使整个组织更好地发挥作用。阿吉里斯还提出扩大员工工作范围、采用员工参与式的领导方式、激发员工责任心和创造性、增强员工自我控制能力等行之有效的可供选择的途径。

小结

20 世纪 30 年代中期，随着西方发达国家进入大规模销售时期而兴起了一个同古典学派有别的行为学派。行为科学是继古典管理理论之后管理学发展的一个重要阶段，也是现代管理学的重要组成部分。管理学意义上的行为学派在早期的发展阶段是人际关系学派，后期被称为行为科学学派。行为学派主要研究企业中有关人的问题，特别强调将工人同其工作环境、工作伙伴和基层管理人员联系起来进行研究，要求按照人的心理发展规律去激发人的积极性和创造性。行为学派带来了管理学科体系的变革，开辟了工业心理学、组织行为学等管理新学科。

关键概念

霍桑实验　人际关系学说　社会人　非正式组织　组织　权威　需求　保健因素　激励因素

问题和讨论

1. 福莱特的管理学贡献有哪些？
2. 霍桑实验经历了哪四个阶段？
3. 梅奥的人际关系学说的内容有哪些？
4. 巴纳德的组织理论的主要内容有哪些？
5. 如何对方案进行评估和选择？
6. 马斯洛的需要层次理论的主要内容有哪些？
7. 赫茨伯格的双因素理论的主要内容有哪些？
8. 麦格雷戈人性理论的主要内容有哪些？
9. 克里斯·阿吉里斯不成熟—成熟理论的主要内容有哪些？
10. 讨论：你对“人是社会人”的看法。

案例应用

新达批发公司[1]

新达批发公司的产品销往6个省市中的500多个零售商。批发业务的一个主要盈利因素就是尽快满足用户的订单。零售商一旦发出订单，就希望能尽快到货，假如在交货中有任何耽搁，他们就会寻找其他批发商购货。

新达公司的经理黄胜对公司的营运绩效十分关注，上个月刚完成了对公司的整改。第一，他对所有货品做了新安排，以便使那些需要快递的物品尽可能地安置在最靠近装货码头的那些仓库中；第二，他引入了新的库存控制制度，所有重要的原始记录都由电脑储存；第三，一些办公室做了新的安排，并配备了新的办公设施。此外，在工作场所还播放些轻松悦耳的乐曲。

自从黄经理做了这些改变后，记录显示，公司的交货期由原先的4天减少到3天，盈利率增加到27%。当然，这种变革后的成效是暂时的还是长期的，目前还很难断言。但黄经理相信，绝大部分效率的提高应直接归功于他在工作环境中引入的变革。

〔1〕周健临. 管理学［M］. 上海：上海财经大学出版社，1996.

讨论题

1. 黄经理在这次变革中应用了哪些主要管理方法？是管理科学、一般管理，还是行为科学？

2. 这些工作上的变革对职工的行为有何影响？请解释。

3. 对于管理过程的理解是否有助于黄经理进行这些工作上的变革？还有哪些方式能帮助他成为一位有效的管理者？你认为这次盈利率的提高，究竟是临时性的提高，还是长期趋势？

自我评估

你是一个了解人性的人吗？

提示：对下列每一个问题只需回答“是”或“否”。

问　题
1. 我相信人是独一无二的。(　　)
2. 我认为人的行为不比实验室的鸽子的行为更复杂。(　　)
3. 我更多地受情绪支配而不是受金钱支配。(　　)
4. 我认为人的目的永远也不可能完全达到。(　　)
5. 我承认个人行为受群体影响是异常重要的。(　　)
6. 我总是希望得到别人的承认。(　　)
7. 我总是区别对待他人。(　　)
8. 我总是不相信人是可以变的。(　　)

(结果说明：根据本问卷设计者的观点，了解人性的可能的答案是：1. 否；2. 否；3. 是；4. 是；5. 是；6. 是；7. 是；8. 否。)

▲ **学完本章后，你会知道：**

1. 权变理论学派的主张
2. 系统方法学派的主张
3. 战略管理理论的主张
4. 企业文化理论

第七章 当代管理理论

后工业化时代是工业化时代之后的时期，通常认为它始于20世纪50年代，这个时代发生了一系列变化。现代化科学技术加速发展，日新月异，如原子能、计算机、空间技术、铁路系统电气化和生物工程技术。传统工业成为夕阳产业，如棉纺织和汽车制造业变得较低弱，走向衰落。电子工业、新材料工业、生物工业等新兴工业的兴起。大规模企业合并，生产和组织规模的急剧增大，生产社会化程度的日益提高，劳动生产率普遍提高。世界市场竞争激烈，产品市场多样化。20世纪初期到50年代，为了保护本国工业和外汇储备，世界各国政府常常设置关税，增设贸易障碍，限制进口，抵制外国竞争。20世纪50年代后，世界各国政府取消国际贸易障碍，大大增强世界市场的开放性和产品市场的激烈竞争，进而导致世界产品市场格局发生重大变化。20世纪50年代世界市场的发展带动了世界贸易的发展，而世界贸易反过来又要求建立更大的企业组织，从而出现公司合并加快的趋势、带来了更大规模的管理方面的组织问题、管理服务的发展、日常行政工作电脑化。

这些新变化引起了心理学家、社会学家、人类学家、经济学家、生物学家、哲学家、数学家对管理理论的普遍重视，他们各自从不同的背景出发、依据不同的角度观察问题，用不同的研究手段和方法对后工业化时代的管理问题进行研究。这一现象带来了管理理论的空前繁荣，同时出现了各种各样的学派，形成了许多新的理论和学说。1961年12月，美国著名管理学家哈罗德·孔茨曾发表《管理理论的丛林》一文，把这一现象形象地描述为管理理论的“丛林”，并把现代管理理论概括为6个学派。1980年，孔茨又发表《再论管理理论的丛林》一文，在原有的6个学派的基础上增加了5个，共11个学派。这11个学派是管理过程学派、人际关系学派、群体行为学派、经验学派（或案例学派）、社会协作系统学派、社会技术系统学派、系统学派、决策理论学派、数学学派或“管理科学”学派、权变理论学派、经理角色学派。实际上，20世纪50年代以来形成的新的管理理论学派多达百余。这还是一个粗略的估计。在我们看来，在后工业化时代的管理思潮中，权变理论、决策方法和系统方法是最值得关注的现代管理思潮。后工业化时期管理思想的兴趣有所改变，主要研究的管理理论问题有：战略管理问题、组织结构跨职能协调问题、组织环境的不确定性问题和决策问题。

第一节　权变理论学派

权变理论是20世纪70年代形成的一种后工业化时代的管理理论，其理论核心是力图研究组织的各子系统内部和各子系统之间的相互联系，以及组织和它所处的环境之间的联系，并确定各种变数的关系类型和结构类型。权变理论提出组织结构应反映技术、革新和不确定性等环境变化情况，强调在管理中要根据组织所处的内外部条件随机应变，针对不同的具体条件寻求不同的最合适的管理模式。

在权变理论的早期阶段，对权变理论作出重大贡献的有特里斯特、伍德沃德、伯恩斯、斯托克、默顿、劳伦斯和洛奇等。特里斯特和伍德沃德各自独立地研究了技术对工作组织的影响。伯恩斯和斯托克共同考察了革新对组织结构的影响。劳伦斯和洛奇则研究了处理不确定性的问题。随后，权变理论在管理学的研究领域越来越广，向领导、组织、革新、协调等领域延伸。

权变理论有两个基本特点：一是权变理论强调根据不同的具体条件，采取相应的组织结构、领导方式、管理机制；二是权变理论把一个组织看做是社会系统中的一个分系统，要求组织各方面的活动都要适应外部环境的要求。

一、琼·伍德沃德的组织理论

琼·伍德沃德（1916～1971）是英国女管理学家，是最早运用权变思想研究管理问题的人之一，著有《工业组织：理论和实践》，根据对100个企业的调查，深入地研究了技术进步对于组织及其管理部门的影响。伍德沃德发现，先进技术的引进与企业组织内在的管理结构有着密切的联系，不同工艺技术的生产系统有其独特的组织模型和管理原则。以生产系统工艺技术的复杂性和连续性为主要标准，企业可分为单件生产、大量生产、流水生产三种类型，每种类型的企业组织都有相同的组织特点。这些特点体现在以下几个方面：指挥的范围、总经理控制的幅度、营业额中付给雇员的百分比、人员比例结构等。

单件生产企业的产品是按顾客“订货”进行生产的，主要依赖直线管理人员在生产工艺中的能力，很少雇用专家。大量生产企业的大部分产品是按标准化或统一的方式进行生产，主要采用传统的直线—参谋组织结构，其管理职能专业化，直线人员同参谋人员之间职责明确，信息联系主要采用书面联系，并强调对员工的控制和监督。流水生产企业的产品是按通过预先规定的工艺程序设计出来的标准产品生产的，组织结构相当灵活，或者是职能式，或者是直线式。

伍德沃德认为成功企业是其组织结构同工艺技术相适应的企业。单件生产企业和流水生产企业要求其组织结构相当灵活，确保组织快速适应科学技术发展和顾客需求变化。大量生产企业不需要对外部环境变化作出快速反应，要求组织结构正式化，以保证生产作业均衡地、持续地发展。

伍德沃德的研究是促成管理思想变化的积极因素，她抛开了抽象叙述行政管理原则的管理理论传统，转而研究不同技术及其有关的控制系统对组织结构和管理部门的约束。

二、特里斯特的组织理论

特里斯特是英国管理学家，是较早运用权变思想研究管理问题的人。1951年，在英国塔维斯托克人际关系研究所主持下，他同班福斯、赖斯等人对英国的煤矿采矿的作业组织进行研究，著有《长壁采煤法的某些社会的心理影响》，初步揭示了采煤作业组织中技术与社会关系之间的结构性变化的内在矛盾。

在采煤作业实行机械化之前，英国主要实行手工采煤作业。手工采煤条件下的作业组织是以成对工人为基础的作业小组负责制，其特点是工作任务的整体性、个人技术的全面性和选择伙伴的自主性，各个作业小组之间很少联系。这种作业小组是同煤矿矿井下复杂而分散的情况相适应的。在实现机械化后，英国采用长壁回采技术，由原来的短面作业变为长面作业，原来的采煤作业小组变得不相适应。新的作业组织是轮班作业组织，其组织特点是专业分工，成员相对分散，操作工人同管理人员的差距日益扩大。特里斯特在分析中还发现煤矿采矿作业组织的社会心理变化过程同煤矿采矿作业技术从手工到机械化的技术变化过程是不同步的。长壁采煤技术要求作业小组是一个有机的整体，但轮班制作业小组却是被分为不同工种，相互隔离，缺乏感情沟通的分散的组织。在采用长壁采煤技术条件下，作业小组往往通过培训的方式招收新工人，而这些新工人是难以适应矿井下复杂多变的环境要求的，同时还带来操作人员同管理人员之间尖锐的矛盾。特里斯特的观点对后来的管理思想产生了重要的影响。

美国管理学家罗伯特·默顿在特里斯特研究的基础上进一步研究了技术与社会的关系，他认为新技术的引进会影响工人之间的社会关系的性质。特里斯特、班福斯、默顿所进行的研究有一个共同的结论，这就是采用新技术会造成组织内部成员心理体系混乱，从而影响新技术有效地发挥效力。这个结论表明组织在采用新技术之前必须适当地考虑它对人的心理体系的影响。

三、伯恩斯和斯托克的组织变革理论

汤姆·伯恩斯，英国管理学家，是运用权变思想研究管理问题的先驱之一。1961年同其合作者斯托克共同研究技术进步同管理体系相互作用关系的问题，著有《革新的管理》。伯恩斯和斯托克的研究表明，当企业的技术环境处于稳定的状态时，企业最适宜采用机械的管理体系。当企业采用一种急剧变化的技术时，企业必须采用有机的管理体系。

机械体系的特点是组织结构受严格的指令控制，严格地规定组织中每个成员的角色、任务、方法、职责和权力。信息流沿着组织内部的权威垂直流动。不同部门中地位相同的个人之间很少进行横向交流。

有机体系是较为灵活的组织结构，信息流是以横向交流为主，组织中的权力、影响和地位更多的是以技术能力为基础，而不是以等级制中的职务为基础。

伯恩斯和斯托克并没有提出一个放之四海而皆准的模式体系，他们仅仅提出一个企业应当采用最适应于其特定情况的管理体系的建议。伯恩斯和斯托克以他们独特的研究为权变学派作出了显著的贡献。

四、劳伦斯和洛奇的组织理论

1967年，P. R. 劳伦斯和 I. W. 洛奇合著《组织与环境》，论述了外部环境和组织结构之间的关系。他们认为，组织结构的主要特点是分散化和整体化，分散化是指一个企业适应外部环境而划分为各个小单位的程度，整体化是指企业中各个单位的协作或工作的统一。劳伦斯和洛奇认为制造业组织所处的环境可以恰当地分为三个部分：市场部分；研究与发展部分和技术部分。

他们认为，这些环境中的任一部分都有可能有不同的变化率，每一部分从决策（或采取行动）到取得成果中间所花费的时间的长短也很可能不一样。

劳伦斯和洛奇认为，在不确定的情况下，一个组织的结构如果能在非正式性、人际关系、时间范围和目标等功能方面与其他组织保持差异，这个组织就可能更有能力、更有效率。

五、卢桑斯的权变理论

卢桑斯是美国管理学家，尼布拉加斯大学教授。1973 年，卢桑斯发表《权变管理理论：走出丛林的道路》，开始对现代管理理论进行综合。1976 年，卢桑斯出版《管理导论：一种权变学说》一书，系统地概括了权变管理理论，提出用权变理论可以统一各种管理理论的观点。

卢桑斯认为，管理过程学派、计量学派、行为学派和系统学派，都没有充分地考虑管理和环境之间的内在联系，导致管理观念和技术在理论与实践上相脱节，从而导致无效管理的出现。而权变理论重在探求环境对管理的具体作用，把管理理论与管理实践相结合。

在考虑到有关环境的变数同相应的管理观念和技术之间关系的前提下，卢桑斯十分重视有效的管理观念和技术能力，以保障组织达到目标。外部环境同管理观念之间的关系是自变量与因变量的关系，外部环境是自变量，管理的观念是因变量。在一定的外部环境条件下，能否有效地达到目标，主要取决于所采用的、特定的管理原理、方法和技术。

卢桑斯权变管理理论的核心内容是认识到环境变量与管理变量之间的函数关系，而这种函数关系就是权变关系。环境可分为外部环境和内部环境。外部环境又可以分为两种：一种是由社会、技术、经济和政治、法律等所组成；另一种是由供应者、顾客、竞争者、雇员、股东等组成。内部环境基本上是正式组织系统，它的各个变量与外部环境各变量之间是相互关联的。决策、领导和控制、技术状况等管理变量包括上面所列四种学说所主张的管理观念和技术。

美国管理学者约翰·莫尔斯和杰伊·洛希合著的《超 Y 理论》(1970) 和《组织及其成员：权变方式》，弗莱·E. 德菲德勒写的《领导游戏：使人适合情况》，弗里蒙特·卡斯特和詹姆斯·罗森茨韦克合作完成的杰作《组织与管理：系统观点与权变理论》，都对权变管理理论作出了独有的贡献。权变学派关于企业经营外部条件（特别是技术进步冲击）对管理和组织结构的认识，为管理思想演变过程中引进“系统”方法做了思想准备。

第二节 系统方法学派

系统方法学派是后工业化时代兴起的一种新的管理理论流派，这个流派把一个组织看成是由若干个系统所组成的相互关联的有机整体。根据系统方法学派的观点，研究一个组织可以有多种方法，最常见的有两种方法：决策方法学派和大系统方法学派。

一、决策方法学派

决策方法学派，又叫决策信息系统方法学派。这个学派认为一个组织的功能就是提供决策所依靠的信息，而管理部门的作用是为决策生产和获取信息。

这个学派是在社会系统学派基础上发展起来的，他们把第二次世界大战以后发展起来的系统理论、运筹学、计算机科学等综合运用于管理决策问题，形成了一门有关决策过程、准则、类型及方法的较完整的理论体系。

这个学派的代表人物有赫伯特·A. 西蒙、理查德·M. 赛尔特、詹姆斯·G. 马奇、C. W. 丘奇曼、阿柯夫和阿诺夫。

1. 赫伯特·A. 西蒙的决策理论

赫伯特·A. 西蒙是当代美国著名的管理学者和决策方法学派的主要代表人物。他于1916年出生在美国威斯康星州，1943年获芝加哥大学政治学博士学位，毕业后在芝加哥大学、伯克利大学任教，1949年后一直任卡耐基—梅隆大学计算机和心理学教授。西蒙在经济学、管理学、组织行为学、社会学、政治学、计算机科学等学科都有较高的造诣，于1978年获得诺贝尔经济学奖。西蒙是从地方城市政府开始其职业管理生涯的，积累了相当丰富的管理实践经验。西蒙著述甚丰，著有《行政行为》（1947）、《行政的基础研究》（1953）、《组织》（1958）、《管理决策新科学》（1960）、《制动化模型》（1960）、《人造科学》《1969》、《人类问题的解决》（1972）。西蒙在管理思想方面的主要贡献是对决策的研究，提出决策是管理的中心职能的理论。其主要理论要点是：管理人和“满意化”、决策中心论、计算机辅助决策。

2. 赛尔特和马奇的企业行为理论

理查德·M. 赛尔特和詹姆斯·G. 马奇是赫伯特·A. 西蒙在卡耐基—梅隆大学的主要合作者，对发展决策理论作出了贡献。

理查德·M. 赛尔特出生于1921年，是企业行为理论的主要开创人。他于1951年获得经济学博士学位，长期在大学任教，主要著作有：1963年同詹姆斯·G. 马奇合著的《企业行为理论》，1965年出版的《企业理论：关于市场经济的资源分配》。

美国管理学家詹姆斯·G. 马奇是决策方法学派的重要代表人物。1953年获耶鲁大学博士学位，毕业后在卡耐基—梅隆大学工艺学院任教。1964年任加利福尼亚大学社会科学院首任院长，1970年任斯坦福大学管理学教授，并担任胡佛研究所研究员。马奇主要研究组织理论，1958年同西蒙合作出版《组织》，1963年同赛尔特合著《企业行为理论》。

赛尔特和马奇的管理思想主要反映在他们合著的《企业行为理论》之中，他们将古典经济学理论同组织理论联系起来，用以解释企业的决策的制定过程。赛尔特和马奇以不完全竞争条件下经营的大型的、多样化的生产组织为研究对象，对企业中的价格、生产量、内部资源分配等决策作了具体研究，提出了他们的企业行为模式理论。

赛尔特和马奇认为，任何企业都是一个信息加工和决策的系统。个人被任命在不同的部门是为了解答高级管理部门出于对决策信息的需要而向他们提出的问题。每个下属单位或部门都认为自己的目标对整个企业具有无与伦比的重要性。

赛尔特和马奇把企业组织设想为追求不同目的的个人的联合。企业决策的参与者的理性是有限的，存在目标的不一致、偏好的不稳定、力量之间的相互牵制。他们认为，企业决策模式是各个不同企业利益相关者的多种目标的妥协。企业的目标不是事先确定的，而是企业利益相关者之间相互协商和谈判的结果。他们还认为，大多数管理人员在解决组织内部冲突上的时间可能与他们用在同企业外部交往时所花的时间一样多。

3. 丘奇曼、阿柯夫和阿诺夫的管理科学理论

在决策方法学派演变的历史中，C. W. 丘奇曼、拉塞尔·L. 阿柯夫和 E. C. 阿诺夫的贡献是独树一帜的，他们的特色在于用定量的方法研究和解决决策问题，并导致"运筹学"或"管理科学"应运而生。这种理论是"科学的"方法在管理学领域中的应用。

运筹学是丘奇曼、阿柯夫和阿诺夫的科学管理理论的基础。运筹学是适应第二次世界大战时不同寻常的需要而产生的，这些需要包括预警雷达系统、高射炮、反潜艇战、民防、军用物资护航和对德国轰炸，它们要求科学家们找到解决军队作战和后勤保障问题的有效方法。以英国杰出的物理学家、诺贝尔奖获得者布莱克特为首的科学家小组帮助英国军队运用新发明制造出来的雷达确定敌机位置，美国科学家瓦特把运筹学引进到陆军和海军部门，他们的研究直接推动了运筹学的产生。

第二次世界大战结束后，丘奇曼、阿柯夫和阿诺夫用运筹学方法来解决非军事性的企业管理问题，从而成为第一批将运筹学运用于管理的学者。他们三人合著的《运筹学入门》，是管理科学理论的重要教科书。运筹学是一种分析性、实验性和定量化的科学方法论，它对一个管理系统中各种可能的行动方案的全面含义进行估价，以便为管理决策提供更好的依据。运筹学专门研究在既定的资源条件下，运用数学方法，进行数量分析，为选择出最优方案提供数量上的依据，以便作出综合性的合理安排，最小投入地使用资源，以达到最大的收益效果。运筹学后来被运用到管理领域，由于研究的不同，又形成了线性规划、排队论、博弈论、库存论、统筹法、模拟法、网络分析等新的分支领域。

鲍曼和费里特合著的《生产管理分析》、里蒙奇的《用于管理决策的运筹学》、美国著名学者伯法的《现代生产管理》及其与戴尔合著的《管理学与运筹学》，这些著作都对现代决策理论作出了各自的贡献，开拓了管理学研究的新领域，使管理从以往定性的描述走向了定量的预测阶段。

丘奇曼、阿柯夫和阿诺夫把运筹学方法运用到管理领域，为现代管理决策提供了科学的方法。它使管理理论研究从定性到定量发展，在科学的轨道上前进了一大步，同时它的应用对企业管理水平和效率的提高也起到了很大的作用。

二、大系统方法学派

1937 年美国理论生物学家贝塔朗菲在芝加哥大学的学术讨论会上提出了一般系统理论，1968 年出版《一般系统理论的基础、发展和应用》，全面地阐述了动态的开放系

统理论。1949年美国兰德公司首先提出系统分析概念，将系统的观点和思想引入管理领域，为管理研究创新注入活力。系统观点关于事物复杂性的观点深深地影响了后工业化时期的管理思想。大系统方法学派就是受这种观点影响而形成的现代管理思潮。

大系统方法学派把企业组织看成是一个由若干系统或子系统所构成的大系统，而这个大系统中的各个子系统之间的关系是相互依存和相互联系的结构关系。在大系统方法学派看来，企业组织有三个基本的子系统：操作子系统、协调子系统和战略子系统。操作子系统是组织系统的核心部分，关系到组织既定目标的有效完成。协调子系统是环绕在操作系统四周的系统，其主要功能是把目标转换成操作系统和程序，并解释操作系统的输出。战略子系统是将组织活动与环境联结起来的系统。战略子系统同外部环境影响之间存在一个相互作用的空间，企业组织是不可能同政治、经济、文化、教育、技术、社会、法律、自然等外部环境因素发生直接关系的，只能通过代表这些环境或较为直接地受这些环境影响的组织或集团发生相互作用。

大系统方法认为管理部门有两种基本职能：保持组织与外部环境的和谐以及维持组织内部稳定。组织的外部环境是复杂多变的，这要求管理部门尽可能减少外部环境的不确定性，确保组织成功地适应外部环境的变化。同时，管理部门还要维系组织内部各个子系统之间的联系，在子系统之间建立信息交流渠道，并对各个子系统进行有效的监督。

大系统方法学派强调子系统之间应建立良好的信息交流渠道，保证信息的自由流动，满足决策者对信息的需求和对信息的充分利用，以便提高决策效率。

系统方法对组织结构的重大影响在于它发展了“矩阵”结构。系统方法确认了传统组织结构在大多数情况下因不能解决跨职能协调问题而不再适应后工业化时期的现实的客观事实。

1. 卡斯特和罗森茨韦克的系统管理理论

F. E. 卡斯特和 J. E. 罗森茨韦克对管理科学的贡献是把大系统方法引进管理科学，形成系统科学理论。1963年卡斯特和罗森茨韦克出版的《系统理论与管理》一书，建立了企业管理的系统模式，是系统管理理论的代表作。

卡斯特和罗森茨韦克认为，“管理系统是靠指导技术、组织人力、配置社会资源，将组织与其环境联系起来，从而使整个组织连为一体”。企业组织是一个由相互联系的各个子系统构成的开放的社会技术系统，它同顾客、竞争者、工会、供货者、政府等外部环境之间存在着动态的相互作用，这个作用过程是一个输入—转换—输出的周而复始的复杂过程，即从接受外部环境中输入的能量、信息和物质开始，经过组织对它们进行转换，最后由组织反馈到外部环境的输出。

卡斯特和罗森茨韦克指出，企业组织不能被简单地看成是一个社会的或技术的系统，应当看成是围绕各种技术而从事活动的个人的社会构成或社会联合。企业组织的技术系统的主要功能是影响组织接受的输入性质，转换过程和系统的输出。而企业组织技术系统能否有效地发挥其功能，主要取决于组织的社会系统。

卡斯特和罗森茨韦克还指出，一个企业内部组织是由目标价值子系统、技术子系统、结构子系统、心理子系统、管理子系统五个子系统所组成的系统。目标价值子系统包括企业战略目标、部门策略目标和个人目标。技术子系统是完成任务所需要的知识，包括机器、工具、程序、方法、专业科技知识等。结构子系统同技术子系统有密切的关系，是指任务划分与协调的方式，即工作流程设计、工作惯例、职权系统和工作程序。心理子系统是集团和个人相互影响和合作的方式。

2. 福莱斯特的系统动态学

美国麻省理工学院教授福莱斯特，作为一位电子计算机专家，从工程领域转移到管理领域，进行工业系统分析研究。1956 年，福莱斯特提出工业动态学说，并在麻省理工学院成立工业动态研究机构。1961 年，福莱斯特发表《工业动态学》一书，系统地总结了工业系统分析的研究成果，奠定了工业动态学基础，开辟了系统管理理论的新领域。福莱斯特和其追随者不断对工业动态学进行深入研究，逐步扩大工业动态学的应用范围，把工业动态学发展成为系统动态学。

福莱斯特的学生罗伯茨在 1964 年出版《研究和开发的动态模型》，试图把社会、心理、技术、财务等多种因素结合起来，建立一种复杂的研究和开发组织理论。1977 年，福莱斯特的英国学生科伊尔出版《管理的系统动态学》，用系统动态学的方法研究计划、预测、研究与开发、生产、销售、财务等管理职能，提供了管理实践中可供利用的大量的数学模型和计算机程序。福莱斯特的系统动力学还直接影响了后来的学习组织理论。

第三节 战略管理理论

随着决策方法和系统方法在管理学中的深入，更好地洞察一个企业如何适应急剧变化的环境影响变得更为必要，加之 20 世纪 50～60 年代美国经济的空前繁荣及与其相伴的激烈竞争情况，战略管理问题逐渐成为一个重要的企业行为理论问题。面对这个重大的问题，管理研究的兴趣发生了转移，管理思想的重点发生了重大变化，从管理的经营职能转到管理的战略职能。换言之，从如何以最佳方式完成一项工作的问题转到确定目标和决定一个组织应该做些什么的问题。在这个转变过程中，伊戈尔·安索夫等在创立和发展战略理论方面作出了重要的贡献。

一、伊戈尔·安索夫及其对战略管理理论的贡献

伊戈尔·安索夫（H. Igor Ansoff，1918～2002），曾获得斯蒂文技术学院数学物理工程学位，布劳恩大学应用数学博士，曾在卡耐基—米伦大学任教，担任过万迪比尔大学管理学院院长，受聘布鲁塞尔高级管理学院教授，后来任美国圣地亚哥国际大学战略管理荣誉教授。1965 年，安索夫出版《公司战略：一种用于企业成长和发展策略

的分析方法》，提出一种非常复杂的"阶梯式决策法"，把人们对战略的认识推向一个新的阶段。继《公司战略》之后，安索夫于 1979 年和 1984 年分别撰写了《战略管理》和《战略管理的实施》，企图寻求一种更广泛的，包括战略规划和有效实施规划的战略管理概念。在《战略管理》一书中，安索夫提出了战略管理的五个基本问题，即在动乱的环境中，组织行为的模式是什么？在这些行为模式中，决定其差别的是什么？什么因素导致成功或失败？一种特定的行为方式的选择是由什么决定的？组织从一种方式转向另一种方式的过程是什么？为了解决这五个基本问题，安索夫提出了具有深远意义的战略管理理论。

1. "阶梯式"决策法

安索夫的战略管理理论是从研究战略决策开始的，战略决策的最终结果是非常简单的，即为公司选定一个产品与市场的组合。这种组合一般是在原有的产品与市场组合基础上发展而来的新的多元组合，使企业目前的市场地位得到扩展。战略决策的最终结果是同战略规划过程和决策相联系的，其中分析是战略规划工作的关键，特别是差别分析，即分析你当前的位置与你想达到的位置之间的差距。

安索夫认为，战略规划是一种似是而非的发明，战略规划或许是一个坏主意，或许是某种尚未充分发展的概念的一部分。如果战略规划是尚未充分发展的概念的一部分，那么战略规划是需要进一步开发才能使其生效的。这就需要上升到战略管理的高度。

安索夫认为，战略是一个分析公司经营的有效的概念，而"战略管理是一个综合性过程，由战略诊断开始，并指导企业通过一系列的步骤，最终得到新的产品、新的市场、新的技术和新的能力"。这个概念综合了战略规划、组织能力计划，以及对战略规划所带来的变革的阻力的有效管理。

2. 战略突击

安索夫认为，经营满意的企业比那些经营不善的企业能更好地处理环境动乱。经营满意的企业之所以在经营方面取得令人满意的结果，是由于企业本身针对特定情况采取了最恰当的"战略"突击形式，同时又使企业组织有能力管理突击。战略突击有两种基本形式：创办企业和市场销售。战略突击的选择范围是相当灵活的，可以从取得固定产品市场及其市场服务，直到开辟新市场、开拓新产品和提出新的销售概念以及发明新技术。

3. 权力结构与领导

安索夫指出，一个组织内部权力结构的类型以及由此而产生的战略领导形式对战略突击的选择和组织完成选定突击战略的能力都有相当的影响。组织是各种冲突利益的联合，战略突击选择是组织冲突的准解决方式的结果。"成功"的企业是那些采取适当地超前于自己行业的战略突击的企业。安索夫同时注意到："由于采用不成熟的发明而给自己惹来麻烦的企业往往经营惨淡。但在这方面落后于大多数的企业，也不会好多少。"

4. 成功战略规范

安索夫战略管理概念应用到企业行为优化上，提出了企业成功战略的规范，明确地阐述了优化企业获利能力的具体条件。成功战略规范包含以下五个基本要素：

（1）不存在能使所有企业都成功的公式。

（2）企业的成功战略的决定因素是其所处环境的动荡水平。

（3）如果企业战略的进取性不适应其环境的动荡情况，企业的成功不可能取得最大化。

（4）企业的管理能力不适应其所处环境，企业也是不可能成功的。

（5）决定企业成功的内在能力是多种能力，包括认知的、心理的、社会的、政治的和人类学方面的能力。

安索夫的战略管理理论对今天的管理有着重要的含义，它集中研究能使企业行为优化的管理行为。较小的企业常常可以以一种有效的方式制定出战略突击政策。因为它们需要解决的人际冲突较少，所有权和控制权常常属于同一人。控制权同所有权分离，以及下级管理部门决策权力的发展，造成了现代企业非常现实的利益冲突问题。这类冲突由于工人参与关键性决策和参加董事会而加剧。政府的干预也常常迫使高级管理部门重新考虑它们的战略政策。

二、波特的竞争战略观点

迈克尔·波特（Michael Porter，1947～）是美国哈佛大学商学院的教授，是目前世界上关于竞争战略的最高权威，同时他还是许多一流公司、跨国企业的竞争战略顾问。波特的著作《竞争策略》、《竞争优势》和《国家竞争优势》被称为竞争优势三部曲。他认为战略说到底就是在寻找高于平均的报酬，寻找这种报酬的途径是建构合理的竞争战略达到目的。

1. 五种竞争力量

关于竞争战略，波特称要考虑五种力量：潜在进入者的威胁；替代品的威胁；购买者（即买方，尤其是他们议价的力量）；供应商（尤其是他们议价的力量）；现有企业间的竞争。波特认为，这五种力量的合力就是企业的竞争能力和赚钱能力，企业在竞争中要考虑的因素不外乎这五种力量，应该重点研究之。波特还据此构建了“五力分析模型”，详见第四章的图 4－3。针对这“五力”，哈佛大学的一位教授曾说过，世界上几乎每一位 MBA 毕业生都记住了波特的五种力量。

2. 三类战略

迈克尔·波特认为，在与上述五种竞争力量的抗争中，蕴涵着三类成功型战略思想，这三种思路是：成本领先战略、产品差异化战略、集中战略。他还分析了上述五力分析模型与这些一般战略之间的关系（见表 7－1）。他指出，这些战略类型的目标是使企业的经营在产业竞争中高人一筹，在一些产业中，这意味着企业可取得较高的收益，而在另外一些产业中，一种战略的成功可能只是企业在绝对意义上能获取些微收益的必要条件。

表 7－1　五力分析模型与一般战略之间的关系

行业内的五种力量	一般战略		
	成本领先战略	产品差异化战略	集中战略
潜在进入者的威胁	具备杀价能力以阻止潜在对手的进入	培育顾客忠诚度以挫伤潜在进入者的信心	通过集中战略建立核心能力以阻止潜在对手的进入
购买者的议价力量	具备向大买家出更低价格的能力	因为选择范围小而削弱了大买家的谈判能力	因为没有选择范围使大买家丧失谈判能力
供应商的议价力量	更好地抑制大卖家的议价能力	更好地将供方的涨价部分转嫁给顾客方	进货量低供方的议价能力就高，但集中差异化的公司能更好地将供方的涨价部分转嫁出去
替代品的威胁	能够利用低价抵御替代品	顾客习惯于一种独特的产品或服务因而降低了替代品的威胁	特殊的产品和核心能力能够防止替代品的威胁
现有企业间的竞争	能更好地进行价格竞争	品牌忠诚度能使顾客不理睬你的竞争对手	竞争对手无法满足集中差异化顾客的需求

波特认为，这三种战略是每一个公司必须明确的，因为徘徊其间的公司处于极其糟糕的战略地位：这样的公司缺少市场占有率，缺少资本投资，从而削弱了“打低成本牌”的资本；全产业范围的产品差异化的必要条件是放弃对低成本的努力；而采用专一化战略、在更加有限的范围内建立起产品差异化或成本领先优势，更会有同样的问题。也就是说，徘徊其间的公司几乎注定是低利润的，所以它必须做出一种根本性战略决策，向三种通用战略靠拢，一旦公司处于徘徊状况，摆脱这种令人不快的状态往往要花费时间并经过一段持续的努力，而相继采用三个战略，波特认为注定会失败，因为它们要求的条件是不一致的。

此外，波特在《竞争战略》中还对三种通用战略实施的要求进行了详细的分析，并一一列举。

三、战略管理思想的新发展

战略管理思想是指，指导战略制定与实施的基本思路和观点，是企业战略管理的灵魂。就西方战略管理思想的新发展来看，目前主要有三种战略管理思想：战略竞标、战略再造和战略联盟。

1. 战略竞标（Strategic Bidding）

战略竞标主要有以下几层含义：竞争的对象是产品、服务和管理；目标是争做领头羊；过程是针对外部环境持续地进行；方法是比较和衡量。

2. 战略再造（Strategy Reengineering）

战略再造的范围是整个经营单位，关注的焦点是所有重要的核心流程，再造小组对组织结构、目标体系、激励机制、公司文化、工作流水线采取全局观念，战略再造直接与战略目标相联系。

尽管在实施再造时必须将其与企业关键目标相联结、在组织战略的指导下进行，但也不能拘泥于“既定方针”——原有的战略可能是基于不合时宜的商业假设所建立的。因此，同时必须以未来为起点、反观现在、突破原本以现在看未来的思维模式，避免将思维局限于现有的流程、系统结构与知识框架中去。

3. 战略联盟（Strategic Alliances）

战略联盟是20世纪90年代以来国际上流行的一种新兴的战略管理思想。战略联盟的概念是由美国DEC公司总裁简·霍普兰德（J. Hopland）和管理学家罗杰·奈杰尔（R. Nigel）提出的，它是指两个或两个以上的企业之间为了实现某种共同的战略目标而达成的长期合作安排。其核心思想是在竞争中合作、在合作中竞争，即所谓的“竞合”思想。

企业实行战略联盟的内在驱动力在于，企业之间的战略联盟至少可以带来如下好处：实现优势互补、减少重复投资、优化资源配置、扩大市场份额、迅速获取技术、降低经营风险、增强企业实力，联盟的双方完全是平等互利的关系，“合则聚，不合则散”是联盟行动的基本原则。

战略联盟作为一种新兴的组织形式，既有很多成功的案例，又有许多失败的案例。从众多实行战略联盟的企业实践来看，战略联盟获得成功的关键要素主要有四个：核心优势互补、实力大体相当、市场交叉程度低、企业文化兼容。

第四节 20世纪80年代的企业文化

20世纪80年代的美国，人们谈到企业管理往往想到先进的科学技术，计算机化，严密、科学的管理系统和制度，数学模式，高智力结构，信息系统等。但在西方，越来越多的管理工作者发现，在经营得最成功的公司里，居第一位的并不是严格的规章制度或利润指标，更不是计算机或任何一种管理工具、方法、手段，甚至也不是科学技术，而是所谓企业文化或公司文化。1981年和1982年，美国管理界接连出现了四部重要著作，被称为新潮流的“四重奏”。

一、威廉·大内的《Z理论》

“Z理论”（Theory Z）是由美国日裔学者威廉·大内（William Ouchi）在1981年出版的《Z理论》一书中提出来的，其研究的内容是人与企业、人与工作的关系。

威廉·大内是美国斯坦福大学的企业管理硕士，在芝加哥大学获企业管理博士学位，自1973年始专门研究日本企业管理，经调查比较日、美两国管理经验，提出Z理论，现为加利福尼亚州立大学洛杉矶分校管理学教授。

在Z理论的研究过程中，大内对日、美两国一些典型企业进行了研究。这些企业都在本国及对方国家中设有子公司或工厂，采取不同类型的管理方式。大内的研究表明，日本的经营管理方式往往比美国的效率更高。这与20世纪70年代后期起日本经济发展的气势相对应。因此，大内认为美国的企业应该结合本国的特点学习日本，形成自己的管理方式。他把这种管理方式归结为Z型管理方式，并进行了理论上的概括，称为“Z理论”。该书出版后立即得到广泛重视，成为80年代初研究管理问题的名著之一。

Z理论认为，一切企业的成功都离不开信任、敏感与亲密，因此主张以坦白、开放、沟通作为基本原则，实行“民主管理”。大内把由领导者个人决策、员工处于被动服从地位的企业称为A型组织，他认为当时研究的大部分美国机构都是A型组织。

A型组织的特点是：

(1) 短期雇用。

(2) 迅速评价和升级，即绩效考核期短，员工得到回报快。

(3) 专业化的经历道路，造成员工过分局限于自己的专业，对整个企业了解不多。

(4) 明确的控制。

(5) 个人决策，不利于诱发员工的聪明才智和创造精神。

(6) 个人负责，任何事情都有明确的负责人。

(7) 局部关心工人的生活和福利。

二、《战略家的头脑——日本企业的管理艺术》

20世纪70～80年代，美国人饱受经济不景气、失业的苦恼，同时听够了有关日本企业成功经营的艺术等各种说法，也在努力寻找着适合于本国企业发展振兴的法宝。理查德·帕斯卡尔和安东尼·阿索斯合著了《战略家的头脑——日本企业的管理艺术》，提出了著名的“7—S模型”。7—S模型指出了企业在发展过程中必须全面考虑各方面的情况，包括战略、结构、制度、风格、人员、技能和共同的价值观。

他们认为，企业仅具有明确的战略和深思熟虑的行动计划是远远不够的，因为企业还可能会在战略执行过程中失误。因此，战略只是其中的一个要素。在模型中，战略、结构和制度被认为是企业成功的“硬件”，风格、人员、技能和共同的价值观被认为是企业成功经营的“软件”。7—S模型提醒世界各国的经理们，软件和硬件同样重要。

两位学者指出，企业长期以来忽略的人性，如非理性、固执、直觉、喜欢非正式的组织等，其实都可以加以管理，这与企业的成败息息相关，不能忽略。

1. 战略（Strategy）

企业战略这一管理理论是20世纪50～60年代由发达国家的企业经营者在社会经济、技术、产品和市场竞争的推动下，在总结自己的经营管理实践经验的基础上建立起来的。1947年美国企业制定发展战略的只有20%，而1970年达到100%。可见，战略已经成为企业取得成功的重要因素，企业的经营已经进入了“战略制胜”的时代。

2. 结构（Structure）

战略需要健全的组织结构来保证实施。组织结构是企业的组织意义和组织机制赖以生存的基础。它是企业组织的构成形式，即企业的目标、协同、人员、职位、相互关系、信息等组织要素的有效排列组合方式。两位学者在研究中发现，简单明了是美国成功企业的组织特点，这些企业中上层的管理人员尤其少，常常可以见到不到100个管理人员的公司在经营上百亿美元的事业。

3. 制度（Systems）

企业的发展和战略实施需要完善的制度作为保证，而实际上各项制度又是企业精神和战略思想的具体体现。所以，在战略实施过程中，应制定与战略思想相一致的制度体系，要防止制度的不配套、不协调，更要避免背离战略的制度出现。

4. 人员（Staff）

战略实施还需要充分的人力准备，有时战略实施的成败取决于有无适合的人员去实施，实践证明，人力准备是战略实施的关键。企业在做好组织设计的同时，应注意配备符合战略思想需要的员工队伍，将他们培训好，分配给他们适当的工作，并加强宣传教育，使企业各层次人员都树立起与企业战略相适应的思想观念和工作作风。

5. 技能（Skills）

在执行公司战略时，需要员工掌握一定的技能，这有赖于严格、系统的培训。每个人都要经过严格的训练，才能成为优秀的人才。如果不接受训练，一个人即使有非常好的天赋资质，也可能无从发挥。

6. 风格（Style）

两位学者发现，杰出企业都呈现出既中央集权又地方分权的宽严相济的管理风格，它们一方面让生产部门和产品开发部门极端自主，另一方面又固执地遵守着几项流传久远的价值观。

7. 共同的价值观（Super ordinate goals）

由于战略是企业发展的指导思想，只有企业的所有员工都领会了这种思想并用其指导实际行动，战略才能得到成功的实施。因此，战略研究不能只停留在企业高层管理者和战略研究人员这一个层次上，而应该让执行战略的所有人员都能够了解企业的整个战略意图。

企业成员共同的价值观念具有导向、约束、凝聚、激励及辐射作用，可以激发全体员工的热情，统一企业成员的意志和欲望，齐心协力地为实现企业的战略目标而努力。这就需要企业在准备战略实施时，要通过各种手段进行宣传，使企业的所有成员都能够理解它、掌握它，并用它来指导自己的行动。

日本在经济管理方面的一个重要经验就是注重沟通领导层和执行层的思想，使得领导层制定的战略能够顺利地、迅速地付诸实施。在企业发展过程中，要全面考虑企业的整体情况，只有在软硬两方面7个要素能够很好地沟通和协调的情况下，企业才能获得成功。

三、《企业文化》

1982年7月，正当以“研究日本、学习日本”为主题的大批著作纷纷问世之际，泰伦斯·迪尔（Terrance E. Deal）和艾伦·肯尼迪（Allen A. Kennedy）在美国推出了《企业文化》一书。该书已经不再局限于研究日本的管理，而是综合日、美及其他国家的管理经验，论述了企业文化是经营成败的关键等崭新的论点。

该书提出，日本有卓越的管理，我们也有卓越的公司，用不着远去日本寻找管理楷模，日本能，我们也能等新的观点。两位学者对 80 家公司进行调查的结果表明，其中的 80 家杰出公司均有共同信念和价值准则。

首先，泰伦斯·迪尔和艾伦·肯尼迪在书中通过分析丰富的例证指出：杰出而成功的企业都有强有力的企业文化，即为全体员工共同遵守，但这种企业文化往往是自然约定俗成的，而不是书面的行为规范；而且有各种各样的、用来宣传和强化这些价值观念的仪式和习俗。正是企业文化这一非技术、非经济的因素，导致了企业相关决策的产生、企业中的人事任免，甚至影响到员工们的行为举止、衣着爱好、生活习惯。因此，在两个其他条件都相差无几的企业中，由于其文化的强弱，对企业发展所产生的后果就完全不同。

其次，迪尔和肯尼迪认为，企业文化的整个理论系统主要涵盖了五个要素，即企业环境、价值观、英雄人物、文化仪式和文化网络。

企业环境是指企业的性质、企业的经营方向、外部环境、企业的社会形象、与外界的联系等方面。这些环境因素往往决定着企业的行为。

价值观是指企业内成员对某个事件或某种行为好与坏、善与恶、正确与错误、是否值得仿效的较为一致的认识。这种较为一致的认识是企业文化的核心，统一的价值观使企业内成员在判断自己行为时具有统一的标准，并以此来选择自己的行为。

英雄人物是指企业文化的核心人物或企业文化的人格化，其作用在于作为一种活的样板，给企业中其他员工提供可供仿效的榜样，对企业文化的形成和强化起着极为重要的作用。

文化仪式是指企业内的各种表彰、奖励活动、聚会以及文娱活动等，它可以把企业中发生的某些事情戏剧化和形象化，从而生动地宣传和体现本企业的价值观，使人们通过这些生动活泼的活动来领会企业文化的内涵，使企业文化“寓教于乐”之中。

文化网络是指非正式的信息传递渠道，主要是传播文化信息。它是由某种非正式的组织和人群，以及某一特定场合所组成的，它所传递出的信息往往能反映出职工的愿望和心态。

再次，迪尔和肯尼迪按照企业的任务和经营方式的不同，把企业文化分为四种类型：强人文化，拼命干、尽情玩文化，攻坚文化和过程文化。

强人文化。这种文化鼓励内部竞争和创新、鼓励冒险，竞争性较强、产品更新快是这种企业文化的典型特点。

拼命干、尽情玩文化。在这种企业文化中，工作与娱乐并重，它鼓励职工完成风险较小的工作。竞争性不强、产品比较稳定是这种企业文化的典型特点。

攻坚文化。它具有在周密分析基础上孤注一掷的特点。一般而言，投资大、见效慢是这种企业文化的典型特点。

过程文化。这种文化着眼于如何做，基本没有工作的反馈，职工难以衡量他们所做的工作。机关性较强、按部就班就可以完成任务是这种企业文化的典型特点。

此外，两位作者指出：企业文化是一个企业内部人们共同持有的价值标准、信念、态度、作风和行为准则的总称，它是一个企业特有的传统和风气，企业文化在潜移默化中影响企业成员的价值观念，不是一朝一夕建立起来的；企业文化之所以作用大，原因在于它体现了一种集体责任感和集体荣誉感，甚至关系到职工的人生目的和他们所追求的最高目标，起到团结工人的“黏合剂”的作用。

四、《追求卓越——美国企业成功的秘诀》

该书作者 Thomas J. Peters 和 Robert H. Waterman，均为斯坦福大学的管理硕士，长期服务于美国著名的麦肯锡管理顾问公司，他们访问了美国历史悠久、最优秀的 62 家大公司。又以获利能力和成长的速度为准则，挑出了 43 家杰出的模范公司，其中包括 IBM、德州仪器、惠普、麦当劳、柯达、杜邦等各行业中的翘楚。他们对这些企业进行了深入调查，并与商学院的教授进行讨论，以麦肯锡顾问公司研究中心设计的企业组织七要素（简称“7—S 模型”）为研究的框架，总结了这些成功企业的一些共同特点，写出了《追求卓越——美国企业成功的秘诀》一书，使众多的美国企业重新找回了失落的信心。

该书于 1982 年问世，当即引起强烈反响，获得巨大成功。一年之内在美国销出 100 多万册，并被评为 1983 年上半年美国最畅销的图书。到 1984 年 11 月，《追求卓越》的英文版在世界各地销量已达 300 多万册，并被译成法文、德文、西班牙文、葡萄牙文等几乎所有主要的文字，其影响遍及北美、日本、欧洲、大洋洲及中东、东南亚、拉美、非洲。1983 年 7 月，该书日文版在日本发行，初版 5 万册，两天内售罄，6 个星期销出 35 万册。该书是迄今为止世界上最畅销的工商管理书籍，当时仅在美国就销售了 600 多万册。

该书阐释了诸如 IBM、通用等全球 500 强公司的成功方略，被誉为工商财经书籍中的“圣经”。美国辛辛那提大学名誉校长称赞这本书是“里程碑式的管理学著作”。纽约第一花旗银行副董事长说：“每个经理都能从这本书上学到很多东西。”日本松下电器公司总经理认为“这是一本了不起的书”，“有普遍意义”。该书的论点被大量引用，报纸电台的评述褒贬接二连三，两位作者也被邀到处讲演。在西方管理院校或培训中心的课堂里，在各种管理学术会议上，不提到这本书几乎是不可能的。市面上还出现了按照该书内容改编的五卷本教学用书，配有全套录像带，以两万美元的价格提供给欧美各大企业用作高层经理人的训练材料。

两位作者认为，美国优秀公司大都个性鲜明，不同凡响，有独特的文化、哲学和价值观。它们创造的业绩和取得的成功令人叹为观止。然而，美国优秀公司成功的经验却惊人地简单明了，浅显平常，同时又极富挑战性和启发性，发人深省，耐人寻味。

美国优秀公司最出色的地方是重视人的因素，尊重每一个人，把雇员看作有独立人格的成年人。这一条极其平凡，又非常独特。美国优秀公司最显著的特征，是不断革新以适应环境的变化。而顾客和市场正是它们经营管理的出发点和归宿。作者研究优秀公司归纳出的经营管理八项原则是全书的主要部分。这八项原则是：乐于采取行动、接近顾客、自主和企业家精神、发挥人的因素提高生产率、领导身体力行，以价值准则为动力、发挥优势，扬长避短、组织结构简单，公司总部精干、宽严相济，张弛结合。

这一条带有总结性：优秀公司的文化观念、经营哲学和价值准则为职工所接受，所以能在公司内部达到高度集中统一。由于这一面很严格，才能最大限度地分权和发扬自主精神、创新精神，形成另一面的宽容。

他们发现，尽管每个优秀企业个性不同，但拥有许多共同的品质，也就是八项基本原则。这八项原则虽无惊人之处，但却久经考验，造就了企业的辉煌成功。每一个企业，不论其大小，只要真正贯彻了八项基本原则，就一定能达到成功。优秀公司的特点是极其认真地实行这些原则，将它们发挥得淋漓尽致，登峰造极。

1985 年 Thomas J. Peters 又和南希·奥斯汀合著了《赢得优势——领导艺术的较量》，是《追求卓越》的续篇。

《赢得优势》把研究范围由大公司扩展到小企业、金融业、服务业和传统工业及学校、军事、政府，使论点更具有普遍意义。《赢得优势》将八项原则提炼为三项：面向顾客、不断创新、以人为核心。

两本书的共同之处是，指出了成功之道是什么及如何成功，核心的问题可以说是人、是人、还是人！而且更强调的是“领导”，即领导素质和领导艺术。

他们实际提出了这样的一些问题：管理学挤进纯粹科学的神庙，究竟意味着进步还是倒退？管理的核心是人还是物？

由此意义而言，这两本书的确是对于以往西方管理理论和实践的再探索和再思考。

小结

心理学家、社会学家、人类学家、经济学家、生物学家、哲学家和数学家从不同的背景出发、依据不同的观察角度，用不同的研究手段和方法对后工业化时代的管理问题进行研究，形成了管理理论的“丛林”现象。在这些学派中，权变理论、决策方法和系统方法是最值得关注的现代管理思潮。权变管理理论提出组织结构应反映技术、革新和不确定性等环境变化情况，强调在管理中要根据组织所处的内外部条件随机应变，针对不同的具体条件寻求不同的最合适的管理模式。系统方法学派把一个组织看成是由若干个系统所组成的相互关联的有机整体。决策方法学派指出一个组织的功能就是提供决策所依靠的信息，而管理部门的作用是为生产决策和获取信息。战略管理理论的形成标志着管理思想的重点从管理的经营职能转到管理的战略职能。企业文化理论发现，企业文化或公司文化是影响企业经营能否取得成功的基本因素。

关键概念

后工业化　权变理论　机械体系　有机体系　决策方法学派　大系统方法学派　阶梯式决策法　成本领先战略　产品差异化战略　集中战略　战略再造　战略竞标　战略联盟　Z 理论　企业文化

问题和讨论

1. 琼·伍德沃德组织理论的主要内容有哪些?
2. 卢桑斯权变理论的主要内容有哪些?
3. 赫伯特·A.西蒙决策理论的主要内容有哪些?
4. 赛尔特和马奇企业行为理论的主要内容有哪些?
5. 卡斯特和罗森茨韦克系统管理理论的主要内容有哪些?
6. 伊戈尔·安索夫战略管理理论的主要内容有哪些?
7. 波特竞争战略理论的主要内容有哪些?
8. 讨论:你对企业文化的理解。

案例应用

丽珠医药集团的企业文化建设[1]

位于珠海经济特区的丽珠医药集团股份有限公司成立于1985年,1993年成为国内医药行业首家A、B股均挂牌交易的上市公司,“丽珠”商标1999年被认定为中国“驰名商标”。

丽珠集团非常重视企业文化建设,其特有的“人和”企业文化和努力营造“创造的环境”吸引和凝聚了大批高素质人才,使得“丽珠世界,生命常青”。下面是它1995年进行企业文化建设的文案。

1. 丽珠集团的标识

2. 丽珠集团的CI宣言:丽珠世界,生命常青

“生命首先就在于:生物在每一个瞬间是它自身,但却又是别的什么。”

先哲的箴言给我们永恒的启示,于是从人类的童年时代开始,我们的祖先就不停地寻找生命的真谛,思考生命的意义,希望生命常青。

这不是某一个生命的个体常青不老,而是生命群体的不断进步、繁衍、优化,一代接着一代的生生不息。这是人类的向往,也是丽珠集团的追求。

丽珠十年的艰苦创业,创造了十年的辉煌成就,至今已发展成为拥有数十亿资产的大型企业,连年跻身于中国500家最大工业企业的行列。

十年的成就有赖于社会各界的关怀和厚爱,有赖于广大消费者的支持和信任。在十年大庆之际,丽珠集团向全体同仁谨致以真挚的敬意和衷心的感谢。

---

〔1〕 刘志坚,徐北妮. 管理学:原理与案例[M]. 广州:华南理工大学出版社,2003.

回顾过去，展望未来，不断创新的丽珠人决心从零开始，制定二次创业的新目标，为了塑造鲜明的企业形象，强化有特色的经营理念，为跨世纪的集团规模经济服务，优质高效地服务国内外顾客，丽珠人庄严宣告：丽珠集团正式导入以振兴企业文化，重塑企业形象为核心的CI计划。

“以人为本，以精立业，以质取胜，以诚服务，丽珠集团致力于人类生命常青的事业。”是丽珠人的经营理念。

圆形，是丽珠集团标志的主体，涵盖了“同心、进取、认真、高效”的丽珠精神，旋转对称的两个“L”构成“Z”，表达了丽珠集团正以充足的动力高速前进。

蔚蓝色，明喻孕育生命万物之源的蓝天碧海，象征科技与自我的完美结合，展示人类日益注重与生存资源相关的水与空气时代的环保意识。

红色，温暖而热烈；圆形跳动的字体，欢乐而活泼。这是旺盛生命力的象征，也是热诚服务的写照。

英文标识“LIVZON”由“LIVE ZONE”演绎而来，原意为“LIVZON MEANS YOU HAVE A GOOD DAY AND LIVE ON”。表达了丽珠人对生命的热爱与追求。

丽珠集团将始终立足珠海，发展国内，拓展国际，以忠诚的务实精神和严谨的科学态度致力于人类生命常青的事业。

人类千百年来的寻找，丽珠十年来的探索，都是为了一个神的、美丽的理想。

丽珠的生命常青！

人类的生命常青！

讨论题

1. 试从丽珠集团的CI宣言中归纳出丽珠的经营宗旨和文化特色。
2. 丽珠的标识设计合理吗？为什么？

自我评估

你的直觉能力如何？[1]

提示：对下面的每一个问题，选出你第一意向的答案，然后写在选择下。你要诚实地去做。

问　题	选　择
1. 当你从事一个项目时，你希望 a. 知道问题是什么，但由你自由地决定如何解决它 b. 在你动手前，得到如何解决问题的明确答案	

〔1〕［美］斯蒂芬·P. 罗宾斯. 管理学（第四版）［M］. 北京：中国人民大学出版社，1997.

续表

问　题	选　择
2. 当你从事一个项目时，你愿意和你一起工作的同事是 a. 讲求实际的 b. 富于想象的	
3. 你最欣赏的人是 a. 有创造精神的 b. 细心的	
4. 你选择的朋友会是 a. 认真的和勤奋工作的 b. 激动的和容易动感情的	
5. 当你向你的同事征求问题的建议时，你会 a. 如果他对你的基本假设提出怀疑，你极少或决不会感到恼火 b. 如果他对你的基本假设提出怀疑，你常会感到恼火	
6. 一天工作开始时，你经常 a. 很少制定或遵循具体的计划 b. 首先制定一个要遵循的计划	
7. 当和数字打交道时，你发现你 a. 很少或从不会发生实质性差错 b. 经常发生实质性差错	
8. 你觉得你 a. 一天中很少做白日梦，即使做了，你也确实不喜欢这样 b. 一天中常做白日梦并以此为乐	
9. 当你处理问题时 a. 如果有的话，你宁愿遵照指示或规则 b. 如果有的话，你常爱避开指示和规则	
10. 当你试图将一些事物组合在一起时，你宁愿 a. 一步一步写出如何组合它们的说明 b. 当组合它们时先设想一下事物组合好以后的样子	
11. 你发现最使你恼火的人看上去是 a. 没有条理的 b. 有条理的	
12. 当你必须处理一个意想不到的危机时 a. 你对形势感到焦虑 b. 你对形势的挑战感到兴奋	

（结果说明：根据本问卷设计者的观点，你的直觉能力可能的答案是：对问题 1、3、5、6、11，回答“a”的总数填入［a=］。对问题 2、4、7、8、9、10、12，回答“b”的总数填入［b=］。将你的“a”与“b”的得分加起来填入［a+b=］。这就是你的直觉得分。每题 1 分，最高可能的直觉分为 12，最低为 0。）

▲ **学完本章后，你会知道：**

1. 企业重建理论
2. 学习型组织理论
3. 核心能力理论
4. 知识管理理论

第八章 管理前沿

管理前沿主要指的是 20 世纪 90 年代以来的管理思想。在这个时期，人类社会进入一个意义深远的转型期，这个时期发生的变革远比 19 世纪中叶第二次工业革命带来的变化或大萧条时期和第二次世界大战引发的结构性调整更为彻底。首先是后现代特征越来越明显，人类开始进入“知识经济”时代。“知识经济”通俗地说就是“以知识为基础的经济”。知识经济是工业经济高度发达时代的产物。知识经济的兴起将对投资模式、产业结构、增长方式和教育的职能与形式产生深刻的影响。在投资模式方面，信息、教育、通信等知识密集型高科技产业的巨大产出和展现出的骤然增长的就业前景，将导致对无形资产的大规模投资。在产业结构方面，电子商务、网络经济、在线经济等新型产业将大规模兴起，农业等传统产业将越来越知识化。在增长方式方面，知识可以低成本地不断复制并实现报酬递增，使经济增长方式可能走出依赖资源的模式。这不仅使长期经济增长成为可能，还使经济活动伴随着学习、教育溶于经济活动的所有环节；同时，知识更新的加快使终生学习成为必要，受教育和学习成为人一生中最重要的活动之一。其次是人类进入全球化时代。国际规则的普遍适用性提高，是全球化的重要标志之一。在许多场合，是规则决定胜负。贸易、资本流动、技术进步与传播，通常被认为是构成经济全球化的三大支柱。全球问题凸显，特别是气候变化问题，资源，环境与可持续发展问题，生物多样性和与之相联的物种灭绝问题，世界贸易与金融体系的稳定性问题，这些问题既加强了人类的合作，又提升了竞争的程度。在这样的背景下，企业变革、全球竞争能力、学习能力和知识管理成为企业和政府管理的中心问题。

第一节 企业重建理论

企业重建也译为“公司再造”、“再造工程”（Reengineering）和“流程再造”。它是 1993 年开始在美国出现的关于企业经营管理方式的一种新的理论和方法。

一、企业重建的概念

“企业重建”（Business Process Reengineering），简单地说就是以工作流程为中心，重新设计企业的经营、管理及运作方式。

按照该理论的创始人、原美国麻省理工学院教授迈克·哈默与詹姆斯·钱皮的定义，是指：“为了飞跃性地改善成本、质量、服务、速度等重大的现代企业运营基准，对工作流程（business process）进行根本性重新思考并彻底改革”，也就是说，“从头改变，重新设计”。

安达信咨询公司将企业流程定义为：“为达到企业目标在逻辑上相关并不断发展变化的一系列活动。”

为了能够适应新的世界竞争环境，企业必须摒弃已成惯例的运营模式和工作方法，以工作流程为中心，重新设计企业的经营、管理及运营方式。麻省理工学院斯隆管理学院教授莱斯特·瑟罗说："在21世纪，持续的竞争优势将更多地出自新流程技术，而不是新产品技术。"重视流程意味着关键不是你做什么，而是你如何去做。联合利华、柯达、克莱斯勒等世界著名的大公司已经将卓越流程作为竞争策略的一个重要组成部分，从而赢得了持久的竞争优势。

二、企业重建理论产生的背景

企业重建理论的产生有深刻的时代背景。20世纪60、70年代以来，信息技术革命使企业的经营环境和运作方式发生了很大的变化，而西方国家经济的长期低增长又使得市场竞争日益激烈，企业面临着严峻挑战。有些管理专家用3C理论阐述了这种全新的挑战，即顾客（Customer）、竞争（Competition）和变化（Change）。

面对这些挑战，企业只有在更高水平上进行一场根本性的改革与创新，才能在低速增长时代增强自身的竞争力。在这种背景下，结合美国企业为挑战来自日本、欧洲的威胁而展开的实际探索，1993年哈默和钱皮出版了《再造企业》，1995年，钱皮又出版了《再造管理》。

哈默与钱皮提出应在新的企业运行空间条件下改造原来的工作流程，以使企业更适应未来的生存发展空间。这一全新的思想震动了管理学界，一时间"企业再造"、"流程再造"成为大家谈论的热门话题，哈默和钱皮的著作以极快的速度被大量翻译、传播。与此有关的各种刊物、演讲会也盛行一时，在短短的时间里该理论便成为全世界企业界以及学术界研究的热点。

三、企业重建理论的主要观念

1. 变职能观念为流程观念

传统的企业管理理论提倡按职能进行组织结构的设计，并据此将整个组织划分为相对独立的职能部门。这种做法造成企业内部各部门之间信息堵塞、部门本位主义、相互推卸责任等现象，降低了组织的效率。流程观念认为整个企业的活动是由一个个连续的事项和作业构成的，不能割裂成一个个部门的单独活动。

2. 重新设计的观念

无论任何企业，总存在一些陈旧的观念和与之适应的行为规范。为此，需要及时进行重新设计。例如，高质量与低成本不可能并存的观念就已经通过技术创新和活动合理化而得以改变。

3. 绩效第一的观念

企业重建的目的是要大幅度地提高绩效。由于在重建过程中强调了作业流程、工作方式以及组织结构的改造和创新，因此往往能带来组织绩效的提高。

四、企业重建的原则

企业重建自提出以来，在美国得到了迅速的发展。根据一些企业的经验，进行企业再造应该遵循以下原则：

（1）以工作流程为出发点设计目标，并将期望的重建结果作为工作设计的依据，从根本意义上改变传统的、围绕任务或技能设计工作的做法，使每一个职工都能执行或负责某一流程的所有步骤。

（2）每个职工都承担信息的采集和处理任务，并通过企业统一的计算机网络进行信息的集中，实现信息共享。

（3）由不同部门的人员组成工作团队，重新设计企业的业务流程。企业重建完成，工作团队也随之解散。

（4）企业最高主管高度重视，积极努力并坚持到底。

企业重建的本质与企业的组织变革及发展是基本相同的。如果一定要寻找差别，那可能是组织变革及发展是一个连续性的概念，组织变革及发展可以通过企业重建的方式实现。

五、流程优化

1. 流程优化的概念

流程优化，是指通过不断发展优秀的业务流程保持企业的竞争优势。流程优化建立在全面质量管理（TQM）和企业重建的基础之上。

全面质量管理代表渐进的流程改进，是一种通过全员参与、旨在提高产品和服务质量的管理方法，该理论在日本得到创造性的应用。

企业重建代表突变的流程改进，更为激进。不仅仅是求变而且是寻求巨变。它包括组织结构、管理系统、雇员责任、绩效评估、激励机制、能力开发和信息技术的使用等各个领域。

日本企业正是应用全面质量管理在世界市场上击败了美国企业，而美国企业则想通过企业重建打一个翻身仗。企业重建与全面质量管理有相同之处，表现在：两者都以满足顾客的需求变化为起点，努力提高顾客满意度；两者都致力于提高组织运行效率和经营效益；两者都注重跨职能的工作流程。

企业重建与全面质量管理的根本区别在于：全面质量管理是一种改良措施，其提高产品和服务质量的活动是在现存的流程中进行的；而企业重建则是抛弃现存的流程而代之以全新的、优化的业务流程。流程优化结合了企业重建的突变和全面质量管理的渐进，并随着经济环境的发展不断注入新思想。

2. 流程优化的作用

安达信的约翰·萨顿将公司的价值比作钻石，而流程则是价值的源泉。流程优化的作用主要有：

（1）提高竞争优势。

（2）增加收入和盈利。

（3）降低成本。

（4）提高股东参与程度或满意度。

（5）增加股东财富。

（6）增强组织灵活性和绩效。

因此，大多数将流程优化作为其竞争手段的公司已经意识到：公司关键的部分，即人、流程和技术，需要根本性的改变；这一优势化过程需要一个全面的计划，以明确企业流程的优化方向并成功运作。进行计划的过程也就是设计企业结构。企业结构是策略（企业的目标）和实施（怎样实现其目标）之间的纽带，好的企业结构关注价值创造，并且是多维的，具有可操作性、可持续性和可适应性。

3. 流程优化设计的指导原则

流程优化设计的指导原则，即在平衡各个群体利益的基础上创造财富。在企业营运过程中，各方面的利益越是得到平衡，企业经营中的无形因素就越能够增加企业盈利。

4. 流程优化设计的要求

企业流程优化设计必须做到以下三个基本点：

（1）确保其资产的每一项配置都能够取得足够的回报，新的投资效率评价方法如市场增加值（MVA）和经济增加值（EVA）都可以有效地做到这一点。

（2）尽可能大范围进行流程改进。改进的范围越大，取得最大价值的概率就越大，如果一个公司想寻求长期、持续的竞争优势就必须考虑革命性的改革或流程优化。

（3）建立内在的流程更新机制。企业要想保持竞争优势必须建立内在的流程更新机制，以鼓励创新。

六、企业重建工程的主要程序

1. 全面分析原有流程的功效，发现其存在的问题

全面分析原有流程的功效，以发现其存在的问题，要对以下五个方面进行评估分析：

（1）目前的工作是怎样做的。

（2）需要什么变化。

（3）我们的环境中有哪些新的因素。

（4）组织内部一定的操作流程的弊端。

（5）组织考虑的带有方向性的大问题是什么。

不同的作业流程环节对企业的影响是不同的。随着市场的发展，顾客对产品、服务需求的变化，作业流程中的关键环节以及各环节的重要性也在变化。例如，市场需求的转移，竞争者在产品和服务上的改进。无论如何，必须清楚组织在目前的状态下能不能满足市场的需要。

2. 设计、评估新的流程改进方案

为了设计更加科学、合理的作业流程，必须群策群力、集思广益、鼓励创新。根据市场、技术变化的特点及企业的现实情况，分清问题的轻重缓急，找出流程再造的切入点。为使上述问题更具有针对性，还必须深入现场，具体观测、分析现存作业流程的功能、制约因素以及表现的关键问题。在设计新的流程改进方案时，可以考虑下

述问题：

（1）将现在的数项业务或工作组合，合并为一。

（2）工作流程的各个步骤按其自然顺序进行。

（3）给予职工参与决策的权力。

（4）为同一种工作流程设置若干种进行方式。

（5）工作应当超越组织的界限，在最适当的场所进行。

（6）尽量减少检查、控制、调整等管理工作。

（7）设置项目负责人（Case manager）。

对于提出的多个流程改进方案，还要从成本、效益、技术条件和风险程度等方面进行评估，选取可行性强的方案。

3. 进行流程管理

进行流程管理，即组织实施与持续改善，制定与流程改进方案相配套的组织结构、人力资源配置和业务规范等方面的改进规划，形成系统的企业重建方案。简而言之，就是将更好的工作构想制度化。

企业业务流程的实施，是以相应组织结构、人力资源配置方式、业务规范、沟通渠道甚至企业文化作为保证的，所以，只有以流程改进为核心形成系统的企业重建方案，才能达到预期的目的。实施企业重建方案，必然会触及原有的利益格局。因此，必须精心组织，谨慎推进。既要态度坚定、克服阻力，又要积极宣传、达成共识，以保证企业重建的顺利进行。

流程管理有五个关键方面：

（1）创建以流程为基础的结构与决策体制。

（2）衡量流程绩效。

（3）寻求持续不断的改善。

（4）提供领导的能力。

（5）公司的文化与沟通。

因为企业重建能以一种潜移默化的方式要求整个组织发生变化，所以必须先就它与员工进行很好地沟通，理由是这些员工是受组织变化影响最大的人。与不同层次的员工交流需要从头到尾都保持一种积极的状态，这样才能使每一个人都朝着同一个目标前进，将合力用在同一个方向上。如果对将来没有一个统一的认识，在进行企业重建的时候一定会遇到重重的障碍。只有每一个人都对组织变化的必要性有共同的认识，并愿意一起推翻旧的商业系统建立新的系统，企业重建才能最有效地实施。

为了明确所要发生的变化，每一个人必须了解：现在的组织处在什么位置；为什么组织需要变化；为了继续生存，组织应该朝着什么方向发展；没有这些因素，要想获得流程优化是难以实现的。

第二节 学习型组织理论

20 世纪 80 年代以来，随着信息革命、知识经济时代进程的加快，企业面临着前所未有的竞争环境的变化，传统的组织模式和管理理念已越来越不适应环境，其突出表现就是许多在历史上曾经名噪一时的大公司纷纷退出历史舞台。因此，研究企业组织如何适应新的知识经济环境，增强自身的竞争能力，延长组织寿命，成为世界企业界和理论界关注的焦点。

在这样的大背景下，以美国麻省理工学院教授彼得·圣吉（Peter M. Senge）为代表的西方学者，吸收东西方管理文化的精髓，提出了以“五项修炼”为基础的学习型组织理念。

彼得·圣吉 1947 年出生于芝加哥，1970 年在斯坦福大学获航空及太空工程学士学位，之后进入麻省理工学院斯隆管理学院攻读博士学位，师从弗雷思特（Jay Forrester）教授，研究系统动力学整体动态搭配的管理理念。1978 年获得博士学位后，圣吉留在斯隆，继续致力于将系统动力学与组织学、创造原理、认知科学、群体深度对话与模拟演练游戏融合，从而发展了“学习型组织”理论。

圣吉的代表作《第五项修炼——学习型组织的艺术与实务》于 1990 年在美国出版，该书于 1992 年荣获世界企业学会（World Business Academy）最高荣誉的开拓者奖（Pathfinder Award），圣吉本人也于同年被美国《商业周刊》推崇为当代最杰出的新管理大师之一。

学习型组织理论认为，在新的经济背景下，企业要持续发展，必须增强企业的整体能力，提高整体素质。也就是说，企业的发展不能再只靠像福特、斯隆、沃森那样伟大的领导者一夫当关、运筹帷幄、指挥全局，未来真正出色的企业将是能够设法使各阶层人员全身心投入并有能力不断学习的组织——学习型组织。

一、学习型组织的概念

学习型组织是一种什么样的组织？关于这个问题，目前并没有一致的答案。有一种观点认为，学习型组织就是把学习者与工作系统地、持续地结合起来，以支持在个人、工作团队及整个组织系统三个不同层次上发展的组织。还有一种观点认为，学习型组织是一个精于知识的创造、吸收和转化的组织，是一个精于根据新的知识和远景目标而调整自己行为的组织。在彼得·圣吉看来，学习型组织是指具有如下特征的组织：组织结构扁平化，组织交流信息化，组织开放化，员工与管理者关系由从属关系转为伙伴关系，组织能够不断调整内部结构关系等。

关于学习型组织的定义，我们比较赞同以下观点：学习型组织是指通过培养弥漫于整个组织的学习气氛、充分发挥员工的创造性思维能力而建立起来的一种有机的、高度柔性的、扁平的、符合人性的、能持续发展的组织。这种组织具有持续学习的能力，具有高于个人绩效总和的综合绩效。

这种组织包含以下五项要素：

1. 建立共同愿景（Building Shared Vision）

愿景可以凝聚公司上下的意志力，透过组织共识，大家努力的方向一致，个人也乐于奉献，为组织目标奋斗。建立共同愿景的目的是要创建“在共同的理想、文化、使命作用下为了一个共同的未来目标努力工作”的组织状态。

2. 团队学习（Team Learning）

团队学习的修炼包括两个方面——深度会谈和讨论。前者可以对本质进行广泛的探索；后者可以逐渐缩小范围，直到找出最佳选择。但是必须将两者分开来做，并有意识地在两者之间进行转换，以获取两者互补的效果、作出正确的组织决策、强化团队向心力。

3. 改变心智模式（Improve Mental Models）

彼得·圣吉强调每个人都要以开放求真的态度，扩大自己的胸怀、克服原有习惯所形成的障碍，不断改善并最终突破原有的心智模式。

4. 自我超越（Personal Mastery）

自我超越是五项修炼的基础。个人有意愿投入工作、与愿景之间有一种“创造性的张力”，这正是自我超越的来源。个人需要不断地学习，在认识客观世界的基础上，创造出自己最理想的环境。需要不断地超越，用提升自己来达到理想，而不是用降低理想来适应环境。

5. 系统思考（System Thinking）

系统思考是五项修炼的核心。企业应透过资讯搜集，掌握事件的全貌，以避免见木不见林；培养综观全局的思考能力，看清楚问题的本质。换句话说，企业在处理问题时要扩大观察与思考的时空跨度，力图尽量清楚地了解相关因果关系、建立系统的处理模式。

二、学习型组织的特征

1. 组织成员拥有共同的愿景

组织的共同愿景（Shared Vision），来源于员工个人的愿景而又高于个人的愿景。它是组织中所有员工共同愿望的景象，是他们的共同理想。它能使不同个性的人凝聚在一起，朝着组织共同的目标前进。

2. 组织由多个创造性个体组成

在学习型组织中，团体是最基本的学习单位，团体本身应理解为彼此需要他人配合的一群人。组织的所有目标都是直接或间接地通过团体的努力来达到的。

3. 善于不断学习

这是学习型组织的本质特征。所谓“善于不断学习”，主要是：强调“终身学习”；强调“全员学习”；强调“全过程学习”和强调“团体学习”。

4. 以“地方为主”的扁平式结构

传统的企业组织通常是金字塔式的，学习型组织的组织结构则是扁平的，即从最上面的决策层到最下面的操作层，中间相隔层次极少。它尽最大可能将决策权向组织结构的下层移动，让最下层单位拥有充分的自决权，并对产生的结果负责，从而形成以“地方为主”的扁平化组织结构。例如，美国通用电气公司目前的管理层次已由9层减少为4层。只有这样的体制，才能保证上下级的不断沟通，下层才能直接体会到上层的决策思想和智慧光辉，上层也能亲自了解到下层的动态，吸取第一线的营养。只有这样，企业内部才能形成互相理解、互相学习、整体互动思考、协调合作的群体，才能产生巨大的、持久的创造力。

5. 自主管理

“自主管理”是使组织成员能边工作边学习并使工作和学习紧密结合的方法。通过自主管理，组织成员可自己发现工作中的问题，自己选择伙伴组成团队，自己选定改革、进取的目标，自己进行现状调查，自己分析原因，自己制定对策，自己组织实施，自己检查效果，自己评定总结。团队成员在“自主管理”的过程中，能形成共同愿景，能以开放求实的心态互相切磋，不断学习新知识，不断进行创新，从而增加组织快速应变、创造未来的能量。

6. 组织的边界将被重新界定

学习型组织边界的界定，建立在组织要素与外部环境要素互动关系的基础上，超越了传统的根据职能或部门划分的“法定”边界。例如，把销售商的反馈信息作为市场营销决策的固定组成部分，而不是像以前那样只是作为参考。

7. 员工家庭与事业的平衡

学习型组织努力使员工丰富的家庭生活与充实的工作生活相得益彰。学习型组织对员工承诺支持每位员工充分的自我发展，而员工也承诺对组织的发展尽心尽力并以此作为回报。

8. 领导者的新角色

在学习型组织中，领导者是设计师、仆人和教师。领导者的设计工作是对组织要素进行整合的过程，他不只是设计组织的结构和组织政策、策略，更重要的是设计组织发展的基本理念；领导者的仆人角色表现在他对实现愿景的使命感，他自觉地接受愿景的召唤；领导者作为教师的首要任务是界定真实情况，协助人们对真实情况进行正确、深刻的把握，提高他们对组织系统的了解能力，促进每个人的学习。

三、创建学习型组织

学习型组织的真谛在于，一方面，学习是为了保证企业的生存，使企业组织具备不断改进的能力，提高企业组织的竞争力；另一方面，学习更是为了实现个人与工作的真正融合，使人们在工作中活出生命的意义。

学习型组织的创建是一项复杂的系统工程，这里简单阐述创建学习型组织的一般要求、基本原则、基本途径、应该注意的主要问题。

1. 创建学习型组织的一般要求

(1) 适合于学习的组织结构。企业要想将自身改造为学习型组织，必须从建立适合于学习的组织结构入手。学习型组织是以信息和知识为基础的组织，其管理层次比传统结构要少得多。例如，当某跨国公司围绕信息沟通调整组织结构时，发现12个管理层次中有7个可以剔除。这些被剔除的层次不是权力层次、决策层次或监督层次，而只是信息的中转站。强调组织结构的“扁平化”，尽量减少企业内部管理层次，可以使组织更适于学习和建立开创性思考方式。除此之外，项目管理、团队工作、界面管理以及并行工程等都有利于组织开展系统性的学习。

(2) 组织的学习文化。在具备了一定的组织结构基础后，企业还要着重塑造组织的学习文化，培养组织的学习习惯和学习气氛。要开展经常性的学习，以提高企业整体的学习积极性。

(3) 自己的学习能力。企业要更好地提高自己的学习能力，并注意积极地向外界学习，组建知识联盟。知识联盟有助于组织之间的学习和知识共享，使组织能够开展系统思考。

2. 创建学习型组织的基本原则

彼得·圣吉提出创建学习型组织要注意遵循五项原则：承诺的原则；起步稳健的原则；目标明确、行动一致的原则；集中精力的原则；灵活机警的原则。

3. 创建学习型组织的基本途径

(1) 转变观念，在组织中营造学习的氛围。企业要转变为学习型组织，推进知识创新，需从转变观念开始，从转变思维模式开始，特别是转变管理层的思维模式开始。改善企业的思维模式是改善行为模式的第一步。创建学习型组织，绝不能靠行政命令来推行，观念不更新，就没有发展，就没有创新。只有通过宣传、学习与推进，广大员工尤其是领导干部才可能从中悟到学习型组织的真谛，认识到不改变旧观念已不能适应时代变革与发展；只有从观念上彻底更新，才可能满腔热情、全身心投入，与其他员工同心协力共创学习型企业，使企业走向更加辉煌。

(2) 对企业的高级管理人员进行专门的培养和训练。以领导班子集体或中层干部群体学习为突破口，让他们首先掌握建立学习型组织的精髓并且带领员工迅速应用于企业生产、经营和管理实践，全面推进学习型组织建设。通过强化学习，转变观念，改革现有的组织结构，形成扁平化组织。在整个学习链条之中，如果同时推进，理论上是可行的，但在实践中，最好是选择其中的一个环节作为突破口，待取得成绩后，继而推广之。

(3) 成立学习小组或类似的组织，制定规划。由浅入深，循序渐进，坚持做到学习经常化、制度化。为此，就要有全面详细的计划，远期与近期、重点与一般等内容一定要作出明确的安排，并认真地落实，以保持连续性和稳定性，这是保证创建坚持不懈、持之以恒的有效方式和载体。还有学者建议成立网上业务学校，也是一种可尝试运作的组织形式。总之，这个组织是牢固的，但又有别于行政机构，可以因人、因地、因学习内容、因具体需要而设立和调整，目的是保障学习有序进行。

（4）实施“工作、生活、学习”一体化战略。学习型组织不是一个孤立体，而是家庭和组织共享。学习型组织就是充分认识员工的价值、关心其家庭、重视与社会的长期性的相互学习和联系、讲求和谐的人际关系的组织。在这样的组织中能够寻找工作和家庭的平衡点，使员工投入再学习的热潮。

（5）保障措施。学习重在激励，因此可采取相应的激励措施，以调动参与者的积极性。如给予一定的物质奖励、精神奖励，成效显著者还应与升职、任用挂钩，让人们看到刻苦学习对自己和事业实实在在的益处，其激励作用将难以估量。

4. 创建学习型组织应注意的问题

要把企业创建为真正的学习型组织，绝不是一朝一夕、一蹴而就的事，它除了所应具备的理念和行动之外，还应注重把握以下几个问题：

（1）创建学习型组织是“一把手”工程。学习型组织是从组织领导人的头脑中开始的。学习型组织需要有头脑的领导，他要能理解学习型组织，并能够帮助其他人获得成功。不少成功的企业充分证明，能否把一个企业、一个单位创建成学习型组织，关键在于“一把手”的创造力、能动性和组织才能。一个优秀的企业家，首先要当好培训师，培训好高级主管和员工的培训者队伍，让他们带领员工团体把整个工作的过程变为学习的过程，并在学习中实现“换水”、“充电”，不断升华。这是企业的希望所在、实力所在。

（2）创建学习型组织，要做好基础性工作。必须从本企业的实际出发，着眼其特色，不能照搬照抄，图省事、走捷径。学习型组织的创建，是需要具备一定的基础和条件的。一是企业应具备较好的基础管理工作，如培训、计量、规章制度、激励机制等；二是员工应具备较高的素质，如技术业务水平、世界观、思想觉悟、职业道德和观念更新等。

（3）要树立学习是一种能力的理念。如果把公司视为一系列知识、资源的结合体，不断地获取知识、资源，更新知识、使用知识、创造知识就成为组织的基本职能，也是企业生存、发展的必要前提。而学习就是组织天生的而且是最重要的职能。学习不是一项事务或活动，也不是一种思维方式，它是一种能力，必须将其融入到企业的活动中，把它看做一个系统。一方面可以增强人们对企业的归属感和忠诚感，另一方面它是经营的一部分。

（4）学习型组织创建要与企业文化、流程再造相结合。三者本质上是相通的，都是围绕着人的全面发展而进行的。学习型组织强调员工从过去的经验中学习，从他人最好的实践中学习，在组织中迅速有效地传递知识，最终建立扁平化组织；企业文化管理中，员工通过学习，形成较高的职业道德、企业信念和企业精神，最终建立灵活高效的组织；流程再造是通过学习掌握信息技术，对企业管理进行重新思考，以作业过程为中心，摆脱传统组织分工理论的束缚，建立新的组织结构，适应快速变化的环境。

（5）要看到创建学习型组织是一个长期的积淀的过程。学习型组织是以学习为前提的，以转变思维方式为目的的企业管理革命，它通过企业中每个人自觉的学习和自我修炼来进行，是一个长期积淀、持续转换的过程。因此，学习型组织建设不是一蹴而就的，需要经过长期艰苦努力。成功来自各种因素，如努力培养员工的学习态度、责任感，精心设计管理过程，所有这些都是逐步形成的，是一个渐进的过程。要破除“运动式”组建的错误方法，靠一种长期的、深层次的、相互联系的、由个人的转变而带来企业管理革命的修炼。

虽然学习型组织的前景十分迷人，但如果把它视为一帖万灵药则是危险的。事实上，学习型组织的缔造不应是最终目的，重要的是通过迈向学习型组织的种种努力，引导出一种不断创新、不断进步的新观念，从而使组织日新月异，不断创造未来。学习型组织的基本理念，不仅有助于企业的改革和发展，而且它对其他组织的创新与发展也有启示。人们可以运用学习型组织的基本理念，去开发各自所置身的组织创造未来的潜能，反省当前存在于整个社会的种种学习障碍，思考如何使整个社会早日向学习型社会迈进。

第三节 核心能力理论

20 世纪 80 年代，迈克尔·波特以产业为研究对象而提出的竞争战略理论，成为战略理论的主流，然而在微观上指导企业的经营活动仍然乏力。企业是什么？企业竞争优势的源泉来自哪里？企业持续发展的竞争优势是什么？诸如此类的一系列问题成为企业理论和战略研究的重要课题。

20 世纪 90 年代，一批企业理论和企业战略研究人员提出必须重新认识和分析企业。他们把研究的视角投向了企业拥有的特殊能力——企业核心能力。通过对许多大公司的研究分析得出企业核心能力是企业成败的关键。企业核心竞争力理论在 20 世纪 90 年代企业理论和战略管理领域异军突起，很快风靡全球。

放眼世界 500 强，几乎无一不在技术诀窍、创新能力、管理模式、市场网络、品牌形象、顾客服务等方面具有独特专长。可以说，这些公司成功的过程，也就是其核心能力培育和发展的过程。当今，企业持续竞争的源泉和基础在于核心能力。国际化的激烈竞争要求企业具有比竞争对手更加卓有成效地从事生产经营活动和解决各种难题的能力。企业核心能力理论的基本内容如下：

一、企业核心能力的概念

“核心能力”这一术语首次出现是在 1990 年。这一年，著名管理专家 C. K. Prahalad 和 Gary Hamel 指出：“核心能力是在某一组织内部经过整合了的知识和技能，尤其是关于怎样协调多种生产技能和整合不同技术的知识和技能。”

根据麦肯锡咨询公司的观点：核心能力是指某一组织内部一系列互补的技能和知

识的结合，它具有使一项或多项业务达到竞争领域一流水平的能力。

核心能力也称核心竞争力或核心专长，它是企业独特拥有的、能为消费者带来特殊效用、使企业在某一市场上长期具有竞争优势的内在能力资源。

形象地说，一家多元化经营的企业好比一棵大树，核心产品（即核心零部件）是树干，业务单位是树枝，树叶、花朵和果实则是顾客所需要的最终产品。而支撑着所有这一切的正是企业内部能力的不同组合。而核心竞争力实际上是隐含在核心产品（核心零部件）里面的知识和技能或者它们的集合。

往常企业总是讲市场战略、产品战略、技术战略等，这些职能战略是企业外在和显性化的战略。在迈向知识经济的新时代，任何企业单是依靠某一项或某几项职能战略，最多只能获取暂时的优势。唯有培育核心能力才是使企业立于不败之地的根本战略。例如，精确的数据存储和分析是飞利浦公司在光学器材生产方面的核心能力；结构紧凑和方便操作是索尼公司在微型工艺机生产上的特殊控制力；IBM 公司在 S/360 系列问世之前，产品设计故意强调和其他公司的计算机不兼容，非常强调核心能力；微软公司的成功在于不断开发更新更强操作平台的能力；英特尔不断推出新的 CPU 的能力绝非其他公司可以比拟。正如海尔集团总裁张瑞敏所言："创新（能力）是海尔真正的核心竞争力，因为其不易或无法被竞争对手模仿。"因此，具有活的动态性质的核心能力是企业追求的长期战略目标，是企业持续竞争优势的源泉。

二、核心能力的构成

一个公司的核心能力是由技术能力（硬件或有形部分）和组织能力（软件或无形部分）两部分组成的，两者是企业生存与发展的根本力量。

1. 技术能力

技术能力主要指这几个方面：利用现有的成熟技术生产用户需要的产品或服务的能力；获取和创造新技术的能力、培育和利用工程技能和生产作业技能的能力。

2. 组织能力

组织能力由洞察预见能力和前线执行能力构成。

洞察预见能力主要来源于科学技术知识、独有的数据、产品的创造性、卓越的分析和推理能力；制定战略决策的能力等。

前线执行能力产生于这样一种情形，即最终产品或服务的质量会因前线工作人员的工作质量而发生改变。前线执行能力源于有效地集中、组合、配置和重组资源的能力，营造、适应和改善环境的能力，学习和完善组织自身的能力。

3. 技术能力与组织能力的配合

一般来说，当谈及企业的竞争优势时，人们往往注重企业的技术和技术能力而较少考虑组织的管理能力。例如，当研究日本企业的竞争优势时，我们往往把注意力集中在日本企业所拥有的先进技术上。

实际上，技术能力代表着一家公司在产业技术方面的实力，而组织能力则反映了公司在管理技术方面的实力。技术和组织是唇齿相依、血肉相连的。技术在真空中没有任何价值。只有扎根在组织（企业）之中，并支撑组织发展，技术才体现出价值。

此外，相同的技术在不同的组织中体现出不同的价值，技术的价值大小和重要与否完全取决于组织。技术的作用在于为组织实现其效率和效益提供了潜在的方式、方法、可能性和压倒对方的竞争优势，而组织的作用在于采用适当的方式方法去具体地实现其效率、效益和竞争优势。简言之，技术的价值体现在组织的效率、效益和组织自身的发展中。

三、核心能力的特征

核心能力是企业的特殊能力，具有如下一些特征：

1. 价值优越性

核心能力是企业独特的竞争能力，应当有利于企业效率的提高，能够使企业在创造价值和降低成本方面比竞争对手更优秀。同时，核心能力也给消费者带来独特的、巨大的价值和利益。

2. 异质性

一个企业拥有的核心能力应该是企业独一无二的，即其他企业所不具备的（至少暂时不具备），是企业成功的关键因素。核心能力的异质性决定了企业之间的异质性和效率差异性。

3. 难以模仿性

核心能力在企业长期的生产经营活动过程中积累形成，深深打上了企业特殊组成、特殊经历的烙印，其他企业难以模仿。

4. 不可交易性

核心能力与特定的企业相伴生，虽然可以为人们感受到，但无法像其他生产要素一样通过市场交易进行买卖。

5. 难以替代性

核心能力是一种集合能力。一般情况下，它是企业内部不同能力的集成组合，很少有企业的单一能力能够成为该企业的核心能力。它是企业跨部门人员不断学习、获得知识、共享知识和运用知识而形成的整合知识和技能。这也是一家企业的核心能力不容易被其竞争对手模仿或复制的根本原因。单项能力比较容易模仿和复制，但是要仿制经过整合了的核心竞争力就困难得多，因为核心能力的整合机制和相关环境条件是难以模仿和复制的。由于核心能力具有难以模仿的特点，因此依靠这种能力生产出来的产品（包括服务）在市场上也不会轻易被其他产品所替代。

6. 核心能力是一种无形的能力

核心能力还是看不见、摸不着的东西，必须经过它的载体如核心产品才能体现出来。因此，核心能力也是无法（因为是集合的、无形的）或者不易（因为成本太高）购买到的。

四、核心能力的管理

对企业核心能力进行管理的基础在于核心能力具有生命周期。核心能力生命周期的产生，从企业内部而言是企业知识的生命周期和知识的创新周期的互动关联所引致的；从企业外部而言，是由外部环境的演化所制约的。要在一个企业里牢固建立核心能力观念并创立和管理好核心能力，需要全体管理人员充分理解并积极参与以下四项关键的核心能力管理工作：核心能力的选择、核心能力的培育——包括既有核心能力的发现及新型核心能力的创立、核心能力的部署、核心能力的保护。

1. 核心能力的选择

管理人员如果对本企业核心能力的构成没有达成共识，就无法积极管理这些核心能力。所以，衡量一家企业对核心竞争能力的管理水平，首先应该看这家企业对其核心能力的定位是否明确，以及大家对这个定位的认同程度。因此，实施核心能力管理的第一步就是核心能力的选择，这对企业而言至关重要。公司在选择发展何种核心能力时必须同时考虑以下两个方面：一方面是这种能力是否能给顾客带来新的利益；另一方面是这种能力是否比现有能力向顾客提供利益来得更加有效。在选择发展何种核心能力时，应关注于在增加客户价值方面赢得领先地位，而不仅仅是某种特殊产品或“经营计划”。例如，索尼提出“口袋型”，导致了随身听（Walkman）、移动式CD放映机和“口袋型”电视的发明和创新。由此可见，为未来建立何种能力，先要考虑公司要提供和控制哪一类的顾客利益。在这里，首要的是为顾客提供哪种特有的利益，然后再考虑其技术上的可行性。

2. 核心能力的培育

这包括既有核心能力的发现及新型核心能力的创立，通过这两个步骤，企业可以初步确定其拥有的核心能力状况及大致的核心能力发展策略及方向。

3. 核心能力的部署

将核心能力在企业内部进行扩散和重新部署，可以使一项核心能力在多种业务或者新市场上发挥作用。善于部署自身的能力可以使企业更有效地运用自己的能力。

4. 核心能力的保护

由于核心能力可以使企业在竞争中获得超额收益，因此竞争对手总是千方百计地对企业的核心能力进行研究和模仿。核心能力是通过长期的发展和强化建立起来的，核心能力的丧失会带来无法估量的损失。所以，企业在加强核心能力培育的同时，一定要重视企业核心能力的保护工作。为此，要针对核心能力丧失的主要原因，努力构筑核心能力的模仿障碍，尽量防止核心竞争能力的丧失，延续核心能力的扩散。

第四节　知识管理理论

1986年斯威比（Karl E. Sveiby）博士用瑞典文出版了《知识型企业》，使他成为知识管理理论与实践的“瑞典运动”的思想源泉；1987 年，他和英国知识管理专家汤姆·劳埃德合作出版了《知识型企业的管理》一书，提出一整套知识型企业管理理论和实用方法，成为知识型企业管理的开山之作；1990 年，斯威比出版了《知识管理》一书，是世界上第一部以“知识管理”为题的著作。他是知识管理基础理论的开拓者，被誉为知识管理的“奠基之父”之一。

知识管理理论为企业的发展实践注入了新的活力。例如，石油巨头德士古集团（Texaco）采用的信息系统可以使分散在 150 个国家的 18000 位企业员工共享信息与知识。尽管这样庞大的信息库是众多企业梦寐以求的，但是其意义并不在于规模，而在于它使人员之间的交流更加密切，尤其是他们可以交流经验，相互排忧解难。知识共享使企业的运作更加快速高效。这也是企业知识管理，或“智力资本管理”的现实目标所在。不论人们怎样称呼它，这是当今世界上最流行的理念之一。通用电气（General Electric）就把它纳入了企业价值观之中：“珍视全球智力资本及提供智力资本的人才组织多元化团队充分发挥其价值。”

一、知识管理的定义

知识管理（Knowledge Management）是网络新经济时代的新兴管理思潮与方法，作为一个新生事物，知识管理虽已经被学术界所接受，但目前尚未形成一个能为人们普遍认可的定义。

前面提到的斯威比（Karl E. Sveiby）博士从认识论的角度对知识管理界定的定义是：知识管理是利用组织的无形资产创造价值的艺术。

APCQ（美国生产力和质量中心）对知识管理的定义是：知识管理应该是组织有意识地采取的一种战略形式，它保证能够在最需要的时间将最需要的知识传送给最需要的人。这样可以帮助人们共享信息，并进而将之通过不同的方式付诸实践，最终达到提高组织业绩的目的。

还有一些关于知识管理的定义，比如：“知识管理就是运用集体的智慧提高应变能力和创新能力，是为企业实现显性知识和隐性知识共享提供的新途径”；“知识管理是一个系统地发现、选择、组织、过滤和表述信息的过程，目的是改善雇员对待特定问题的理解”；“知识管理是将组织可得到的、各种来源的信息转化为知识，并将知识与人联系起来的过程。知识管理是对知识进行正式的管理，以便于知识的产生、获取和重新利用”。

实际上，知识管理是利用集体的智慧提高企业的应变和创新能力，即在组织中建构一个人文与技术兼备的知识系统，透过获得、创造、分享、整合、记录、存取、更新等过程，达到知识不断创新的目的，并回馈到知识系统内，使个人与组织的知识得以永不间断的累积和前沿化，以便企业作出正确的决策、及时适应市场情势的变迁。

二、知识管理兴起的原因

知识管理现在已经成为一门方兴未艾的产业，各种书籍论著、刊物、会议、网站、顾问公司、培训课程，自然也少不了专门软件，层出不穷。这当然不难理解：谁不想得到所有企业的资讯？谁不想让员工更多交流呢？惠普公司（Hewlett-Packard）Lew

Platt 那句脍炙人口的名言已经把这种流行的动机诠释得淋漓尽致："如果当初的惠普能够掌握和现在一样多的知识，我们的盈利会是现在的 3 倍。"

现在的企业越来越清楚人力资产的重要性，越来越了解它对企业经营的推动作用。宏碁集团创始人施振荣根据自己的"互联网组织理论"对宏碁进行了结构重组。他把企业分解成若干独立经营单位。各单位独立制定经营决策，但必须与其他单位分享知识和信息。施振荣说："企业的根本是人力资本，人才才是企业发展的动力。"

总之，知识已成为企业生存与发展过程中最主要的财富来源，无论是形成竞争优势，还是企业的可持续发展以及企业经营的优化，都迫切需要知识管理。21 世纪企业的成功越来越依赖于企业所拥有的知识的质量，利用企业所拥有的知识为企业创造竞争优势和持续竞争优势对企业来说始终是一个挑战。具体而言，企业实施知识管理的原因在于：

（1）顾客导向——企业要为客户创造价值。

（2）竞争加剧——市场竞争越来越激烈，创新的速度加快，所以企业必须不断获得新知识，并利用知识为企业和社会创造价值。

（3）工作流动性增强——雇员的流动性加快，雇员倾向于提前退休，如果企业不能很好地管理其所获得的知识，企业有失去其知识基础的风险。

（4）环境的不确定性加大——环境的不确定性表现在由于竞争而导致的不确定性和由于模糊性而带来的不确定性，在动态的不确定环境下，技术更新速度加快，学习已成为企业得以生存的根本保证，组织成员获取知识和使用知识的能力成为组织的核心技能，知识已成为企业获取竞争优势的基础，成为企业重要的稀缺资产。

（5）全球化的影响——全球化经营要求企业具有交流沟通能力以及知识获取、知识创造与知识转换的能力。

实际上，就知识管理的兴起和流行而言，管理大师彼得·德鲁克早已有预测。1965 年彼得·德鲁克即预言："知识将取代土地、劳动、资本与机器设备，成为最重要的生产因素。"他还指出："21 世纪的组织，最有价值的资产是组织内的知识工作者和他们的生产力。""企业和经理人对信息的需求有可能发生迅速变革。过去，我们着眼于改善企业内部所产生的信息。企业收集的信息有 90%以上都是企业内部的情况。现在，制定成功的发展战略越来越依靠外部信息，比如客户以外的人群、企业及其竞争对手尚未使用的技术、尚未开拓的市场等。只有充分掌握了这些信息，企业才能在世界经济形势突变的情况下，做好迎接新变化和新挑战的准备。"他还在 1993 年所写的《后资本主义社会》中表示："我们正进入一个知识社会，在这个社会当中，基本的经济资源将不再是资本（Capital）、自然资源（Natural Resources）或劳动力（Labor），而将是知识（Knowledge），知识员工将成为其中的主角。"

三、如何掌握知识

大多数知识都是对过去的总结。研发、市场调研、数据仓库的应用，大部分这类活动都是基于已知的信息。然而，了解未来也是可能的、必要的。麻省理工学院的 Claus Otto Scharmer 认为，了解未来的重要性与日俱增，但并没有得到充分重视。

1. 了解过去

了解过去的信息在相对稳定的行业中十分有用。但是当不同行业开始融合、行业界限变得越来越模糊时，对未来发展趋势进行分析把握就显得格外关键了。知识管理大师 Thomas A. Stewart 曾写道："掌握未来信息的关键，并不是对信息进行分析处理，而是对信息进行排列，发现其中的模式。对未来的研究与其说是制订计划，不如说是发掘可能性更恰当。"

2. 了解未来

了解未来还包括研究客户的真正需求，而不仅仅是他们自称需要什么。了解客户的期望有助于提高客户对企业的满意度。但是，只有发现客户尚未满足的潜在需求——甚至连他们自己还没有意识到的需求——才能够推动真正的创新。例如，索尼的顾客当年绝不会对企业反映他们需要一部随身听。在新产品发明生产出来之前，消费者无法想象到这样一种产品。索尼正是发现了客户希望能随时随地听到音乐这一潜在需求，才得以完成了这一伟大的创新。

四、如何开展知识管理

1. 知识管理的两个极端

在知识管理中存在着两个极端，一端是"获取"，另一端是"连接能力"，如图 8-1 所示。以"获取"为重点的知识管理，将带动一系列针对显性知识（显性知识是能用文字和数字表达出来，容易以硬数据的形式交流和共享，比如编辑整理的程序或者普遍原则）的获取、存储和组织，这里强调的是人与文档之间的联系。以"连接能力"为重点的知识管理，则带动一系列针对隐性知识（隐性知识是高度个性化而且难于格式化的知识，主观的理解、直觉和预感都属于这一类）的对话、讨论和交流，这里强调的是人与人之间的联系。

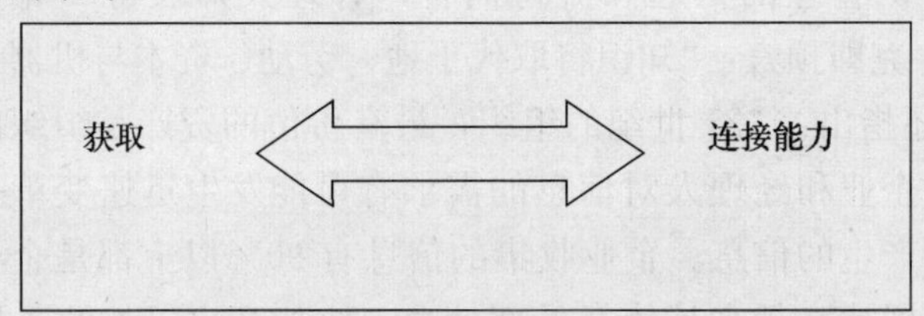

图 8-1 知识管理的两个极端

在这两个极端之间，是可选择的多种不同的知识管理倾向。这些选择（包括两个极端在内）并没有对错之分。企业完全要根据自身情况作出最合适的选择。比如在知识管理的初期可能会重视显性知识的"获取"，而随着知识管理的不断深入而逐步增加对"连接能力"的关注。但是，显性知识和隐性知识是应该而且必须受到同等重视的。所以，在知识管理相对成熟时，也就应该达到两个极端的平衡点，使两种知识得到流畅的转换和提高。

2. 知识管理的基本策略

随着知识管理相关研究的推进以及知识管理实践的展开和深化，知识管理的基本策略已由最初的编码化和个人化扩展到编码化、个人化、协作、学习。

对显性知识和隐性知识的不同特性，有学者提出采用不同的策略进行知识管理。针对显性知识可以采用编码化（Codified）的策略——将显性知识搜集整理成文档的形式，这样就可以在组织内重复使用，采用这种策略，要着重激励员工，让他们将知识记录下来。针对隐性知识可以采用个人化（Personalized）的策略——将隐性知识吸收消化成为自己的知识，这样就可以在组织中培养出大量的专家，采用这种策略，要着重激励员工共享自己的知识。

实践中，在欧美公司，强调搜集、分配、重复利用和测量已有的被编码的知识，实践者们运用信息技术捕捉和分配这些显性知识。在日本公司，强调创造合适的气氛和条件，以利于隐性知识的交流。比如岗位轮换、师徒制、长期雇用等。

有学者指出：随着时代的发展和技术的进步，针对显性知识的编码已经日趋成熟，尤其是内容管理系统（Content Management System，CMS）在企业中得到了充分的重视和认可，诸如政策、流程、技术手册等显性知识都得到了很好的存储和管理，现在知识员工所从事的工作越来越复杂，为了达到目标需要调用越来越庞杂的知识，进行越来越频繁的沟通，所以针对隐性知识而言，个人化的同时更需要强调协作（Collaboration）的重要性。

所谓协作，就是要增加员工之间的知识流动，综合利用所有个体的知识来完成任务。通过交流沟通，发现和分享彼此的隐性知识；通过谈话讨论，发掘和研究更深层次的知识；通过群体思维，激发产生新的知识。随着网络技术的发展，跨地域、跨时区的远程交流已经不存在问题；而软件技术的发展，也使协作沟通和组织学习更加容易和简单。诸如讨论区（Discussion forum）、聊天室（Chat room）、即时通信（Instant Messaging），尤其是近期兴起的 Blog 和 Wiki，都可以大大提高共享和利用隐性知识的效率。

还有学者认为：在完成识别后，还是有很多知识无法被完全划分为显性知识或者隐性知识。比如一份文档，可能要传递的知识有 90%都是以文字形式存在的，但是仍有一些信息是需要言传身教的，所以必须有一个学习的过程。

3. 知识管理的实施步骤

知识管理过程有一个基本的流程，如图 8－2 所示。但具体地说，知识管理的实施步骤有认知、规划、试点、推广和支持、制度化五方面的内容。

（1）认知。认知是企业实施知识管理的第一步，主要任务是统一企业对知识管理的认知，梳理知识管理对企业管理的意义，评估企业的知识管理现状。帮助企业认识是否需要知识管理，并确定知识管理实施的正确方向。

该阶段的主要工作包括：全面完整地认识知识管理，对企业中高层进行知识管理认知培训，特别是让企业高层认识知识管理；利用知识管理成熟度模型等评价工具多方位评估企业知识管理现状及通过调研分析企业知识管理的主要问题；评估知识管理为企业带来的长、短期效果，从而为是否推进知识管理实践提供决策支持；制定知识管理战略和推进方向等。

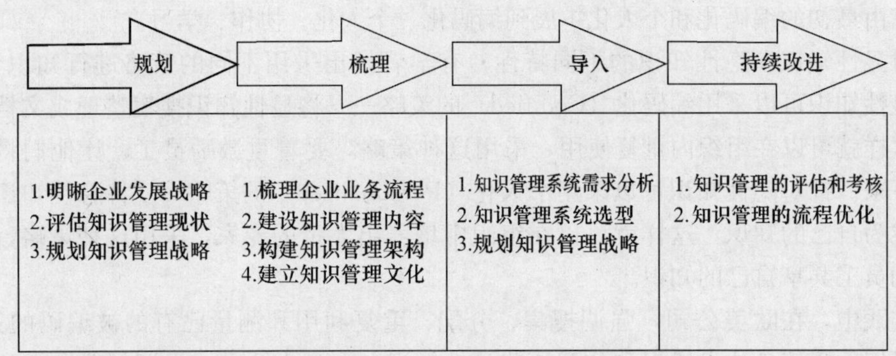

图 8-2　知识管理的基本流程

该阶段是企业接触知识管理的第一步，因此需要特别注意：企业文化和管理模式对知识管理采用何种实施方法有着决定性的作用，因此应特别注意不要忽略企业文化和管理现状；知识管理的推广需要企业流程、组织、绩效等管理机制的配合，同时也需要深入企业业务层，必须得到高层重视，并将知识管理提升到战略高度，才能保证知识管理在企业中顺利推进；由于知识管理需要长期推进，需要对知识管理的效益进行准确量化评估，才能转化为长期发展的动力。

（2）规划。知识管理的推进是一套系统工程，在充分认知企业需求的基础上，详细规划也是确保知识管理实施效果的重要环节。这个环节主要是通过对知识管理现状、知识类型的详细分析，并结合业务流程等多个角度，进行知识管理规划。在规划中，切记知识管理只是过程，不能为了知识管理而进行知识管理，把知识管理充分融入企业管理之中，才能充分发挥知识管理的实施效果。

该阶段的主要工作包括：从战略、业务流程及岗位来进行知识管理规划、开展企业管理现状与知识管理发展的真实性分析；制定知识管理相关战略目标和实施策略，并对流程进行合理化改造，开展知识管理落实的需求分析及规划；在企业全面建立知识管理的理论基础。

规划阶段的难点主要包括：知识管理和企业战略目标与流程的结合，知识管理与其他管理制度如人力资源管理的结合及管理思想的转变；以知识管理思想为基础的业务流程的改造；知识管理的文化氛围的建立，知识管理规划与企业实际情况结合，建立适合企业自身特点的实践形式。

（3）试点。此阶段是第二阶段的延续和实践，按照规划选取适当的部门和流程，依照规划基础进行知识管理实践，并从短期效果来评估知识管理规划，同时结合试点中出现的问题进行修正。

该阶段的主要工作内容：每个企业都有不同的业务体系，包括生产、研发、销售等，各不同业务体系的任务特性均不相同，其完成任务所需要的知识亦有不同，因此需要根据不同业务体系的任务特性和知识应用特点，拟定最合适、成本最低的知识管理方法，这称为知识管理模式分析；另外，考虑到一种业务体系下有多方面的知识，如何识别关键知识，并判断关键知识的现状，进而在知识管理模式的指导下采取有针对性的提升行为，这可以称为知识管理策略规划。

试点阶段的难点是：选择合适的部门进行试点；知识体系的建立及知识管理模式和策略分析；针对性的提升行动计划。

（4）推广和支持。此阶段的主要工作内容：知识管理试点部门的实践，在企业中其他部门的复制；知识管理全面地融入企业业务流程和价值链；知识管理制度初步建立；知识管理系统的全面运用；实现社区学习型组织、头脑风暴等知识管理提升计划的全面运行，并将其制度化。

该阶段的难点是：对全面推广造成的混乱进行控制和对知识管理实施全局的把握；知识管理融入业务流程和日常工作；文化、管理、技术的协调发展；知识管理对战略目标的支持；对诸如思想观念转变等人为因素的控制以及利益再分配；建立知识管理的有效激励机制和绩效体系。

（5）制度化。制度化阶段既是知识管理项目实施的结束，又是企业知识管理的一个新开端，同时也是一个自我完善的过程。

要完成这一阶段，企业必须重新定义战略，并进行组织构架及业务流程的重组，准确评估知识管理在企业中实现的价值。这一阶段，企业开始意识到知识管理是企业运作的一种战略，而且有必要成为综合企业运作机制的一部分，从而把知识管理全面融入企业战略、流程、组织、绩效等管理体系。在此基础上，知识管理将逐渐演变为企业核心竞争力的一部分，有力地促进企业每一位员工的发展。该阶段的工作重点是：知识管理深入业务体系；知识管理的广义推广；知识管理提供战略支持；知识管理新实践的创新。

该阶段的难点是：知识管理深入业务体系的流程调整；知识管理思想推广到其他管理体系中；知识管理文化氛围的建立；知识管理新实践和方法的创新。

纵观国内外知识管理理论研究与实务运作的发展轨迹，可以预见在不久的将来，知识管理将逐渐成长为一种管理思想，进而形成一种管理标准，如同质量管理、流程管理一样，将成为体现组织核心能力的关键要素。因此，企业成功实施知识管理对企业核心竞争能力的增强和企业的长久发展将具有重大的意义。

然而，知识管理从知到行，绝不是简单的、盲目的，而是需要涉及多个层面的综合解决方案，企业在推进知识管理过程中，只有透查现状、明确问题，才能合理设计实施路径，发挥出知识管理的真正价值。

小结

“企业重建”理论以工作流程为中心，重新设计企业的经营、管理及运作方式。学习型组织理论意在构建一种新型的组织，这种组织旨在通过培养弥漫于整个组织的学习气氛、充分发挥员工的创造性思维能力而建立起来的一种有机的、高度柔性的、扁平的、符合人性的、能持续发展的组织。核心能力理论深化了对战略问题的思考，深入到核心产品（核心零部件）里面对知识和技能进行分析。知识管理理论意在最大限度地利用组织的无形资产创造和提升组织创造的价值。

关键概念

企业重建　流程优化　五项修炼　学习型组织　核心能力　知识管理

问题和讨论

1. 迈克·哈默、詹姆斯·钱皮的企业重建理论的主要内容有哪些？
2. 彼得·圣吉提出的“五项修炼”的主要内容有哪些？
3. 核心能力理论有哪些代表人物，他们各自提出了什么观点？
4. 知识管理理论的代表有哪些人，他们各自提出了什么观点？
5. 讨论：你对“学习型组织”的理解。

案例应用

联想：中国第一个学习型组织[1]

联想集团创建于1984年，现已发展成为拥有19家国内分公司，21家海外分支机构，近千个销售网点，职工6000余人，净资产16亿元，以联想电脑、电脑主板、系统集成、代理销售、工业投资和科技园区六大支柱产业为主的技工贸一体、多元化发展的大型信息产业集团。1997年销售总额达125亿元人民币，并在各主要业务领域都取得了显著成绩，其中联想电脑闯入亚太十强排名第五，联想QDI主板跻身世界板卡供应第三位，联想系统集成公司成为国内优秀系统集成企业之一。1995～1997年连续三年在全国电子百强企业中排名第二，全国高新技术百强企业排名第一。

联想的成功原因是多方面的，但不可忽视的一点是，联想具有极富特色的组织学习实践，使得联想能顺应环境的变化，及时调整组织结构、管理方式，从而健康成长。

早期，联想从与惠普（HP）的合作中学习到了市场运作、渠道建设与管理方法，学到了企业管理经验，对于联想成功地跨越成长中的管理障碍大有裨益。现在，联想积极开展国际、国内技术合作，与计算机界众多知名公司，如英特尔（Intel）、微软、惠普、东芝等，保持着良好的合作关系，并从与众多国际大公司的合作中受益匪浅。

除了能从合作伙伴那里学到东西之外，联想还是一个非常有心的“学习者”，善于从竞争对手、本行业或其他行业优秀企业以及顾客等各种途径学习。

柳传志有句名言：“要想着打，不能蒙着打。”这句话的意思是说，要善于总结，善于思考，不能光干不总结。

---

〔1〕 http://www.zh09.com/mqjy/lenovo/200611/47539_3.html.

讨论题

1. 联想是一个什么样的公司？
2. 联想有几种学习方式？
3. 这些学习方式有什么优点？同时可能会产生什么问题？

自我评估

你在一个大型组织中从事管理的动机有多强？[1]

提示：下面的问题用来评价你在一个大型组织中从事管理的动机。它们基于7种管理者工作的角色维度。对于每一个问题，在最能反映你的动机强烈的数上画个圆圈。

角色维度	弱						强
	1	2	3	4	5	6	7
1. 我希望与我的上级建立积极的关系	1	2	3	4	5	6	7
2. 我希望与我同等地位的人在游戏中和比赛中竞争	1	2	3	4	5	6	7
3. 我希望与我同等地位的人在与工作有关的活动中竞争	1	2	3	4	5	6	7
4. 我希望以主动和果断的方式行事	1	2	3	4	5	6	7
5. 我希望吩咐别人做什么和用法令对别人施加影响	1	2	3	4	5	6	7
6. 我希望在群体中以独特的和引人注目的方式出人头地	1	2	3	4	5	6	7
7. 我希望完成通常与管理工作有关的例行职责	1	2	3	4	5	6	7

（答案说明：加总你的分数，你的得分将落在7～49分的区间内，评分标准为：7～12分＝较低的管理动机；13～21分＝低等的管理动机；22～34分＝中等的管理动机；35～49分＝较高的管理动机。）

〔1〕［美］斯蒂芬·P.罗宾斯.管理学（第四版）［M］.北京：中国人民大学出版社，1997.

第3篇 管理的原理与原则

篇首语

管理原理是蕴涵于人类高效率管理实践中的客观规律或基本道理，是在总结大量管理经验基础上，去除不同组织之间的差别，对管理活动的目的、对象、过程、核心进行科学抽象得出的具有普遍性、规律性的结论。对管理活动客观规律不断深化的认识和科学概括，形成了有助于我们取得满意管理效果的一系列管理原理及与之相应的管理原则，它反映了管理活动的本质内容。因此，对一切管理活动具有普遍的指导意义。如果违背了管理原理，必然要受到客观规律的惩罚，承担严重的后果。管理原理包括系统原理、人本原理、动态原理以及效益原理等。研究管理原理主要有以下三个方面的意义：

1. 对管理实践的指导意义

管理原理源于管理实践，又高于管理实践，对管理工作具有普遍的指导意义。实践证明，用管理原理指导管理实践，可以提高管理工作水平，实现理性管理，避免盲目性。遵循管理原理，管理就有效，就成功；违反管理原理，就会引起混乱，甚至失败。这就要求我们在管理工作中要以管理原理为指导，提升管理科学化的水平和能力。

2. 有助于深化对管理本质和基本规律的认识与掌握

只有深刻认识管理原理，在管理实践中加以熟练把握，把对管理基本规律的认识和掌握与自己的管理经验结合起来，才能形成正确的管理理念和高超的管理艺术。在复杂的管理问题面前，才能掌握主动，迅速找到解决问题的途径、手段和方法，应付千变万化的外部环境和错综复杂的管理问题，使管理的科学性和艺术性达到高度融合。

3. 有助于管理科学体系的建立

管理科学的建立，有赖于管理实践也有赖于对管理规律的不断研究。只有在管理实践基础上，通过对管理原理的不断实践、认识的过程，才能建立起管理的科学体系。

管理原则是从管理原理引申而来的，要求管理工作者在实际管理工作中必须遵循的行动准则或规则，用于规范、指导管理工作，约束和统一全体人员的认识和行动。管理原则具有具体性（管理原则是管理原理的具体化）、可操作性（必须为全体人员共同遵守）、约束性（管理原则是管理行为是非取舍的判断标准，违犯了管理原则，就要受到组织的制裁和组织成员的反对）等特性。

管理原理是确定管理原则的认识依据；管理原则是根据管理原理确立的，其内容取决于管理原理。管理原理在实际管理工作中的贯彻主要体现在管理原则的贯彻实施；管理原则是和管理原理相对应的，受管理原理的制约，是管理原理得以贯彻实施的具体措施。

▲ **学完本章后，你会知道：**

1. 系统和系统原理的概念
2. 管理系统的特征
3. 系统管理的作用，以及如何进行系统管理
4. 整分合原则的概念，以及明确如何坚持整分合原则
5. 封闭原则的概念，以及明确如何坚持封闭原则

第九章 管理的系统原理与原则

传统的问题研究方法，是笛卡尔所奠定的理论基础分析法，即把事物分解并抽象出最简单的因素，然后再以部分的性质去说明复杂事物。这种方法的着眼点在局部或要素，遵循的是单项因果决定论，其最大的问题在于不能较好说明事物的整体性，不能反映事物之间的联系和相互作用，它只适应认识较为简单的事物，而对于复杂问题的研究显得力不从心。系统科学的产生与发展，使科学方法论体系发生了一次深刻的变化，提出了一种新的现代科学方法论，使人类科学研究方法，以及其他一切工作方法均出现了新的面貌。系统论反映了现代科学发展的趋势，反映了现代社会化大生产的特点，反映了现代社会生活的复杂性，所以它的理论和方法能够得到广泛的应用。系统论不仅为现代科学的发展提供了理论和方法，而且也为解决现代社会中的政治、经济、军事、科学、文化等方面的各种复杂问题提供了方法论的基础，系统观念正渗透到每个领域。系统分析方法能综观全局，为现代复杂问题提供了有效的思维方式，并作为现代科学的新潮流，促进着各门科学的发展。

系统原理要求管理者必须充分认识到，自己所管理的对象是一个整体的动态系统，它的各个部分是相互联系的，而不是孤立分割的。同时它又是另一个更大系统的构成部分。因此，在实施任何管理活动时，都必须从整体出发，使自己所管理的对象各个局部都要服从整体，小的整体又要服从更大的整体。只有树立系统观念并广泛采用系统分析方法，才能比较准确地认识和把握管理规律，合理有效地解决管理中的各种问题。与系统原理相适应原则包括“整分合原则”和“相对封闭原则”等。

第一节 管理的系统原理

一、系统原理的概念

1. 系统

系统一词，来源于古希腊语，是由部分构成整体的意思。至今，人们从各种角度研究系统，对系统给出的定义不下几十种。如“系统是诸元素及其顺常行为的给定集合”；“系统是有组织的和被组织化的全体”；“系统是有联系的物质和过程的集合”；“系统是许多要素保持有机的秩序，向同一目的行动的东西”等。归纳而言，系统，可谓由相互联系、相互作用、相互依赖的若干要素（组成部分）结合而成的，具有一定结构和功能的有机整体。系统具有各组成部分孤立状态不具有的整体功能，它总是同一定的环境发生联系和关系。因此，要素、相互关系、结构、功能和环境是构成系统的基本条件。

世界上任何事物都可以看成是一个系统，系统是普遍存在的，大至渺茫的宇宙，小至微观的原子，一颗种子、一台机器设备、一个家庭、工厂、学校、机关、团体等都是系统，整个世界就是系统的集合。系统是多种多样的，可以根据不同的原则和情况来划分系统的类型。按人类干预的情况可划分为自然系统、人工系统；按学科领域就可分成自然系统、社会系统和思维系统；按范围划分则有宏观系统、微观系统；按与环境的关系划分就有开放系统、封闭系统、孤立系统；按状态划分就有平衡系统、非平衡系统、近平衡系统、远平衡系统等。此外，还有大系统、小系统的相对区别。

2. 系统原理

管理的系统原理来源于系统理论。系统理论认为，现代管理不再是过去的小生产管理，它的管理对象总是在各个层次的系统之中。每个单位，每个管理法，每个人都不可能再是孤立的，它既在自己的系统之内，又与其他各系统发生各种形式的“输入”和“输出”，同时还处在一个更大系统的统一范畴之内。系统论基本的思想方法，就是把所研究和处理的对象，均作为一个系统，分析系统的结构和功能，研究系统、要素、环境三者的相互关系和变动规律，并从系统优化的立场观察问题、分析问题、解决问题。

系统原理，是指管理者必须从管理组织的系统性质出发，按照系统特征的要求，从整体上把握系统运行的规律，对管理活动的各环节、各方面的问题，作系统的分析，进行系统优化，并依照组织活动的效果和社会环境的变化，及时调整和控制组织系统的运行，最终实现组织目标，实现高效管理。简言之，系统原理就是从整体出发，而不是从局部出发去研究事物的理论。

系统论的任务，不仅在于认识系统的特点和规律，更重要的还在于利用这些特点和规律去控制、管理、改造或创造系统，使它的存在与发展合乎人类目标的需要。也就是说，研究系统的目的在于调整系统结构，理顺各要素关系，促成系统优化。

二、管理系统

1. 管理系统性的具体表现

管理的系统性，即任何一个管理对象都是一个特定的系统，现代管理一般都是复杂的系统管理。管理对象及与之有关的管理活动的系统性，具体表现在三个方面：

（1）管理职能的系统性。一般说来，管理包括三种基本职能：计划职能、组织职能、控制职能。在实际管理活动中，这些职能是相互制约、相互影响、环环相扣、缺一不可的。每一种职能的实现，都有赖于其他职能的实现。任何一种职能都不能单独地决定管理效果的好坏，而只有它们的共同活动才能做到这一点。所以，管理是多种职能统一发挥作用的过程。那么，为什么当我们学习和讨论管理的各种问题，包括管理职能问题时，我们往往都是分成一章一节地来讨论，这样一来，管理的职能好像是互相独立或割裂的，这实际上是一个误区。我们只是为了讨论的方便，不分开讨论是难以同时进行的，我们是不得已才采取逐一分别阐述的。管理作用的发挥，往往是各种职能在时间和空间上的继起与共存。

（2）管理对象的系统性。首先，管理对象包括作为被管理者的人、物质、资金、组织机构，以及其他有关的各种因素。其中每一种因素既有自己独特的功能和作用，又不是完全独立地起作用的。它们只有在相互联系中才能发挥作用。因此，管理不能局限于单个的因素，而必须对各因素进行统一管理，否则就得不到好的效果。其次，当我们把上述某些资源因素按照分工原则实行部门化管理时，它们往往是纳入组织的专业化管理轨道，好像这些资源因素是可以独立存在、分别加以利用的，其实这也是一个误区。管理的作用之一是协调这些资源使之互相匹配，提高资源利用率。资源要素对于组织固然是必要的，但并不是越多越好。

(3) 管理组织的系统性。卡斯特和罗森茨韦克认为，组织是一个整体系统，一般由这样五个分系统构成：目标与价值系统、技术系统、社会心理系统、结构系统、管理系统。随着社会生产力的发展，管理组织规模不断扩大，层次不断增加，尽管现代管理组织有扁平化的趋势，但作为管理对象的组织机构仍是多层次的。一个基层工厂，有厂部、车间、班组等不同层次的管理组织。大公司、军队或国家，管理层次就更加繁多。上一层次系统的主要任务是根据系统的功能目标向下一层次发出指令信息，最后考核指令执行的结果；解决下一层次各子系统之间的不协调。这就可以避免管理层次的混乱，充分发挥指挥的功能。每一层次的活动都影响着其他层次和整体组织的活动。整个管理系统的运动，就是在这些不同层次管理组织的共同作用所形成的合力的推动下进行的。因此，对每一层次组织的管理，都必须从与其他层次相联系的一体化观点着手。系统的各层次之间，应该职责分明。明确系统层次，可以做到领导做领导的事，各层做各层的事，进行有效的管理。

2. 管理系统的特征

(1) 管理系统的目的性。任何社会系统都有明确的目的，管理系统是一个社会系统，其目的性就是通过管理主体的主导活动实现系统的各种目标。管理系统的目的性，要求在管理过程中，必须使任何管理分支系统均有明确的目的。不同系统有不同的目的，无目的的系统不应存在。管理对象在未经管理之前是无序的、杂乱无章的，管理就是要把这些杂乱无章的事物转化为有序的、有目的的、有方向的、有整体功能的管理资源。管理系统的目的性要求管理者必须明确三个基本方面的问题：管理必须确定正确的方向；任何系统只能有一个目的；管理目标需明确化。

(2) 管理系统的整体性。任何管理系统都是以一个有机整体而存在的，整体性是管理系统最基本的特征。系统管理的整体性主要体现在三个方面：管理系统是各分支系统的整合体；管理系统的整体目标对各项局部目标具有指导意义或决定意义；管理系统的功能具有整体性。

(3) 系统管理的相关性。系统要素之间，要素与整体之间以及系统与其环境之间的有机联系，就是系统的相关性。系统动态性取决于其相关性。系统管理的相关性，就是在管理中，必须揭示管理系统诸要素、管理系统和环境三者之间的关系，及对系统状态的影响。

系统管理的相关性具体表现为：系统要素与要素之间的相关性；系统要素与系统

整体的相关性；系统与环境的相关性。

在当代，随着科学技术和交通、通信设备现代化的发展，环境（包括政治环境、经济环境、社会环境、自然环境等）对管理的影响范围越来越大，联系也越来越密切。特别是随着生产的社会化、国际化的发展，某一管理系统，包括一个国家，如果不实行经济开放政策，不同时利用国内、国际两种资源，开发国际、国内两个市场，而企图闭关锁国，设置贸易壁垒，不仅是难以做到的，而且也不利于本国经济的发展。这就是为什么有些国家本国资源并不是很缺乏，但经济却发展不快，而有些国家本国资源非常缺乏，却可以发展成一个经济强国的重要原因之一。

管理系统与环境的相关性要求管理者必须充分认识系统的开放性，特别要关注环境对管理活动可能产生的影响，正确处理管理系统与环境的各种关系，如环境与系统的功能、条件关系以及管理系统与环境的利益关系等。尤其是随着知识经济时代的来临，未来的企业系统其竞争边界将更加模糊。企业管理的中心是用最小的投入获得最大收益。资源共享有助于保证最大的投入产出比，协同竞争则有助于创造资源共享的基础。因此，企业系统同渠道、供应商、合作伙伴的协同，以及企业内部业务单元的协同，使得企业能够发展新的业务领域，发掘组织内部资源而降低成本，创造竞争优势而超越竞争对手。

（4）管理系统的优化性。管理系统的优化性，是管理系统活动的最高原则，也是系统方法的最高原则。管理系统的优化性，首先是管理者可以根据需要和可能为管理系统确定最优目标。在系统整体目标的前提下，采用科学方法，通过分析比较各种可行方案的人力、物力、时间消耗和效益情况，确定最优方案；其次是管理者可以运用先进的科学技术手段和方法把整个系统分成相互关联的层次，在动态中调整整体与部分的关系，同时运用高超的管理艺术，最大限度地调动人的积极性与创造性，使分支系统的功能与目标足以适应和实现系统总体目标；最后是管理者可以通过有效的控制活动，促使系统运作切实按照计划完成任务。总之，通过管理系统可以通过人的智慧取得系统运作的优异成果。

（5）管理系统的层次性。由贝塔朗菲提出的一般系统论认为，各种有机体都是按严格的等级组织起来的。生物系统是分层次的，从活的分子到多细胞个体，再到超个体的聚合体，层次分明、等级森严。整个自然界犹如一座巨大的建筑物，其中各层系统逐级地组合起来，成为越来越高级、越来越庞大的系统。贝塔朗菲所提出的生物系统和自然系统构成的层次性或等级性，对于管理系统同样适用。这也就是说，任何管理系统也都是分层次、分等级的，而且其层次和等级的划分，不是随心所欲，而是有其内在规定性的。管理系统的这种层次性和等级性，要求人们在管理中要树立层次观念或等级观念，这一观念的主要内容是：管理层次的划分要与管理的要求相适应；不同的层次要授予不同的权力和承担相应的责任；不同层次应安排不同的人才。

3. 管理系统的活动

卡斯特和罗森茨韦克认为，组织是一个开放系统，任何一个组织都必须接受足够的投入，以维持其正常运转，同时提供足够的产出给外部环境，以便保持组织与社会环境的动态平衡关系。管理系统的活动一般由三个基本部分组成：输入、运作和输出。

简单的系统，比如一个生产企业系统，原材料是这个系统的输入，经过系统运作（加工、制造），然后向外部输出产品或服务。如图 9－1 所示。

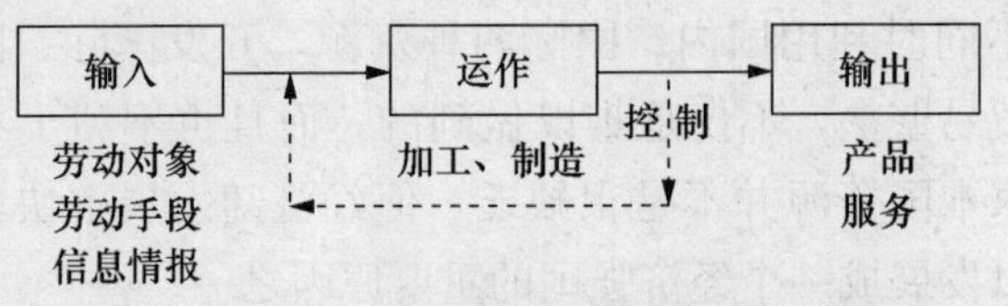

图 9－1　管理系统活动的组成

三、系统原理的基本要求

管理活动中之所以要坚持系统原理，是因为管理活动具有极强的系统性，这种系统性必然要求遵循管理的系统原理。确立系统思想，运用系统分析的方法，对组织活动实施系统化的管理，就是管理系统原理的实质内容，也是系统原理的基本要求。

1. 确立系统管理的思想

（1）整体的思想。系统论的核心思想是系统的整体观念。贝塔朗菲强调，任何系统都是一个有机的整体，它不是各个部分的机械组合或简单相加，系统的整体功能是各要素在孤立状态下所没有的新质。他用亚里士多德的“整体大于部分之和”的名言来说明系统的整体性，反对那种认为要素性能好，整体性能一定好，以局部说明整体的机械论的观点。同时认为，系统中各要素不是孤立地存在着，每个要素在系统中都处于一定的位置上，起着特定的作用。要素之间相互关联，构成了一个不可分割的整体。要素是整体中的要素，如果将要素从系统整体中割离出来，它将失去要素的作用。正像人手在人体中是劳动的器官，一旦将其与人体相分离，便不再是器官了一样。

同样的，每个管理系统都是由若干要素（子系统）构成的有机整体。管理系统与要素之间存在的辩证统一关系，既表现在管理系统与要素之间相互依赖、相互作用，也表现在管理系统的整体功能并非是其诸多组成要素功能的简单相加。管理要素在有机地组织成为系统时，这个系统已具有其构成要素本身所没有的新质，其整体功能也不等于所组成要素各自的单个功能的总和。一般来说，如果要素的自身素质较好，可为管理系统拥有较好的整体功能提供扎实的基础。但是，没有系统整体观点，单纯从要素自身的角度强调个体功能的重要，却不一定能保证管理系统整体功能优化的实现。

管理系统的整体性要求管理者在考察问题时，不能像一般传统方法那样，先把对象分成几部分，然后再加综合，而是始终把对象作为整体对待，不仅考察系统的各种要素，还要求考察要素之间的结构和要素与结构相统一的系统的功能，不仅要进行现状的考察，还要求进行历史的考察，从整体与部分相互依赖、相互制约的关系中揭示事物的整体性质、整体规律。在思考问题时，要尽可能全面。要多方位、多变量、多因素、多角度地思考问题，既对主要矛盾或其矛盾主要方面进行分析，也不放过对主要矛盾的次要方面或次要矛盾进行分析。在解决问题时，要着眼于发挥事物的整体功能，综合考虑构成管理活动各要素的素质和功能，充分调动各方面的积极性，统筹兼顾地解决问题，使系统整体功能具有不同于个别要素所表现的新功能，并最终追求较好的总体管理效果。当对某个问题进行处理时，要考虑它对其他方面可能引起的相关反应，并预先采取对策。出台的各种措施要配套，不能顾此失彼，也不能"头痛医头、脚痛医脚"。在评价管理成果时，要看其整体功能的发挥情况和整体效果的大小，而不能只看局部功能和局部效果。在处理管理系统各要素之间的相互关系及要素与系统之间的关系时，以整体为主进行协调。要充分考虑管理各组成部分之间的复杂关系，在计划中搞好综合平衡，在实施中做到统筹兼顾，全面安排。就其目标来讲，要实现局部目标与整体目标、短期目标和长远目标的一致，在不一致的情况下，要遵守局部服从全局、短期服从长远的原则。就功能来讲，始终要把追求整体功能放在首位，牢记实现整体优化是管理系统最主要和最直接的目的。

作为下级管理者，要认识到从局部看有利的事情，从整体上看并不一定有利。当自己部门的局部利益与组织的整体利益发生冲突时，要服从大局，依局部利益服从整体利益的原则办事。作为上级管理者，要明确组织整体利益、目标的实现是以下属各部门（或环节、层次、个人）的自身功能充分发挥为基础的。因此，强调组织的整体利益时，不可以忽视或随便"牺牲"下级单位或人员的利益，他们的工作运行不正常或不相配合，会给其他部门的工作带来不利的影响，进而影响到组织整体工作的有效开展。为下级素质的提高和工作开展提供、创造条件，并恰当地处理好与他们的关系。

(2) 层次的思想。任何较复杂的系统都具有一定的层次结构，其中低一级的要素是它所属的高一级系统的有机组成部分。处于不同层次上的要素在系统中所处的地位和所起的作用是不同的。系统的运动能否有效，效率高低，很大程度上取决于能否分清层次。管理的层次性思想的主要内容有：一是正确处理管理幅度与管理层次的关系，所设置的层次要与管理的需要相适应；二是要把具有不同能力者相应安排在不同层次上，使其各尽所能；三是层次间应各有明确的任务和职责、权利范围，不能越俎代庖，使各层有它们自己应做的事，各层做各层的事，这才是有效的管理；四是遵循例外管理的原则。例外管理要建立在分级管理的基础上。

(3) 目的（方向）的思想。在系统的发展过程中，目的的确定具有重要意义。系统的目的性与整体性是紧密联系在一起的若干要素的集合，是为了实现一定的目的。没有目的就没有要素的集合。为有效实现组织及其活动目的，一要明确在管理工作中目标具有决定其运行方向、有效性的意义；二要根据组织系统的目的与功能，确立机构、选择人员，明确建立与活动有关的部门和人员的联系；三要力求全面地、协调地实现一个组织系统或一个组织活动所要达成的各种目标，在条件不具备、工作运行受阻等情况下，要首先保证主要目标或中心目标的实现；四要把组织目标具体化、定量化，制定出组织系统或它的一定活动的总目标及其分目标，实行目标管理，把实现目标作为管理活动的出发点和归宿。如前所述，管理目标需明确化就要求管理者在建立管理系统时，要围绕管理系统的目的和功能设置有关的子系统或元素，防止出现过多冗员、物资积压或相反的情况。检查自己系统中是否有目标不明确者，以免没有明确目标的系统降低系统功能和效率，或产生内耗。

(4) 环境适应的思想。任何系统都存在于一定的环境之中，都要和环境有现实的联系。环境对系统的生存与发展发生直接的影响。环境对系统的影响可能是有利的、起促进作用的，也可能是不利的、起限制作用的。卡斯特和罗森茨韦克提出了组织的权变观念，认为权变观点所要研究的是组织与外部环境之间的相互关系和各分系统之间的相互关系。

其基本观点是：组织具有多变量性，应当具体地研究组织和它所处的环境之间的关系；每个组织的外部环境和内部分系统都处在动态的变化之中，因而不存在普遍适用于所有环境的组织原则和管理方法；权变理论致力于谋求组织与外部环境及组织内部各分系统之间的动态的、具体的一致性。因此，树立系统管理的环境适应的思想，作为管理者来讲，就应努力做到：掌握组织活动的环境信息；根据掌握的环境变化信息，调节组织的行为；参与对环境的改造；树立信息的观念。

2. 运用系统分析的方法，对组织活动实行系统化管理

在管理中树立系统观念，不但要用系统理论的观点来观察分析管理问题，而且要运用系统方法实行系统化管理。只有做到了这一点，才能算得上真正地树立了管理的系统观念。

对组织活动实行系统化的管理，是由管理活动的系统性决定的。系统观点和系统分析可以用于各种资源的管理。把组织作为一个系统来安排和经营时，就叫做系统管理。依据这个观点，对组织活动加以系统化的管理还应包括前述确立管理的系统思想和掌握管理的系统分析方法这两个内容。

(1) 系统分析的主要内容。对一个组织系统进行系统分析，应包括这几个方面内容：了解系统的要素；分析系统的结构；研究系统的联系；弄清系统的历史；把握系统的功能；研究系统的发展。

(2) 系统分析工作的步骤。对一个管理活动进行系统分析的工作步骤是：明确问题；确立目标；拟定可行方案；综合选择方案。

由于系统分析的主要着眼点是解决问题，因此，上述工作步骤既可适用于对管理的计划活动与控制活动的分析，原则上也适用于对管理实施活动的分析。很多时候，对一个管理现象或一项管理工作进行分析，可把对一个组织进行的系统分析与对一个管理活动进行的系统分析在内容与要求上合并起来进行。

系统理论和系统方法为现代管理开辟了新的思路，提供了新的武器。树立系统观念、掌握系统方法是现代管理的客观要求，也是现代管理者应有的基本素质。

第二节 整分合原则

一、整分合原则的概念

1. 什么是整分合原则

根据系统原理，管理者必须在充分了解系统的环境、整体性质、功能的基础上确立出总体目标。然后根据总目标进行明确合理的分工或分解，以形成有序的系统结构体系。最后，再按整个系统的内在必然联系科学地进行组织综合。这种对系统的“整体把握、科学分解、组织综合”的要求，就是整分合原则。概括地说，整分合原则，即为实现高效管理，必须在整体规划下明确分工，在分工基础上进行有效综合。

2. 整分合原则的含义

（1）整体把握。整体把握，就是要求全面、系统认识管理对象的各个方面、各个层次、各个环节，以及它们的相互关系。整体把握是制订和实施科学的整体规划的起码要求。因为只有首先从思想认识过程开始整体把握研究对象，才有可能制订出全面的、合理的、科学的、切实可行的整体规划。制订整体规划的最终目的又是为了进一步从深层次把握整体对象。所以，整体把握既是进行其他管理环节的前提和条件，又是其必须进一步追求的目的。整体把握管理对象是正确贯彻实施整分合原则的首要条件。

（2）科学分解。科学分解，即将整体划分为一个个基本要素和子系统，明确各要素、各子系统的目标和职责，实行明确的分工，建立责任制，使各项工作规范化。可见，分解包括两层含义，即对组织成员或部门的工作而言，是一种分工活动；对目标、计划的贯彻而言，是一种分解活动。分解是实施整分合原则的关键，只有分解正确，才能做到分工合理、规范、科学，才能使各个环节协调运转、相互配合，各自发挥应有的作用，使整体规划付诸实施。

（3）组织综合。组织综合，是指在分工的基础上，将各环节、各类别、各层次，同步协调，相互配合，构成有序的新的整体，按比例综合平衡向前发展。分工只是为了更好地完成整体规划，并不是现代化管理的终结，加上分工还会带来许多新的问题，产生新的矛盾。如果只有分工，而无综合或协作，就无法避免和解决分工带来的各部门、各环节的脱节及横向协作困难，以及“离心力”等众多问题，因此，在分工的基础上必须进行有效综合。

在整分合原则中，整体是前提，分工是关键，综合是保证。这是因为，没有整体目标的指导，分工就会盲目而混乱。离开合理明确的分工，整体目标和任务就难以得到贯彻落实。没有组织综合，分工可能产生的副作用就会破坏系统的“向心力”，进而影响整体目标的高效实现。管理必须在整体目标的前提下，有分有合，先分后合，这是整分合原则的基本要求。

二、整分合原则的应用

1. 把握整体目标

在现代管理中，要提高工作效率，对如何完成整体工作，必须有充分细致的了解，只有从整体要求出发，制订具体的、全面的整体规划，确定明确目标，才能使整个管理有方向，有秩序地开展各项活动。整分合原则实施的前提条件，实质上就是从整体角度设计组织系统的结构功能，确定系统的总体目标。但这离不开对系统环境的分析以及对系统本身属性（子系统；各要素或子系统的结构、功能；各要素或子系统之间的关系及相互作用状况等）的分析。对这些因素的分析研究，是确定整体目标的依据。

2. 做好科学分解和合理分工

在现代管理中，有了整体规划，还必须进行科学分解。没有对整体的分解，就难以达到对整体深层次的本质认识，我们把未经分解的整体称之为混浊的原始物。只有经过整体的科学分解之后，再运用各种分析、认识手段和途径，才能达成新的有序整体。分解是否科学、合理，关系到能否正确构建新的有序整体，以及是否能实现科学管理。系统的科学分解要求在整体目标指导下，以整体的性质、内容、结构等为标准，对计划、任务进行分解，对系统内各部门及个人的职责进行分工，对其相互关系加以界定，将整体分解为若干部分。分解的目的有两个：一是将混浊的原始物通过科学分解后，重新构成有序系统；二是为科学分工提供基础和前提。系统分解要注意以下几个问题：

（1）分解要适度，比例要合理。分解适度，是指要寻找一个分工的合理界限，即尽量使分工密度接近系统整体效益最好的那个分工最佳点。比例合理，是指系统内各部门、个人之间的任务、职责及权限分量比重不要过于悬殊。

（2）分解要完全。分解完全，是指系统内各构成要素或子系统的功能必须能有机地结合为系统整体功能，避免由于分解不完全而造成系统功能残缺的不良后果。

（3）分解要配套。分解配套，是指分解给各要素或子系统的任务，职责要全面配齐。例如，在分解某个职责或任务给某个人时，完成任务、履行职责所必需的权限和条件也要配套分解。

（4）分解不应有盈余。分解有盈余表明系统内部存在要素多余的状况。这种状况不利于系统整体效益优化，与整分合原则的目的相违背。

3. 综合协调

在系统内应按照系统的内在联系把各部门、各环节有效地结合起来，协调它们之间的关系，加强组织管理，使各环节、各部门相互支持，相互配合，同步协调，使整体力量集中到整体目标的实现上来，做到有计划、按比例的平衡发展。系统综合协调的主要工作包括：

（1）合理确定系统内各部门、各环节间相互协作与联系。组织内部各业务单元的协同本是规模经济效益的主要来源之一。例如，通过包括资金调动、销售渠道、研发能力、生产能力、人力资源等有形资源，以及品牌、公共关系、广告、员工经验、管理技能、技术等无形资源的共享，可以产生协同的关联效果。企业内部协同问题是很容易被忽略的因素，特别是规模较大的企业，倘若沟通不良、资源不能共享、业务单元约束目标不一致，势必致使管理成本随规模扩大而急剧增加。其结果必然是集团公司演变为纯粹的投资公司，下属公司除了挂一块牌子之外，互相之间毫无关联。

（2）合理处理系统内各部门的协同关系。系统内各部门的协同关系包括纵向协调与横向协调。

（3）以总体目标统一各部门的思想和行为。从系统外部来看，任何一个系统不可能拥有全部优势资源，同其他系统相联合获取外部资源是系统形成竞争优势的重要战略；从系统内部来看，其内部资源也不应该为各个分支系统所分割，各分支系统间的综合协调是系统内部资源共享的基础。例如，企业中的战略联盟、资本运营、结构调整、管理重组等运作手段揭示出这样的规律：协同竞争可以帮助企业获取外部资源、挖掘内部资源。

第三节　相对封闭原则

一、封闭原则的概念

1. 什么是相对封闭原则

封闭原则，是指任何系统内的管理手段必须构成一个连续封闭的回路，才能形成有效的管理运动，才能自如地吸收、加工和做功。

任何社会组织都是一种开放系统，系统内部与外界环境存在物质、能量、信息的交换。但是，作为一个组织的管理系统，必须在对外开放的前提下，对内采取封闭性的管理，其管理手段和过程必须构成相对连续封闭的回路，使得组织内部各个环节、部门，有序衔接、首尾相连，构成环路，有去有回、有进有出。这种闭环式的管理，可以使管理系统的内部各要素、各子系统有机衔接，相互促进，保证信息反馈，形成有效的管理运动。强调封闭原则的相对性，其原因主要在于，现代组织系统具有开放性。首先，社会组织在其内部管理中形成封闭循环的同时，其作为更大系统的一个子系统又加入更大的循环。任何内部封闭的小循环，最终是为了子系统更好地融入大循环之中。其次，任何组织系统内部的封闭，都是在特定条件下的封闭。环境的不断变化，必将导致组织系统内部封闭条件的变化，这种变化达到一定程度，原先的封闭将难以为继，甚至出现“漏洞”，就必须及时调整，再行封闭。封闭式管理的主要特性体现在两个方面：

（1）封闭式管理的相对性。管理要封闭，但只能是相对的封闭。从空间上讲，封闭系统不是孤立的系统，管理系统是像社会系统这样的更大系统中的一个子系统，与其他子系统又存在着信息、物质、能量等的交流沟通活动，呈开放性。因此，管理系统的“封闭回路”只是相对的。

（2）封闭式管理的特定性。任何管理的“封闭回路”都不是一劳永逸的，它只在特定的时间、特定的条件下有效。随着时间的推移，一旦情况发生变化，过去的“封闭回路”就会失去效力，调整和产生新的“封闭回路”便成为必要。

封闭是相对的，今天已经完成的封闭，明天就不完全了，一劳永逸的封闭是没有的，有效的管理要求根据情况的变化不断进行封闭。

2. 相对封闭管理的内容

（1）管理过程的封闭。管理活动本身就是各因素及各环节的相互影响、相互制约、环环相扣的链式循环过程。无论是决策活动还是信息活动，都可以用管理封闭回路的基本模式表示。如图9－2所示。

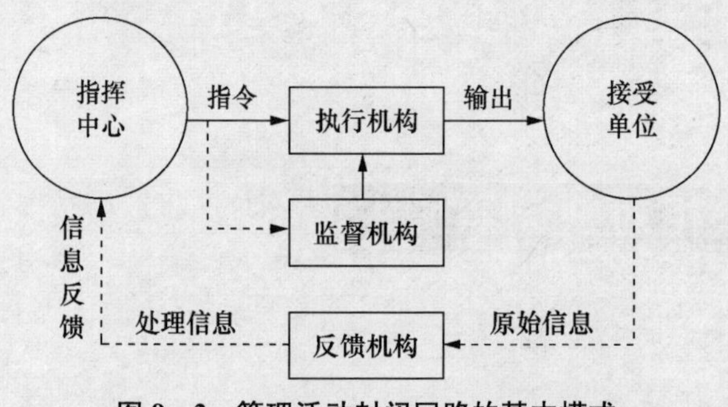

图9－2　管理活动封闭回路的基本模式

这个模式说明，一个管理系统可以分解为指挥（决策）中心、执行机构、监督机构和反馈机构。指挥中心是司令部，管理活动的起点是由指挥中心向执行机构和监督机构同时发出指令；然后执行机构在监督机构的督促下实施，实施结果输入反馈机构，由反馈机构处理后反馈给指挥机构；最后，指挥机构在反馈信息基础上发出新的指令，如此不断循环下去，这就形成了管理的封闭回路。管理运动在封闭回路中不断振荡，推动管理前进。因此，管理的封闭原则，实质上就是管理活动相互制约、相互促进过程的要求。

（2）管理制度的封闭。管理制度也应该符合这个回路加以封闭。不仅要有一个尽可能全面的执行制度，而且应有监督这个制度执行的监督制度，还必须有反馈制度。它包括在执行过程产生矛盾的仲裁制度，以及对执行错误的处理制度等。管理制度不封闭等于无制度，因为有制度也不能真正执行。例如，建立岗位责任制是一个管理制度，但如果不监督执行，执行好不好又没有明确赏罚，这个制度就不封闭。

立法应该通过反馈系统进行，必须充分发挥民主。执法由执法机构贯彻，必须执法如山。因此，作为一个指挥中心，要允许反馈系统和自己唱反调，但不能允许执行系统和自己唱反调，否则无从管理。法的管理也要封闭，这样才能发挥法的管理威力。

3. 应用相对封闭原则的必备条件

相对封闭原则的运作必须在下列基本条件具备后，才能在管理系统中顺利有效地发挥作用。这些基本条件是：

（1）管理系统的相对独立性。管理系统的相对独立性，是指管理系统在人、财、物的支配上，在目标、计划、组织控制及规章制度的实施上都有不受外界干扰的相对独立权限，从而保证管理指令的下达和有效的信息反馈。

（2）具有相互制约和相互促进关系的封闭职能机构。一个管理系统一般可分解为指挥机构、执行机构、监督机构和反馈机构四部分。这四个机构在封闭回路中相互制约，相互促进，构成了完整的封闭职能体系，如果不具备这一封闭职能机构体系，管理的封闭回路就不可能形成。

（3）具有完善的信息系统。完善的信息系统，即能及时传递信息和灵敏捕捉信息的信息系统。管理活动离不开信息。信息贯穿于管理封闭回路的全过程。为了更有效地为管理活动提供及时准确的信息服务，独立形成专门的管理信息系统，已成为一切管理活动封闭的前提和保证。

二、不封闭管理的弊端

如果不实行相对封闭管理，那么就无法体现管理的效益。这就像没有回路的输电线，线再粗也输不出电。因为不实行相对封闭，在管理系统就会缺少反馈机构，而反馈职能只好由执行机构代为行使。这样必然会带来许多弊病：

1. 反馈信息失真

执行机构代行反馈、监督职能时，自己执行、自己检查、自律，容易出现掩盖问题。遇到与自己利害有关的问题，往往会报喜不报忧，甚至弄虚作假，使指挥中心在面对情况不明或不实的条件下作出决策，必然会造成失误。

2. 混淆管理职能

由执行机构代行反馈职能，实际上就变成自己执行、自己检查。其实这两种功能是相互矛盾的，执行机构的执行功能要求坚决地、不折不扣地贯彻指挥机构的指令，决不允许唱反调，以保证管理有秩序地进行。而反馈机构的检查功能却要求根据对执行情况的检查所发现的问题，提出自己的不同看法，反馈给指挥中心，递请决策者参考。这两种相异的功能集中由同一个机构来行使，容易出现自相矛盾难以自拔的情况。

3. 造成指挥系统的混乱

由执行机构代行反馈职能，容易影响和干扰执行机构执行指挥中心的指令。执行机构既要管执行，又要管检查，两者很难兼顾，容易产生顾此失彼，结果会造成两者都搞不好。

三、如何实现封闭式管理

1. 从评估后果出发

正确实施相对封闭原则，首先要求从评估后果出发，因为评估后果是贯彻封闭原则的起点。评，就是对后果的质的评议；估，就是对后果尽可能有量的估计。采取任何管理措施，都必须考虑到各种可能产生的后果。评估后果的标准是目的，也就是看后果能否达到预期的目的，有多大偏差。一般来说，后果与目的往往是不完全一致的。这就要采取对策，加以封闭，杜绝偏离目的的后果。有的情况，后果与目的一致，基本上达到了目的，但也有可能会产生某些副作用，这也需要采取对策，加以封闭，使副作用尽量减少，这也是封闭。所以，评估后果是贯彻封闭原理的起点。

2. 从各种后果中循踪追迹

从各种后果中循踪追迹，要求选择可以反馈控制的主导线，加以封闭。例如，当我们发现，企业管理混乱，原因很多，但主要原因是问题反馈上来了，企业无权解决，那么封闭的办法就是扩大企业自主权。可是扩大企业自主权又会带来一些新的矛盾，这就要继续循踪追迹。只有从各种后果中循踪追迹，才能选择可以反馈控制的主导线，加以封闭。

3. 选择封闭的基本方法

封闭的基本方法一般有两个：一是从后果找出管理手段各环节中的原因，加以封闭；二是不论原因，只对后果采取措施。

4. 讲求不断的封闭

一劳永逸的封闭是没有的，有效的管理要求动态地不断地进行封闭。而且，任何封闭的模式都不可能十全十美、天衣无缝，这就要依靠反馈原则，不断封闭——执行——反馈——再封闭——再执行——再反馈，才能使管理日益完善起来。

小结

系统，是由相互联系、相互作用、相互依赖的若干要素（组成部分）结合而成的，具有一定结构和功能的有机整体。它具有各组成部分孤立状态不具有的整体功能，它总是同一定的环境发生联系和关系。要素、相互关系、结构、功能和环境是构成系统的基本条件。

系统原理，是指管理者必须从管理组织的系统性质出发，按照系统特征的要求，从整体上把握系统运行的规律，对管理活动的各环节、各方面的问题，做系统的分析，进行系统优化，并依照组织活动的效果和社会环境的变化，及时调整和控制组织系统的运行，最终实现组织目标，实现高效管理。简而言之，系统原理就是从整体出发，而不是从局部出发去研究事物的理论。

管理具有系统性，管理系统性具体表现在管理职能的系统性、管理对象的系统性和管理组织的系统性等方面。但是管理系统具有其独特的系统特征，主要包括：管理系统的目的性、管理系统的整体性、管理系统的相关性、管理系统的优化性，以及管理系统的层次性等。

管理活动中之所以要坚持系统原理，正是因为管理活动具有系统性，这种系统性必然要求遵循管理的系统原理。确立系统思想，运用系统分析的方法，对组织活动实施系统化的管理，就是管理系统原理的实质内容，也是系统原理的基本要求。

根据系统原理，管理者必须在充分了解系统的环境、整体性质和功能的基础上确立总体目标；然后对总目标进行合理分解（分工），以形成有序的系统结构体系；最后，再按整个系统内在的必然联系，科学地组织综合。这种对系统的“整体把握、科学分解、组织综合”的要求，就是整分合原则。概括地说，整分合原则，是指为了实现高效率管理，必须在整体规划下明确分工，在分工基础上进行有效的综合。在这个原则中，整体是前提，分工是关键，综合是保证。

作为一个组织的管理系统，其管理手段和过程必须构成连续封闭的回路。管理活动的起点是由指挥中心向执行机构和监督机构同时发出指令；然后执行机构在监督机构的督促下实施，实施结果输入反馈机构，由反馈机构处理后反馈给指挥机构；最后，指挥机构在反馈信息基础上发出新的指令，如此不断循环下去。因此，管理的相对封闭原则，实质上就是管理活动相互制约、相互促进过程的要求。这种闭环式的管理，可以使管理系统内部各要素、各子系统有机衔接，相互促进，保证信息反馈，形成有效的管理运动。

关键概念

系统　系统原理　整分合原则　封闭原则

问题和讨论

1. 什么是系统？什么是系统原理？
2. 简述管理系统的主要特征。
3. 简述系统原理的基本要求。
4. 什么是整分合原则？为什说在整分合原则中“分”是关键？
5. 简述如何在管理中坚持整分合原则？
6. 什么是相对封闭原则？为什么在管理中要坚持封闭原则？
7. 讨论：从不同角度分析学校这个系统及其特征。
8. 讨论：你认为如何才能实现封闭的管理？

案例应用

海尔电器国际股份有限公司 MRPⅡ的开发应用案例[1]

海尔电器国际股份有限公司是海尔集团的骨干企业之一，是世界上唯一一家可同时生产欧洲滚筒式、亚洲波轮式和美洲搅拌式洗衣机的生产厂家，现生产十大系列100

〔1〕 http://wenku. baidu. com/view/66bd0375f46527d3240ce054. html.

多个品种的洗衣机，是国内洗衣机行业跨度最大、规格最全、品种最多的生产厂家。产厂家。产品出口世界 30 多个国家和地区，远销东南亚、欧美等发达国家，是中国洗衣机最大的出口基地，出口量位居全国第一。

海尔电器国际股份有限公司以 MRPⅡ（Manufacturing Resource planning，制造资源计划）管理思想为中心，首先开发运行 MRPⅡ的前台管理系统，即和生产密切相关的系统，主要包括：外协单位管理信息系统、产品结构管理系统、生产计划管理系统、物资需求管理系统、质量检验系统、成本核算系统、仓库管理系统、销售管理系统等。待这些系统运行正常时，再实施后台的 MRPⅡ系统，主要包括：人事管理系统、工资发放系统、固定资产管理系统、收发文管理、档案管理系统等（见下图）。下图所示是海尔电器国际股份有限公司 MRPⅡ的逻辑图。从图中可以看到，公司的物资管理处于系统的入口，物资管理系统的任务就是满足生产计划管理部门提出的生产计划对各种物资的需求，以保证生产的正常进行。当物资供应不能有效地满足生产计划需求时，生产工艺就会闲置，销售部门就不能按时履行销售合同，公司信誉就会受到损害，因此往往导致已发货的资金也难以回笼，资金的不足，又影响物资的再购入，形成恶性循环。从另外一方面看，当市场需求发生变化时，生产计划管理部门应迅速地作出生产计划的调整，首先应考虑生产工艺的生产能力，而后又必须对物资的现有库存、物资需求计划、资金的需求是否能予以满足，以及产品的成本变化情况提供准确的数据，供决策者作出合理和科学的生产计划。销售系统是公司的资金来源入口，在销售环节中，合同的有效管理，产品的快速发货，资金的及时回笼，都对公司的运作及效益产生决定性的影响。在人工管理模式下，上述的各个环节由于涉及大量的信息处理，工作强度大，数据准确性差，缺乏动态与及时性，因此很难达到管理者所期望的理想状态。所以这正是公司管理信息系统开发要解决的重要问题之一。

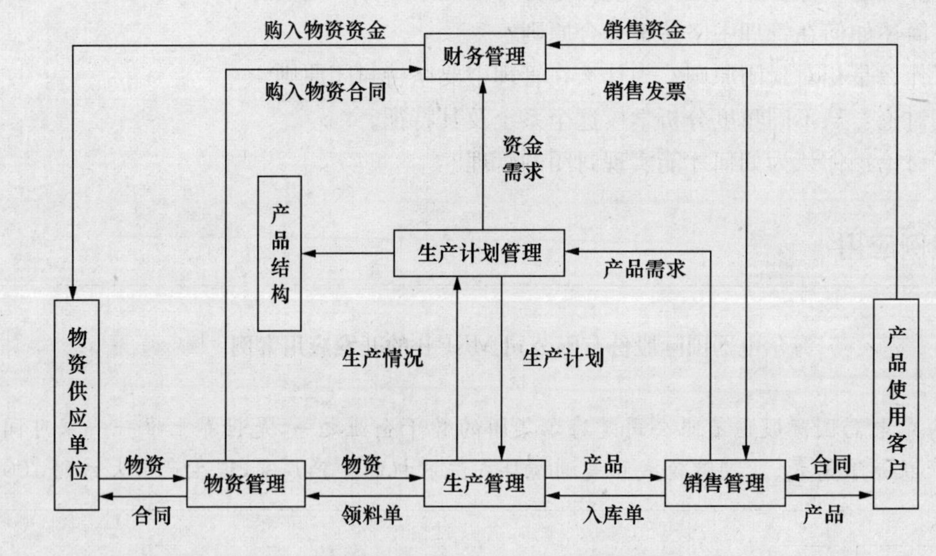

公司自 1996 年 12 月开始使用该系统，对企划处、物业公司、检验处、仓库、科研所、质管处、财务部等部门实施计算机联网以后，各部门的各项管理工作都较以前有了大幅度的提高，公司的经济效益明显，管理素质和管理水平有明显的提高，主要体现在：

一是物资管理方面，系统投入使用后，由于物资采购计划的下达是依据生产计划和物资现库存以及产品结构自动生成的，因此采购计划的下达与分解更具科学性，降低了库存积压，减少了库存资金的占用。

二是生产计划方面，系统投入使用后，由于物业采购计划是根据生产计划滚动生成的，避免了计划安排的盲目性，从而减少了停产频次，提高了设备利用率。

三是提高了劳动效率。系统实施后，仓库记账员由原来的 10 人减至 4 人。物资公司对外协厂家的评审，以前需 3 个人花费半个月时间，现在只需几分钟。统计每件物资的检验情况，以前需花费 1 天时间查阅台账，而现在只需 2 分钟。

四是对外协厂家的进货进行有效控制。外协厂家的送货品种、送货时间、送货数量，都在微机里形成了一个闭环控制。从而有效控制了外协厂家的乱送货现象，减少了库存资金占用，提高了资金周转速度，同时也杜绝了某些管理漏洞，为公司减少了经济损失。

五是每种物资的入库在微机上形成闭环控制。只有外检录入了检验结果并且检验结果是合格或可回用的物资，仓库才能办理入库，打印入库单，否则保管员即便收了外协厂家的货，在微机上也办不了入库，从而有效控制了保管员乱收货现象，杜绝了不合格品上线现象的发生，提高了公司的产品质量。

讨论题

依据系统原理找出海尔 MRPⅡ系统的封闭路线。

自我评估

你有现代系统管理观念吗？

提示：请在你认为正确的括号内填“是”，错误的括号内填“否”。

1. 系统是由相互作用和相互联系的若干组成部分结合而成的整体。（　　）
2. 把系统各组成部分整合起来，就可以得到 1+1=2 的结果。（　　）
3. 管理者的责任在于使自己管理的部门绩效达到最佳，才能实现系统整体的优化。（　　）
4. 为实现高效率管理，必须在整体规划下明确分工，在分工基础上进行有效综合。（　　）
5. 在整分合原则中，整体是前提，分工是关键，综合是保证。（　　）
6. 管理者应以总目标去统一各部门的思想和行为。（　　）
7. 管理系统的管理手段和管理过程必须构成相对连续封闭的回路。（　　）
8. 当组织成为封闭系统时，才能实现管理活动相互制约、相互促进的局面。（　　）
9. 自己执行、自己反馈是管理组织的最高境界。（　　）

（结果说明：根据本题目设计者的观点，现代系统观念可能的答案是：1. 是；2. 否；3. 否；4. 是；5. 是；6. 是；7. 是；8. 是；9. 否。）

▲ **学完本章后，你会知道：**

1. 什么是人本原理
2. 人本管理的特征
3. 管理中人本管理的依据，以及人本原理的要求
4. 能级原则的概念，如何明确坚持能级原则
5. 动力原则的概念，如何明确坚持动力原则
6. 行为原则的概念，如何明确坚持行为原则

第十章 人本原理与原则

在管理思想发展的每一个时期，对人的看法都是其焦点之一。泰罗科学管理理论把人当成“经济人”，认为人的一切行为都是为最大限度地满足自己的利益，工作动机是为了获得经济报酬。而以梅奥、马斯洛为代表人物的早期行为科学理论则把人当成“社会人”，认为人的社会性需求的满足往往比经济报酬更能激励人，人们不但有经济上的需要，更重要的还要有人际关系、社会交往等方面的需要。当代管理理论则把人当成所谓的“复杂人”，认为人是复杂的，所以需要也是因人的个性、年龄、环境不同而不同，人与人的关系也会改变。自20世纪90年代学习型组织理论出现后，人性假设有了新的突破。学习型组织理论提出了“学习人”的假设，认为在现代组织中人应该不断地学习，提升自己的素质，以适应社会的发展与进步。自我超越、完善心智模式、系统思考、共同愿景、团队学习都是新人性的特点。当代管理从理论到实践均对人在管理中的重要作用和管理目的的本质给予了高度重视，这些无一不体现出人本原理的力量。

第一节 人本原理

一、人本原理的概念

人本原理，是以人为中心的管理理论与管理实践活动的总称，它是与“以物为中心”的管理思想相对应的概念。人本原理强调人在管理中的核心地位和作用，把人的因素放在首位。它要求各项管理活动都应以调动人的主观能动性和创造性，做好人的工作为根本。为此，管理者必须充分认识人力资源的重要性；要管好组织的资金、各项物资、时间、信息等资源，必须首先抓好人的工作这个根本，使每一个人都能在一定的理想、信念、道德情操引导之下，理解自己的职责和作用，主动地、创造性地、愉快地完成自己的工作任务。

1. 人本原理的内涵

(1)重视人的因素。重视人的因素，即在组织的一切资源要素、条件中，强调和突出人的地位和作用，以人为本。人的因素之所以重要，是因为人与世间其他任何物种相比有其特殊素质和能力。在社会发展过程中起着特别重要的作用。重视人在组织中的地位与作用，把人作为管理的核心和组织最重要的资源来开展各项管理活动。

(2)重视人本素质。重视人本素质，即在人的一切素质中，强调和突出人本素质的地位和作用，以人本素质开发为根本。人的素质包括：体力素质、智力素质和人本素质。其中，人本素质是指人的政治方向、理想、道德情操、价值观念、行为准则、责任心以及纪律性等精神素质。对于人类自身而言，离开了人本素质，一切其他素质，如专业知识、技术、业务能力等都会缺乏精神力量，甚至迷失方向。

(3)重视导向素质——政治方向和价值观。人本素质可具体化为导向素质、规范(法规、道德)素质和动因(需要、动机)素质等，其中导向素质，是人本素质之本，是重中之重。

导向素质主要决定人的政治方向和价值观念，重视导向素质，即在各种人本素质中，强调和突出政治方向和价值观念的地位和作用。其他人本素质必须以政治方向和价值观为导向和核心，否则，就会失去方向和重心。作为管理者，必须在政治上与党的方针、政策保持一致。价值观是指一个人对周围的客观事物(包括人、物、事)的意义、重要性的总评价和总看法。价值观不仅影响个人行为，还影响群体行为和整个组织行为，进而影响组织绩效。在同一个事物中，由于人们的价值观不同，会产生出不同的行为。例如，在一个组织中，有的人注重工作成就感，有的人看重金钱报酬，也有的人重视地位权力，这就是因为他们的价值观不同。同一个规章制度，如果两个人的价值观不同，那么他们将很可能采取不同的行动。认为这项规章制度合理的人就会认真贯彻执行，认为这项规章制度是错误的人就可能抵制或拒不执行。而这种截然相反的行为，将对组织目标的实现起着完全不同的作用。因此，为获得优异的组织工作绩效，领导者在选择目标时，必须考虑到与组织活动有关的个人和群体的价值观念的平衡与统一。

对任何组织而言，正确的政治方向和价值观的基本点均要始终明确组织存在与发展的目的，即端正组织宗旨和使命，进一步来说，即通过为社会提供物美价廉的产品和各种服务，争取合理的利润或最好的工作成效，追求社会的可持续发展。强调正确的政治方向和价值观，能够促使管理对象明确组织的整体目标，组织与个人的责任与任务，自觉、主动地为实现社会、组织与个人目标而努力工作。

2. 人本管理的基本特征

(1)把人作为管理的核心。人本管理把人置于组织中最重要的资源地位。这是人本管理与“以物为中心”的管理的最大区别，它意味着组织的一切管理活动都围绕如何识人、选人、用人、育人、为人、留人而展开。人成为组织最核心的资源和竞争力的源泉，而组织的其他资源(如资金、技术、土地)都围绕着如何充分利用人这一核心资源，如何服务于人而展开。

(2)充分体现全体员工在管理中的主体地位。人本管理是全员参与的管理，在实行人本管理的组织中，每位员工都是真正的主人，管理者和普通员工之间是分工合作关系。在工作秩序上不是自上而下的传统控制导向的管理模式，而是鼓励全体员工都对工作进行策略思考，形成上下双向交流的自主工作秩序。管理者的工作重点是在组织结构重整之后，搞好授权与激励，让每位员工都能享受权利、信息、知识和酬劳，从而使人人都有授权赋能的感受。

(3)把利用和开发人力资源作为实现组织目标的主要方式。由于人才是组织成效的基本条件和决定性因素，因此，任何组织赢得优势的唯一途径只有利用和开发人力资源。同时由于知识更新速度不断加快，组织还要不断追加人力资本投资。

(4)把组织内外的利益相关者视为自己的服务对象。现代新制度经济学把组织定义为物质资本所有者和人力资本所有者的一种契约，赋予组织的全体员工(包括高管层和一般员工)人力资本所有者这样一个地位，从而使他们和组织物质资本所有者一样拥有控制组织、分享剩余的权利。人本管理正是以这一理论作为开展管理活动的基础，既然组织的全体员工是组织的所有者之一，就应该都是管理活动的服务对象。随着社会的发展进步，组织除了要实现其社会目标或经济目标，对行政长官或股东负责，以及实现员工的个人发展目标之外，还必须关心自己的服务对象，如市民或顾客的利益，遵守国家法规政策，关心社区的公益事业，保护资源和环境，把组织自身的社会经济目标和社区的发展规划、国家的发展目标结合起来。只有这样，组织才能树立良好的形象，得到公众的普遍支持，从而取得更大的发展。

(5)以社会目标、组织目标与个人目标的实现作为成功的标志。在实行人本管理的组织中，全体员工都是管理活动的主体和服务对象，组织成功的标志是要看社会目标、组织目标与个人目标是否得到兼顾。只有将三者的目标有机结合，才能增强组织的凝聚力，突出组织存在的价值和意义，充分调动全体员工的精神力量，发挥主动性、积极性、创造性，使组织获得持续发展。

二、人本原理的依据

1. 从管理的过程来看

(1)计划即确定方向、目标、行动步骤与时间。计划过程基本是创造性思维、设计性工作。理性决策虽然需要技术手段，但最终还取决于人。

(2)组织关系、组织结构的设计，责任、制度的建立，以及对组织人、财、物等资源的指挥、协调等主要靠人。

(3)现代控制手段、控制技术虽然越来越先进，但这些控制手段、控制技术仍然受制于人。

2. 从社会生产力的构成要素来看

在构成生产力的两大要素中，人是主体要素，是一种特殊资源。在组织运作所需的所有要素中，只有人这一要素，在管理过程中具有创造性，一个组织的人力资源是最重要的资产，也是其有效运转的关键。因此，每个组织在管理中，必须重视人的作用，做好人的工作，使这个特殊资源发挥特殊作用。人是事业的本体，组织的优势在于成员。

3. 从管理活动的要素来看

管理活动是人、财、物、技术、时间、信息等基本要素相互作用的过程。在这些要素中，只有人既是管理的主体要素，又是管理的客体要素，其他要素都仅仅是管理的客体。人是这些基本要素中的第一要素，也是最重要的、起主导作用和决定作用的要素。因此，激发人的工作热情是管理的首要问题。现代管理理论和大量管理实践都证明，对任何一个组织的管理，都要贯彻人本原理，而贯彻这一原理的首要问题是调动人的积极性、主动性。调动人的积极性要从人性出发，使用现代管理中的各种有效理论和方法，分析影响人的积极性发挥的因素，遵循人的思想活动的基本规律，做到出发点正确，分析入理，方法得当，并注意其思想的动态变化，采取权变的方法。

4. 从时代发展特点来看

在知识经济时代组织对知识的渴求与日俱增。比如企业，除每年拿出巨额培训费，培养自己的适用人才外，还要出高价四处网罗优秀人才。因为它们知道，只有人才才有可能给企业带来巨大回报。尤其是我国进入相对过剩经济时期以来，商品不缺，资金不缺，一般劳动力更是不缺。唯一缺乏的就是创造新产品和开拓新市场的知识和创意。在此形势下，企业更是求贤若渴、求知若渴，有的企业甚至已开始实施“人才掠夺战略”。它们知道，人才脑子里的知识和创意才是企业最重要的财富。有了人才的垄断，才有技术的垄断，然后才有市场的垄断。更重要的是，取得了人才，如何留住人才、用好人才，对企业的成功与发展具有决定意义。

管理首先是人们为了达到自己的目的而进行的自觉活动。人是一切管理活动的主体，把人的因素放在第一位，发挥人的主动性和创造性是现代管理发展的必然趋势。为贯彻实施“人本”原理，便提出了与其相应的能级原则、动力原则和行为原则等。

三、人本原理的基本要求

1. 确立愿景，搞好组织文化建设

愿景＝愿望＋远景，愿景＝理想＋目标，有愿就有力。愿景的形成，领导人责无旁贷。

组织文化是组织的灵魂，是组织的精神指针，是决定组织命运的看不见的手，是人本管理的具体体现。各组织都有不同的组织文化，优质的文化是慢慢建立起来的，主管人员肩负重要的使命。组织文化，是组织内部成员共同的价值观，和所有成员的行动习惯，组织风格，内部的气氛和员工的想法，工作方式等都包括在内。例如，要看一个公司好坏，从员工的走路、员工的表情和员工的谈话三方面便知。塑造组织文化要用心，要花很多时间，要坚持，要有一群志同道合的人以身作则，文化可以形成一股力量，自然的压力会超越规章制度。要成功改革或形成有益的组织文化必须做到以下三个基本点：

(1)经营者凡事以身作则。

(2)统一高层干部的思想，使这些成员成为扩展理念的核心。

(3)对所有干部实施教育。

组织文化的塑造旷日费时，是一个难度相当高的心灵改造工程。它的建立必须持之以恒，上下全员配合，还需要组织尽心尽力维护，才能够持续不断地传承下去。组织文化这么重要，要靠大家努力塑造及维护，使得公司的顾客满意，公司形象乃至营运状况都应当为市场所称道。

2. 尊重人

(1)尊重员工的人格。随着现代组织制度的建立，组织职工将逐渐失去传统意义上的“铁饭碗”，成为组织的“合同工”。合同工不是“雇佣工”，根据合约，合同双方是平等的主体，具有同等地位，任何一方不得将自己的意志强加给另一方，员工的人格必须得到尊重，从而应体现出平等协商的原则。

(2)尊重员工的物质需求。在物质生活尚未极大丰富，劳动尚未成为人们的第一需要之前，物质需求仍是员工的基本需求，也是员工工作的强大动力之一。满足员工日益增长的物质需求，是调动员工的积极性、激发员工智能、增强员工对组织信心的有效手段。组织员工为组织建设与发展作出了贡献，理所当然应取得相应劳动报酬，也许有时会“讨价还价、斤斤计较”，这是正常的现象，不应受到批评和敌视，而应得到尊重和鼓励。

(3)尊重员工的精神需求。现代组织的员工，面对竞争和组织改革，在心理上存在巨大的压力，往往渴望得到精神上的安慰及人际沟通、友谊与信任，更渴望得到稳定、平静、

愉快的生活环境。因此，管理工作要尽可能让员工感到自己的重要，从满足员工的精神需求出发，注意聆听他们的意见，让员工知道你尊重他们的意见，赏识他们的积极性，为员工创造一个言路畅通，有话敢讲，有求必应，求有所获的环境。从关心和爱护员工出发，做到宽严相济、严而有情、宽而有序。

(4)尊重员工对机会和未来发展的需求。随着科学技术的飞速发展，员工的知识结构需要及时更新改善，才不会落后于时代。员工选择组织不再仅仅是取决于收入的高低，更要看组织有无良好的促进自身发展和施展自身才能的机制，以及有无良好的培训机会。员工已将培训机会视为最大的福利，将自己未来的发展空间作为首选条件。

我们应注重这种现状和发展趋势，满足员工在这方面的需求，建立和完善人才脱颖而出的机制，创造员工成才的环境。努力给员工，特别是优秀员工提供良好的培训机会和学习机会，让他们真正学到自己想学的东西，不断丰富自己的知识面，拓宽视野，增长才干；热情鼓励和激励员工明确自己的目标，增加员工选择自己职位的自由度，赋予员工责任，为其增加竞争发展的机会，使员工在自己喜欢的事业中有所建树，展现自己的才华。

3. 实行参与管理，树立主人翁精神

参与管理，就是指在不同程度上让员工和下属参加组织的决策过程及各级管理工作，让下级和员工与组织的高层管理者处于平等地位，研究和讨论组织中的重大问题。实行参与管理可以使员工感到上级主管的信任，增强组织内的沟通与协调，鼓励员工把创造力投向组织目标，从而体验到自身利益与组织发展密切相关而产生强烈的责任感；参与管理为员工提供了取得别人重视的机会，有助于提高能力，使他们在工作中取得更好的成绩，满足员工的社会需要和自我实现的需要，从而增加员工的成就感。员工因参与商讨与自己有关的问题而受到激励。参与管理既对个人产生激励，又为组织目标的实现提供了保证。

(1)参与管理的关键性因素——权力、信息、知识技能和报酬。在参与管理的过程中，这四个因素必须同时起作用。如果仅仅授予员工决策权和自主权，却得不到必要的信息和知识技能，那么，也无法作出正确的决策。如果给予了员工权力、必要的信息，对他们的知识和技能也进行了训练和提高，但不把绩效结果与报酬相联系，久而久之，员工就会失去参与管理的动机与热情。

(2)参与管理的形式。员工参与管理有多种形式，最主要的包括：分享决策权、代表参与、质量圈和员工持股方案。

参与管理在西方国家得到了广泛的应用，其具体形式也不断推陈出新。但是，参与管理并非适用于任何情况。在要求迅速作出决策的情况下，领导者还是应该适当集权。而且，当员工还不具有一定的素质、技能或心理时，也不可操之过急。

4. 创造乐观的组织

幽默感、微笑和体验乐趣是人类进化的标志。幽默能够改善人与人之间的相互关系，教会他们如何处理冲突和如何建立信任。尽管组织的效率和幽默的水平之间的关系仍然没有实证来检验，但幽默确实对员工有着直接的影响。幽默能通过增加脑的含氧量

和降低产生压力的荷尔蒙来减少员工的压力，增加创造力，增加组织员工之间的信任度，尤其在绝望的情况下，幽默是解除紧张和压力的有效方法。

显然，人们更愿意在一个充满乐趣的环境下工作。那些不满意的员工比别人有着更多的迟到记录，经常缺席，频繁地变换工作和要求更高的薪水。相反，快乐满意的员工总是全身心地投入工作，对工作和工作环境都很喜欢，更乐意帮助同事(有团队精神)，而不愿轻易离开他的岗位。

组织不可能命令员工之间必须有乐趣，只能创造一种环境，使乐趣在需要的时候能够很自然地表现出来。大多数的员工也不需要教他们什么是幽默，对管理者而言，最重要的就是树立榜样，创造环境。管理者或领导者应该具有创造幽默环境的能力。使团队成员能够尽情欢笑，从而紧密地联系在一起。笑声、乐趣和幽默构成了人的一部分特征，应将其融入组织，使组织更加人性化。

第二节 能级原则

能级原则实际上也是量才用人、层次用人的原则，是不以人们意志为转移的客观存在。管理是一种综合性的创造活动。在管理组织系统中，只有将具有不同素质、能力和专长的人进行科学的组合，才能产生最大的效应。管理能级包括两个方面，组织各层次的岗位能级和人才各类型的专业能级。解决好这两者的协调适应问题，对管理的有效性具有重要意义。

一、能级原则的概念

“能级”一词是从物理学中借用过来的概念。能，在物理学中是做功的量；级，在物理学中表示物质内部或系统内部的结构、秩序、层次等。其原意是，原子由原子核和核外绕核运转的电子构成，电子由于具有不同的能量，就按照各自不同的轨道围绕原子核运转，即能量不同的电子处于不同的相应等级。这种现象在管理上同样存在。在现代管理活动中，能表示为机构、法和个体的能量，通常可理解为办事的本领。能量有大有小，可以分级，分级就是建立一定的秩序，一定的规范，一定的标准。在管理系统中表示内部的结构、秩序和层次等。

所谓能级原则，即现代管理应该建立一个合理的能量等级，并按照一定的标准，将管理的对象置于相应的等级中。管理的组织结构与组织成员的能级结构必须相互适应和协调，这种能级应根据管理内容的发展变化而相应变化，必须和管理的内容相对应，这样才能提高管理效率，实现组织目标。在管理组织系统中，只有将具有不同素质、能力和专长的人才进行科学组合，才能产生最大的效应。管理能级包括两个方面：

1. 组织各层次的岗位能级

岗位能级，即以个人能力为核心，以专业等级为基础，依照个人实际工作能力，确定能级。岗位能级管理，即建立科学的能级评定体系实行分级分类的能级管理。建立以能级与任用、奖金待遇挂钩的管理机制，解决能干与不能干的问题，激发成员立足岗位、勤奋学习、开拓进取、奋发成才的内在动力，促进人力资源的开发和优化配置。

管理层次与职位的高低取决于该层次、该职位客观的工作状况与工作要求。一般来讲，职权越大，对下属的监督力度越广，所作决策和决定的影响力就越大，其管理层次与职位就越高；周围环境对其工作的限定性因素越少，所受监督越小，工作的自由裁量越大，要求独当一面的能力就越强，承担的责任就越大，其管理层次与职位就越高；工作越具有模糊性、处理的非常规性问题越多，该业务要求的创生力、变革力就越强，其管理层次与职位就越高；工作方法越复杂化、知识层面越多样化、影响力越辐射化，其管理层次与职位就越高。

2. 各类型人才的专业能级

从总体来看，管理层大致可分为三级。高层实施宏观管理，解决组织运作的总体性、战略性的问题；中层实施中观管理，解决组织运作的部门性或战役性问题；基层实施微观管理，解决组织运作的作业性或战术性问题。这三个层次上的管理者在气质、知识、专长等方面均有不同要求。例如，适合配置在高层担任宏观管理的人才，要求精通管理艺术，要求更多的一般管理知识和能力；适合配置在中层担任中观管理的人才，要求均衡的管理知识、领导艺术和专业技能；适合配置在基层担任微观管理的人才，则要求偏重于掌握某项专业或作业技能和领导艺术的人才。

解决好岗位能级和专业能级这两者的协调适应问题，对管理的有效性具有重要意义。不同层次的管理岗位要求不同的能级，从这一点来说，各能级对能力的要求是相对固定的，但是，就某一具体的管理者而言，他的气质、知识和专长会发生变化与更新，可以从基层升到中层，再从中层提拔到高层。然而，现代人才管理必须坚持能级原则，通过科学的工作分析和人才分析把人才配置在最适合其实际能级的层次上，保证不同层次上的杰出人才都能得到重视和重用。

二、贯彻实施能级原则的要求

正确贯彻实施能级原则，是现代管理中不可缺少的手段，正确贯彻实施能级原则必须做到以下几点：

1. 必须建立科学合理的管理能级层次

管理能级应该是划分层次的。但这种划分不是随意的。它必须建立在稳定的管理结构基础之上，分级必须合理。稳定的组织形态，是管理系统正常运转的先决条件。通常情况下，稳定的管理能级结构应是正立三角形的，即上面小下面宽。各层的比例要协调，人员配备要合理，才能发挥最高效率。

其层次结构分为决策层、职能层、操作执行层。决策层，确定系统的大政方针，根本任务是决定系统的运作模式；职能层，运用各种管理技术来实现系统的运作方针；操作执行层，贯彻执行管理指令，直接调动和组织人、财、物等管理内容。从事操作和完成一项项具体任务。各层次不仅使命不同，而且标志着能级差异。

管理三角形的顶角可以是锐角，也可以是钝角。锐角三角形，机构层次多，管理费用大，信息传递速度慢，容易失真；钝角三角形，管理人员少，下属人员多，每个管理人员负荷重。无论组织结构形状如何，其人员结构应是较少高级、较多中级、更多下级。

2. 上下能级之间的关系必须相互制约

能级原则不仅将人或机构按能级合理组织起来，而且规定了不同能级的不同目标，上下能级目标的完成是相互影响的。各个层次的职能任务虽然各有不同，但总的目标是一致的。只有各能级都达到了自己的管理目标，才能保证整个系统目标的实现。所以下级的目标是上级目标实现的手段和保证，如果决策层离开了下面的职能层、管理层、执行操作层，其大政方针再完美无缺也只是一纸空文，无法付诸实施。因此，上下能级之间必须密切配合、相互制约和相互协调。

3. 不同能级体现不同的责权利

责权利是能量的外在体现，上下能级之间关系的协调和制约体现了一定的责任、权力和利益关系。上级要求下级按照要求完成相应的任务，只能依据一定权力和奖惩手段来约制下级。有效的管理不是拉平或消灭责权利上的差别，而恰恰是要给予相应能级差别的待遇差别，才能使管理系统中每一元素都能力求做到：在其位，谋其政，行其权，尽其责，取其酬，获其荣，惩其误。

4. 各类能级必须动态地对应

各类能级的动态对应主要包含两层意思：

(1)能量和等级对应。能量和等级对应，即不同能量和不同等级的管理岗位相对应。因为人有各种不同的才能，一个卓有成果的科学家，未必一定是一个好的科研管理人才。各种管理岗位有不同的能级，各类能级与人才相对应就要善于识人用人，善于区分不同才能和素质的人，做到知人善任，充分发挥人的积极性和创造性。俗话说：只有混乱的人才管理，而没有无用的人才。现代科学化管理必须使具有一定才能的人处于相应能级的岗位，做到人尽其才。这种管理体制才能做到稳定，才能持续高效地运转。

(2)保证人才在各能级中流动。岗位能级是随客观情况不断变化的，不同历史时期的任务不同，岗位能级也有差异，并且人的才能也是发展变化的。实现各类管理能级的对应，必须通过各个能级的实践、施展、锻炼和检验人们的才能，保证人们在各个能级中自由运动，各得其位。因此，实行能级的动态对应，才能发挥最佳的管理效能。能级原则，打破了按部就班“熬台阶”的保守用人观念，合理的管理是：管理岗位合理有序，人才运动上下无序。能上，承认人的才能、能力是变化的，有更高能量的人涌现，可以上；能下，能量下降或出现更有才能的人，应下。在我国，要特别注意能上不能下的情况。总之，管理的生命在于运动，凝固状态只会使管理窒息。

实现各类管理能级相对应不是绝对的，能级的对应是相对的，它必然随着人才与岗位能级的发展、变化而相应地变化，应及时进行调整。所以，能级对应必须是动态的，要做到岗位能级合理有序，但人才运动又必须无序，因为用人要不拘一格。只有这样才能发挥管理的效益。

第三节　动力原则

一、动力原则的概念

1. 管理动力的概念

自然物体要运动，就必须有其动力源，有了动力源，还要使动力能够沿着一定方向合乎规律地驱动出来，作定向有序运动，即特定的动力机制问题。比如汽车，动力源是汽油，但却必须有一系列混合、汽化、入缸、压缩、点火、燃烧、带动曲轴，然后经变速箱、万向轴、后轮轴、半轴等能量转化、传导部分，最后才对轮形成力矩，实现汽车向前运动，这就是动力机制系统。现代管理活动与此同理。管理动力就包含有两个相互联系的问题，即动力源和相应的动力机制。

从心理学角度看，在管理组织系统内部，对个人来说，管理的动力源，是指管理活动中所有可能导致人们投入管理活动的人的种种需求。管理动力机制，是指一种确定的引发、刺激、导向、制约动力源的条件机制。正确、有效的动力机制，首先使得动力源被现实地引发起来，同时又能够诱导、限定人们朝着有助于实现组织整体目标的方向作有序的、合乎管理要求的定向行为活动，而所有成员个体这种行为活动的系统整合，就汇成一股强大的行为能量流，推动组织目标顺利达成。从宏观上看，大系统对于下属各个组织子系统，管理动力源也表现为对子系统发展条件的保证和满足。目前，企业普遍实行的经济责任制就其实质，首先就是把员工个人的基本生理需要和某些心理需求视为动力源，然后，提供一系列工作条件，并制定一系列的工资制度、劳动数量质量考核标准等动力机制体系。以对动力源进行有效地诱发、引导、制约、定向，最终提供并确定一种员工个人必须将其个体行为活动纳入达成组织整体目标的轨道中，并且以个人对组织目标实现所作的实际贡献大小为前提、为基数，来获取个人相应比例的工资报酬的规定性机制环境。这样，就保证有可能在组织目标最佳达成的同时，个人也获得高报酬。

2. 动力原则

动力是管理的能源，也是一种制约因素。动力原则，即管理必须有强大动力，而且要正确运用动力，使管理持续有效地进行下去。动力原则在很大程度上决定了其他原则的效能。例如，能级原则必须有充分的能源才能实现，没有强有力的动力，能级就可能蜕化为封建等级。只有当某种动力因素迫使人们非用人才不可，才可能真正做到不拘一格选人才。所以，研究和贯彻动力原则对现代管理非常重要。

3. 动力原则的含义

动力原则包括三方面的含义：

(1)管理要求必须具有动力作用，没有动力就不能推动管理工作向前发展。

(2)要正确运用动力，有了动力，不能正确运用，它不仅会失去推动管理活动向前发展的作用，而且会起阻碍作用。

(3)动力原则的实施必须体现在有利于促进管理活动持续有效地进行下去。

二、管理动力的种类

1. 物质动力

物质动力是根本动力，因为人的生活是以物质为基础的，任何管理人员离开物质都不能生存，人们对物质生活的追求从一定意义上来说，占有极其重要的位置。因此，使贡献和报酬建立起对应关系，通过各种形式的物质利益激励管理人员的劳动热情是非常重要的，一旦物质待遇处理不好，不仅不能提高人的积极性，相反还会挫伤人的积极性。

物质动力的范围很广，不仅是物质待遇，如工资、奖金、福利等，更重要的是经济效益。经济效益是检查管理实践的标准，是现代管理的灵魂。社会主义应该创造出更高的劳动生产率，共产主义必须是物质极大丰富。因此，社会主义、共产主义才成为巨大的动力。在组织管理中，经济效益是物质动力中的核心。提高组织的经济效益是正确运用物质动力推动组织发展的前提。经济效益的高低，决定着组织的兴衰，组织只有赢得了较高的经济效益，才有可能建立改善和提高职工物质待遇的坚实基础。不重视物质动力，或者物质动力运用不当，如把物质动力简单地理解为赚钱和奖金，就有可能出现拜金主义倾向，就有可能受到恶化的物质后果的惩罚，所以物质刺激的本身也有一个经济效果问题。

物质动力虽然非常重要，但物质动力不是万能的，适当合理的物质刺激是必要的，但不是唯一的手段，除了物质动力以外，还必须充分发挥精神动力和信息动力的作用。

2. 精神动力

人的精神生活是由感情和理智两方面组成的，精神动力就是感情因素的调动和理智因素的激发。因此，管理的精神动力，指激发组织及其成员在观念、理想、信仰等精神方面的追求所形成的动力。精神动力在动力原则中占有极其重要的地位。因为管理是人的活动，人和其他动物不同之处在于人有精神。人有精神，就必须有精神方面的动力。精神动力是客观存在的，不仅可以补偿物质动力的不足，而且其本身就有巨大的威力。在特定的条件下，精神动力的作用可以远远超过物质动力，成为决定性动力。长期以来，我国一贯重视精神动力，强调做好人的思想工作。日本管理学家高木森曾说，今后科学管理的方向是向中国学习精神鼓励。当物质越来越丰富的时候，给予精神鼓励，更能调动劳动者的积极性。精神动力的内容有：目标、榜样、集体荣誉、领导行为、关怀、支持及其他方面。

3. 信息动力

信息动力，是指信息的传递所构成的反馈对组织活动发展的推动作用，其在管理活动中是相对独立的特殊动力。在现代科学技术发展较快的今天，信息的作用是众所公认的。从管理的角度看，随着生产技术和科学文化的日益发展，信息量的迅速增长，知识更新周期的缩短，人类已经进入到信息爆炸时代。信息作为一种动力，有超越物质和精神的相对独立性，对组织活动起直接的、整体的、全面的促进作用。

从一个国家来看，如果闭关自守，没有国际之间信息交流，就不能有前进的动力。知道了自己落后，奋起直追，信息就产生了巨大的动力；对一个组织而言，信息是竞争的基础，信息冲击产生的压力会转变成你追我赶的竞争动力；对于个人也是如此，掌握的知识越多，越是拥有生活的动力。对能够定量显示的各种指标，尽可能地进行定量考核，用数据显示成绩和贡献，并定期公布考核结果，能更有可比性和说服力地激励员工的进取心，使员工明确差距，迎头赶上。例如，科技工作者可以从信息中找到自己的努力方向和力量源泉，因此，科技管理要重视充分调动科学家的信息动力，以发挥他们巨大的创造潜力。善于运用信息的刺激作用，可以收到物质激励和精神激励无法实现的效果。各级管理系统都必须广泛地收集信息、处理信息，才能作出正确决策。掌握信息的水平体现着管理水平，可见信息动力在管理中的地位越来越重要。

三、动力原则的要求

动力是客观存在的，发挥动力的推动作用，使客观存在的动力真正起到提高管理效能，推动管理向前发展的作用，要求在管理活动中要正确地运用动力，使管理系统有效地运转。如果运用不当，不仅起不到推动作用，反而会起阻碍作用，正确运用动力原则必须注意以下几点：

1. 综合、协调地运用三种动力

在任何组织中，物质动力、精神动力和信息动力都会起到特定的作用。但三种动力并不是彼此孤立、割裂存在的，而是相互联系，共同作用的。因此，必须把各种动力有机地结合起来，综合、协调地运用三种动力，使之互相补充，互相配合，产生更大的推动力。例如，物质动力虽然从某种意义上来说是根本动力，但是如果离开精神动力，过分强调物质刺激，就会把管理人员引入见利忘义的歧途。在奉献和报酬不相对应的情况下，必须运用精神动力来弥补物质动力的缺陷。通过理论、宣传、教育激励人们的高尚情操和奉献精神，引导人们为了整体利益，顾全大局，放弃个人的某些物质利益，仍能自觉、主动和积极地工作。当然，如果过分强调精神动力的作用，不顾实际情况，不考虑成员的实际物质生活需要和困难，一味强调奉献，只能起到短时作用，难以持久，也是不可取的。同样物质动力或精神动力如果离开了信息动力，往往会产生盲目性，产生和主观愿望相反的效果，所以三者的协调运用是非常重要的。

2. 要具体问题具体分析

三种动力虽然是相互联系，相互补充，但它们毕竟是具有各自的相对独立性。在不同的时间、不同的地点、不同的条件和不同的环节下，三种动力的作用各有不同，有时物质动力起主导作用，有时精神动力起主导作用，有时信息动力起主导作用。因此，在管理过程中，必须做到：具体问题具体分析，根据不同的情况，采用不同的措施，运用不同的动力；既不能把三者完全割裂开来，又不能抹杀它们之间的区别，看不到各自的特点和独特的作用，更不能不分条件、时间、场合，平均使用。

3. 正确认识和处理个体动力与集体动力的辩证关系

管理是社会运动，现代管理更是与社会化大生产融为一体的。它必然以一个集体目标作为自己管理的前提。集体是由个体组成的，每一个个体又有自己的目标。一般地说，个体与集体都有它们各自的精神动力、物质动力和信息动力，具体分析，它们绝不会完全一致。所以，管理者必须有效地通过管理活动，提供和确定一种有效的动力机制，使得个人动力与集体动力方向尽可能大体一致。必须指出，绝对的一致是不可能的，也不符合现代社会人的发展个性化要求。

4. 正确处理眼前动力与长远动力的关系

不同的动力，对于管理而言，发挥作用的时间有长短，影响快慢也有差异。一般来说，个体动力容易倾向于近期而忽略长远，集体和社会动力，则涉及长远的影响与发展。近期动力与长远动力具有内在的相互转化关系而又有所区别，必须合理兼顾。眼前动力与长远动力还可以看成“标”、“本”关系，现代管理不可忘记中医“急则治标”、“缓则治本”的法则。

5. 运用管理动力必须准确掌握刺激量

当行为得到改进时，要给予物质奖励与精神鼓励，这就是正刺激；当行为退化时，要给予各种惩罚和处理，这就是负刺激。无论是正刺激还是负刺激，都有一个基本限度，如果奖励或处罚过轻，就起不到推动作用，如果处罚过重又会挫伤积极性，如果天天刺激，刺激量过大，人们习以为常，也就形成不了动力，反而起到相反的作用，降低管理效能。例如，发奖金是一种物质动力，上级规定最高额为 100 元，它的刺激量是 100 元。有些单位为了减少矛盾，把奖金分为 90 元、95 元、100 元三等，一般都可得 90 元，这样的奖金刺激量就只有 100－90＝10 元了，物质动力的效能也就大大下降了。精神动力方面也是如此，树立的英雄人物、劳动模范越少，刺激量越大。如果先进人物占本单位全员的三分之一，精神刺激量反而下降，失去了榜样的力量。信息动力也不例外。所以，贯彻实施动力原则，一方面，必须高度重视刺激量的大小；另一方面，为了永葆上进，还要不断加强刺激量。

第四节 行为原则

一、行为原则的概念

行为，是指人类日常生活所表现的一切动作。从心理学的角度讲，行为起源于脑神经的辐射，形成精神状态，即意识。由意识表现为动作时，便成了行为。而意识本身则成为一种内在行为。人类的行为具有主动性、目的性、持久性、可塑性和原因性等特征。人的行为是由人的思想、情绪、感情、能力和行为动机诸因素所决定的。

行为原则，是指管理者对管理对象中各类各级人员的行为，进行科学分析和有效管理，把调动各类各级人员的积极性视为整个管理工作的根本。

根据人本原理的精神，调动人的主观能动性和创造性，做好人的工作是搞好各项管理活动的根本，而衡量人的主观能动性和创造性高低的标准只能是人的行为。因为，人的积极性和创造性是一种内在的变量，是内部心理活动的过程。只能通过一个人的行为表现加以考察。对行为的管理不仅局限于所表现出来的动作，而且还必须掌握和了解人的思想、情绪、感情、能力和行为动机等因素。

二、行为原则的要求

贯彻实施行为原则，充分调动人的社会积极性和创造性，要求注意以下四个方面：

1. 要了解人的行为

因为只有了解人的行为才能预测行为，进而调节、协调行为；每一个人作出某一行为或不作某一行为都是受动机和需要所制约的。动机，是指引起个人行为，维持该行为，并将此行为导向某一目标的原因。动机的来源主要有两个，一个是内在条件(需要)，另一个是外在条件(刺激)。不同的人，不同的行为，他的动机和需要是很复杂的，所以，要管理好人的行为，首先必须对人的行为以及有关因素有所了解、有所认识，才能有的放矢，调动人的积极性和创造性。

2. 要利用行为结果对行为的反作用，正确激励人的行为

美国心理学家斯金纳(B. F. Skinner，1904～1990)在巴甫洛夫条件反射基础上进行深入研究而提出的强化理论强调，当行为的结果有利于个人时，行为就会重复出现，这就起到了强化、激励的作用。如果行为的结果对个人不利时，该行为就会弱化或消失。强化理论着重研究行为结果对行为的反作用。所谓强化，包括正强化和负强化。当个体表现出适当或正确行为后给予奖赏，就是正强化；当个体表现出不当或错误行为时施以惩罚，就是负强化。强化过程，就是通过正负两种力量，使行为受到影响的过程。强化理论就是研究如何通过强化来激发动机，从而导致预期的行为。

根据这一理论，在激发动机、强化某种行为时应当遵循下列原则：

(1)要有目标，使人的行为有正确而明晰的方向。

(2)大方向要用阶段性目标来保证，即把整个行为过程划分为若干步骤，使人的行为一步一步受到引导。

(3)及时反馈，即让人们及时知道自己行为的结果。

(4)适当奖罚。

3. 要尽力满足人们正当合理的需要

需要是制约人的行为的重要因素之一，人们总是怀着不同的需要和动机去工作。人的需要是多种多样的，如按照马斯洛的需要层次论，人有生理的需要、安全与保障的需要、交往和归宿的需要、尊重的需要、自我实现的需要五个层次的需要。通常我们所说的需要主要包括物质和精神两个方面。当人们正当合理的需要得不到满足时，势必会影响

他的行为，从而挫伤他的积极性。所以，尽力满足人的合理需要，是调动人们积极性的根本前提。至于什么是正当合理的需要，就当前我国的情况而言，至少应包括以下四个方面：

(1)按劳分配，多劳多得。

(2)体现人的尊严。

(3)感受团队友谊和组织温暖。

(4)积极进取的行为得到及时鼓励。

4. 务必使每个人都有确定的、可以考核的具体责任

建立合理的、科学的责任制是调动人的积极性、提高管理效益行之有效的方法之一。我国农村由于普遍推行了各种形式的生产责任制，调动了广大农民的积极性，推动了农业生产的发展。当一个人具有一定的责任感时，那么他就会主动、自觉地作出完成任务的行为。有了确定的具体责任，还要进行考核、验收，根据完成的实际效果来判定完成责任的情况，并根据规定给予应得的奖惩。

小结

人本原理，是从管理的角度对人的本质属性的认识和理论探讨，是以人为中心的管理理论与管理实践活动的总称。它强调人在管理中的核心地位和作用，把人的因素放在首位。在组织的一切要素、条件中，强调和突出人的地位、人的作用，以人为本；在人的体力素质、智力素质、人本素质中，强调和突出人本素质的地位和作用；在人的导向素质、规范素质和动因素质等各种人本素质中强调和突出导向素质的地位和作用。现代管理应使全体组织成员都能在一定的价值观念、道德情操引导和凝聚之下，理解自己的职责和作用，主动地、创造性地、愉快地完成组织任务。

"能级"一词是从物理学中借用过来的概念。在现代管理活动中，能表示为机构、法和个体的能量，通常可理解为办事的本领。能量有大有小，就可以分级，分级就是建立一定的秩序，一定的规范，一定的标准。在管理系统中表示内部的结构、秩序和层次等。现代管理应建立合理的能量等级，按照一定的标准，将管理对象置于相应的等级中。组织结构与组织成员的能级结构必须相互适应和协调，这种能级应根据管理内容的发展变化而相应变化，必须和管理的内容相对应，才能提高管理效率，实现组织目标。在管理组织系统中，只有将具有不同素质、能力和专长的人才进行科学组合，才能产生最大的效应。能级原则要求，能级管理必须按层次；上下能级之间的关系必须相互制约；不同的能级体现不同的责权利；各类能级必须动态地对应。

动力，是管理的能源，也是一种制约因素，没有动力，管理就不能有序进行。管理必须有强大的动力，要正确运用动力，才能使管理持续有效地进行下去。动力原则在很大程度上影响其他原理、原则的效能。管理动力要素主要有物质动力、精神动力和信息动力等。动力原则要求：要综合、协调地运用三种动力；正确认识和处理个体动力与集体动力的辩证关系；三种动力要综合协调地运用；在运用管理动力时需要重视"刺激量"。

关键概念

人本原理 人本素质 能级原则 动力原则 行为原则

问题和讨论

1. 什么是人本原理?
2. 人本管理有哪些基本特征?
3. 人本原理的依据是什么?
4. 试述人本原理的要求。
5. 什么是能级原则?
6. 简述如何在管理中坚持能级原则?
7. 什么是动力原则?管理有哪些动力?
8. 为什么要三种动力同时运用?举例说明如何综合、协调地运用三种管理动力。
9. 在管理中如何正确运用管理动力?
10. 什么是行为原则?简述行为原则的要求。
11. 讨论:"以人为本"是一种工具还是目的?

案例应用

L公司的人本管理[1]

L公司是一家投资近3亿美元的中外合资企业,坐落于上海浦东高新技术开发区。整个厂区宽敞、漂亮,整片的绿地与现代化的厂房交相辉映,令人感觉不到这是一个年销售收入高达10亿元的企业。

L公司的张总经理是中方选派的。张总经理对自己的企业发展与管理颇有自己的想法:"我们L公司技术设备先进,产品先进。作为一个高科技的企业,作为一个新成立的企业,我们并不担心技术与市场的问题,而担心文化的冲突,担心新员工进入企业后能否迅速整合的问题。中外合资企业中通常拥有不同投资方所在国文化的背景,来自不同国家的员工具有不太一致的价值观、思维方式、行为习惯。这些不一致可能导致一个企业内在存在文化的冲突。我以为解决这个问题的关键在于迅速建立本公司的特定文化。我设想的本公司的企业文化要有一个核心理念,要有一整套将核心理念层层演化于各部门、各员工的具体表述。但是我反对形式化、千篇一律、没有变化。企业文化活动应丰富多彩,应以员工为中心。"张总经理不久便在公司成立了企业文化建设委员会,开始研究公司文化建设问题,希望在不久的将来可以

[1] 芮明杰. 管理学[M]. 上海:上海人民出版社,1999.

建立L公司自己的文化。

1. 员工座右铭活动

企业文化建设委员会经过研究开展了工作——L公司员工座右铭活动。

员工座右铭活动是这样展开的：每个新入公司的员工应自己掏钱买一棵公司指定范围内的树，然后亲手种在公司的地域之内。这棵树上挂上种植人的姓名，并由种植人负责照看，意即“十年树木，百年树人”，员工与公司一起成长。与此同时，每个员工在经过公司的新员工培训后，提出自己的人生座右铭。公司希望每个员工的人生座右铭能够成为他们各自生活、工作的准则。员工的座右铭确定后，也可以修改，但公司要组织评选，看一看哪位员工的座右铭最好、最有意义。

2. 集思广益活动

集思广益活动是指全体员工为了把生产、经营、管理等诸方面的工作做得更好而出主意、想办法、提建议。员工有建议有设想，就可把这些写出来贴在公司各处安放的集思广益招贴板上，如果其他人对这些意见有不同看法或更进一步的想法，可以把自己的意见贴在旁边，以期讨论。每周五，部门、车间等安排一个小时的时间讨论本周的尤其是本部门内的各项建议，以期取得一致意见，安排具体改进的人员和任务；如果本周无甚建议，则可研究下周的工作安排等事项。

3. 文化活动

公司开展了一系列文化活动，如摄影比赛、体育比赛、书画活动等，让每个员工都参与活动，充分展示他们各自的才能，同时让每个员工参加这些活动并比赛评奖，比如摄影比赛，可评出一等奖、二等奖，但评选方法并不是去找几位领导和专家来打分决定，而是把选票放在展品旁边，每个人都可以去投一票，选你认为最佳或最差的作品。

更有意思的是，公司将食堂的桌椅都设计得富有变化，如桌子的形状有三角形、六角形、长方形、正方形、圆形等，椅子的色彩也富有变化。一段时间后，上述这些活动变得难以深入展开了，因为老是这些活动，搞过几次后便成了形式化，员工们也开始厌倦。怎么办？是公司的理念未定，还是企业文化本身就很难从变化中建立？张总经理也陷入深思，他希望从更高层次上来看待企业文化问题，但从何处着手呢？

讨论题

1. 员工座右铭活动的实质是什么？与以人为本的管理相关吗？
2. 集思广益活动是否可能一直进行下去？它与以人为本的管理又有什么关系？
3. 企业文化建设如何摆脱形式化，从而真正具有丰富多彩的个性化特点？

自我评估

你有正确的人本管理观念吗?

提示:请在你认为正确的括号内填"是",错误的括号内填"否"。

---

1. 管理中应以调动人的主观能动性和创造性,做好人的工作为根本。(　　)
2. 管理的主体是人,管理的客体是组织运作。(　　)
3. 以人为中心的管理主要是注重对职工心理、行为的研究。(　　)
4. 人本素质可具体化为导向素质、规范素质和动因素质。(　　)
5. 管理的组织结构与组织成员的能级结构是两个无关的问题,需要分而处之。(　　)
6. 能否解决好岗位能级和专业能级的协调适应,影响到管理的有效性。(　　)
7. 能级的动态对应主要指能量和等级对应。(　　)
8. 没有动力就不能推动管理工作向前发展。(　　)
9. 三种管理动力不能同时运用。(　　)
10. 人的行为往往都有正确而明晰的方向。(　　)

(结果说明:根据本题目设计者的观点,现代人本管理观念可能的答案是:1. 是;2. 否;3. 否;4. 是;5. 否;6. 是;7. 是;8. 是;9. 否;10. 否。)

▲ **学完本章后，你会知道：**

1. 动态原理的概念
2. 动态原理的基本要求
3. 反馈原则的概念,明确如何坚持反馈原则
4. 弹性原则的概念,明确如何坚持弹性原则
5. 创新原则的概念,明确如何坚持创新原则

第十一章 动态原理与原则

产业革命至今，人类社会在发展速度、发展规模和发展质量上的变化都是惊人的。尤其是20世纪末以来，科技的飞速发展，经济全球化进程日益加快，新的事物每天都会大量涌现，新的技术、新的经营理念与方法层出不穷，这种高速发展变化的动态状况令人目不暇接。管理的动态原理要求能够建立发展、变化、开拓、创新的观念，掌握动态原理及与之相应的弹性原则、反馈原则和创新原则。

第一节　动态原理

一、动态原理的概念

动态原理，是说一切事物都是不断发展变化的，静止状态是相对的，运动状态是绝对的。在管理中必须注意现代管理的动态特性，树立动态观念，遵循在动态中做好管理工作的规律，用发展变化的眼光来分析和解决问题。管理的动态原理有两个方面的含义：一是管理组织系统内部固有的结构、功能运行状态，随着内部各要素及内部其他条件的变化而适时调整、变化的动态规律；二是管理组织作为更大系统的子系统，随着大系统的运动而运动，随着大系统的变化而变化的动态规律。可见，动态原理受到内外两方面条件的制约。管理的动态原理体现在管理的主体、管理的对象、管理手段和方法的动态变化上，同时，组织的目标以至管理的目标也是处于动态变化之中，因此有效的管理是一种随机制宜、因情况而调整的管理。动态管理原理要求管理者应不断更新观念，避免僵化的、一成不变的思想和方法，不能凭主观臆断行事。

二、动态原理的基本特征

1. 有序性

管理组织的动态性活动不是混乱无序的，它的运行是按照一定的规律有序地进行的。

(1)系统内的要素运动及功能运动都循着系统自身发展的客观规律有条不紊地进行，并保持有始有终、环环相扣的动态循环状态。

(2)系统针对内外环境条件变化的要求进行有步骤的调整，使组织系统内的原有运行规律按照一定的程序有计划地进行调节变化，以符合内外环境变化的需要。

动态原理的有序性特征，是动态原理发挥有效作用的前提保证。

2. 适应性

适应性是动态原理的主要特征。管理组织系统是一个动态系统，受到系统内外环境两个方面因素的影响和制约。分析研究内外环境的变化，努力适应其变化的要求，是动态管理的核心。正确运用动态原理的适应性特征，可以帮助管理系统走出无法持续保持系统高效运转的困境，增强管理系统的应变能力、适应能力以及改变环境的能力。

三、把握动态原理的现实意义

组织越是发展，其与环境的关系就越密切。组织与外界环境的关系并不是一成不变的，而是处在一个动态平衡的变化过程中，外部环境发生变化，组织本身也要随之变化。平衡是相对的，变化是绝对的。在动态的环境之下，组织势必面临两种基本的选择：要么走向崩溃，要么自身变革重组。把握动态原理有助于管理者冷静、自觉地判断事物的发展、分析事物发展的来龙去脉，收集各种有关的信息数据，做到心中有数；有助于增强管理者对今天快速变化的商务环境的领悟力，实现管理组织运作的动态平衡。

四、动态原理的基本要求

1. 管理要有预见性

预见性是对事物未来的认知和把握。在任何管理活动中，管理系统的内部因素和外部环境都是在不断发展变化的。应当强调指出的是，在现代社会，科学技术和市场需求的发展变化是相当迅速的。它们的发展变化，对于各项管理，特别是经济管理的影响是广泛、深刻的。因此，搞好科学技术预测和市场预测，及时掌握科学技术发展和市场变化的新趋势，对于搞好经济管理和其他各项管理都是至关重要的。

预见能力是管理者做好工作应具备的重要素质，也是管理者综合能力的反映。开阔视野、掌握知识是提高预见能力的基本条件。随着市场经济和现代科学技术的发展，新技术、新学科不断涌现，对社会各方面的发展有着重大的影响。在这种情况下，要想准确地预见未来，就必须时刻注意学习新知识，接受新事物，不断开阔视野，只有这样才能提高对内外环境变化的预见能力。未来是基于过去和现实的延续与发展。预见未来，就要掌握过去和现在的情况，这就需要深入实际、调查研究、找出事物发展的客观规律，为预见事物的未来提供可靠的依据。因此，管理者必须要有较强的预见能力，并运用科学预测方法，正确地把握各种内外条件发展变化的趋势，从而采取相应的管理对策。

2. 管理要把握动态中的平衡

事物的发展过程是从不平衡到平衡的过程。在这一过程中，平衡是相对的、暂时的，不平衡是绝对的、经常的。平衡是事物发展的重要条件，但平衡不仅表现为静态平衡，更多地表现为动态平衡。平衡问题或均衡问题是管理中经常遇到的问题，因此，树立正确的平衡观念，对于适当处理管理中各种动态问题的平衡是非常重要的。例如，在宏观经济管理中，一方面我们要认识到，保持社会总供给与社会总需求的平衡是整个国民经济协调发展的重要保证，因此它是宏观经济管理目标的重要内容；另一方面，我们也应认识到，总供给与总需求的平衡既不是指绝对的相等，又不是指静态的平衡。因此，对于在宏观经济运行中一定时期出现一定限度内的通货膨胀或失业现象，不能惊慌失措。任何事物都有其影响要素，只要我们把握好各要素的功能和作用，采取适当的调节措施，就能够达到新的平衡。

动态原理要求我们在管理中既要看到现状，又要预测未来的发展；既要照顾当前的需要，又要看到长远的利益。总之，要使管理活动适应客观对象变化发展的需要，要不断了解新情况、研究新问题、提出新办法来进行管理活动。不能墨守成规，用一成不变的老框框来对待变化发展的管理对象。要做到这一点就应该重视收集信息，经常注意反馈，随时进行调节，保持充分弹性，及时适应客观事物各种可能的变化。

第二节　反馈原则

一、反馈原则的含义

1. 什么是反馈原则

“反馈”(Feedback)的“馈”，在汉语中作“赠送”解。反馈，是控制论中的一个重要概念，而管理就是一种控制。

每一个管理组织都必须对环境变化和每一步行动的结果追踪了解，及时掌握动态。把行动结果与原来的目标进行比较，找出差距及时纠正，以确保组织目标的实现。这种为了实现一个共同目标，由控制系统把行为结果送回决策机构，决策机构对信息的再输出发生影响，实行动态控制的行为准则，就是管理的反馈原则。

2. 反馈的含义

反馈包括两个方面的含义：

(1)反馈是一种有目标的行动，没有既定目标而提供的信息不是反馈。

(2)反馈是一个过程，包括三个阶段，即感受、分析和决断。感受，即对行动效果的了解，反馈的中心是信息(消息、情报、指令、数据、信号等)，反馈信息的灵敏、准确、适用性决定着反馈的功效。分析，即对行动了解的情况同预定的目标相比较，从中找出目标差。原始信息，往往只是对客观现象的简单直观说明，必须进一步对其分析和处理。决断，即信息经过分析处理后，有的要立即供指挥中心采取相应对策，转化为新的决策行动，有的要贮存积累留做以后参考。这三个过程是相互联系、相互制约、不可分割的。

3. 反馈的种类

应用反馈方法进行控制时，一般产生两种不同的效果：

(1)正反馈。使作用的结果越来越放大的叫正反馈。例如，竞赛，你追我赶，你强我更强。

(2)负反馈。使作用的结果越来越缩小的叫负反馈。例如，为缩小差距进行的反馈，生产中产品质量的反馈。

在管理过程中，反馈的主要作用是对所执行的前一个决策引起的客观变化及时作出有益的反应，并提出相应的新的决策建议。

4. 反馈机构

现代企业规模大、复杂，反馈机构从指挥中心分化出来，成为一项独立的活动。如预测机构、咨询机构、思想库、参谋部等，都是以反馈为职能的系统。现代管理已经没有一个指挥中心可以不建立反馈系统而有效指挥的。

二、反馈系统的控制模型

管理系统的反馈控制模型表现为两种类型：

1. 对系统内部活动变化的控制模型

对系统内部活动变化的控制模型表明，管理系统内部执行系统输出业务信息（或控制信息），执行系统执行后的结果，通过反馈通道送回管理系统，以此为依据，管理系统重新向执行系统发出新的业务信息（或控制信息）。如图 11－1 所示。

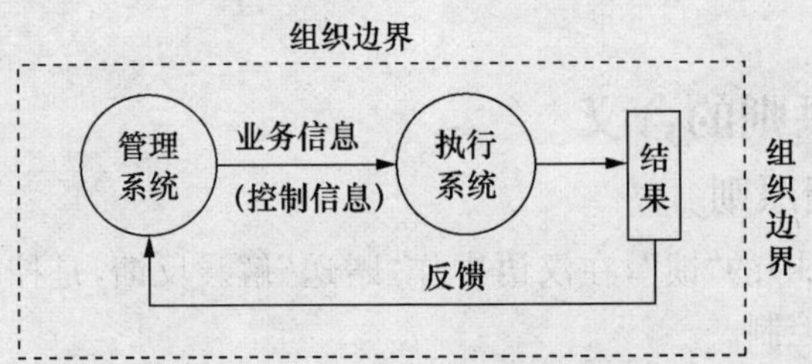

图 11－1　对系统内部活动变化的控制模型

2. 对系统外部环境的变化追踪调整模型

对系统外部环境的变化追踪调整模型表明，对组织系统外部环境的追踪了解获取的环境变化信息，可以通过反馈通道送回管理系统，以此为依据，对原有的目标计划进行适时的调整。如图 11－2 所示。

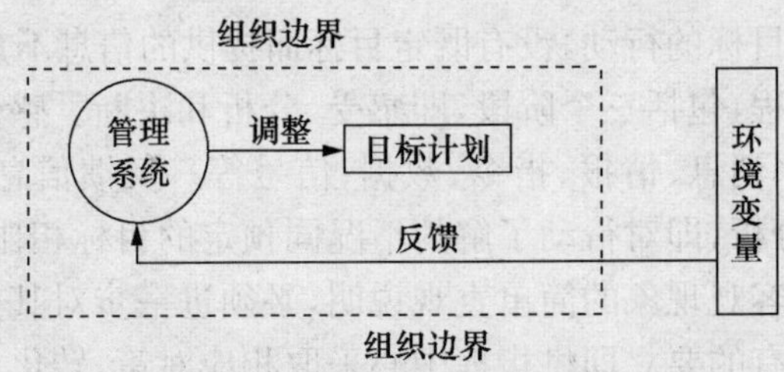

图 11－2　对系统外部环境的变化追踪调整模型

三、反馈不良的表现与结果

1. 反馈不良的表现

反馈不良往往表现在下列五个环节上：

(1)信息来源少。现代管理是与民主不可分离的。在科研上，领导不能很好地倾听专家意见，此专家与彼专家不能互通信息，老专家压制中青年的创见等，都使许多宝贵信息从一开始就处于窒息状态。

(2)感受器少且不灵。没有健全的反馈系统，智囊团、咨询机构的建设被忽视。如企业不仅没有市场情报人员、市场销售人员，连用户服务人员也很少。技术情报系统多年不被重视，许多企业或研究单位甚至没有技术情报机构。

(3)信息传递损失大。管理机构层次过多，层次之间扯皮多，层层有损失。层次之间摩擦多，信息就在摩擦中失真或湮灭。

(4)没有高效的信息分析系统。没有专门的技术发展和政策研究机构,科研成果没有严格而有效的技术评估。有些咨询机构只是一个给领导写总结、写发言稿的班子,没有把主要精力放在分析、加工和处理反馈信息上。

(5)决断无力,权力过于集中或分散。层层领导只起一个"传声筒"作用,一切反馈信息要反馈到最高层才有决断。有的地方权力又过于分散,七个人八个主意,议而难决,决而难行。

小生产的管理习惯于"平安无事",而现代化管理恰恰相反,它的信条是"善于找事"、"积小变为大变,不断完善"。事物发展无止境,始终存在改进的余地。因此,有效的管理要善于捕捉萍末之风,及时反馈,作出相应的变革,把矛盾和问题解决于萌芽之中。决策、执行、反馈、再决策、再执行、再反馈……如此无穷地螺旋上升,使管理不断进步和完善。

2. 反馈不良的结果

(1)长官意志盛行。长官意志,是个人权威的物化形式,是官员专断、霸道的意思。这里主要是说,在管理上,信息来源少,言论阻塞,结果下情不能上达,致使有的领导者不明下情,不明真相,只能"拍脑袋,想当然"。

(2)与客观矛盾尖锐和周期性振荡冲突。反馈信息不及时、不完整,问题不能及时反映上来,日积月累,积怨成仇,矛盾必然激化。

四、反馈原则的要求

能否正确贯彻实施反馈原则,取决于控制系统能否及时准确地接受、处理、利用各种反馈信息。为此,要求做到以下几点:

1. 反馈信息要及时、准确、有力

(1)及时。及时,就是必须有敏锐的感受器,最迅速、最灵敏地反映管理过程的最新进度和各方面的最新动态。具体来说,一方面要适时地记录已发生或出现的种种情况和问题;另一方面要以最快的速度传递给决策部门和管理中心。因为信息一般都具有时效性,时间的延误,将会使信息的价值消失。

(2)准确。准确,就是必须有高效能的分析系统,过滤和加工感受的各种情报,如实反映客观情况。准确是信息的生命,失真的信息比没有信息更坏,它会造成决策失误,对管理工作造成严重的危害。

(3)有力。有力,即反馈机构分析好的信息都是有用的,适合需要的,有助于指挥中心采取强有力的行动,修正原来的管理偏差,获取最好的效益。

2. 搞好信息的获取和加工工作

反馈机构要能做到及时、准确、有力地将信息传送给决策中心,首先就必须做好信息的获取和加工。获取信息是信息系统运行的第一步。获取的原始信息是否具备了完整性和真实性决定着信息的质量。一方面建立高度灵敏的信息接收部门;另一方面通过加强人员培训,提高接收设备先进性等手段,加强信息接收的科学性,为反馈活动的有效进

行提供可靠服务。

信息的加工是指运用科学的方法对所获取的数以亿万计的原始信息进行筛选、分类、排序、对照比较、计算和分析、研究，去伪存真，发现问题的苗头，揭露矛盾，对管理活动进行评价，以提交可供参考的信息资料。做好信息的加工是及时传送准确、有力信息的先决条件。

3. 加强反馈控制工作

加强反馈控制工作，即要及时发出控制指令，向全体员工宣传控制的意图与重要性，确定有效的控制方法与步骤等。没有控制，反馈也就失去意义。例如，提倡群众提意见、建议，而没有采纳，不对系统发生影响，反馈就是多余的。

4. 要坚持封闭原则

封闭是实现反馈的手段，没有封闭就难以反馈，也就无从控制。管理的各个方面、各个环节都要封闭。例如，管理过程的封闭是决策——执行——监督（反馈）——决策；人事任免的封闭是任命——使用——监督（反馈）——再任命（晋升或降职等）。另外，由于系统的动态性特征，在还没得到反馈信息时，系统已发生了很大变化，这时就要采取前馈手段，即在系统状态预测的基础上，增加前馈手段对系统状态进行控制，以实现系统目标，如考虑到下一期通货膨胀率的增大可提前采取紧缩政策。

有效的管理必须及时反馈，作出相应变革，把问题解决于萌芽之中。理想的过程是：决策——执行——反馈——再决策——再执行——再反馈，螺旋式上升，不断完善。随着现代化管理水平的不断提高，信息在管理中的地位和作用越来越重要。建立完善的反馈系统，做好信息的接受、处理和利用是提高管理效益不可忽视的一项重要原则。

第三节 弹性原则

一、弹性原则及其决定因素

弹性原则，是指管理必须保持充分的弹性，及时适应客观事物各种可能的变化，才能有效地实现动态管理。弹性原则是由管理科学的特点所决定的。与其他科学相比，管理科学具有下列四个方面的特殊性决定了管理必须坚持弹性原则。

1. 复杂性

管理科学所考查的问题，从来不是单因素的，也不是少量因素，而总是有很多的因素在起作用，管理的决策总是合力的结果。管理人员在作出决策时，要做到一次就完全掌握所有的因素，百分之百地正确反映客观规律是很难办到的。所以，绝对正确的决策是不存在的，再高明的决策者也只能是做到基本上正确或相对正确。因此，管理必须留有余地。这一特点决定了在动态管理中要有弹性，实行弹性原则。

2. 整体性

其他科学，特别是自然科学的研究方式，一般总是排除次要因素，抓住主要矛盾即可。做实验，总是固定一些因素来进行，以探求可能的规律。但是，管理不同，它不仅要抓住主要矛盾，而且不可忽视细节。科学的管理必须考虑一切可能的因素，综合平衡，以求得最佳的技术经济效益和社会效益。忽视了一个因素，有可能造成全局失败。然而，在实践中百分之百地抓住细节，既不可能又不必要，因此，应该留有可调节的余地。

3. 不确定性

世界上一切事物都在运动变化之中，而管理带有更大的不确定性。这不仅因为管理因素多，变化大，而且由于管理是人的社会活动，人作为有思维活动的生命，更有许多变化的不确定性。为了适应这种变化，也必须实施弹性原则。

4. 实践性

管理是行动的科学，它有后果问题。由于管理因素多，变化大，一个细节的疏忽都可能带来巨大的影响，所以，在一开始就要保持可调节的弹性，即使出现差之盈尺的情况，也有可能及时采取对策应付。

正是因为上述四个特殊性，所以现代管理十分重视保持弹性。

二、管理弹性的类型

1. 局部弹性

局部弹性，即任何管理必须在一系列管理环节中保持可以调节的弹性，特别是在重要的关键环节要保持足够的余地。例如，在进行重要问题的决策时，应该尽可能地准备备选方案，以保持弹性，阿波罗登月飞行航向，在全程就有 13 次可调节校正的机会，从而保证即使遇有故障也可安全到达目的地。

2. 整体弹性

每个层次的管理系统都有整体弹性问题，它标志着系统的可塑性或适应能力。从一个人来说，如果其政治觉悟高，智力水平高，知识渊博，基础好，适应性就强，这就是个人的整体弹性强。对一个国家来说，也有整体弹性问题。例如，一个国家科学技术落后，在很大程度上与全民的科学文化水平不高有关。极大提高全民族科学文化水平就是提高整体弹性的措施。日本从明治维新时期起就把教育当做首要的复兴任务，因此，物质财富虽因战争破坏，但由于民族科学文化水平较高，整体弹性好，就能较快地把科学技术和国民经济搞上去。发展科技有两类指标，一是科技水平，指单项成果的质量；二是科技发展能力，指产生高质量成果的本领。对于拟建成科技现代化的国家而言，后者比前者更重要，它是科学技术整体弹性的体现。

局部弹性是整体弹性的基础，整体弹性是局部弹性的综合。但整体弹性的这种综合性并非全部局部弹性的简单相加，而是形成一种整体“新质”，即产生了质的飞跃。

三、弹性原则的要求

1. 确定的决策

管理者对自己决策的确定性要有一个基本认识，否则就不是留有余地的弹性，而是决策的不确定性。没有基本确定的决策，也就谈不上所谓弹性。弹性的不确定性是建立在相对确定性的前提下的。

2. 要严格区分积极弹性和消极弹性

在应用弹性原则时，要严格区别消极弹性和积极弹性。积极弹性，即充分发挥人的智慧，进行科学预测，在关键环节保持可调节性，事先预备可供选择的调节方案，充分分析事态的多种可能发展趋势及应急措施。消极弹性，即把留有余地当做"留一手"。例如，计划定得松些，指标定得低些，费用预算宽一点，人员配备多一点，人员积压，不能发挥作用也不放等，就是消极弹性。现代管理要着眼于积极弹性，杜绝"消极弹性"思想，变消极弹性思想为积极弹性思想，不是遇事"留一手"，而是遇事"多一手"，我们应该大大研究和加强管理的积极弹性。

3. 着重关键环节的局部弹性

"抓重点"是正确应用弹性原则的另一要求。抓住重点的前提是关键因素或关键环节的确定。

(1)关键因素与环节的主要特征。关键因素与环节的主要特征是对组织整体目标的实现举足轻重、薄弱环节、不确定性大、难以控制的部分。

(2)提高局部弹性的措施。提高局部弹性的措施，主要是要加强对关键环节未来发展变动概率的科学预测；根据预测，建立各种科学有效的防范方案与措施；严密注意事态的发展，及时发现问题，采取相应措施，真正实现局部弹性化。

4. 增强整体弹性

提高局部弹性，就是为了增强整体弹性。有了整体弹性，就有了实现系统整体目标的保证。对系统整体弹性的增强，既可以通过加强局部弹性来实现，又可以直接从整体角度入手来解决管理弹性问题。

第四节 创新原则

一、创新原则的概念

1. 创新

创新(Innovation)一词起源于拉丁语，其原本含义包括：一是更新；二是创造新的东西；三是改变。创新是人类特有的认识能力和实践能力，是人类主观能动性的高级表现形式，是推动民族进步和社会发展的不竭动力。

创新理论由美国经济学家熊彼特1912年首先建立，他在其代表作《经济发展理论》中提出：创新是建立一种新的生产函数，是一种从来没有过的关于生产要素和生产条件的新组合，包括引进新产品，引进新技术，开辟新市场，控制原材料的新供应来源，实现企业的新组织。

德鲁克对“创新”下的定义是：改革资源的产出量或改变消费者从资源中获得的价值和满足，它与发明（Invention）不同。发明是指一种新产品、新技术或新的经营方式的初次出现。创新是指把一种发明引入经济之中，从而给经济带来较大的影响或发生较大的变革。

创新是以新思维、新发明和新描述为特征的概念化过程。创新包括以下含义：

（1）创新的目的是解决实践问题。

（2）创新的本质是突破传统和常规。

（3）创新是一个相对的概念，其价值与时间、空间有关。同样的事物在今天看来是创新，明天可能是追随，时间久了，大多数人都接受了，自然就是传统了。因此，创新必须在一定时间或空间范围内具有领先性。

（4）创新具有广泛性。创新可以在解决科学或技术问题、经济问题和社会问题的各种范围内发挥作用，同时也是任何人都可以参与的活动。

（5）创新以取得的成效为评价尺度。有成效才能认为是创新，根据成效，创新可以分成若干等级：有的是划时代的创新，如北大方正的汉字激光照排系统淘汰了铅字，使全国印刷业告别了对铅与火等自然资源的依赖；有的是时尚创新，如电子宠物曾为厂商带来丰厚利润，但不久就失宠了。

2. 创新原则

任何社会系统都是一个由众多要素构成的，与外部环境不断发生物质、信息、能量交换的动态、开放的非平衡系统。而系统的外部环境是在不断地发生变化的，这些变化必然会对系统的活动内容、活动形式和活动要素产生不同程度的影响；同时，系统内部的各种要素也是在不断发生变化的。系统内部某个或某些要素在特定时期的变化，必然要求或引起系统内其他要素的连锁反应，从而对系统原有的目标、活动要素间的相互关系等产生一定的影响。系统若不及时根据内外环境条件变化的要求，适时进行局部或全局的调整，则可能被变化的环境条件所淘汰，或为改变了的内部要素所不容。同时，一个民族要想走在时代前列，就一刻也不能没有理论思维，一刻也不能停止理论创新。这种为适应系统内外变化而进行的局部或全局的调整，以及理论思考和创新，便是管理的创新原则。换言之，管理的创新原则，即作为现代组织，必须有目的地寻找创新源泉，捕捉变化，抓住一切可以导致创新成功的机会和先兆。

二、创新的基本内容

系统在运行中的创新涉及许多方面，不同的社会组织可以有不同的创新内容。为了便于分析，我们以社会经济生活中大量存在的企业组织为例来介绍创新的内容。

1. 目标创新

企业是在一定的经济环境中从事经营活动的，特定的环境要求企业按照特定的方式提供特定的产品。当环境发生变化，企业的生产方向、经营目标以及企业在生产过程中与其他社会经济组织的关系就要进行相应的调整。我国的社会主义工业企业，在高度集权的经济体制背景下，必须严格按照国家的计划要求来组织内部的活动。经济体制改革以来，企业同国家和市场的关系发生了变化，企业必须通过其自身的活动来谋求生存和发展。因此，在新的经济背景中，企业的目标必须调整为“通过满足社会需要来获取利润”。至于企业在各个时期具体的经营目标，则更需要根据市场环境和消费需求的特点及变化趋势适时地加以整合，每一次调整都是一种创新。

2. 技术创新

技术创新是企业创新的主要内容，企业中出现的大量创新活动是有关技术的创新，例如，现代工业企业的一个主要特点是在生产过程中广泛运用先进的科学技术。技术水平是反映企业经营实力的一个重要标志，企业要在激烈的市场竞争中处于主动地位，就必须顺应甚至引导社会技术进步的方向，不断地进行技术创新。由于一定的技术都是通过一定的物质载体和利用这些载体的方法来体现的，因此企业的技术创新主要表现在要素创新、要素组合方法的创新以及产品创新三个方面。

(1)要素创新。企业的生产过程是一定的劳动者利用一定的劳动手段作用于劳动对象使之改变物理、化学形式或性质的过程。参与这个过程的要素包括材料、设备以及企业员工三类。

(2)要素组合方法的创新。利用一定的方式将不同的生产要素加以组合，是形成产品的先决条件。要素的组合包括生产工艺和生产过程的时空组织两个方面。

生产工艺是劳动者利用劳动手段加工劳动对象的方法，包括工艺过程、工艺配方、工艺参数等内容。工艺创新既要根据新设备的要求，改变原材料、半成品的加工方法，又要求在不改变现有设备的前提下，不断研究和改进操作技术和生产方法，以求使现有设备得到更充分的利用，使现有材料得到更合理的加工。工艺创新与设备创新是相互促进的，设备的更新要求工艺方法作出相应的调整，而工艺方法的不断完善又必然促进设备的改造和更新。

生产过程的组织包括设备、工艺装备、在制品以及劳动在空间上的布置和时间上的组合。空间布置不仅影响设备、工艺装备和空间的利用效率，而且影响人机配合，从而直接影响工人的劳动生产率；各生产要素在时空上的组合，不仅影响在制品、设备、工艺装备的占用数量，从而影响生产成本，而且影响产品的生产周期。因此，企业应不断地研究和采用更合理的空间布置和时间组合方式，以提高劳动生产率、缩短生产周期，从而在不增加要素投入的前提下，提高要素的利用效率。20 世纪最伟大的企业生产组织创新，莫过于福特将泰罗的科学管理原理与汽车生产实践相结合而产生的流水生产线。流水线的问世引起了企业生产率的革命。

(3)产品创新。生产过程中各种要素组合的结果是形成企业向社会贡献的产品。企业是通过生产和提供产品来求得社会承认、证明其存在的价值，也是通过销售产品来补偿生产消耗、取得盈余，实现其社会存在的。产品是企业的生命，企业只有不断地创新产品，才能更好地生存和发展。

产品创新就是研究、开发和生产出更好的、满足顾客需要的产品，使其性能更好，外观更美，使用更便捷、更安全，总费用更低，更符合环境保护的要求。产品创新包括产品品种创新、产品功能创新、产品结构创新，以及产品外观创新等。

产品创新是企业技术创新的核心内容，它既受制于技术创新的其他方面，又影响其他技术创新效果的发挥：新的产品、产品的新的结构，往往要求企业利用新的机器设备和新的工艺方法；而新设备、新工艺的运用又为产品的创新提供了更优越的物质条件。

3. 制度创新

制度创新是从社会经济角度来分析企业系统中各成员间正式关系的调整和变革。制度是组织运行方式的原则规定。企业制度主要包括产权制度、经营制度和管理制度三个方面的内容。

产权制度、经营制度、管理制度三者之间的关系是错综复杂的，在实践中，相邻的两种制度之间的划分甚至很难界定。一般来说，产权制度是决定企业其他制度的根本性制度，它规定着企业所有者对企业的权力、利益和责任。一定的产权制度决定了相应的经营制度。但是，在产权制度不变的情况下，企业具体的经营方式可以不断进行调整；同样，在经营制度不变时，具体的管理规则和方法也可以不断改进。而管理制度的改进当发展到一定程度时，则会要求经营制度作相应的调整；经营制度的不断调整，则必然会引起产权制度的革命。因此，反过来，管理制度的变化会反作用于经营制度；经营制度的变化会反作用于产权制度。

制度创新的方向是不断调整和优化企业所有者、经营者、劳动者三者之间的关系，使各个方面的权力和利益得到充分的体现，使组织的各种成员的作用得到充分的发挥。

4. 组织机构和结构的创新

企业系统的正常运行，既要求符合企业及其环境特点的运行制度，又要求与之相应的运行载体，即合理的组织形式。因此，企业制度创新必然要求组织形式的变革和发展。

从组织理论的角度来考虑，企业系统是由不同成员担任的不同职务和岗位的结合体。这个结合体可以从机构和结构两个层次去考察。

所谓机构是指企业在构建组织时，根据一定的标准，将那些类似的或与实现同一目标有密切关系的职务或岗位归并到一起，形成不同的管理部门。它主要涉及管理劳动的横向分工的问题，即把对企业生产经营业务的管理活动分成不同部门的任务。而结构则与各管理部门之间、特别与不同层次的管理部门之间的关系有关，它主要涉及管理劳动的纵向分工问题，即所谓的集权和分权（管理权力的集中或分散）问题。不同的机构设置，要求不同的结构形式；组织机构完全相同，但机构之间的关系不一样，也会形成不同的结构形式。由于机构设置和结构的形成要受到企业活动的内容、特点、规模、环境等因素的影响，因此，不同的企业有不同的组织形式，同一企业在不同的时期，随着经营活动的变化，也要求组织的机构和结构不断调整。组织创新的目的在于更合理地组织管理人员，提高管理劳动的效率。

5. 文化创新

企业文化已经成为决定企业兴衰的关键因素。而企业文化所涉及的领域和影响的范围无不与企业核心竞争力密切相关。因此，文化创新必须提到国有企业改革的议事日程，要围绕新技术革命的挑战和经济全球化、信息化，用新的价值观、新的视野来谋划和构建新的企业文化，使企业真正成为学习型组织和创造型组织，为培育和提升核心竞争力提供全方位服务。

6. 环境创新

环境是企业经营的土壤，同时也制约着企业的经营。环境创新不是指企业为适应外界变化而调整内部结构或活动，而是指通过企业积极的创新活动去改造环境，去引导环境朝着有利于企业经营的方向变化。例如，通过企业的公关活动，影响社区、政府政策的制定；通过企业的技术创新，影响社会技术进步的方向等。就企业来说，环境创新的主要内容是市场创新。

市场创新主要是指通过企业的活动去引导消费，创造需求。新产品的开发往往被认为是企业创造市场需求的主要途径。其实，市场创新的更多内容是通过企业的营销活动来进行的，即在产品的材料、结构、性能不变的前提下，或通过市场的地理转移，或通过揭示产品新的物理使用价值，来寻找新用户，再或通过广告宣传等促销工作，来赋予产品以一定的心理使用价值，影响人们对某种消费行为的社会评价，从而诱发和强化消费者的购买动机，增加产品的销售量。

三、创新原则的要求

目前，世界正步入知识经济时代。知识经济的一个特点是产品生命周期缩短，市场机会稍纵即逝，竞争日趋激烈；另一个特点是行业先行者能很快取得技术和成本优势，并能赢得和保持消费者的喜爱和忠诚。怎样提高创新能力已成为高层管理者关注的焦点之一。

1. 创新必须以社会需要为导向

大量事实证明，任何一项新产品开发都是由顾客需求引发的。没有顾客就没有创新，如果不能为顾客服务，就不会有创新。了解顾客需求可以从以下三个方面入手：

(1)了解困扰顾客的问题。

(2)了解顾客对现有产品和服务的不满。

(3)了解不同顾客群的不同需求。

今天，创新的结果必须为顾客带来其他产品和服务所不能提供的额外价值才比较容易得到接受。与此同时，你的创新应缩短公司与顾客之间的距离。国内企业创新不成功的重要原因之一就是研究开发部门闭门造车，缺少与顾客的沟通和交流，最后发现提供的产品和服务与顾客的要求相差很远。

2. 创新必须以人才为基石

富有创造力和进取精神的优秀员工是组织创新的基石。发明、改进、创新人才是社会进步的直接推动者，没有他们，社会就会停滞不前。如果一个企业没有创新人才，就会被同行取代；一个国家没有创新人才，就会落后，落后就要挨打。创新人才的多少，决定一个国家、一个组织的命运。

3. 创新必须根植于组织文化的土壤

一个组织若要维持持续的创新能力，必须建立与之相适应的组织文化，可以说，优秀的组织文化是培育和发展创新能力的土壤。基本的方面包括：

(1)追求卓越。应树立一个让自己的组织成为一流的创新型组织的目标，并以此激励整个组织向同一方向努力，同时面对竞争保持高度的警觉和危机感。

(2)鼓励沟通。有效的沟通可以让组织成员互相学习，分享知识并激发创新和解决问题的灵感。

(3)容忍错误。作为组织的决策者，应鼓励尝试和探索，即使出现错误也应该支持成员找出原因，不懈努力，直到取得最后的成功。

4. 把握好创新活动的过程

要有效地组织系统的创新活动，就必须研究和揭示创新的规律。创新有无规律可循？对这个问题是有争议的。美国创新活动非常活跃，其经营成功的3M公司一位常务副总裁曾说："大家必须以一个坚定不移的信念作为出发点，这就是：创新是一个杂乱无章的过程。"

创新在本质上是杂乱无章的，因为创新是对旧事物的否定，是对新事物的探索。对旧事物的否定，创新必定要突破原先的制度，破坏原先的秩序，必须不遵守原先的章程；对新事物的探索，创新者只能在不断的尝试中去寻找新的程序、新的方法，在最终的成果取得之前，可能要经历无数次反复，无数次失败。因此，它看上去必然是杂乱的。但这种"杂乱无章性"是相对于旧制度、旧秩序而言的，是相对于个别创新而言的。就创新的总体，或"创新一般"来说，它们必然依循一定的步骤、程序和规律。

创新并非少数专家的特有领地，一般的涉猎者也完全能提出创新思想。创新思想是"产生的而非再生的"，它是一个完整过程的结果。多年来，一些专家始终在致力于创新思维的研究。他们认为，创新的过程(包括艺术创造)都可以划分为若干阶段。

(1)收集素材。这是一个积累的过程。在这段时期中，需作广泛的探索，研究与问题有关的一切事物。积累和收集各种有用的信息与素材是进行创新的必要前提。

(2)深思熟虑。在此阶段要克服各种思想障碍，发挥思维的灵活性，运用多种创造原理，诸如演绎、归纳、移植、侧向思维、分析与综合等思维方法，进行思索。此阶段有时也会闪现出思想火花(灵感)，经过时间的孕育，也能发展为创新思想。

(3)酝酿储备。即通常所谓的孕育阶段。当某些新思想偶尔浮现时，也许它是以初级、粗糙的形式出现的，需要进一步琢磨、充实与完善，把原始的数据信息和思索时发掘的新资料通过加工整理，进行酝酿构思。

(4)领悟发现。这是作出创造性发现的阶段。在这阶段直觉、灵感、想象等非逻辑思维起着决定性的作用。在继续深思熟虑与酝酿储备的基础上，一旦出现了思维的飞跃，则新的认识与见解就产生了。

(5)确立完善。对创新思想，通过修正、扩充、提炼加以完善，并运用评估的能力加以检验与抉择。

以上划分的各阶段，只是大概地反映了人们创新的思维过程。在实践中，这些阶段并非是截然分割的、刻板的法定模式。它通常是一个不太规则的过程。有时酝酿期很长，可能在较长的一段时间中无明显进展。但在不曾预料的时候会突然出现一个飞跃。作为未来的管理者，理解上述创新的过程不仅有助于充分发挥自身的创造性，也有助于激励他人的创新能力。

5. 组织创新需要注意的问题

(1)正确对待失败。创新的过程是一个充满失败的过程,但"失败是成功之母"。那些表现不凡的组织,往往是"鼓励失败"的老手。

(2)建立合理的奖酬制度。要激发组织成员的创新热情,必须建立合理的评价和奖惩制度。创新的原始动机也许是个人的成就感、自我实现的需要,但是如果创新的努力不能得到组织或社会的承认,不能得到公正的评价和合理的奖酬,则持续创新的动力会逐渐削弱,甚至消失。

小结

管理的动态原理有两个方面的含义:一是管理组织系统内部固有的结构、功能运行状态,随着内部各要素及内部其他条件的变化而适时调整、变化的动态规律;二是管理组织作为更大系统的子系统,随着大系统的运动而运动,随着大系统的变化而变化的动态规律。动态管理原理要求管理要有预见性,管理要把握动态中的平衡。管理者应不断更新观念,避免僵化的、一成不变的思想和方法,不能凭主观臆断行事。为了实现一个共同目标,把行为结果送回决策机构,使因果关系相互作用,实行动态控制的行为准则,就是管理的反馈原则。

反馈原则要求加强信息的接收工作,加强信息的分析、综合工作,加强反馈控制工作。管理的弹性原则,是指管理活动必须保持充分的弹性,以便及时适应客观事物各种可能的变化,才能有效地实现动态管理。

管理弹性一般分为局部弹性和整体弹性。局部弹性是整体弹性的基础,整体弹性是局部弹性的综合。弹性原则要求,提倡"积极弹性"思想,杜绝"消极弹性"思想,变消极弹性思想为积极弹性思想,是正确应用弹性原则的客观要求;现代组织,必须有目的地寻找创新源泉,捕捉变化,抓住一切可以导致创新成功的机会和先兆。创新包括目标创新、技术创新、制度创新、组织创新、组织文化创新,以及环境创新等。坚持创新原则,必须以社会需要为导向、以人为基石,把创新根植于组织文化的土壤,把握好创新活动的过程。

关键概念

动态原理　反馈原则　弹性原则　创新原则

问题和讨论

1. 什么是动态原理?它有哪些基本特征和要求?
2. 什么是反馈原则?试述反馈的含义和种类。
3. 反馈不良有哪些弊端?
4. 简述反馈原则的意义和反馈原则的要求。
5. 什么是弹性原则?简述弹性原则的要求。
6. 什么是创新原则?简述创新原则的要求。

7. 讨论:“留有余地”和“留一手”的本质区别。

8. 讨论:创新与发明、创造有何区别? 创新的社会基础条件是什么?

9. 讨论:如何规避动态化管理的成本和风险?

案例应用

温特图书公司的组织改组[1]

温特图书公司原是美国一家地方性的图书公司。近10年来,这个公司从一个中部小镇的书店发展成为一个跨越7个地区,拥有47家分店的图书公司。多年来,公司的经营管理基本上是成功的。下属各分店,除7个处于市镇的闹区外,其余分店都位于僻静的地区。除了少数分店也兼营一些其他商品外,绝大多数的分店都专营图书。每个分店的年销售量为26万美元,纯盈利达2万美元。但是近3年来,公司的利润开始下降。

2个月前,公司新聘苏珊任该图书公司的总经理。经过一段时间对公司历史和现状的调查了解,苏珊与公司的3位副总经理和6个地区经理共同讨论公司的形势。

苏珊认为,她首先要做的是对公司的组织进行改革。就目前来说,公司的6个地区经理都全权负责各自地区内的所有分店,并且掌握有关资金的借贷、各分店经理的任免、广告宣传和投资等权力。在阐述了自己的观点以后,苏珊便提出了改组组织的问题。

一位副总经理说道:“我同意你改组的意见。但是,我认为我们需要的是分权而不是集权。就目前的情况来说,我们虽聘任了各分店的经理,但是我们却没有给他们进行控制指挥的权力,我们应该使他们成为有职有权,名副其实的经理,而不是有名无实,只有经理的虚名,实际上却做销售员的工作。”

另一位副总经理抢着发言:“你们认为应该对组织结构进行改革,这是对的。但是,在如何改的问题上,我认为你的看法是错误的。我认为,我们不需要设什么分店的业务经理。我们所需要的是更多的集权。我们公司的规模这么大,应该建立管理资讯系统。我们可以透过资讯系统在总部进行统一的控制指挥,广告工作也应由公司统一规划,而不是让各分店自行处理。如果统一集中的话,就用不着花这么多工夫去聘请这么多的分店经理了。”

“你们两位该不是忘记我们了吧?”一位地区经理插话说,“如果我们采用第一种计划,那么所有的工作都推到了分店经理的身上;如果采用第二种方案,那么总部就要包揽一切。我认为,如果不设立一些地区性的部门,要管理好这么多的分店是不可能的。”“我们并不是要让你们失业,”苏珊插话说,“我们只是想把公司的工作做得更好。我要对组织进行改革,并不是要增加人手或是裁员。我只是认为,如果公司某些部门的组织能安排得更好,工作效率就会提高。”

[1] http://www.babake.net/guanli/html/78920.html.

讨论题

1. 有哪些因素促使该图书公司要进行组织改革？

2. 你认为该图书公司现有的组织形态和讨论会中两个副总经理所提出的计划怎么样？

自我评估

你有正确的动态管理观念吗？

提示：请在你认为正确的括号内填“是”，错误的括号内填“否”。

1. 一切事物都是不断发展变化的，静止状态是绝对的，运动状态是相对的。（　　）
2. 动态原理要求管理要有预见性，要把握动态中的平衡。（　　）
3. 反馈跟组织目标无关，而跟组织运行结果关系密切。（　　）
4. 使作用的结果越来越缩小的叫正反馈，反之叫负反馈。（　　）
5. 指挥中心是以反馈为职能的组织机构。（　　）
6. 反馈信息要及时、准确、有力。（　　）
7. 封闭是实现反馈的手段，没有封闭就难以反馈，也就无从控制。（　　）
8. 管理必须保持充分弹性的原因之一是管理的有效性。（　　）
9. 局部弹性是整体弹性的基础，整体弹性是局部弹性的前提。（　　）

（结果说明：根据本题目设计者的观点，现代动态管理观念可能的答案是：1. 否；2. 是；3. 否；4. 否；5. 否；6. 是；7. 是；8. 否；9. 否。）

▲ **学完本章后，你会知道：**

1. 效益原理的概念
2. 效益原理的基本要求
3. 择优原则的概念，如何坚持择优原则
4. 价值原则的概念，如何坚持价值原则

第十二章 效益原理与原则

第一节 效益原理

一、效益原理的概念

1. 什么是效益原理

效益原理，是指在管理中要讲求实效，以最小的消耗和代价，获取最佳的经济和社会效益。效益原理要求一个合格的管理工作者既不能做一个只讲动机不讲效果的空头管理者，也不能做一个忙忙碌碌的事务主义者；既要反对单纯地追求完成任务，做表面工作而不求实效的任务观点，又要反对大手大脚的败家子作风。总之，不讲效益的管理就不是真正的科学管理。

2. 效益的分类

管理工作的根本目的就是为了创造更多的、更好的效益，为社会作出有价值的贡献，因此，效益包括经济效益和社会效益。

(1)经济效益。经济效益，是以最小代价，创造出最大价值，获得最佳经济效益。它是对管理的经济目标实现程度从数量方面进行评价的依据。社会生产的经济效益是以生产的物质技术联系为基础，反映了社会生产力的发展水平以及生产关系的性质和生产关系与生产力结合的状况。因此可以说，经济效益的实质是以尽量少的活劳动和物质消耗，生产更多的符合社会需要的产品。

(2)社会效益。社会效益，是指劳动所产生的成果对社会产生的有用的、积极的影响程度和作出的贡献。社会效益的核心，必须对社会进、经济发展带来积极影响，作出有益贡献。

(3)科学效益。科学效益(科学技术效益)，是指某种实践活动结果对科学技术的发展所产生的效益。这种效益主要表现在科学技术活动的结果中。例如，一项科学技术成果，将它应用于生产，它能产生经济效益和社会效益；同时，科技成果的知识表现形态，又增加和丰富了科学技术资料宝库，为其他的科研工作、设计工作、实验工作等各种科学技术活动，提供了可供参考和利用的成果和知识，从而对科学技术的发展产生效益。科技成果的新颖性、创造性，是科学效益的具体表现。

当然，也不只是科学技术活动才能产生科学效益。由于科学来源于实践，因此其他方面的实践活动结果也能产生科学效益，但有时并不那么直接。

(4)生态效益。生态效益是近几年才提出来的，指某种实践活动的结果在资源和环境保护方面所产生的效益。

经济效益、社会效益、科学效益和生态效益，往往共同存在于一个事物中，即一项实践活动的结果，往往有两种、三种甚至四种效益存在。各种效益之间，有的有相互依存、相互制约作用，有的有相互促进作用。管理者的任务，是要使各种效益有机地统一起来。一个时期以来，某些单位、某些活动只重视经济效益，不重视社会效益，造成不良后果，就是因为没有正确认识和处理各种效益的辩证统一关系。

3. 效益、效果、效率的概念及关系

管理的有效性强调要正确无误、卓有成效地做有意义的事情。这句话包括了效用、效率和效益三方面的含义。效用，是指单位时间经过转换而产出的有用成果，表现为管理者决策时的原则判断标准。它保证高效率的行动符合客观需要。效率，是指单位时间内取得的效果的数量，反映了劳动时间的利用状况。

效用、效益和效率是既相互联系又相互区别的概念。对于效用而言，只有被社会承认和接受的产品或服务才是有效用的，违背社会伦理，市场不需要、卖不出去的产品，质量再好、数量再多，没有效用，也无法产生效益。当然，有些违背伦理或有损社会效益的产品，虽然会产生一定的经济效益，但却是社会不提倡，甚至禁止的，其生命力必将是有限的，不在讨论之列。只有用尽可能高的工作效率，提供符合社会伦理、市场需要、消费者接受的产品或服务，才能取得最大的社会效益和经济效益。

二、效益原理的基本要求

1. 要有明确的工作目标

首先要有总体目标，并把总体目标逐层分解成各个分目标，逐级落实到各个单位和个人。效益是实现目标的结果，目标是预想中的效益，因此，为使管理获得良好的效益，必须有明确的目标。

2. 要处理好速度与效益的关系

把效益放在第一位，防止不顾效益片面追求速度的现象出现，做到速度与效益统一。

3. 要处理好各种效益之间的关系

尤其要处理好经济效益与社会效益之间的关系，把社会效益放在第一位，防止不顾社会效益片面追求经济效益的现象出现，做到经济效益与社会效益统一。在处理微观效益与宏观效益的关系时，要把宏观效益放在第一位，防止不顾宏观效益片面追求微观效益的现象出现，要使二者统一。

4. 要多快好省

“多快好省”是效益的最佳境界，质量第一，在保证质量的前提下追求数量和速度，以尽可能少的投入取得尽可能多的产出。

5. 要注重业绩

各种效益都是发挥人的长处作出贡献的结果，为追求效益，必须用人之所长，注重业绩，“没有功劳，也有苦劳”的论调应该废止。

6. 要依靠科技进步和科学管理

科技与管理是当今社会前进的两个车轮，是提高效率的根本途径，不能再以扩大外延为主搞粗放经营。

管理的主要目的是创造出最大的效益。追求应有效益是组织生存和发展的前提条件。因此，学习和研究效益原理，可以使管理者在管理的各个方面、各个环节中自觉地运用效益原理来指导管理，检验管理成果，推动管理发展。

研究效益原理，可以使管理者全面理解效益的内涵，自觉做到经济效益和社会效益、长期效益和眼前效益，以及组织效益和个人利益的协调一致。

7. 要正确评价效益

关于效益的评价，要注意两个方面的问题：一是评价的标准，二是评价的主体。虽然评价标准不是绝对的，但对于任何一个评价主体来讲，应尽量做到公正、客观，因为它的评价越公正、客观，对组织追求效益的动力就越大。因此，在评价前，应分析各种条件，全面掌握情况，制定出科学、公正、合理的评价标准。

有了评价标准，就要选择评价主体。一般有以下评价主体可供选择：

(1)首长评价。优点是权威性高，能较好掌握全局，其评价对组织影响较大，不足的是难以做到具体、细致，这种评价与首长本身的价值观念、认识水平、能力、见识等有关。

(2)群众评价。优点是较为公正、客观，但占用时间太多，且与组织民主机制成熟程度、效益与群众结合的紧密程度有关。

(3)专家评价。优点是细致、技术性强。

第二节 择优原则

从一定意义上说，管理的过程就是择优的过程。为此，牢固地树立管理的择优观念，对于管理过程的优化，对于管理目标的实现，具有至关重要的意义。

一、择优原则的概念及要点

一般地说，择优是指在尽可能的条件下，通过尽可能充分地比较研究，在诸种方案中选取一种比较满意的方案的过程。择优原则，即在管理过程中要充分利用可能利用的条件，采取科学合理的管理方式和方法，以尽可能少的投入取得尽可能满意的管理效果。具体而言，择优原则包括以下三个要点：

1. 择优要建立在客观条件允许的基础上

影响管理取得满意效果的因素多种多样，其中包括物质条件、人员素质、技术水平、原有的管理基础以及社会、政治环境等。坚持管理择优原则，首先必须通过周密的调查分析，尽可能地利用其中的积极因素和有利条件，避免其中的不利因素和不利条件，否则就只能是主观臆想。其次从客观实际出发，要在管理中遵循事物发展客观规律的要求。如果不从客观规律的要求出发，而只是从主观想象的择优标准出发，也不能称其为管理的择优观念。总之，管理的择优必须建立在积极可靠的基础上。所谓积极，就是要充分发挥人的主观能动性，充分利用一切可以利用的有利条件。所谓可靠，就是充分考虑各种客观制约因素，充分尊重客观规律的要求。

2. 择优必须体现于管理全过程和整个管理系统

管理是一个决策、计划、实施、控制、监督、评价的过程。在这个过程中，任何阶段都有优化的问题，因此都要制定多种方案进行尽量充分地比较选择。但是，仅仅树立这样的择优观念还远远不够。这是因为，就管理的全过程来说，还有一个相互衔接、相互协调和统筹安排的问题，也就是存在着一个全过程的优化问题。同时，就管理的组织系统来说，还有一个局部优化和全局优化的问题。这两种优化在实际中有时是统一的，有时也是矛盾的。当它们之间出现矛盾时，局部优化就要服从全局的优化。这就是为什么有些事情在局部看来是合理的，而在全局看来是不合理的，因此就不能实行的原因所在。为此，管理的择优观念必须贯穿于管理的全过程，必须要强调整体的优化，兼顾局部的优化。

3. 择优要坚持相对满意的准则

从某种意义上说，择优是一个相对的概念。其相对性主要表现在以下五个方面：

(1)在择优过程中所制订的方案即使尽量多，也只能是有限的，因此从这些方案中所选出的所谓最优、最佳方案，只是相对有限的备选方案而言的，而不可能穷尽所有的方案。

(2)管理过程是复杂的，影响因素是多方面的。因此，在制订方案中，由于各种条件所限，不可能充分考虑到各种复杂的影响因素。特别是在建立数学模型进行方案的选优中，由于有些因素不能用定量表示，有些只能粗略地表示，有些因素还不得不舍掉，因此最后所计算的结果，虽然在数学上是最大值或最小值，但在实际上却不一定是最大或最小。

(3)由于事物总是发展变化的，人们的认识在一定时期也是有限的。这就决定了有些方案在当时看是最优最佳的，但从长远看，又不一定是最优最佳的。虽然我们可以强调在方案的制订和选择中要有长远眼光、战略眼光，但由于事物不断发展和人们认识上的局限性所产生的相对性总是不可避免的。

(4)从空间上来说，特别是对于一些范围较大的宏观性的管理，由于各地区、各部门、各单位所处环境和内部条件的差别，因此就可能出现同一种管理方案，对这一地区或部门来说是最优最佳的，而对另一些地区或部门来说，却不一定是最优最佳的，甚至是不适用的。虽然在管理中我们也可以强调要实事求是、因地制宜，但这种空间上的相对性也是难以避免的。

(5)择优不仅要考虑产出，而且还要考虑投入。对于有些择优项目，寻求最优或最佳方案可能要花很多费用或需较长时间。这样做，最后所得的结果可能是最好的，但如果把产出和投入相对比则不一定是最好的、最经济的。如果能够花较小的代价和时间，寻求一个相对好的方案，其投入和产出比好于前一种情况，那么这种方案则是更适用、更合理、更可行的。为此，相对费用来说，择优也有相对性。这就要求我们在择优过程中，不但要讲究科学性、准确性，而且也要讲究经济性。决不能只讲产出，不讲投入，从而不惜任何代价、不顾任何损失地去追求最优或最佳方案。

由于上述种种原因，择优应当坚持相对满意的准则。所谓相对满意，就是指在尽量考虑种种限制条件下，尽当时最大限度的努力所可能达到的最优或最佳标准。

二、坚持择优原则的必要性

1. 择优原则是现代管理本身的要求

管理的过程从一定意义上说就是择优的过程，对于现代管理来说更是如此。现代管理，无论是经济管理、行政管理或其他各个领域的管理，都面对复杂的系统、复杂的情况和复杂的环境，为了使管理取得较好的效果，就必须树立择优观念，采用科学的择优方法，通过分析各种复杂的因素，制订多种备选方案，最后选出一种相对满意的方案。决策是管理的核心，而择优是决策的核心。因此，在管理中坚持择优的原则，要树立决策的择优观念，这无论对于管理目标的科学制定，还是对于各项管理政策的制定都是至关重要的。评价是管理的终结。在评价中仍然必须坚持择优的原则，要以管理目标的实现程度、管理成果的大小，来衡量管理的成败和人们的政绩。只有这样，才能赏罚分明，使评价真正起到激励的作用。如果缺乏择优观念，优劣不分，干好干坏一个样，就不能正确地总结经验教训，也会大大挫伤人们的积极性。在管理的每个环节、每项工作及管理的全过程中，管理者都要坚持择优原则。否则，任何环节上出现问题，都有可能影响整体的管理效果。

2. 择优原则是竞争的要求

从一定意义上说，市场经济是平等竞争的经济。所谓平等，主要是指竞争的条件平等，竞争的规则平等，而要在竞争中取胜，就要靠自身的本事。对于一个国家或一个企业来说，则主要决定于管理水平和科学技术水平。在市场经济的平等竞争中取胜，产品要靠质量，人员要靠素质，行政要靠效率。所有这些，都在很大程度上取决于管理的水平，其核心决定于管理中的择优水平。为此，只有在管理中始终树立择优观念，坚持择优原则，并能运用最先进、最有效的择优方法，才能出质量、出效益、出人才、出效率，从而在竞争中取胜。否则，如果缺乏择优观念，满足于粗放管理，就只能在市场竞争中打败仗。

3. 择优原则是培养和选拔管理人才的要求

人是管理中的决定因素。因此，在管理中树立择优观念，搞好管理人才的培养和选拔，特别是搞好管理中领导人才的培养和选拔，是做好各项管理工作的关键。

对于培养和选拔人才要坚持德才兼备的择优标准，在理论上并无分歧，所不同的是如何在具体问题上把握这一标准。在实际中常犯的错误是主流与支流混淆，表面与本质不清。有些干部德才兼备，敢于坚持原则，具有开拓精神，政绩突出，但是往往伴随有“骄傲”或“抗上”的“毛病”，对于此类干部的提拔任用，往往会主次颠倒，产生种种争议。相反，有些干部唯唯诺诺，庸庸碌碌，工作不称职，大错又不犯，却往往因为“是一个没有明显毛病的好人”而被提拔到重要的领导岗位。

因此，在管理人才的择优选拔上，除了要正确掌握择优标准以外，重要的还要建立真正能够择优的机制。这种机制最重要的一条就是要尊重工作实绩，尊重大多数群众的意见。如果只是少数人说了算，以少数人的意愿作为择优标准，那就难免出现这样或那样的偏差。

三、择优原则的要求

管理的择优原则是管理的择优观念的具体体现，是在管理中进行满意选择和优化工作的准则。为此，树立管理的择优观念并在具体的管理活动中加以贯彻，要进一步明确择优原则的具体内容。

1. 坚持整体优化

管理的整体优化，是指整个管理系统的优化，管理全过程的优化，也是指管理总目标的制定和实现的优化。一般地说，管理的整体优化和局部优化是辩证统一的关系，整体优化要以局部优化为基础，局部优化则要以整体优化为前提。但是，整体优化往往不是局部优化的简单相加，而是局部优化的综合。为此，在管理中坚持整体优化的原则，要正确处理整体与局部的关系，要通过各种有效的调节政策和方法，减少它们之间的矛盾，增强整体功能。

2. 坚持全面比较

没有比较，就没有鉴别；没有鉴别，就不能选择。因此，从这个意义上说，择优是一个比较的概念。在管理中择优，要进行多种方案的全面比较。所谓多种方案的全面比较，包括对各种管理目标方案的比较，对各种管理目标实施方案的比较，也包括对各种管理评价方案的比较。同时，在比较过程中，还要全面分析考虑各种影响因素，这些因素既包括管理系统内部的可能影响因素，又包括管理系统外部的可能影响因素；既包括眼前的可能影响因素，又包括长远的可能影响因素。在管理的择优中进行各种方案的全面比较，要坚持前面已经提到的标准。因此，这里所讲的“全面”，其实也是相对的。

3. 坚持定性与定量分析相结合

任何事物都是质与量的统一。因此，对任何事物的分析、比较、评价，都要坚持定性分析与定量分析的结合。在管理的择优中，定性分析是定量分析的前提。定性分析的目的是确定优选方案的质的规定性。因此，只有进行定性分析，才能确保择优的方向，才能确定优、劣的标准。否则，单纯的定量分析，没有质的规定标准，就没有区别优劣的界限，也就无所谓方案的满意不满意。定量分析的目的是确定优选方案的量的要求。量是指事物存在和发展的规模和水平。定量分析的作用是在定性分析的前提下，确定事物大小、好坏、优劣的程度和水平。例如，对于某种决策方案的选择，定性分析只能规定优劣的方向、界限、标准，而量的分析则可进一步衡量优劣的程度和水平。在确定企业利润目标时，定性分析只能确定利润越多越好的规定性，但是具体多到什么程度，在利润多的方案中到底哪个方案更好，则要依赖定量分析。又如，在确定企业的成本目标时，定性分析只能确定成本越低越好的规定性，但是在诸多成本低的方案中，到底哪个方案更低，低到什么程度，也要依靠定量分析。由此可见，定性分析是定量分析的前提，而定量分析则是定性分析的工具。一般地说，任何事物质和量的统一表现为一定的度。所谓度，表示在一定限度内，数量的增减不会引起质的变化，而超出了一定的界限就要引起质的改变。为此，在管理的方案择优中，要坚持定性分析与定量分析相结合的原则，目的就是要从质的研究出发，通过量的计算，达到对度的把握。实际上，我们所说的择优观念，都包含了质和量的统一。例如，讲质量第一，是指在一定数量基础上的第一，而不是只讲质量，不讲数量；效益第一，是指在一定速度基础上的第一，而不是只讲效益，不讲速度。同样，时间第一、人才第一也都存在着质和量的统一问题。

第三节 价值原则

一、什么是价值原则

价值本是政治经济学中的一个概念，原意是指，凝聚在商品中的一般的、无差别的人类劳动。价值是商品的基本属性之一。在管理上，我们借用了“价值”这个词，所谓“价值工程”、“价值”，在这里被解释为，通过分析研究，谋求以最低的总成本可靠地实现一项产品或作业的必要功能，从而获得最优经济效益的经营管理方法。我们这里所说的“价值”既不同于政治经济学的“价值”，又区别于价值工程中的“价值”含义。它是与管理学中的效益原理相对应的。

所谓价值原则，即在管理过程中要研究如何提高管理效率，取得较为理想的经济价值和社会价值。

价值原则的基本精神是要求在现代管理中处理好耗费与效益的关系，做到付出的耗费小，而带来的效益大。这里所指的耗费包括财力、物力、人力等一切消费。它是一个综合成本概念。效益是指效果和利益。既包括经济利益，又包括社会利益。价值量可用下列公式表示：

$$价值(V)=\frac{功能(F)}{成本(C)}$$

价值是指某种产品（劳务或工程）的功能与成本（或费用）的相对关系，也就是功能与成本的对比值。

功能是指产品的用途和作用，即产品所担负的职能或者说是产品所具有的性能。

成本是指产品周期成本，即产品在研制、生产、销售、使用过程中全部耗费的成本之和。衡量价值的大小主要看功能(F)与成本(C)的比值如何。

管理活动取得的价值的高低取决于效益与耗费的比例，耗费低，效益高，则价值就大；耗费高，效益低，则价值就小。因此，在管理过程中要取得比较大的价值，有四种办法：

(1)降低耗费。

(2)提高效益。

(3)既降低耗费，又提高效益。

(4)耗费、效益都提高。但效益提高的幅度大于耗费提高的幅度。

人们一般对商品都有"物美价廉"的要求，"物美"实际上就是反映商品的性能、质量水平；"价廉"就是反映商品的成本水平，顾客购买时考虑"合算不合算"就是针对商品的价值而言的。价值原则在管理活动中是非常重要的，特别是在科学技术突飞猛进、人类社会发展较快的今天，竞争机制引入到各个领域，只有低耗费、高效益的管理才能立于不败之地。

二、价值原则的要求

1. 降低耗费

贯彻实施价值原则的核心是降低耗费，提高效益。在降低耗费过程中，不仅要考虑降低财力、物力的耗费，而且不能忽视降低人力(体力和智力)和时间的耗费。在提高效益时不仅要着眼于经济效益，而且不能忽视社会效益。

2. 正确处理效益与效率的关系

在正常情况下，二者是一致的，效率高，效益就大，但是一旦因方向不对头或决策失误就会出现相反情况，效率越高，效益就越小。例如，在企业经营管理中，如果产品方向不对头，市场没有需要，那么生产产品的速度越快，社会效益及企业效益越糟糕。因此，一旦发现效率与效益发生矛盾，效率要服从效益。

3. 要处理好局部与整体、当前与长远的关系

局部效益与整体效益，当前效益与长远效益在一般情况下是统一的，局部效益大，整体效益也相应增大，当前效益好，长远效益也相应地会好。但是在特殊情况下，或处理不当时都会发生矛盾。因此，在决策计划与实施管理活动过程中，要统筹兼顾，力争把局部效益与整体效益统一起来，把当前效益与长远效益紧密地结合起来。

小结

不讲效益的管理不是真正的科学管理。在管理中要讲求实效，以最小的消耗和代价，获取最佳的经济效益和社会效益。效益可以分为经济效益、社会效益、科学效益和生态效益等。它们往往共同存在于一个事物之中，即一项实践活动的结果，往往有两种、三种甚至四种效益存在。各种效益之间，有的有相互依存、相互制约作用，有的有相互促进作用。管理者的任务就是要使各种效益有机地统一起来。效益原理的基本要求包括管

理要有明确的工作目标；要处理好速度与效益的关系；要处理好各种效益之间的关系；要“多快好省”；要注重工作业绩；要依靠科技进步和科学管理；要正确评价效益。

管理的过程就是择优的过程。为此，牢固地树立管理的择优观念，对于管理过程的优化，对于管理目标的实现，具有至关重要的意义。择优是指在尽可能的条件下，通过尽可能充分地比较研究，在诸种方案中选取一种比较满意的方案的过程。择优原则，即在管理过程中，要充分利用可能利用的条件，采取科学合理的管理方式和方法，以尽可能少的投入取得尽可能满意的管理效果。择优要建立在客观条件允许的基础上；择优必须体现于管理全过程和整个管理系统；择优应当坚持相对满意的准则。在管理中，要坚持整体优化、全面比较，把定性分析与定量分析结合起来。

在管理过程中要研究如何提高管理效率，取得较为理想的经济价值和社会价值。努力做到降低耗费，正确处理效益与效率、局部与整体、当前与长远的关系。

关键概念

效益原理　择优原则　价值原则

问题和讨论

1. 什么是效益原理？简述效益原理的基本要求。
2. 什么是择优原则？简述择优原则的要求。
3. 什么是价值原则？简述价值原则的要求。
4. 讨论：政府投资需要讲求效益吗？请说明道理。
5. 讨论：效率与效益的关系。

案例应用

通用电气公司的改革[1]

1981年杰克·韦尔奇（Jack Welch）继任通用电气（GE）公司总裁。当时公司内外，几乎没有人认为公司需要重新整顿，因为公司一直是备受全球敬重的知名企业，无论是通用电气的股票还是上市公司的绩优股。然而韦尔奇则认为通用电气的主管萧规曹随，善于守成，但拙于开创。当外部环境开始剧烈变动时，通用电气的诸多程序及制度就显得不合时宜，窘态毕露，公司经理们惯有的自信也逐渐丧失。若是再放任发展下去，不作一点调整改革，可能不出10年，这个表面上看起来健全蓬勃的企业可能也会遭到和克莱斯勒汽车公司一样的命运。

韦尔奇认为，一个强大的企业必须有持续增长的收益和利润，收益的增加来自源

〔1〕 http://wenku.baidu.com/view/74944b7302768e9951e7389c.html.

源不断的新主意和产品创新；利润的增长则是通过生产率的不断提高，两者缺一不可。而通用电气已存在收益及利益无法提高的障碍。威胁收益增长的因素是公司高度发展的官僚体制以及在背后支撑的企业文化。这个机构曾是那么有效率，然而现在却变得僵硬不能适应环境变化，它延误决策，忽视反应，打击共识，使得通用电气新产品上市的脚步跟不上其他企业。对于主管们来说，掌握那些繁文缛节已成为加官晋爵、获取荣华的必备艺术和必要条件。结果许多通用电气的优秀管理者，把大部分精力用来应付内部的琐事，而非关注顾客的真正需求，关注环境变化可能对公司发展带来什么样的机会和威胁。事实上，当日本的企业每年的生产率提高达8%之际，通用电气的生产率每年提高不到1.5%。

韦尔奇决心对通用电气目前的状况进行改革，甚至不顾大多数员工的反对。

1. 业务重组

韦尔奇认为通用电气旗下的所有企业都必须在其产品市场上名列第一或第二，不能达到这个标准的企业，将被整顿、关闭或出售。为此，他推动通用电气公司的业务领域重组，共出售了价值上百亿美元的企业，包括煤矿、半导体和电视机；另外买进了价值260亿美元的新企业，包括基德尔投资银行、雇主再保险公司和全国广播公司（NBC）的后台老板美国无线电公司（RCA）。业务重组的目的实际上要使通用电气的利润来源重组，使公司有更高的回报率回报股东与社会（见下图）。

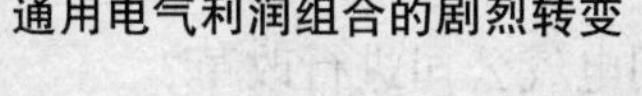

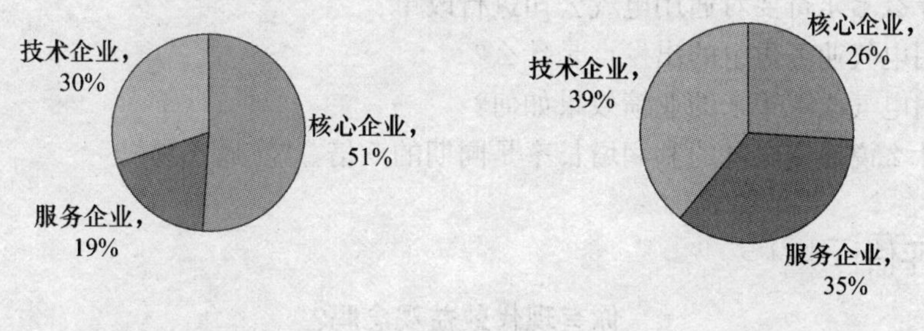

改革前　　改革后

2. 管理重组

韦尔奇坚持通用电气的管理人员必须突破传统管理概念本身的约束，迎接21世纪。韦尔奇认为未来的成功将属于那些"精简敏捷"的组织。这种组织的组织结构流畅、简洁，可以快速适应环境的变化，在精神上比较民主，以开放、坦率和不同功能在各阶层间的使用，取代僵硬的权威领导。但组织内的员工必须学会团队合作、自我负责。通用电气应尽可能地去除监督管理的职位，给予员工更多的权力控制自己的工作，对工作负责，使员工不再像孩子般地接受父母的命令，而是像成人或同辈那样与上司互动。

韦尔奇经常要求经营主管准备几张简单的幻灯片简述各企业的经营现状。幻灯片的内容大致包含下列几个基本问题：

（1）所处的全球竞争环境如何？

(2) 在最近的3年内，竞争对手有何作为？

(3) 在同期内，你的对应措施是什么？

(4) 将来他们可能会如何攻击你？

(5) 你准备如何超越对手？

3. 改革带来的业绩

在韦尔奇上任之前，通用电气与西屋电气及美国电话电报公司（AT&T）一样，都是所谓的“GNP公司”，因为这些公司的利润增长幅度几乎和国民生产总值(GNP)的年增长率一致。但是到1991年年底时，通用电气的利润比10年前增长了10%，是同期增长率的5倍，这对像通用电气这么大规模的公司而言实属不易。1991年度的全年营业额为600亿美元，利润44亿美元，以衡量公司经营业绩的关键指标——每股收益而言，高达20%，比美国前500家大企业的12%高出许多。1992年4月，通用电气的市值超过670亿美元，是全美排名第三的企业，比1980年时的第十一名进步了许多。美国企业除了埃克森、飞利浦·莫里斯，外国企业除了荷兰壳牌和日本NTT之外，全都瞠乎其后。根据收益、利润、市场价值及资产的综合评比，《财富》杂志将通用电气列为全球最具竞争力的企业。

讨论题

1. 为什么韦尔奇要对通用电气公司进行改革？
2. 通用电气业务重组的出发点是什么？
3. 通用电气改革带来的业绩效果如何？
4. 为什么说通用电气的利润增长率是同期的5倍，“实属不易”？

自我评估

你有现代效益观念吗？

提示：请在你认为正确的括号内填“是”，错误的括号内填“否”。

1. 社会公益事业投资管理要讲求社会效益不用考虑经济效益。（　）
2. 讲求实效主要是讲求经济效益。（　）
3. 效用、效益和效率三者中第一位的是效益。（　）
4. 择优主要体现于决策方案的比较阶段。（　）
5. 择优的准则应该是“相对满意”。（　）
6. 坚持价值原则必须处理好耗费与效益的关系。（　）

（结果说明：根据本题目设计者的观点，现代效益观念可能的答案是：1. 否；2. 否；3. 否；4. 否；5. 是;6. 是。）

第4篇 管理的基本过程

●●篇首语●●

大多数的管理学家认可管理是一个过程的说法。这一过程是由被称为管理职能的一连串活动组成的。用这一过程把各种管理知识简明和全面地架构在一起，有助于系统地研究和学习管理。不过，不同管理学家对这些管理职能所涵盖的内容仍然有相当多的不同看法。例如，被认为是管理过程理论的奠基人的法约尔就提出过管理的五职能，即计划、组织、指挥、协调和控制；古典管理理论的集大成者古利克和则提出过七职能，即计划、组织、人事、指挥、协调、报告与预算；美国著名的管理学家哈罗德·孔茨等人则认为管理的职能可以细分为计划、组织、人员、领导和控制五种。[1]

显然，在各种关于职能的看法中，计划和控制职能都是不可或缺的。我们认为，从简化知识框架的角度来看，管理的职能可以分为三大部分：计划、组织和控制。人员安排、领导、指挥、协调、沟通等都可以归入组织职能当中。

计划是管理的开始，是对未来的一种筹划。计划要求管理者回答未来要做些什么，如何做，在什么程度上达到何种目标。管理是一种有目的的活动，计划是这种目的性的体现。

组织是对计划的具体实施，是在分工、沟通、协调、指挥、领导过程中推动具体工作。组织是对计划的落实，是执行力的体现。

控制是一种监督，是在评估基础上的调整，是实现计划目标的一种保证措施。

作为一个管理者，每天的管理工作当然不会整体地划分为三部分。这些职能也不是单独存在或者有明确的时间次序，它们通常是同时发生的。它们是任何管理层次或管理岗位的管理者需要完成的工作任务。当然，处于不同的管理层次和职位的管理者，其工作中的精力和时间在不同职能上的分配会有所不同。例如，高层管理者将会更多地注重计划和控制职能，中层管理者将更多地完成组织职能。

一个组织的运转正是管理者完成各种职能的过程。管理的基本原理和方法将渗透并体现在管理的各种职能当中。

---

〔1〕［美］哈罗德·孔茨，海因茨·韦克里．管理学［M］．北京：经济科学出版社，1993.

▲ 学完本章后， 你会知道：

1. 什么是计划，计划对管理者意味着什么
2. 计划在管理中的重要性
3. 计划的多样性、复杂性
4. 计划的基本内容
5. 计划制定的步骤
6. 计划制定的方法

第十三章 计 划

计划（Planning）是管理的首要职能，既是管理活动的出发点，又是管理活动的归结点。计划通过信息收集和分析事先明确管理的目标，并设计出一整套保证目标实现的方案。计划显示了组织存在的目的性。对于一个管理者来说，计划既是其从事管理工作必需的一种行事习惯，所谓万事预则立，不预则废，又是一种管理能力，即作出一份必需的计划的能力。对组织的存在和运行而言，计划不是万能的，但没有计划则是万万不能的。

第一节 计划概述

一、什么是计划

计划首先有动态和静态（Planning or Plan）的区别。

动态的计划，是指计划工作，即管理者为组织确定未来的目标和为实现目标而拟订方案和措施的各种行动。这些行动包括：对过去的和现在的资料进行分析，对将来可能发生的情况进行估计，以确定能够实现组织目标；制订一个包括整体和分层的行动方案体系。可见，计划工作包含确定目标（做什么），达到目标的方法（如何做）。管理中的计划职能往往指的是动态的计划。

静态的计划，是计划工作的结果，即计划方案文本。它是管理者通过这些文本规定组织在一定的时期内想要达到的目标及如何实现这些目标，是对未来行动方案的一种文本说明。

计划还有广义与狭义之分。广义的计划包括计划的制订、执行和检查三个不可或缺的工作环节，狭义的计划则是指制订计划。

计划的存在使组织运行在目标指引和活动既定的基础上，降低了组织运行的不确定性风险，提高了实现组织目标的效率。传统的管理观念认为，计划应尽可能稳定；当代的管理观念认为，在计划期内，与计划目标和方案制订有关的一些因素可能发生重大变化，足以使原定计划失去合理性，因此要不失时机地对计划进行修订，更多地强调了计划的灵活性。

组织内制订计划通常有自上而下的方式，或自下而上的方式，或两者结合的方式。如果组织对自己制订计划（尤其是战略性的、长期性的计划）不好把握，则会聘请组织外的专业咨询机构参与并完成计划的制订工作。

二、计划的特点

计划的基本特点可以概括为五个方面，包括：

1. 未来性

计划强调事先，是针对未来的。未来充满了不确定性，计划是要尽可能地降低这种不确定性，实现既定的组织目标。因此，计划建立在预测基础上，要用动态的眼光分析问题，确定可行的行动方案。计划的未来性为制订计划者指明了思维的正确方向，即思考企业未来的目标以及思考如何实现企业未来的目标。

2. 首要性

在管理过程中，其他职能都是为了支持、落实、保证计划的实现，往往是先有计划，才有组织和控制。计划是管理者第一需要完成的管理工作。如果在计划工作中得出可能导致项目不可行的结论，则其他行动都将是没有必要的。

3. 目的性

计划是组织目的性的要求。计划是为了实现组织目的而制订的，不是为了计划而计划。计划中确立的目标本身反映了组织的性质和目的。因此，每项计划都应根据组织的性质和目的来制订组织的目标和实施方案，以保证组织目标的顺利实现。

4. 普遍性

计划的普遍性表现在两个方面：一是指各项管理工作都要根据已制订的计划来安排具体的工作活动，计划是一切行动的指南，计划渗透于各项管理活动中；二是指计划作为一项管理职能，是一切管理者无法回避的职能工作。无论处于哪一层次、哪个部门的管理者，都需要制订计划。

5. 经济性

计划的经济性也有两个方面：一方面指计划作为一种事先的筹划，本身就有对各种资源的统筹安排，综合利用，提高资源使用效益的作用；另一方面计划工作本身也要开支费用，经济性又指本着少花钱、多办事的原则，开展计划工作。

三、计划的重要性

1. 计划是目标实现的保证

通过计划工作，为组织制订出未来的目标和行动方案，就可以使组织的各项活动都围绕着组织的目标和既定方案进行。在计划中，组织的整体目标将会被分解成各个部门、各个环节的目标，并最终在组织中建立起一个相互关联的目标体系。与此同时，组织中的各部门、各个环节将根据各自分解来的目标确定各自的行动方案。这些目标和方案之间相互配合、协调，以各自方案的实施及目标的实现保证组织整体目标的实现。

计划工作让组织的目标明确化，方案具体化，为组织的各部门及个人在一定时期内需要做什么、如何做指明了方向和可行的途径，并事先筹划好人力、财力、物力等资源供应，因此能使组织的各项活动都能有序地展开，提高了组织运行的效率。

2. 计划是管理活动的纲领

计划是管理的首要职能，是一切管理活动的纲领。只有依据计划，才能使组织运行按时间、有步骤地有序进行。离开了计划，其他管理职能（组织和控制）的作用就会减弱甚至不能发挥，整个组织当然也就难以进行有效的管理。所以说，计划组织运行的依据，组织的指挥、协调、沟通等各项活动都是围绕着计划方案进行的；计划是控制的基础。组织的各项活动结果既有可能达到了组织预期的目标，又有可能与预期的目标存在着一定的偏差。这时，组织就要发挥管理的控制职能才能来消除这种偏差。要进行控制首先要有个标准，计划所确立的组织目标体系是进行控制的基本标准之一。没有计划目标，就没有标准；没有标准，就难以评估，也就无所谓控制。计划是控制职能的基础。

3. 计划有助于合理利用一切资源，实现高效优化

计划强调综合平衡，强调统筹兼顾，强调协调优化，以便于提高组织各项活动的效率。计划用共同的目标、明确的方案统一了组织运行中众多独立和分散的活动，用明晰性的工作流程规划了工作节奏，用深思熟虑的科学决策代替仓促草率的经验判断。组织如果没有计划工作为基础，组织内部的各个部门、各个环节就会陷入各自为战的混乱之中，浪费资源，降低组织运行效率，影响组织目标实现，组织也不可能为未来的变化做好准备。计划能通过经济核算，合理地利用信息、人力、物力和财力等要素资源，因此能有效地防止可能出现的盲目和紊乱，使管理工作取得最佳效益。

四、计划的基本原则

管理者做好计划工作，需要注意以下的基本原则：

1. 统筹兼顾、综合平衡

统筹兼顾，就是指在制订计划时，既要考虑计划对象系统的各个构成部分及其相互关系，又要考虑计划对象和相关系统的关系，按照它们的必然联系，进行统一筹划。

综合平衡有两层含义：一是指计划工作要考虑组织中不同层次、不同部门之间的目标配合和任务协调。计划工作要有利于组织整体目标的实现，因此，它要使组织中各个部门、各个环节的目标服从于组织的整体目标，使组织各个部门、各个环节计划的执行能保证组织整体计划的落实。组织各层次和各部门的任务量与资源使用则要与各自目标相配合。二是指计划的短期与长期的平衡。离开长期计划来制订短期计划，或者是短期计划的实施无助于有关长期计划的实现，甚至短期计划阻碍、不利于长期计划的实现，或要求改变长期计划来适应短期计划，都是不科学的，也是不合理的。负有责任的主管人员应经常仔细地检查当前的决策，弄明白它们是否有助于长期规划的实现，还应定期向下级主管人员简要地介绍公司的长期规划，以便他们作出与之一致的短期决策。

最重要的就是保持任务、资源与需求之间、局部与整体之间、目前与长远之间的平衡。

2. 承诺原则

承诺原则主要是指计划所涉及期限的规定。计划期限的长短取决于组织的计划者对未来的承诺。承诺越多，时限就越长。“合理的计划工作要确定一个未来的时限，这个时限的长度就是通过一系列措施来实现决策中所承担的任务所必需的时间”。[1] 完成计划所涉及的期限是短还是长，也决定了计划本身是短期计划还是长期计划。

---

〔1〕［美］哈罗德·孔茨，西里尔·奥唐纳. 管理学［M］. 贵州人民出版社，1982.

计划期限，必须依据实现计划目标的具体资源条件来加以确定，而不是为了迎合一些外在需要而靠领导拍脑袋武断决定的。按照承诺原则，就经济意义而言，计划期限应是使得投资在某一项目上的费用能回收所需的时间长度。合理的计划期长度是为完成决策规定的未来任务所必需的时间。

3. 灵活性原则

计划工作的灵活性原则，即强调计划的可变性和多预案性。计划本身具有一定的内在缺陷：计划意味着一种承诺和约束，它规范了组织的发展方向、组织及其成员的行为等，这种约束使组织系统应变能力下降。另外，计划是针对未来的，尽管计划制订时已经对未来的可变因素进行了尽可能准确的估计，但假设目前的估计与未来现实完全一致则是愚蠢的。当出现意外情况时，管理者需要对计划作出灵活而代价不高的调整，这需要在计划中包括针对多种不同情况的预案。因此，计划一经确定，就使得组织失去一定程度的应变能力。而且组织的计划期限越长，不确定性就会随之增加，即使是最精确的预测，也免不了发生意外事件或差错。计划的灵活性越大，计划调整适应的能力就越强，由意外事件引起损失的风险就越小，但管理者必须对计划灵活性所需的费用与可能的风险损失加以权衡。既要使计划具有弹性，又必须将计划变更造成的费用支出控制在一定限度内。

4. 改变航道原则

改变航道原则，是指管理者对计划进行包括目标在内的全面调整。管理者在计划的实施过程中需要不断地检查执行的情况，预计前景，根据相关因素的变化程度，有可能需要对计划进行重新修订，以保证组织目标的实现。改变航道原则是为了弥补灵活性原则而提出的。灵活性原则使计划具有弹性或可调性，但计划的灵活性在不能解决组织的难题时则可能意味着需要对计划进行全面调整，也就是改变航道。

5. 限定因素原则

限定因素是指妨碍目标得以实现的决定性因素，又称战略因素。限定因素原则要求管理者必须能够清楚地认识并解决对实现预期目标起限定或关键作用的因素，以便准确地选择对于实现目标最为有利的方案。

第二节 计划的分类

计划的普遍性意味着计划多种形式存在于组织管理的各个层次和各个部门。一般根据计划所涉及的三个维度，即组织层次、时间跨度和部门对象来划分计划的类型。当然，这样划分的计划类型并不是相互独立的，而是相互关联和交叉的。如长期计划与短期计划之间是相互配合的，战略计划与战术计划及作业计划是互相协调的。战略往往具有长期性、综合性，短期计划也常常是战术计划或作业计划（见表 13-1）。

表 13-1 计划的分类

分类标准	计划的种类	特征
按计划制定者的层次	战略计划（规划）	高层负责
	战术计划	中层部门负责
	作业计划	基层管理者负责
按计划的时间界限	长期计划	3～5 年或 5 年以上
	中期计划	1 年以上、3 年以下
	短期计划	1 年或 1 年内
按计划的对象	综合计划	多个部门
	局部计划	单个或几个部门
	项目计划	单独的项目

一、按计划制定者的层次划分

1. 战略计划

战略计划，是对组织重大的、全局性的、长期的工作任务的筹划。战略计划一般由组织中的高层管理者制定。不同类型或规模的组织，战略计划的复杂性和制定难度也不一样。一些大规模的组织（如大型企业）或环境因素不确定性较高的组织（如新技术企业），可能因为高层管理者自身不具备把握未来变化的能力，于是往往委托专业机构（如管理咨询机构）完成战略计划制定工作。战略计划具有以下特点：

（1）方向性和长期性。战略计划往往涉及较长的计划周期，一般为 3～5 年。正因为如此，战略计划实际上规划了一个组织的未来：它要回答组织存在的意义是什么，组织的使命是什么，组织将来要达到一个什么样的长期目标，朝哪个方向走才能实现这一目标等问题。战略计划的实现，表明组织的发展进入新的境界。

（2）概括性和弹性。由于战略涉及的周期较长，其间变数较大，战略计划对未来的规划只可能是粗线条的、原则性的和概括性的。战略计划不可能详细，必须要有一定的应变空间，以应对实际情况的变化。

（3）单值性。战略是针对组织未来长期发展的问题，一旦出错，则全盘皆输。战略计划的失误造成的损失有可能对组织而言是致命性的，因此战略计划不具备可复制性，战略计划一般只能使用一次。

2. 战术计划

战术计划是指导组织如何具体动作的计划，也可以称为实施计划，是实现战略计划的具体安排。战术计划一般涉及的是局部的、部门的或阶段性的具体工作，通常由组织中的中层管理者负责制定。战术计划具体规定了组织各部门及其内部在一定时期需要完成什么（What）、何时（When）、何地（Where）、用什么资源（Which）、如何完成（How）、由谁负责（Who）。战略计划以问题为中心，战术计划以时间为中心，作业计划以操作为中心。战略计划对战术计划和作业计划有指导作用，战术计划和作业计划则是实现战略计划的保证。战术计划一般按年度分别拟订。

3. 作业计划

作业计划是操作执行性的计划，它确定了组织各机构和部门更具体的目标和工作内容，如工作流程、任务分派和资源调配等，一般由基层管理者制订。

作业计划的制订首先要以战略和战术计划为依据，以保证战略计划和战术计划的实现为目的。同时，基层计划还应在上层计划允许的范围内，根据自身条件和客观情况的变化灵活安排。

二、按计划的时间界限划分

1. 长期计划

长期计划一般是指 3～5 年或 5 年以上的远景规划设想，是纲领性、轮廓性的计划。由于计划期限较长，不确定因素较多，有些因素是人们事先难以预料的，因此，它只能以综合性指标和重大项目为主，并且必须有中、短期计划来补充，把计划目标加以具体化。

长期计划主要回答两方面的问题：一是组织的长远目标和发展方向是什么；二是怎样达到组织的长远目标。

编制长期计划要遵循远粗近细原则。长期计划是组织未来 5 年以上的远景（期）规划，一般要采用纲要形式粗略地对组织前景予以描绘；对 5 年左右的中长期规划，则要粗细得当、突出重点，如商业机构的中长期规划就一般要给出各项技术、产品、市场、财务、效益、规模等方面的规划指标；对 3 年左右的短（近）期规划，则需进一步细化，除了总体规划外，一般应有相应的分项专业规划。

2. 中期计划

中期计划一般是指 1 年以上、3 年以下的计划。中期计划来自于长期计划，并按长期计划的执行情况和预测的具体条件的变化而进行。中期计划是对长期计划的分解，是长期计划的具体化，为短期计划指明了方向，具有衔接长、短期计划的作用。

3. 短期计划

一般是指 1 年以内的计划，比中期计划更具体、更能够满足具体实施的需要。

短期计划、中期计划、长期计划三者之间并没有严格的时间跨度规定。长、中、短期的判断要根据具体情况相对而定。

三、按计划的对象划分

计划的对象是指计划所涉及的执行部门和任务。据此，可以把计划划分为综合计划、局部计划和项目计划。

1. 综合计划

综合计划是指对组织各方面的活动所作的全面规划和安排。综合计划可以是战略性的，如组织发展规划；也可以是战术性的，如年度生产经营计划编制中就需要有综合经营计划。综合计划往往涉及多方面内容和多个组织部门，也被称为整体计划。

2. 局部计划

限于指定范围的计划，内容专一，涉及部门不多，是综合计划的一个子计划，如企业中的销售计划、融资计划、设备维修计划等，政府中的财政计划、维稳计划等。

3. 项目计划

针对组织的特定课题作出的计划。通常会指定组织中的某个部门或机构作为项目计划的执行主体，也可以抽调组织资源组成新项目小组来执行项目计划，如项目软件开发、办公楼设计、产品开发、饭堂扩建、网球场翻修、扶贫等计划。项目计划多为一次性的，如应急计划、危机公关计划等。

第三节 计划的基本内容

组织中存在着各种各样的计划。不同的计划，内容也不尽相同。尽管如此，无论是何种计划，都应该对以下两个问题给出答案：组织要达到的目标是什么；如何实现这一目标。为此，一般来说，计划应该包括以下的具体内容。

一、组织宗旨

组织宗旨是一个组织存在的基本目的和意图，它是企业一切行动的指导原则。各种有组织的活动，只要有意义的话就应该有使命或宗旨。例如，企业的目的是向社会生产和分销商品或劳务，以获得最大化利润；法院的目的是解释和执行法律；政府的目的是维护社会的公平和正义等。组织的宗旨反映了组织的性质，是决定此组织区别于其他组织的标志。

二、组织目标

目标是活动所要达到的结果。组织的目标比组织宗旨更加具体地说明了组织从事某项事业的预期结果。组织目标不但是组织活动的起点，也是组织活动的终点。组织的目标包括了组织在一定时期内的整体目标以及各个部门和各层次的具体目标；包括主要目标与次要目标，它们共同构成组织的目标体系。

三、组织战略

战略使组织在宗旨和目标基础上显得更加具体化，使组织的轮廓更为清晰，因为战略实际上是把组织的目标变为一定时期的具体目标，并给出实现这些目标所必须采取的行动方针和资源的分配方案。战略的重点在于指明方向和组织资源使用的优先次序。

战略一词源于军事领域，在被引入管理学后，相当多的管理学家仍然认可这一术语中所具有的"竞争"、"争胜"之意，故而认为组织制定战略的根本目的，是使组织尽可能有效地比竞争对手占有持久的优势。这就需要在战略制定过程中深入和全面地研究相关组织、竞争对手的情况，强调管理者由外向内对组织处境加以审视，关注环境因素的变化，为组织提出有针对性的应对策略。例如，企业经营战略的基本内容就包括：经营领域（行业和市场面，即产品市场规模）、差别优势（独特性获取途径）、战略行动（推进步骤、次序和时间）、目标成果等。

四、政策

政策也是一种计划，是表现在计划之中的文字说明或协商一致的意见。政策规定了组织行为的指导原则。组织中的人以政策来指导或沟通决策及执行过程中的思想和行为。政策把所要拟定的决策限制在一定的范围内，以保证决策和目标的一致性。

政策可以以书面文字形式发布，也可能存在于管理人员管理行为的"暗示"之中，但无论是哪种形式，政策都对管理人员的工作起规范作用。政策相对于规则来说，允许人们有某些斟酌决定的自由。

五、程序

程序规定了解决某些经常发生的问题的标准方法和步骤，因此，程序也是一种计划。程序直接指导行动本身，而不是对行动的思考。

程序是一种经过优化的计划，是通过大量经验事实的总结而形成的规范化的日常工作过程和方法，并以此来提高工作的效果和效率。程序往往还能较好地体现政策的内容。

组织中所有重复发生的管理活动都应当有程序。管理的程序化水平是管理水平的重要标志。制定和贯彻各项管理工作的程序是组织的一项基础工作。

六、规则

规则是一种最简单的计划，它规定了某种情况下能或不能采取某种具体行动。规则与程序有关，但它不规定时间顺序。事实上，可以把程序看做是一系列的规则，但规则可以是也可以不是程序的组成部分。比如"禁止吸烟"是一个与任何程序都无关的规则。

规则与政策也有不同，政策的目的是指导在决策过程中如何去考虑问题，并留有自由处理的余地。规则虽然也起指导作用，但它在应用中不准留有自由处理权。就其本质而言，规则和程序旨在抑制思考、照章办事，所以规则和程序只有在管理者不希望组织中的人们运用自由处理权的情况下才被采用。

七、预算

预算是用数字表示预期结果的一种报告书，也可称为"数字化"的计划。

预算有各种类型，例如，关于经营方面的费用预算；反映资本支出的基本建设预算；说明现金流动情况的现金预算等。一般来说，财务预算是组织中最重要的预算，因为组织的各项活动都可以用数字化、货币化的方式在财务预算上表现出来。预算也是一种控制手段，但制订预算属于计划的内容，它是计划工作不可缺少的一个环节。

第四节 计划的基本过程

计划的成果表现为一些文本，这些文本虽然也需要坐在书桌前书写出来或者用电脑打出来，但这并不意味着计划工作是坐在办公室想想就可以完成的。制订计划意味着管理者需要做大量的工作。这些工作包括在计划的基本过程之中。不同的计划，复杂程度不一样，对这一过程中不同环节所要求的详尽程度也不一样，但不论是什么样的计划，其制订过程都应依次包括以下步骤：机会估量、目标确定、方案寻拟与评估、方案选定、拟订引申计划。

一、机会估量

机会估量是对与组织相关的环境因素在未来可能出现的变化加以估计，在判断这些变化对组织意味着到底是机会还是挑战的基础上，结合组织条件进行初步探讨。对管理者而言，机会的估量就是通过对组织外部环境及其变化的研究和预测，明确外部环境可能提供的机会和威胁；通过对组织内部条件的分析，弄清本组织的优势和劣势，对未来的情况作出预测。有时候，机会也就是“问题”，或者说机会来自于组织面临的危机之中。机会估量的主要工作包括信息收集和预测判断。

1. 调查情况，收集信息

调查是为了收集信息。调查首先要明确的是调查对象和调查主题。对具体组织而言，调查对象和调查主题是与其相关的各种环境因素及其变化趋势。一般来说，组织的环境因素包括政治、经济、社会和技术等宏观因素，也包括顾客、股东、供应商、销售商、竞争对手、债权人、政府相关部门、社会公众等利益相关者等微观因素。不同的组织对不同的环境因素就有不同的重视程度。调查就是要收集与组织密切相关的环境因素的过去和现在的信息，并对其未来的变化进行预测和判断。调查和预测都必须采用科学方法才能取得理想的结果。

信息收集的方法有二手信息收集法和一手信息收集法。二手信息是通过查阅相关信息发布中心、网站、报刊、杂志、研究报告、论文等收集调查对象的情报资料。对这些资料的准确性需要做一些核实和勘验的工作，而且有些是需要付费才可以得到的。值得强调的是，对于二手信息，不论付费与否，在引用时都需要注明其出处。一手信息则是通过调查的方法从被调查对象那里直接得到资料。

按调查的范围，调查分普查法和抽查法。普查法，即对调查对象进行普遍调查。当调查对象不多或调查对象在一个地区比较集中时，可采用此法。抽查法，即抽样调查，就是从调查对象总体中抽查一部分，然后推算总体状况。当调查对象太多而无法普查时，可用此法。多数调查是属于抽样调查。

按调查的方式，则有直接调查法、观察法和实验法等。

直接调查法是面对调查对象直接收集信息的方法。这包括：

(1) 当面询问。即根据调查任务，派员登门拜访，或请用户和有关单位座谈，了解有关问题的情况。其优点是准确、可靠、具体生动。缺点是可能需较大费用。对调查人员的水平要求高，要善于调查。

(2) 会议调查。就是利用各种外部会议的机会进行调查。主管部门和其他业务部门召开的有关安排计划、订货、经验交流、学术研究等会议，往往集中了各类人员，能收集到内容广泛、丰富的信息。比之分散询问，能节省时间和费用。但常常要受开会内容和时间的限制。

(3) 发函调查。根据调查要求，制订调查提纲，印成调查表格，寄给有关单位和用户填写，并请寄回，以此来了解产品情况和用户的需求。这种调查法的优点是简便易行，费用省。缺点是了解的情况不易完整和准确。

(4) 电话调查。对本地的有关单位和用户，通过电话询问情况，了解需求。其优点是简便迅速，了解及时，用费极小。缺点是询问时间很短，情况不够具体。

以上四种询问调查方式各有优缺点，应结合使用。

观察法是在调查对象不知情或被告知的情况下观察其行为反应而收集信息的方法。例如，企业常常在推销会、交易会、经销店、门市部、柜台等销售现场观察顾客的反应，听取顾客的意见，获得顾客对其产品或服务的态度。

试验法是在设定条件下测试调查对象的反应而收集信息的方法。例如，企业为了确认同类产品下的不同花色、品种、规格等受欢迎的不同程度，就将它们分别在同一市场投放，进行试销，记录顾客反应，掌握一些数据，判断顾客对不同特征的欢迎程度，以便最终确定哪些产品该投产，产多少，哪些产品该减产或停产等。

2. 进行预测

预测是根据调查得来的情报、资料，通过分析研究，对相关因素的未来状况作出估计和判断。简言之，预测就是根据已知推断未知；根据过去和现在推断未来。预测要说明的问题是：将来将会怎样，即在一定的条件下，如果不采取措施和行动，估计将会发生什么样的变化。

(1) 预测的类型。按照不同的标准，预测有不同的类型。

首先，按内容，预测可分为社会未来预测和技术经济预测。社会未来预测主要包括人口预测、自然资源预测、社会事业发展预测等。技术经济预测又分为技术预测和经济预测两大类。技术预测是研究与技术发明、技术应用有关的一系列问题。经济预测是对和经济活动相关的各种指标如国民收入、价格、需求、供给、汇率等目前水平和未来变化趋势的判断，它是为制定经济发展规划、产业规划、经济政策服务的。一般企业的经济预测则主要是进行市场预测、销售预测、原材料预测、设备投资预测和人力预测等。

其次，按时间，预测可分为长期预测、中期预测和短期预测。一般在5年以上，属于长期宏观预测；中期预测的时间在3个月到2年；短期预测的时间在3个月以内，一般是1周或1个月。微观预测以中、短期为主，宏观预测以长期预测为主。不同期限的预测要采取不同方法。中、短期预测常用时间系列法，长期预测常用因果关系法。

（2）预测的步骤。预测要讲究科学性。科学的预测是一个逻辑严谨的分析过程。这一过程包括以下六个步骤：

第一步，提出课题和任务。根据组织的要求、一般的情报基础和创造性思维，提出预测的课题，规定目标、任务、对象、基本假设，确定研究方法、结构和组织工作等。

第二步，调查、收集和整理资料。把与预测对象有关的过去的、现在的资料尽量收集齐全。此外，还要大量收集估量的背景材料并收集国内外同类预测研究的成果。

第三步，建立预测模型。对于计量经济模式分析，建立表示因果关系的模型；对于时间序列进行分析，抓住主要变动的成分找出数学模型。

第四步，确定预测方法。可采取几种预测方法进行，以互相验证。

第五步，评定预测结果。对预测结果再次征询专家意见，以检验预测结果，并进一步检验预测模型。

第六步，将预测结果交付决策。

（3）预测的方法。预测的对象和期限不同，所用的预测方法也会不同。大体上，预测的方法可分为三大类：

1）外推法。这是利用过去的资料来预测未来状态的方法。它是基于这样的认识：承认事物发展的延续性，同时考虑到事物发展中随机因素的影响和干扰。其最大优点是简单易行，只要有有关过去情况的可靠资料就可对未来作出预测。其缺点则是撇开了从因果关系上去分析过去与未来之间的联系，因此长期预测的可靠性不高。外推法在短期和近期预测中用的较多。其中常用的一种方法是时间序列法。

时间序列法是按时间将过去统计得到的数据排列起来，看它的发展趋势。时间序列最重要的特征是它的数据具有不规则性。为了尽可能减少偶然因素的影响，一般采用移动算术平均法和指数平滑法。

移动算术平均法是假设未来的状况与较近时期有关，而与更早的时期关系不大。一般情况下，如果考虑到过去几个月的数据，则取前几个月的平均值。

指数平滑法只利用过去较近的一部分时间序列。当时间序列已表现出某种规律性趋势时，预测就必须考虑这些趋势的意义，因此要采用指数平滑法。指数平滑法是对整个时间序列进行加权平均，其中的指数为0～1的小数。

2）因果法。这类方法是研究变量之间因果关系的一种定量方法。变量之间的因果关系通常有两类：一类是确定性关系，也称函数关系；另一类是不确定性关系，也称相关关系。因果法就是要找到变量之间的因果关系，据此预测未来。

没有因果关系的预测只是形式上的一种预测，而找出因果关系的预测才是本质的预测。回归分析就是从事物变化的因果关系出发来进行的一种预测方法，不仅剔除了不相关的因素，并且对相关因素的紧密程度加以综合考虑，因而其预测的可靠性较高。

回归分析的做法是：首先进行定性分析，确定有哪些可能的相关因素，然后收集这些因素的统计资料，应用最小二乘法求出各因素（各变量）之间的相关系数和回归方程。根据这个方程就可预测未来。在技术预测中，多元回归分析很有价值。

3）直观法。主要靠人的经验和综合分析能力来预测。其中德尔菲法是常见方法之一。

德尔菲法又称为“专家预测法”，是美国兰德公司在 20 世纪 50 年代初与道格拉斯公司协作研究如何通过有控制的反馈使得收集专家意见更为可靠，以希腊历史遗址德尔菲为代号而得名的。

德尔菲法的要点是：第一，不记名投寄征询意见。预测组织方就预测内容写成若干条含义十分明确的问题，规定统一的评价方法，然后将这些问题邮寄给所选的有关专家，背对背地征询意见。第二，统计归纳。预测组织方把各位专家的意见收集回来，然后对每个问题进行定量统计归纳。通常用回答的中位数反映专家的集体意见。第三，沟通反馈意见。预测组织方将统计归纳后的结果再反馈给专家，每个专家根据这个统计归纳的结果，慎重地考虑其他专家的意见，然后提出自己的意见。然后，把收回的第二轮征询的意见，再进行统计归纳，再反馈给专家。如此多次反复，一般经过三四轮，就可以取得较集中一致的意见，即可得到预测的结果。

用德尔菲法进行预测时应注意：第一，问题必须十分清楚，其含义只能有一种解释；第二，问题的数量不要太多，一般以回答者可在 2 小时内答完一轮为宜，要求专家们独自回答；第三，要忠实于专家们的回答，调查者不得显露自己的倾向；第四，对于不熟悉这一方法的专家，应事先讲清楚意义与方法。还应给专家们以适当的精神与物质的奖励，以鼓励回答和提交问卷。

（4）关于预测的准确性的讨论。预测时要明白，预测的准确度是相对的。由于预测是对未来的一种估计，不可能百分之百准确，总会存在一定的偏差。影响预测准确度的因素很多，首先，相对于实际情况不断地迅速变化，人们的认识总是滞后的；其次，事物变化有渐变，也有突变，而突变的情况往往是难以预测的；最后，预测本身不成熟，预测工具或手段还是有限的。总之，客观事物的发展是瞬息万变的，而人的认识总是不完全的，因而从根本上讲，完全准确的预测是不现实的，只能说要尽可能地提高预测的准确度。

根据预测过程，提高预测的准确度从以下四个方面入手：

1）收集到的资料、数据、情报一定要完整和可靠，经过核实。在预测工作中，应投入相当大的力量去进行资料搜集和鉴别工作，并应逐步积累，建立起常用的数据库。

2）预测需要集体去做，发挥集体的力量。在预测的过程中，要善于利用各方面的预测成果和报告。预测的结果要由集体来评定，要吸取不同的意见。

3）针对不同的问题，选用不同的预测方法，这对保证预测精度是十分重要的。搞技术预测应懂技术，搞经济预测应懂经济，这样才能做到理论明确、方法可靠、精度高。

4）也要注意另外一个问题，即随着预测度的提高，预测的费用也会快速增加。一个组织不可能无限度地提高预测准确度，而是要根据预测内容和要求而定，并且还要考虑预测的经济性。所以，预测的准确度是相对的而非绝对的要求。

二、目标确定

目标确定，主要是根据预测的结果，确定组织在一定时期内所要达到的成果。组织的目标是一个体系。这一体系由组织的整体目标及其分解而来的部门目标、长期目标与短期目标、战略目标与战术目标等构成。这一步骤还要明确说明达成目标的基本方针，说明制定战略、政策、规则、程序和预算等任务的工作重点。

不同性质的组织，其组织宗旨不同，目标也不同。尽管如此，管理者在确定组织目标时还有以下共同的原则和步骤可供参照。

1. 目标确定的原则

目标确定的原则包括以下五个要求：

（1）价值要求。即确立的目标应对组织宗旨有明确的意义，并与之所包含的价值观相一致，这是对计划目标的基本要求。价值要求意味着组织需要确立与之相关的各种价值指标，如科学价值、经济价值及社会价值指标，并进行综合权衡，以构成价值系统，以此作为评价标准。价值要求要贯彻到建立近期、中期与远期，整体与局部，战略与战术等各种计划的目标体系之中。

（2）明确、具体、定量的要求。目标明确，即目标的表达应是单义的，使执行者能够明确地领会其含义；目标的具体，即目标应由多个指标加以描述；目标的定量，即各种指标尽可能目标应明确、具体，并尽可能量化。对于不能够直接的目标，也应尽可能地间接量化。总之，目标应有其明确的衡量指标，不能含糊不清。

（3）目标的关键性要求。在一定的时间和条件下，几个共存目标的重要性可能是不同的，不同目标的优先顺序将导致不同的行动内容和资源分配的先后顺序。因此，恰当地确定哪些成果应首先取得，即哪些是优先的目标，这是目标确定过程中的重要工作。

组织目标是一个包含多部门、多层次的系统。这系统中的多个目标之间是协调一致的。但有时候它们之间也可能会发生矛盾，甚至是相互冲突。在这种情况下，一般应遵循两条原则：第一，在满足决策需要的前提下尽量减少目标的个数，因为目标越多，选择的标准就越多，选择方案越多越增加选择的难度；第二，要分析各个目标的重要程度，分清主次，先集中力量实现必须达到的重要目标。

（4）目标的约束条件要求。目标可以分为有条件目标和无条件目标两种，凡给目标附加一定条件者称为有条件目标，而所附加的条件则称为约束条件；不附加任何条件的决策目标成为无条件目标。无条件目标一般不多见。目标的约束条件一般分为两类：一类是指客观存在的限制条件，如一定的人力、物力、财力等条件；另一类是目标附加一定的主观要求，如目标的期望，以及不能违反国家的政策、法令等。凡是有条件目标，只有在满足其约束条件情况下达到目标时，才算真正实现了目标，不顾约束条件，即使达成目标，后果也可能适得其反。在确定目标时一定要说明目标的约束条件，否则，就降低了目标的明确性和具体性，不利于以计划为标准的控制工作。

（5）目标的时间性要求。时间是最能够也最容易对目标加以量化的维度。目标必须包括实现目标的期限。即使将来在执行过程中有可能会因为情况变化而对实现期限作一定修改，但确定决策目标时必须把预定完成期限规定出来。

2. 确定目标的步骤

（1）必须认清所要解决问题的性质、特点、范围，找到问题的症结所在及其产生的原因。寻找问题症结的办法是以差距的形式把它反映出来，即通过分析内部和外部的情况，把需要和现实之间所有的差距摆出来，进而抓住关键性的差距，并找出产生差距的原因。

(2) 全面研究所要解决问题的需要和可能。决策者所以要订立决策目标，是因为发现现实与要求之间存在着差距，并且这种差距已经达到不能满意的程度，才值得付出代价去消灭或缩小它。但决策时又不能仅考虑几个直接诱因，而应全面考虑上下左右各个方面的需求和可能，应当估计到有条件来实现这个目标，否则目标将成为空想。

(3) 对于初步设想的目标，仍需要进行正反两面的论证，然后审慎地把目标确定下来。

确定目标是计划工作的第一步骤，而目标本身又是计划的一种表现形式，所以确定目标本身就是一项计划工作。它同样要经历计划工作过程的所有步骤，因此可以把它看成一个大的循环中的小循环。

三、方案寻拟与评估

目标确定后，就要根据目标拟订各种可能的实现方案并对这些可能方案加以评估。

拟订方案阶段的主要任务是，对信息系统提供的数据、情报，进行充分的系统分析，并在这个基础上制订出不止一种的备选方案；评估方案则意味着对各种方案所涉及的条件、时间、步骤、资源、费用等因素进行相互比较，指出各种方案的优缺点。

可行的方案是实现目标的具体方法，它将详细回答所谓5W1H的问题，即做什么(What)、为什么(Why)、由谁去(Who)、去哪儿(Where)、什么时间(When)、怎样干(How)。管理者的主要任务是尽可能寻求所有可行的备选方案，保证备选方案的全面性和多样性，以便提供尽可能广阔的思考和选择的余地。

1. 拟订可能方案的要求

(1) 必须制订多种可供选择的方案，方案之间具有原则区别，便于权衡比较。

(2) 每一种方案以确切的定量数据反映其成果。

(3) 要说明本方案的优点、弱点及实践条件。

(4) 各种方案的表达方式必须做到条理化和直观化。

(5) 拟订方案包括方案设想和细部设计两个步骤。

从理论上说，拟订可行方案应做到既不重复又不遗漏。因为如果所拟订出来的各个可行方案之间在执行时会相互重叠交叉的话，就很难对各个方案的优劣进行独立的评价。而如果不能找出所有的可行方案，就可能会遗漏某些好的计划方案，从而影响所确定的计划方案的质量。但实际上由于认识能力、时间、经验和费用等原因，管理者并不可能找到所有的可行方案，而只能是拟出若干个比较有利于预期目标的可行方案以供评价。

2. 方案设想

在方案设想阶段，管理者要充分发挥创新精神和丰富的想象力。既要实事求是，又不能因循守旧。当然，这取决于管理者的知识、能力、智慧和胆识。

管理者往往从两个途径寻找多个备选方案：一是管理者自己的经验，另一个是其他管理者或组织采用的且已被证明为成功的经验。依靠自己过去的经验或是有选择地模仿他人的做法，可以节省时间和费用。但经验的有效性会随着市场需求和竞争变化、新的技术的出现、政府规章制度变动等其他组织内外部环境因素的变化而受到限制。

因此，管理者必须运用创新思维，来创造性地开发可供选择的方案。

但是，管理者在试图假设性地提出备选方案时，一方面会受到既定的时间和成本约束，另一方面存在一定的文化和思维障碍。文化障碍是指社会上流行的、时尚的生活方式，管理模式和价值观念等对管理者心理上的约束；思想障碍是指习惯性思维所引起的障碍，习惯和过去的经验等往往妨碍管理者从崭新的、完全不同的角度进行思考。组织可以通过在随意的气氛中进行集体讨论的方式消除部分文化障碍和思想障碍。

创新性的方案设想方法有头脑风暴法、形态方格法和逻辑思维法等。

(1) 头脑风暴法（Brain Storming），简称BS法，是美国学者奥斯本于1939年首创的，一种诱发新颖独创设想的创新技法。BS法的两个基本原则是：延迟判断；量变到质变。延迟判断是说在为决策问题寻求解决方案的阶段，只专心于设想，而不急于下结论或进行评价。量变到质变是说只有在得到更多的设想方案后，才可能有合适的方案出来。设想方案时采取畅谈会的形式。畅谈会时有四条所有人都要遵守的规则。一是绝不允许批评指责他人提出的设想，任何人都不准作判断性结论；二是提倡自由奔放的思考，想法越新奇越好；三是追求设想的数量，提出的设想越多越好；四是鼓励相互启发和巧妙地利用并改善他人的设想。后来，美国人克拉克和爱德华特别提出了要防止“抑杀句”和“自我抑杀句”的出现等理论。此后，德国学者施利克祖佩指出，不仅批评不利于畅谈会，溢美之词同样是一种不利因素。头脑风暴法通过鼓励自由思考，参与者之间互相启发，创造性思维产生共振和连锁反应，所产生的一些备选方案往往很有价值。

(2) 形态方格法，也称形态分析法、棋盘格法，是瑞士裔美国人、加州理工学院茨维基教授提出的一种通过建立系统结构来求得问题之创新解决的方法。其出发点是，很多创新并非都是全新的东西，而只是旧东西的重新组合。因此，如能将问题加以系统分解与组合，就可以大大提高创新的可能性。形态方格法的实施步骤包括：

1) 搞清所要解决的问题。例如，某企业拟解决的问题是进行饮料新包装开发。

2) 确定影响问题的独立要素，并列出上述要素的所有可能形态。经分析后确定的独立要素有：包装材料；包装形状；包装大小；包装颜色等。

3) 将各独立要素及其可能形态排列成矩阵形式（见表13-2）。

表13-2 某企业饮料新包装开发矩阵

包装材料	包装形状	包装大小	包装颜色
玻璃	小口瓶	0.5公斤	浅绿色
软塑料	圆筒状	0.4公斤	乳白色
马口铁	方盒式	0.3公斤	天蓝色
铝箔	球状	0.2公斤	银灰色
特种纸	扁盒式		红色
复合材料	袋式		橘黄色
硬塑料	玩具造型		
	动物造型		

4）举出任意可能形态做任意组合。从每一要素中各举出任意可能形态做任意组合，从而产生出可能的方案设想。将上述四个独立要素的各种形态任意组合后，可以得到：7×8×4×6＝1344 种可能设想。

5）方案设想的选优。从这些个别要素来看，在市面上可能不算什么新东西，但 1344 种组合中一定会有一个新颖的、为消费者喜爱的包装形式。

（3）逻辑思维法。该方法是指通过种种逻辑推论来产生新的方案设想的办法。我们可以用“解决城市垃圾处理问题”为例，说明如何运用逻辑思维法寻求各种可行方案。

1）反面推论。如果说一项措施可以作为某项决策的一个备选方案的话，它的反面也一定是一个合乎逻辑的方案。例如，将垃圾运走是一个方案，而不运走也是一个方案。

2）折中推论。世间事物不仅有其正面和反面，也有折中的情况。仍以上例，运走部分垃圾就是一种折中的情况。

3）概念分解。我们可以把运走部分垃圾这一概念分解为：运走全部住户的部分垃圾；运走部分住户的全部垃圾；运走部分住户的部分垃圾等。

4）同类罗列。即把达到相同目的的不同手段罗列出来，例如，不运走的手段包括分解、压缩、掩埋、燃烧等；运走的手段包括海运、陆运（汽车、火车、畜力、肩扛）、空运（飞机、火箭）等。

3. 方案的细部设计

如果第一步需要大胆设想，这一步却要冷静思索、反复计算、严密论证和细致推敲，即经得起怀疑者和反对者的挑剔。这阶段主要包括两项工作：

（1）确定方案的细节。方案细节包括制定政策、组织作业、安排日程、配备人员、落实经费等，通过细节设计把方案变成具体的行动规划，决策才能付诸抉择。

（2）估计方案的实施结果。方案实施的结果能否达到决策目标的全部要求，要事先作出估计。方案的实施结果也可能是负面的，需要结合长远目标认真予以比较和判断。同时，推断方案实施的结果也不能仅仅看技术性的推论，而是要充分注意执行人这个因素的影响。毕竟，看上去很完美的方案也是由人去执行的，其结果的好坏与执行人不无关系。

4. 方案评估

评估备选方案需要充分估计备选方案各方面的因素，这包括方案的目标、限定条件、时限、资源费用、人员安排等。

评估方案首先要预测各个备选方案对组织目标的正负影响，预测各个备选方案对组织可能导致的短期影响和长期影响。其次，要正确判断各个备选方案限定因素及与这些因素相关的解决安排等，以判断方案的可行性差异。要避免着眼于某一备选方案的优点，而忽略了成功实施该备选方案所需要的条件、障碍、潜在的问题。

评价备选方案要尽可能采用现代科学的评估方法和决策技术，如“可行性分析”、“决策树”、“矩阵决策”、“模糊决策”等数理分析技术，对预选方案进行综合评价。这项工作可以交由专业机构或由组织内的智囊机构的高级研究人员、政策研究人员及从社会上聘请的专家小组来承担。其主要内容是，通过定性、定量、定时的分析，评估各预选方案的近期、中期、远期效能价值，分析方案的后果及其影响。在评估的基础上，权衡各个方案的利弊得失，并将各方案按优先顺序排列，提出取舍意见，再交由组织的决策机构定夺。

在评估时要考虑以下三个问题：

（1）要特别注意发现每一个方案的制约因素或隐患。

（2）在评估时，将一个方案的预测结果和原有目标进行比较时，既要考虑到许多有形的可以用数量表示的因素，又要考虑到许多无形的不能用数量表示的因素。

（3）要用总体的效益观点来衡量方案。

四、方案选定

方案选定，即在众多的备选方案中选定一个较优的方案作为未来需要执行的方案。选择一个好的方案是计划决策全过程中最核心、最关键的一步。

对备选方案的选择，首先是一个方案相对优劣的判断。这种判断涉及的是价值标准的问题，即对同一个方案，在不同的价值标准之下的判断结论将大不相同。其次是一个选择方法问题。

1. 选择方案的标准

什么样的方案是优的，这是一个性质判断，它是建立在价值标准上的。比如最低工资标准的立法，在资源利用的效率标准来看就不是一个好方案，因为它会导致失业率增加。但是以社会公平的标准来看，则保障了工薪阶层的权益，就是一个好方案。方案要优到何种程度才可以是最优呢，还是满意就行？这是一个程度的问题。大部分古典经济学家在理性人假设下主张最优标准，而诺贝尔经济学奖获得者，美国著名的管理学家罗伯特·西蒙在“有限理性”假设下主张用“满意标准”来选择方案。

如果一个方案执行起来会出现几种不同的可能结果，这时应按什么标准去评价？这就是不确定决策下的选择标准问题。

（1）价值标准。这是选择方案的基本判据。决策的目的是为了实现一定的决策目标，因此，越是符合目标要求的方案就越好。一个方案是否符合目标的要求，要对方案所含的价值指标体系，分清主次，综合评价。一般从系统性、先进性、效益性、现实性四个方面进行综合评价。其中效益性是多数组织考核方案的核心。

（2）“最优标准”还是“满意标准”。能达到最优标准当然是最好不过了，但在实际工作中往往难以达到。因为人们的认识会受到如主客观条件、科技水平、情报信息以及环境、时间等许多因素的限制，人们对未来的预测也难以达到百分百的准确。有的方案在既定的时空条件下是最优的，一旦条件变化就不能最优了；有的方案在短期看是最优的，而长期效果不一定很好。因此，绝对的最优标准是不存在的，最优也是相对而言的。罗伯特·西蒙提出的“满意标准”或“有限合理性标准”是一个更合乎现实的标准，即看待一个方案只要能达到“足够满意”即可，不必追究“最优”。大多数选择是按“满意标准”行事的。当然，这样做并不排除在可能条件下达到最优的可能性。

（3）不确定性条件下的决策标准。决策有确定型和不确定型之分，对于确定型决策来说，有了上述两方面标准就可以进行方案选择了。但对于不确定型决策来说，具备上述标准后，还必须比较不同方案的期望值。所谓期望值，又称均值，即按各种客观状况的出现概率计算综合的平均值，而概率就是出现可能性的计量。期望值越高，则方案越值得选择。

2. 选择方案的方法

选择方案的方法甚多，归纳起来，有经验判断法（包括淘汰法、排队法、归纳法）、数学方法以及试验法等。

（1）经验判断法。这是一种传统的方法。20 世纪 40 年代前的管理决策基本上都是依靠经验判断。经验一定程度上反映了人们对事物的直觉。今天把数学方法、物理模型、网络模型等理性方法引进决策中后，经验判断的方法仍然是不可缺少和忽视的。尤其是一些涉及社会、心理因素等复杂问题和非计量性因素较多的决策，需要有领导者的经验判断。

所谓归纳法，是在方案众多的情况下，先把方案归成几大类，先看哪类最好，就选中哪类，然后再从中选出最好的方案，如选择厂址的决策，往往采取这种方法。这个方法的优点是可以较快缩小选择范围，缺点是可能漏掉最优方案。因为最优方案也可能处在不是最好的那个类中。不过在不允许进行全面对比的情况下，这个办法仍常被采用，因为按此法选出的方案一般还是比较满意的。

（2）数学方法。运用数学方法选择方案，在 20 世纪 50 年代以后发展很快。因为在控制变量属于连续型的情况下，经验判断方法很难直接找到最优或满意方案，要借助于数学方法。所谓连续型变量是指这个变量的两个变异值之间，可以存在无穷多个中间数值。如产值、成本、利润等就是连续变量。连续型的控制变量就是意味着备选方案无穷多。运用数学方法，可以使决策达到精确化。但到目前为止，尚有许多复杂的决策，用数学方法还解决不了，要综合运用选择方案的多种方法加以解决。

（3）试验法。社会问题的决策，虽然不可能创造出像实验室那样人为的典型条件，如科技界那样去试验。但对重大问题的决策，尤其是对新情况、新问题及无形因素起重大作用不便用数学方法分析时，先选择少数几个典型单位进行试点，然后总结经验以作为最后决策的依据，也不失为一种有效的方法。有些复杂的决策，虽然反复计算、讨论、比较，仍然没有多大把握，这时，试验就被提上日程。但也不是事事都经过试验，在方案选择过程中，往往是在选择范围已经缩小到只剩下两个关键方案而定不下来时，或方案已初步选出但仍感到还不放心时，不妨去做试验为妥。

以上各种选择方案的方法都各有利弊，采用何种办法还要从实际出发，灵活运用，还可创造更加科学的方法，以便能更简明的准确地找到最优方案或满意方案。

3. 方案选优的过程

可以通过各种形式和渠道完成方案的优选工作。例如，召集有关专家进行评议，科学论证；也可召集组织内人员进行座谈讨论，听取意见；或者在收集意见的基础上对优选方案进行进一步的修改和补充，然后通过各种形式和渠道征集意见定案。这一程序必要时可反复多次，最终按价值标准从中选择一个满意的计划，再由权力机关批准、施行。为了保持计划的灵活性，选择的结果往往可能会选择两个甚至两个以上的方案，并且决定首先采取哪个方案，并将其余的方案也进行细化和完善，作为后备方案。

五、拟订引申计划

引申计划，即由各个业务部门和下属单位拟订的细节计划。完成选择之后，计划工作并没有结束，还必须帮助涉及计划内容的各个下属部门制订支持总计划的派生计划，派生计划就是总计划下的分计划。几乎所有的总计划都需要派生计划的支持和保证，完成派生计划是实施总计划的基础。例如，资金筹措计划、劳动计划、人员培训计划、采购计划等。这些计划都要围绕着总计划来制订。

六、用预算量化计划

在确定计划的最后，要把计划包括的所有内容尽可能进行量化，这就是预算。预算需要用统一的价值衡量单位（通常是用货币）对计划中的各项指标进行量化估算。预算与计划量化的层次和构成是一一对应的。但有时，计划也会自成体系与计划相配合。因为预算要用货币计量，往往与组织管理中的财务核算有所重叠，因此被看成财务管理的一部分。而实际上，预算是计划的一部分，其意义远远超出财务管理。

第五节 计划的方法

计划制订得好与不好，相当程度上与所采用的计划方法有关。计划方法是指制订计划的技术手段。这些计划方法可以帮助管理者更加快速和准确地确定各种因素之间的关系性质，提高综合平衡的准确性；这些方法还能够简化管理者优先选方案的过程，加快计划工作的进展速度，节省管理者的时间，把他们从繁杂的计划工作上解脱出来，从而更均衡地完成其他的管理职能，全面掌控组织运行。现代管理中计划的方法和技术主要有：滚动计划法、网络计划法、目标管理法、计划指标的核定方法。

一、滚动计划法

滚动计划法是一种定期修改未来计划的方法。滚动计划采用远粗近细的方法，即把近期的详细计划和远期的粗略计划结合在一起，在近期计划完成后，再根据执行结果的情况和新的环境变化逐步细化并修正远期的计划。其具体做法如图 13－1 所示。

可以看出，近期详细计划执行完毕后，根据执行情况和内外部因素的变动情况对原计划进行修正细化，此后便根据同样的原则逐期滚动，每次修正都向前滚动一个时段，这就是滚动计划方法。

滚动计划有以下三个优点。一是推迟对远期计划的决策，增加了计划的准确性，进而提高计划工作的质量；二是这种方法使长、中、短期计划能够相互衔接，它能保证长期计划的指导作用，使各期计划能够基本保持一致；三是保证计划应具有的基本弹性，特别是在环境因素剧烈变化的条件下，有助于提高组织的应变能力。这种方法的缺点则在于加大了计划的工作量。

滚动计划法比较适合于对产量、销售额、时间进度的安排等方面计划的调整。而对于一些影响作用比较长的计划，如组织战略、经营方针、长期规划及投资周期比较长的项目，则不宜用滚动计划法。

滚动计划法还可用于编制年度计划或月度作业计划。在编制年度计划时，一般以季度为单位向前滚动；在编制月度计划时，一般以10天为单位时段向前滚动。编制的基本方法依然是在完成一个阶段的计划后进行差异分析，并考虑组织内外环境因素的变化等修正因素，修订原计划而形成新的向前滚动一段的年度或月度计划。

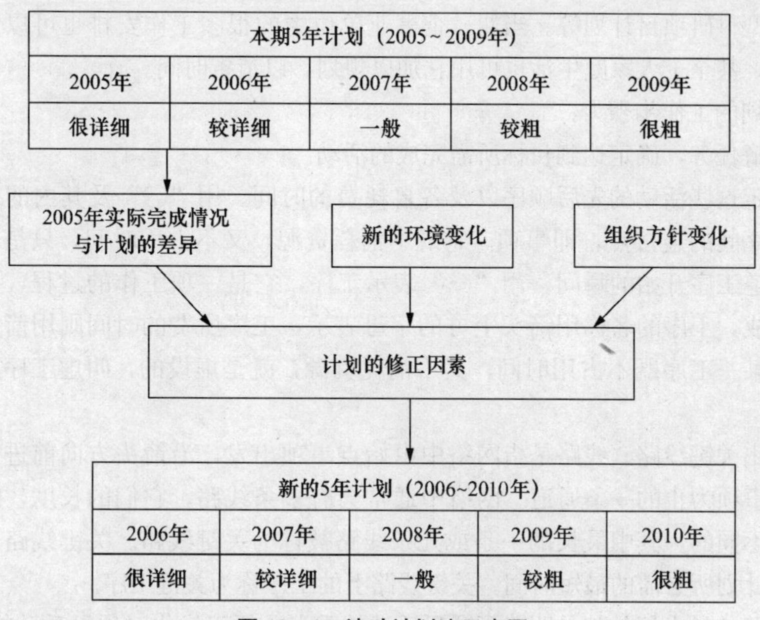

图 13－1　滚动计划法示意图

二、网络计划法

当计划中的项目个数很多时，需要协调成百上千个活动，而且活动之间存在着紧密的时间序列关系时，网络分析法就成了一种十分有效的计划方法。

网络计划技术是运用网络图的形式进行计划管理的科学方法。它的基本原理是：利用网络图（见图13－2）把计划中包含的各项任务及其顺序以及所需时间表示出来，找出网络中的关键线路，即完成整个计划所需的最长时间，然后利用工序和时间的可调整性，优化、缩短关键线路，从而减少整个计划完成的时间。

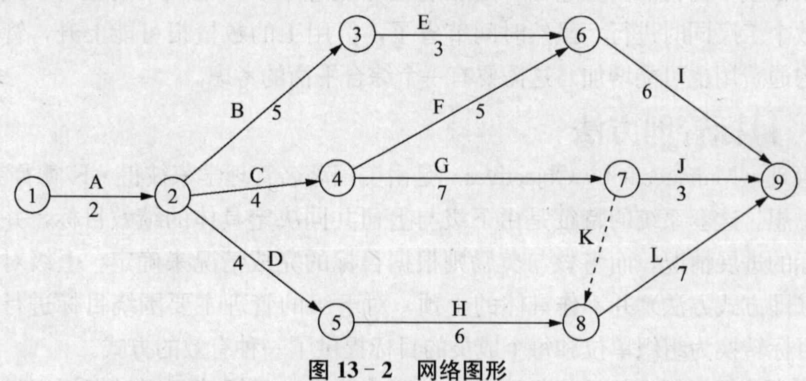

图 13－2　网络图形

采用网络分析法所获结果的质量很大程度上取决于事先对活动事件的预测，若能对各项活动的先后次序和完成时间都能有较为准确的预测，则通过网络分析法可大大缩短项目的完成时间。

网络计划方法最适用的是一次性大规模的工程项目，如建筑项目计划、软件产品开发计划、大型科研项目计划等。当然，企事业单位中的很多工作安排也可以借用此法加以安排优化，甚至个人家庭生活也可用它加以规划，以节省时间。

网络计划的工作步骤为：

（1）分解任务，确定达到目标所需完成的活动。

（2）确定这些活动的先后顺序以及各自耗费的时间。用"○"及其内的字母或数字表示两个工序间的连接点，即事项。它既不消耗资源，又不占用时间，只是表示前道工序结束和后道工序开始的瞬间。用"→"表示工序，它是一项工作的过程，要经过一段时间才能完成，工序的名称用箭头上方的字母表示，工序所费的时间则用箭头下方数字表示。如果某一工序既不占用时间，又不消耗资源，就是虚设的，叫虚工序，用虚线箭头表示。

（3）找出关键线路。线路是指网络中由始点事项出发，沿箭头方向前进，连续不断地到达终点事项为止的一条通道。网络中通常会有多条线路，它们的长度，即所包括的全部时间是不同的。其中最长的一条或几条线路被称为关键线路。关键线路表明在既定条件下完成计划所必需的最短时间。关键线路上的工序称为关键工序。

关键线路的最大好处就是明确了项目活动的重点，便于优化对项目活动的资源分配。当管理者想缩短项目完成时间、节省成本时，就要把考虑的重点放在关键路径上；在资源分配发生矛盾时，可适当调动非关键路径上活动的资源去支持关键路径上的活动，以最有效地保证项目的完成进度。

（4）优化关键线路。对关键线路的优化有两种方式实现：一是调整工序的顺序，尽可能地让一些工序同时进行，从而缩短关键线路；二是设法直接减少关键工序的时间从而降低关键线路的长度，节省整个计划完成的时间。

需要强调的是，网络计划方法特别看重的是计划时间的节约，通过时间的减少达到降低整个项目成本的目的。但这在一定程度上可能忽略了其他成本的上升。例如，如果尽可能让数个工序同时进行，虽然时间节省了，但用工的数量很可能上升，管理工作中的协调和沟通费用也可能增加。这需要有一个综合平衡的考虑。

三、目标管理方法

目标管理（Managenet by Objectives）是由美国著名管理学家彼得·F. 德鲁克 50 多年前提出的思想。这套系统的特征是由下级与上司共同决定具体的绩效目标，并且定期检查完成目标的进展情况，而考核与奖励则根据目标的完成情况来确定。上级对下级如何达成目标（即方式方法）并不作具体的干预，对下级的管理主要围绕目标进行。它为组织将整体目标转换为组织单位和每个成员的目标提供了一种有效的方式。

目标管理使得组织中的目标的可操作性更为明显。目标管理通过把组织目标一级接一级，从上到下分解到组织的各部门和各岗位的做法中，使组织的整体目标被转换为每个部门和岗位的具体目标，最后到个人目标。最终的结果是建立了一个目标的层级结构。在此结构中，某一层的目标与下一层的目标是连接在一起的，而且对每一位员工，目标管理都提供了具体的个人绩效目标。组织中的每个成员都在目标的网络之中。个人目标的实现将导致部门或单位目标的实现，而部门或单位目标的实现将意味着组织整体目标的实现。

在目标管理的程序当中（详见表 13 - 3），要求较低单位的管理层参与设定他们自己的目标，这体现了组织对下属的尊重，也提高了目标设定的合理性和下属对目标的认同度，从而激发积极性。因此，目标管理的目标过程既是“自上而下的”，也是“自下而上的”。同时，上级对下级达成目标的具体方式和方法不加以干预，体现了充分的放权意识，下属则拥有了实施权，是一定意义上的民主管理。

表 13 - 3　目标管理计划的典型步骤〔1〕

1. 制定组织的整体目标和战略
2. 在经营单位和部门之间分配主要的目标
3. 各单位的管理者和他们的上级一起设定本部门的具体目标
4. 部门的所有成员参与设定自己的具体目标
5. 管理者与下级共同商定如何实现目标的行动计划
6. 实施行动计划
7. 定期检查实现目标的进展情况，并向有关单位和个人反馈
8. 基于绩效的奖励将促进目标的成功实现

目标管理计划有 4 个共同要素。它们是：明确目标、参与决策、规定期限和反馈绩效。

值得注意的是，目标管理的关键是目标体系的设定和被认可。被认可的前提是合理。而恰恰在目标的合理性这个问题上，对组织的要求很高。组织想要达到的目标，往往不被认可，而被认可的目标又常常会低于组织期望的目标。当组织遭遇目标困境的时候，目标管理就无法发挥作用。另外，越是位于组织层级低层的成员，其实现目标方法的可选择性就越小，所以目标管理更多地用做对中层和基层的管理人员的一种管理方法。

四、计划指标的核定方法

计划的目标是由各种指标具体化地加以表达的。这需要用到一些能够正确核算和确定各项指标的科学方法。在实际工作中，常用的指标核定方法主要有以下六种：

1. 定额法

定额法就是根据有关部门规定的标准，或者目前在正常情况下已经达到的标准，来计算和确定计划指标的方法。定额是通过收集、统计各种数据资料，运用技术手段测定而提出完成一定任务的资源消耗标准，或者一定的资源消耗所要完成任务的标准。

〔1〕［美］斯蒂芬·P. 罗宾斯. 管理学（第四版）［M］. 北京：中国人民大学出版社，1997.

定额是确定目标的基础，对目标核算有决定性影响。例如，要确定某机械厂的钢材供应量指标，就可以通过把该厂生产机器的计划任务量和生产一台机器的钢材消耗定额相乘求得；要确定某商场的职工人数需要量，就可以用该商场的计划营业额除以平均每个职工的营业额求得。定额法通常用于核算人力、物力、财力的需要量和设备、资源的利用率。

2. 系数法

系数主要有比例系数和弹性系数两种形式。比例系数是两个变量的绝对量之比。如建筑安装工作量一般为基本建设投资总额的比例假设为65%，那么，这里的0.65就是二者的比例系数。

弹性系数是两个变量的变化率之比。例如，人口增长速度和国民收入增长率之比为0.015：1，那么，则这里的0.015就是人口增长的（收入）弹性系数，即收入增长100%，人口只增长1.5%。系数法就是运用这些系数从某些指标推算其他相关指标的方法。

系数法一般用于计划编制的匡算阶段和远景规划中。其优点是可以在时间短、任务急、资料不全的情况下迅速编制粗线条的计划，还可以对计划进行粗略的论证和检验。但是，使用时必须注意系数在计划期的有效性，并对之进行尽可能科学的修正。

3. 动态法

动态法就是按照某项指标在过去几年的发展动态（如增长速度）来推测该指标在计划期的发展水平的方法。例如，假设根据历年情况，我国工业总产值每年大约增长12%左右，再假定计划期工业生产条件没有大的变化，那么，也就可以先按12%来考虑。这种方法常见于确定计划目标的最初阶段。

4. 比较法

比较法就是对同一计划指标在不同时间或不同空间所呈现的结果进行比较，以便研究确定该项计划指标水平的方法。这种方法常被用于进行计划分析和论证。使用它，可以较好地吸收其他国家和地区的成功经验。例如，我国在编制国民经济和社会发展计划时，也可以参照发达国家或新兴工业化国家在过去年份中经济发展水平同我国类似的年份的有关指标，来确定我国的计划指标。当然，在运用这种方法时，一定要注意到影响同一指标的诸多因素的可比性问题，简单的类比是不科学的。同时，在比较时，还要特别注意调整指标口径和计算方法的差异。

5. 因素分析法

因素分析法是指通过分析影响某个指标的具体因素以及每个因素变化对该指标的影响程度，来确定计划指标的方法。例如，在技术不变的条件下，企业的生产量取决于劳动量和劳动生产率（即单位劳动的产出水平）。因此，要确定产量计划，就可以通过分别求出计划期劳动量增加可能带来的产量及劳动生产率提高可能增加的产量，然后把两者相加。这就是因素分析法。

6. 综合平衡法

综合平衡是从计划全局出发，对计划的各个构成部分、各个主要因素、整个计划指标体系进行的全面平衡。综合平衡法把任何一项计划都看做是一个系统，不是追求局部的、单指标的最优化，而是寻求系统整体的最优化。因此，它是进行计划平衡的基本方法。综合平衡法的具体形式很多，主要有编制各种平衡表，建立便于计算的计划图解模型或数学模型，如经济计量模型、投入产出模型等。

小结

本章主要围绕计划这一管理职能的相关问题展开。计划是组织管理的首要职能，是管理工作的开始。计划也是管理者应该具备的一种思维习惯和工作能力。

本章的五节内容实为两部分，前三节是第一部分，是计划的知识和原理。这包括对计划概念、类型以及基本内容的认知、对计划的重要性及原则的把握。后两节是第二部分，是计划的方法。这包括制订计划的基本步骤以及其中用到的各种具体方法。计划对组织的重要性在于，计划在组织空间上是统领全局的，在组织资源上是综合平衡的，在时间上是结合近期和未来的。计划在组织中是以多种形式存在的。计划也必然暗含了对组织相关因素的预测要求，而预测的准确度则是相对的。计划的六个步骤是在纵向意义上对制订计划工作的罗列。每一个步骤的完成则需要更为具体的解决方法。滚动计划法解决了长短期之间的衔接问题，网络计划法则解决多项目的统筹安排问题，目标管理法则为组织建立起一个目标体系，计划指标的核定方法则用于解决目标的核算问题。对计划方法的进一步掌握，需要结合战略管理、数学、运筹学、经济学、管理工程学等的学习才能熟练使用。

关键概念

计划　限定因素　战略计划　战术计划　项目计划　宗旨　政策　程序　规则　预算　预测　外推法　德尔菲法　头脑风暴法　形态方格法　逻辑思维法　期望值　滚动计划法　网络计划法　MBO　定额法　系数法

问题和讨论

1. 计划有哪些特点？
2. 计划的类型有哪些？
3. 计划有哪些基本内容？
4. 计划工作可分为哪些基本步骤？
5. 如何对方案进行评估和选择？
6. 讨论：对“计划没有变化快”的认识。
7. 讨论：对预测的准确性的理解。
8. 讨论：推行目标管理的可行性。

案例应用

远大集团驶入发展的快车道[1]

远大集团是以建筑幕墙、集成门窗、电梯制造、机电装备、风力发电和环境工程为主导产业的大型跨国集团公司，总部坐落于中国装备制造业基地——沈阳市。历经16年的创新发展，集团现已拥有全球22家分公司、1万多名员工，同时，在我国沈阳、上海、成都、佛山构建了四个大型生产制造基地，并在沈西工业走廊建设了总占地面积为1.7万平方公里的现代化工业园，成为世界上最大的幕墙生产制造基地。

目前，由远大集团承建的工程已经遍及世界各地：欧洲第一高楼——俄罗斯联邦大厦，建筑高度430米，与莫斯科河水遥相呼应，构成了碧水、蓝天、白云的美丽画面；美国芝加哥水景大厦、日本COCOON大厦，是远大集团在国际高端市场的品质印证；北京2008奥运主场馆——中国国家游泳中心"水立方"、国家体育场"鸟巢"简洁明快，体现了中国传统文化与现代科技的完美结合，成为国内外独树一帜的标志性建筑；阿联酋迪拜商业湾、北京新保利大厦、上海震旦国际大厦、上海东方艺术中心等全球标志性工程，不断创造世界建筑史上的奇迹。

2008年，远大集团实现了由发展中国家为主要市场向发达国家高端市场的转移，日本、美国等国家和地区，已经成为远大集团发展的重点区域。此举使远大集团的销售额实现了重大突破。

2008年，远大集团改变了以往"以量取胜"的成本战术，执行通过自主创新和技术升级、提高产品附加值来"以质取胜"的品牌战术。2008年4月21日，德国汉诺威工博会上，来自远大集团制造的1.5兆瓦风力发电机组亮相。作为唯一自主设计并且能够批量生产的风力发电设备，德国等国家的著名企业纷纷与远大集团签署合作意向。

2008年，大工程、大项目成为集团发展的"引擎"，为企业上半年销售突破百亿元打下坚实基础。幕墙大型工程的屡屡中标，重大项目的新发展，也成为企业仅用半年时间突破百亿大关的重要因素。通过结构调整，该集团的新兴产业初现发展优势，并成为远大集团高速发展的新"引擎"。作为远大集团的新兴产业之一，机电装备产业经过短短6年时间就走完了其他机电企业10多年的发展路程，销售、服务网络成功覆盖了英国、俄罗斯、科威特、新加坡、澳大利亚、智利等国家，远大机电产品已经走向世界。

2008年年末，国际金融危机迫使美、日、德等国的一些中国公司缩减开支，撤离中国的风电行业。但远大集团却逆势而上，投资了7亿元，高调进入国内风电市场，旨在打造中国民族第一风电品牌，用具有自主知识产权的风力发电机组打破国

---

〔1〕 高闯. 管理学［M］. 北京：清华大学出版社，2009.

外垄断。远大集团能源事业部总经理闫凌宇说："金融危机也是一次市场和财富重新分配的机会，为我们拓展市场和发展产业提供了商机"。他充满信心地表示，3 年后远大集团风电项目的年产值将达到 30 亿～50 亿元。

在金融危机中，远大集团将国内市场作为重点，瞄向国家确定的 4 万亿元投资计划，并将东北市场作为重点区域进行拓展。目前，远大集团已经签下江苏 72 层的空中华西村大楼、大连沿海国际大厦、天津航空研究院、沈阳恒隆广场等众多大型工程，力争实现 2009 年销售额 220 亿元的目标，比 2008 年增长近 40 亿元。

讨论题

1. 通过阅读以上材料，分析并归纳远大集团成功的主要原因。

2. 从计划职能角度出发，分析远大集团的战略计划、战术计划等对集团发展的积极作用。

自我评估

你是一个称职的计划人吗？[1]

提示：对下列每一个问题只需回答"是"或"否"。

问题	是	否
1. 我个人的有以文字形式清楚地说明		
2. 多数情况下，我整天都是乱哄哄的和杂乱无章的		
3. 我很少仓促地作决策，总是仔细地研究了问题以后再行动		
4. 我一直用台历或约会簿作为辅助		
5. 我利用"速办"和"缓办"卷宗对要办的事情进行分类		
6. 我习惯于对所有的计划设定开始日期和结束日期		
7. 我经常征求别人的意见和建议		
8. 我相信所有的问题都应当立刻得到解决		

（结果说明：根据本问卷设计者的观点，优秀的计划人员可能的答案是：1. 是；2. 否；3. 是；4. 是；5. 是；6. 是；7. 是；8. 否。）

〔1〕［美］斯蒂芬·P. 罗宾斯. 管理学（第四版）［M］. 北京：中国人民大学出版社，1997.

▲ **学完本章后，你会知道：**

1. 什么是组织，组织有何特征
2. 组织中的权力来源与责任
3. 组织的基本过程
4. 组织设计的原则和方法
5. 领导与指挥内容和艺术
6. 沟通的方法与协调的方式
7. 如何认识组织的变革及其阻力
8. 如何发展组织

第十四章 组 织

组织是管理的重要职能，是计划之后的执行者部分，是计划的显性化。人类社会是一个组织化的、依靠组织维系运行的有序体。有组织的地方就有管理，组织不能没有管理，管理离不开组织。一个管理者，必须具备在正确领会计划目标的基础上，维持或创建一个组织并依据组织内外环境因素的变化，对组织加以合理调整的能力。否则，组织计划将无从实现，管理者即不称职。

第一节　组织概述

一、组织的概念

哈罗德·孔茨等人认为，组织就是制定并保持一种职务结构。〔1〕这一表述有两层含义：组织是一个职务结构；组织就是制定和维持这种结构。前者是组织的静态表述，后者是组织的动态表述。

静态的组织，是一种职务结构，也可以理解为一种层级的权责结构，是指按一定规则建立起来的人的集合体。职务结构表现为任务、部门、层次及它们之间的职权关系等，是为实现组织目标而规范组织成员的职位、职务或职责的体系，是一种正式体制。传统上，大多数组织结构呈现从上到下的“金字塔”状，现代组织结构则日益变得“扁平化”，而平面化（网状）的组织结构也日益普遍。

动态的组织，即设计、维持和适时变革职务结构关系，以便充分利用物质资源，有效发挥人力资源的管理过程。这一过程的本质是分工。分工是对团体承担的任务加以分解，并对团体中的资源，主要是人员及其职权进行相应的配置，以便各司其职、各尽其用。组织是一个有目标的团体活动，分工是为了提高目标实现的效率。有分工必然需要协调，有协调就有沟通、领导和指挥。所以组织的动态含义主要是为了完成组织任务，发挥组织的作用而尽力维持和调整组织关系的工作。具体来说，包括组织设计、组织维持和组织调整。设计的要旨是搭建组织框架、确立职位职权、分配各种资源；维持的要旨则在于通过领导、指挥、沟通、协调、激励等使组织有序运行；调整的要旨则在于根据组织内外环境因素的变化，对组织的部门、层次、职权关系、资源配置、组织文化等适时变革。

就像人体的骨架，组织是计划实现的框架。组织的重要性体现在：①组织的存在让组织成员的关系稳定在职务关系体系中，组织是领导者与被领导者之间建立联系、发生作用的纽带和桥梁；②对于计划所确立的组织目标和方案而言，组织是保证其实现的工具、途径；③组织以整体的形象独立地参与社会、经济、政治等，它是其领导

〔1〕［美］哈罗德·孔茨，海因茨·韦里克．管理学［M］．北京：经济科学出版社，1993．

者与社会发生作用的实体。

可以从以下五个方面对组织加以认识：

1. 组织是个社会实体

人类社会是一个高度组织化社会，它由各种各样不同的组织构成。由每个组织实体有序运行，才有整个社会的有序发展。组织是人类各种活动的载体。

2. 组织有明确的目标

组织是一种有目的的存在。组织的目的规定了组织的性质，一般可以简单地将组织分为商业性（如企业）的和非商业性的（如政府）。商业性的组织目的是利润，非商业性反之。但不论是何种性质，对组织资源更有效率的利用都是基本要求。组织目的性的具体化和现实化就是计划时所确立的目标，而组织本身则是计划实现的工具和途径。

3. 组织是由不同部门、层次、职权组成的系统

不同部门、层次和职权组成的结构是为实现组织目标分工的结果，它们之间是统一目标、相互协调之下的活动性系统。这一系统的结构框架一般用组织结构图反映。该系统是开放性的，受到外部环境的影响，并随环境因素的变化而调整。

4. 组织文化是社会文化系统中的一种亚文化

组织是具有目的性的存在实体，组织有明确宗旨和目标，它们都是组织价值观的体现。组织和政策、程序、规则等制度和组织人员的行为，是贯彻这种价值观的保证。组织的名称、标志、符号等则是组织文化的外在表现。

5. 正式的组织和非正式的组织

正式组织是组织中有意建立的职务结构。正式组织是可见的、合法性的组织，它是为实现组织目标而组建起来的。非正式组织是指并非由正式组织建立或需要的，是由于人们相互关联而形成的个人和社会关系的网络。非正式组织是一种客观存在。非正式组织是一些松散的小团体，它的形成是因为正式组织不可能完全满足组织成员的某些心理诉求。

二、组织的特征[1]

静态意义上的组织可以通过以下的特征来描述：

1. 正规化

正规化是指组织依靠其规章、程序、制度等正式的书面文件来指挥成员的行为程度。正规化即通常所说的制度化。组织正规化程度的高低可以用其所拥有的正式文件数目判断出来。

2. 专门化

专门化是分工的结果。分工越细，专业化程度越高，部门就越多，员工的工作内

〔1〕 高闯. 管理学［M］. 北京：清华大学出版社，2009.

容就越窄。所以，分工也不是越细越好。

3. 标准化

标准化指的是相似的活动以统一的方式实施的程度。

4. 职权结构

职权结构指的是人员之间的报告指挥关系，以及每一管理职位的控制幅度。

5. 复杂性

复杂性反映了组织中存在的活动或子系统的多少。复杂性可以从横向、纵向和区域三个方面来加以考察。纵向复杂性反映了组织结构中的层次多少；横向复杂性反映了组织结构水平方向上的职位或部门的多少；区域复杂性反映了组织在地理区域上的分布情况。

6. 集权或分权

集权或分权反映了决策权在组织职权层次上的分布情况。当决策权保持在组织的高层时，组织就是集权的；若决策权授予了组织中的较低层次，则认为该组织是分权的。

7. 专业化

专业化反映了组织成员具有的正式教育和训练的程度。若组织成员为了履行组织中的职位必须拥有较长时间的训练时，就认为该组织的专业化程度较高。专业化一般可用雇员的平均受教育年限来衡量。

8. 人员构成

人员构成反映了组织中的人员在不同职能和部门间的配置情况。例如，管理人员的比例，行政人员的比例，专业人员的比例等。

三、组织的职权关系

组织是在权力划分与指挥关系确立之下运转的，所以组织也是一个权力系统。组织中的权力附着在不同的职位上，而非具体的人身上。这就是职位权力，即职权。权力和责任及利益是统一的、是不可分离的。职权是权力、责任与利益的统一。职权关系是组织的基本关系。没有职位权力的人，虽说不一定就不能领导，因为权力并不完全等于权威，但毕竟是没有合法性的管理，也就无法尽管理者之责，完成其管理使命。拥有职权的管理者，则对组织目标负有相应的职责，可以领导和指挥下属，改变下级的行为。

1. 职权与权力的概念

职权和权力是两个经常被人混淆的概念。

职权是与职务相伴的，是一种基于掌握职权的人在组织中所占据职位的正式的权力。职权是更广泛的权力概念的一部分。也就是说，职权只是个人影响决策过程的一种手段而已。一般而言，职权是一种组织赋予的正式权力，一个人在组织中占据的职位越高，这个人的职权就越大。

权力，指为达到组织目标，在其职责范围内应有的开展活动或指挥他人行动的支配力量，是一个人决策的能力。权力是一个三维的概念（如图 14 - 1 所示），即职能维度、职权维度和权力核心（中心性）维度。[1] 职能来自于专业化分工；职权附着于组织中的职位，由一个人在组织层级中的纵向职位高低决定；权力则同时由他的纵向职位和他与组织权力核心（锥体中心）的距离的半径大小共同决定的。

如果把锥体想象为一个组织，那么锥体的中心就是组织的权力核心。锥体的顶端对应于职权层级的上层；锥体的中部对应于职权层级的中层；锥体的底部对应于职权层级的低层；锥体的楔子，代表职能领域。距离这个核心越近，对组织决策的影响就越大。一个人在组织中职权层次越高，即越接近于锥体的顶部，他与权力核心的距离就越近，对决策的影响力就越大。但一个人未必是职权层次越高才能产生较大的权力，因为他可以在其职能领域向权力核心的内圈水平移动而未必只是向上升迁才能靠近权力核心。

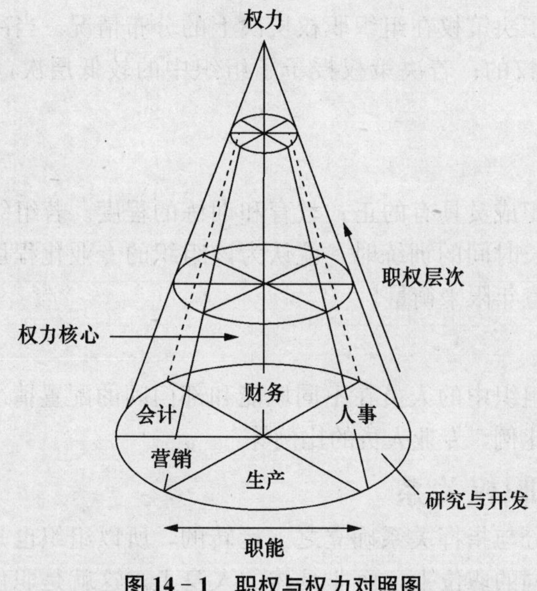

图 14 - 1 职权与权力对照图

2. 权力的来源[2]

约翰·弗伦奇（John French）和伯特伦·雷文（Bertram Raven）确认了权力有五种来源或基础：合法的、强制的、奖赏的、专家的和感召的。

（1）制度权。也称为法定权或合法权，是与职权同一的概念。这种权力代表一个人在正式层级中占据某一职位所相应得到的一种权力。这种权力附属于某种职位，与职位相关的还包括强制权和奖赏权。

（2）专长权或专家权。这是来自于专长、特殊的知识技能的一种影响力。人们常

〔1〕 斯蒂芬·P. 罗宾斯. 管理学（第四版）[M]. 北京：中国人民大学出版社，1997.

〔2〕 高闯. 管理学 [M]. 北京：清华大学出版社，2009.

常会受到医生、律师、科学家等的强烈影响，是因为他们拥有着各自领域的特殊的专门的权力而为人们所崇敬。

（3）个人影响权。也称为感召权，是由一个人所拥有的独特智谋或特质而产生的对此人信仰和崇拜而产生的权力。例如，一些宗教领袖、战斗英雄、电影明星等就常常拥有这样的权力。

（4）强制权。也称为惩罚权，是指一个人对不遵从上级意图所可能产生的负面结果的惧怕，促使他服从这种权力。

（5）奖赏权，是指能够为他人带来某种期望的后果或好处的权力。

3. 职权的内容

组织中的管理者所拥有的权力主要是职权，当然也可以不同程度地同时拥有其他几种权力。职权是在组织中的某一职位上作出决策的权力，它只与组织中的管理职位有关，而与占据这个职位的人员无关。原先占据某一职位的主管一旦离职，其所拥有的职权也就随之消失。

具体化来看职权，实际上是对组织各种资源的支配权。具体包括：

（1）指挥决策权，即影响组织行为和命运的权力。

（2）人事权，即对下属前途有重要影响力的权力。

（3）奖惩权，即权力的“二炳”，是组织有序运行的动力和压力。

4. 直线权、参谋权和职能权

直线权力、参谋权力和职能权力是组织中三种基本职权类型。

（1）直线权力。即直线职权，指上级指挥下级的权力，是一种指挥、命令权，具有一定的强制性。表现为上下级之间的命令权力关系。直线权力由三个部分组成：决策权、命令权和执行权。其主要特征包括：有直接指挥下级的权力；对组织目标的实现有直接贡献和负有直接责任。

（2）参谋权力。即参谋职权，指协助直线权力有效完成组织目标的权力。其主要任务是咨询、建议、服务、检查。其主要特征包括：不直接发布命令；仅限于向直线人员提出建议。

（3）职能权力。即职能职权，是指组织中的主管人员将其所有的部分直线权临时授予参谋人员或其他部门主管而形成的权力。随着组织规模的扩大，管理任务复杂化程度提高，直线主管人员仅依靠参谋的建议还是很难作出决策，于是就把一部分原属于自己的直线职权授予参谋人员或某个部门的主管人员，由他们代为履行，这便是职能职权。职能职权是一种特殊的权力，直线主管人员因应变化可以随时收回授出的权力，职能职权也就不存在了。

直线权力与参谋权力的关系，简单地讲就是“参谋建议，直线命令”的关系。直线权力与参谋权力的合理配置，既有助于维护命令统一，又有利于发挥“智囊”作用。

四、职责

责任是必须从事某项活动的不可推卸的义务。明确责任，就是对每个成员应尽的责任加以规定，并划清不同成员的责任界限。

权力和责任是统一的。有什么权力，就要负什么样的责任。有权无责或无权有责，权大责小或权小责大都是不可接受的。

职责，是指特定职位应当承担的责任，是组织赋予部门或个人的，是组织维持其正常秩序的一种约束力。职责听起来很抽象，但实际上它是在数量、质量、时间、效益等方面对组织及组织成员行为规范的严格规定。表达职责的形式主要有条例、规程、合同等。职责是在合理分工的基础上确定的，因此，分工明确，职责才会明确。

1. 明确责任的三点要求

（1）规定责任的内容，即要做到职责界限清楚，便于检查、考核、奖罚。可以用职责说明书加以明确规定。注意避免责任的重叠、落空，所有活动均要有助于实现组织目标。

（2）划清责任的性质（详见管理责任的分类）。联系交叉中的职责要明确谁为主，谁为辅，谁负主要责任等内容。

（3）要有检查标准。只有职责划分和权力行使，而没有完善的考核，这是管理中的开环管理，轻则管理偏离目标，重则会使组织失控，最终影响管理绩效。因此，加强考核是实现闭环管理的必不可少的环节，也是对工作人员进行奖罚的前提，只有考核准确，才可能做到奖罚公正。

2. 管理责任的分类

（1）总责任。组织主管应对组织内的一切活动所负的责任。

（2）执行责任（直接责任）。受主管委派执行某种活动应负的责任。

（3）特定责任。受主管委派执行某项特殊活动所负的责任，多为临时的。

（4）必须协商。当某项活动涉及某人职责范围时，在作出决定之前，必须与其协商，征求意见，但不必得到其同意。

（5）可以协商。不是必须取得同意或征求意见的活动。

（6）必须通知。必须及时通知某人的活动。

（7）必须取得同意。某些活动进行之前必须取得某人的同意。

3. 责任的绝对性

责任的绝对性，是指对上级所负的责任既不能分派，又不能委任。一个中间领导，可以把上级分派给他的职责和权力转移给他的下属，但向上级报告的责任和对最终结果应负的责任是不能委任也不能分派出去的。

五、组织的基本过程

作为动态意义上的组织工作，其内容包含在组织的基本过程之中。这一过程一般涉及三个环节：设计（或创建）一个组织，即组织结构设计；维持组织运转，即沟通、协调，发挥领导和指挥作用；对组织予以调整，即组织变革。

第二节 组织结构设计

一、组织结构设计的原则

组织结构（Organization Structure），是对一个组织内各构成部分及其相互关系框架体系的描述。每个组织由于其所处的内外环境不同，组织目标也不一样，每个组织都有各自的特点，为了有效地实现组织的目标，必须建立与其相适应的组织结构。组织结构是人为设计出来的，设计的成果就是组织结构图和职位说明书。

组织结构总体上要做到“精干、高效、协调、合理、灵活”。良好的组织结构，首先要具有管理、运作、信息传递的高效性，能够节省人、财、物、时间等资源消耗，达到最小的组织费用。其次，组织中各部门和各层次中的每个职位和人员均要有明确的职责范围，能了解各自的角色、职权、活动范围、相互关系，消除职能和业务划分上的重叠交叉或留有空白之处，各司其职。

具体而言，有以下五点原则要求：

1. 最小层次原则

管理层次越多，组织内的联络沟通就越耗时费力，组织结构的有效运转就会受到影响。联络沟通不良是组织最常见的病症，也是最严重的病症，为克服这一病症，就应减少层次，尽量建立一条最便捷的指挥链。层次减少，意味着组织从整体上更加“扁平化”。

2. 统一指挥原则

在组织设计上，最基本的关系就是上、下级关系。如何处理好这种关系，使其既符合组织需要，又能发挥管理人员的积极性，这就需要设计指挥系统。指挥系统要做到合理分配职权，做到命令统一，即统一指挥原则。

严格来说，统一指挥要求每个下属应当而且只能向一个上级主管直接负责，没有人应该向两个或更多的上司汇报工作，否则，下属可能要面临来自多个主管的冲突要求或优先处理要求而进退两难。在大多数的情况下，管理者谨记统一指挥的要求是合理的，尤其是当组织相对简单时，统一指挥要求是合乎逻辑的，但在一些复杂的组织结构中，如多维的矩阵式组织中，统一指挥需要作出必要的调整。

3. 横向协调原则

组织需要按照业务性质与功能等进行分类，设置必要的机构。在保证统一指挥的原则下，这些机构从上到下形成纵向指挥的分级领导体制，但这些机构横向之间则没有联系。这就需要在组织中建立横向协调机制。有两种方式，一是设立专业职能管理的横向协调流程；二是设立横向综合管理机构。

4. 权变的原则

权变是说，组织结构的设计没有固定的模式，而要依据组织内外部环境因素的变化而不同。权变的原则体现了组织设计中的稳定性与适应性相结合的要求。

组织结构是实现组织目标的载体，为实现组织目标服务。组织目标、组织内部条件以及组织所处的外部环境都会发生变化，因此需要对组织结构进行适当调整。但实践表明，相对稳定的环境有利于人们形成一个稳定的预期，安心地工作。所以，组织结构的设计要注意稳定性与适应性相结合。既让组织保持一定的灵活性，能够适应组织本身以及环境的变化，又要保持相对的稳定。考虑职能机构改革的灵活弹性和衔接性。

5. 集权与分权相结合的原则

集权与分权各有利弊，建立组织结构一定要将集权和分权结合起来。一般来说，环境变化大，组织生存问题突出，在组织结构的建立时应较多考虑集权；而在环境较为宽松，组织的发展问题放在首位时，可以较多地考虑分权。

二、设计任务结构

设计任务结构，即把目标总任务分解为一个个具体任务，然后根据具体任务设立职能单位或部门的管理活动。设计任务结构主要解决两个问题：一是分解目标任务，这基本上是计划中已经完成的工作；二是设立职能部门，职能部门一般与任务类别相对应。

1. 建立任务结构需要注意的问题

(1) 反对先设立组织结构后找任务的做法；结构是为任务而存在的，任务是为目标而存在的。所以先有目标，再有任务，后有结构，而不是相反。

(2) 防止有任务而无相应组织结构。无结构作为载体，任务无从完成。

(3) 组织结构与任务结构相吻合。组织结构是任务结构的形式，任务结构是组织结构的内容。二者的高度统一和紧密吻合，是实现管理系统功效的重要条件之一。

组织结构与任务结构不吻合的情况大体有三种：一是组织结构庞大，任务少，人浮于事，所谓大马拉小车；二是任务繁重，组织结构过小，所谓小马拉大车；三是组织结构和任务结构的任务分工存在不同程度的脱节，造成实际上的各部分组织之间的分工不明确，出现有的事争抢，有的事推诿的现象。

2. 任务结构设计中的工作分析法

工作分析，就是通过观察和研究，把职工担任的每项工作加以分析，清楚地把握该项工作固有的性质及其在公司内部与其他相关工作之间的关系，决定职工在履行职务上所应具备的各种条件。

3. 职务设计

一个组织实现目标，将必要的任务交给成员负担，成员各人的“职位”形成制度，而所分担的任务便是职务。职务设计是根据组织的基本方针，设计一项合理编排组织所承担共同工作的方法，其目的是力求组织效率的提高。

传统上职务设计只注重效率，是以达成组织目标为原则。其方式大都是，首先制作一个组织各阶层和各部门之间职务分配的连锁系统，然后再根据其职位安排任务。后来人们发现，单纯注重效率，可能忽略了人的因素，而效率最终还是取决于人的能力和人的工作意愿，所以职务设计要以如何妥善安排职务，使职务担任者乐于从事工作为优先考虑。也就是说，职务设计出发点是激励从业人员的工作意愿和干劲。因此，职务设计时要做到工作层面与人性要求的统一，要利用技术进步，将原来需由人工处理的工作，交由机械操作，更加关注从业人员的高学历化、高龄化，以及工作意愿和价值观念的变化。

之所以如此，是因为在过去，人们认为工作是因为经济上的必要才迫不得已而为之，是在别人的指示、命令之下消极地工作。而在现代，人们认为工作有其本身的意义，是为达成自订的目标而自动自发的努力行为。新的工作观念下的职务设计方法有职务充实、职务扩大和改善业务与操作简单化。

（1）职务充实。职务充实（Job enrichment），即职务担当者除了承担未来 D（实行阶段）的任务之外，尚需主动参与 P（目标、计划设定阶段）的决策，以及对施行结果 S（观察、评审阶段）的自我评价。可以说职务担当者是工作 PDS 循环的全权负责人物。也就是说，设定目标、准备实施、评定结果这三项工作的循环全部由职务负责人承担。对工作循环中所发生的任何问题，上司仅站在辅导的立场；工作的运作几乎由当事者发挥创意，靠个人的自我努力和自我控制的能力去解决。

（2）职务扩大。职务扩大（Job enlargement），即职务担当者若仅承担 D（实行阶段）的任务，也应避免职务内容极度专业化、单纯化，尽可能包含多项工作内容，借以发挥由于长期单一作业而被埋没的才能。

职务扩大的目的是集多项技能于一个工作上，使体力劳动需要一些判断能力，使劳动能力的使用更趋于健全。其本质上只是以此唤起人们正常的身体机能，与激励劳动意愿无关。然而，如能赋予相当程度检讨作业的权力，则具有提升职务担当者自律性的效果。

由职务担当者于固定期间内完成既定任务之后，有依次参与其他职务计划的职务转换（Job rotation）权力。在此虽然不可能有职务再设计、职务变更等事情，通过职务转换，对扩大企业体的知识领域，恢复从业人员之间信赖、和谐等都有很大的帮助。

（3）改善业务与操作简单化。改善业务，即要有公司上下业务改善运动的一贯计划。操作简单化的目的是详细分解职务内容，排除不必要的操作程序，重新设计人人安心工作的职务内容，以实行更高效率的操作计划。

无论如何，使从业人员从工作中，酝酿出工作意愿和干劲，是职务设计的最大课题。

三、划分部门

组织结构设计的另一主要内容是部门划分，主要是解决组织的横向结构问题。

1. 部门的含义

部门，是指组织中主管人员为完成规定的任务有权管辖的一个特殊的领域。

部门划分，主要是对管理工作进行分工，解决组织的横向结构问题，目的在于确定组织中各项任务的分配与责任的归属，以求分工合理、职责分明，有效地达到组织的目标。

2. 部门划分的方法

（1）按人数划分。按人数划分部门是最原始、最简单的划分方法，在高度专业化的社会有逐渐被淘汰的趋势。这种划分方法，是抽出一定数量的人在主管人员的指挥下去执行一定的任务。

（2）按时间划分。按时间划分部门是在正常的工作日不能满足工作需要时采用的方法，也是一种古老的部门划分方法，适用于组织的基层。

（3）按职能划分。按职能划分部门是最普遍采用的方法。它遵循专业化的原则，以工作或任务的性质为基础划分部门，并按这些工作或任务在组织中的重要程度，分为主要职能部门和次要职能部门。主要职能部门处于组织的首要一级，在主要职能部门之内再划分从属派生部门。

按职能划分部门的优点是：遵循专业化原则，能充分发挥专业职能，有利于目标的实现；简化了训练工作；加强了上层控制手段。但易导致所谓的“隧道视野”现象：各职能部门的专业人员除了本部门外，其余什么也不顾。这种部门主义或本位主义，给部门之间的相互协调带来了很大的困难。

（4）按产品划分。按产品划分部门，即按组织向社会提供的产品来划分部门。它是随着科学技术的发展，为了适应新产品的生产而产生的。

这种划分方法的优点是：有利于发挥专用设备效益；有利于发挥个人的技能和专业知识；有利于部门内的协调；有利于产品的增长和发展。其缺点是：要求更多的人具有全面管理的能力；产品部门独立性强，整体性差，增加了主管部门协调、控制的困难。

（5）按地区划分。按地区划分部门，即按地理位置来划分部门，目的是调动地方、区域的积极性，谋求取得地方化经营的某种经济效果。只有当各地区的政治、经济、文化等因素影响到管理时，按地区划分部门才能充分发挥其优势。

这种划分方法的优点是：有利于改善地区的协调，取得地区经营的经济效益；有利于培养管理人才。其缺点是：需要更多具有全面管理能力的人才；增加了主管部门控制的困难；地区部门之间往往不易协调等。

（6）按服务对象划分。即按组织服务的对象类型来划分部门。

（7）按设备划分。它能充分发挥设备的效率，使设备的维修、保管及材料供应和人力运用等更加方便。

（8）其他。在一些组织中，也常用按市场营销渠道、字母等来划分部门的方法。

以上仅仅是组织在实现目标的过程中划分部门的基本方法，但不是唯一的。划分部门的目的是要按照某种方式划分业务，以起到最好地实现组织目标的作用。在现实的管理活动中，常常是用混合的方法划分部门。

四、划分管理层次

划分管理层次主要解决组织的纵向结构问题。在既定的规模限制之下，结构中的横向与纵向之间是相反关系，即结构中层次越多，则部门可能越少，部门越多，则层次可能越少。组织中的管理层次与管理幅度有关。

管理幅度（或称管理跨度、管理宽度），是指一名管理人员直接管理下属人数的多少。人的时间和精力是有限的，一个管理人员直接管理的下属人数也是有限的。如果超过了这个限度，管理的效率就会下降。管理幅度的有限性直接源于管理人员时间、精力、能力的有限性。不同管理人员的管理幅度是不同的。

随着组织规模的扩大，进行一定的管理层次划分是十分必要的。但层次过多，会给组织带来信息传递速度慢、时间长、效率低、容易失真等问题。同时管理层次增加，管理人员数量增多，管理费用也将上升。所以，管理层次的多少需要有所权衡。

在组织规模（指的是组织的人数）一定的条件下，管理层次与管理幅度之间就呈反向变化关系，或者说是相互制约的关系；管理幅度大，组织的层次就少；管理幅度小，管理层次就多。所以，在规模既定的前提下，想要减少管理层次，就要提高管理人员的管理能力，提高下属理解执行任务的能力，采用先进的管理手段，扩大管理幅度。

1. 决定管理幅度的因素

（1）管理者的个人能力。管理者的管理能力越强，在前提条件相同的情况下，其管理幅度就越大。这里的管理能力指的是各个方面的能力，如管理者的综合能力强，能够迅速地把握问题的关键，对下属的请示提出恰当的指导建议，并且能够使下属明确地理解，从而缩短与每一位下属接触所占用的时间，其管理的幅度就会扩大。

（2）下属的工作能力。下属的工作能力的强弱对上级的管理幅度也有着直接的影响。下属的工作能力强，能够很快明白上级的指令，在工作中能够独立地处理所遇到的困难和问题，就会减少对上级的时间的占用。而事事向上级请示、汇报，上级触一下动一下的下级，就必然制约上级的管理幅度。所以，扩大管理幅度，不仅要提高管理者自己的管理能力，同样还要提高下级的管理能力。

（3）工作的内容与性质。管理者工作的性质越复杂，涉及面越广，对管理者的时间、精力的占用就越多，其管理的幅度就不会太大。工作的同一性越高，管理者碰到同类问题的概率就越大，就可以采用程序性的方法解决，管理的幅度就可以大一些，反之就要小一些。

（4）计划的详尽程度。计划是对工作的一种事先安排。如果计划制定得十分详尽，下级也已经透彻地了解并且接受，管理工作就相对容易，管理的幅度就可以大一些，反之就要小一些。

（5）管理手段的先进程度。在管理中，管理手段对管理幅度的影响也十分明显。其中特别是信息传递、管理手段的影响特别显著。随着电子计算机和信息网络等先进的管理工具在管理中的运用，使得管理幅度都有很大的提高。西方企业的组织结构由过去的多层次的金字塔结构向少层次的扁平式结构的转变，就意味着管理幅度的扩大。

（6）管理环境的稳定性。管理环境越是稳定，组织与环境之间适应性工作就相对简单，新问题比较少，经常性的问题可以按照既定的程序来解决，管理幅度就可以大些；反之，环境变化快，新问题越多，管理者的时间和精力就必须用来应付出现的各种问题，管理幅度就会受到限制。

2. 确定管理宽度的方法

（1）格拉丘纳斯法的上下级关系理论。法国一位早期的管理学家格拉丘纳斯（V. A. Graicunas）在 1933 年指出，管理幅度以算术级数增加时，管理者和下属之间可能存在的相互交往的人际关系数以几何级数增加。他把上下级之间的关系划分为三种类型：

1）直接的单一关系，即上级直接个别地与下级发生联系。

2）直接的组合关系，即上级与下属人员的各种可能组合之间发生联系。

3）交叉关系，即下属之间彼此发生联系。

在不同的管理幅度下，可能存在的联系总数或称为人际关系数，可用如下的公式来表示：

$$C=N\ (2^{n-1}+N-1)$$

其中，C 为可能存在的人际关系数；n 为管理幅度，即下属人数。

根据公式可得如下计算表，如表 14-1 所示：

表 14-1 管理幅度与人际关系

N：管理幅度（人数）	C：人际关系数
1	1
2	6
3	18
4	44
5	100
6	222
7	490
8	1080
9	2376
10	5210
…	…

可见，随着管理幅度的增加，亦即下属人数的增多，管理者需要处理不同的人际关系数量以几何级数增加。如果说管理的中心问题是处理人际关系的话，则一个管理者处理人际关系的能力，决定了其管理的幅度。

格拉丘纳斯法强调管理幅度与管理者人际关系处理能力相匹配。

（2）变量依据法。这是洛克希德导弹与航天公司研究出的一种方法。该方法通过研究影响中层管理人员管理宽度的六个关键变量（职能的相似性、地区的相似性、职能的复杂性、指导与控制的工作量、协调的工作量和计划的量），把这些变量按困难程度排成五级，并加权使之反映重要程度，最后加以修正，从而提出建议的管辖人数标准值。这些变量及其评级、权重等指标是通过调查获得的。

五、设立职权结构

组织的权力结构是指管理人员在职务范围内行使权限的机构及其关系，它的设立是管理人员履行职能的前提。组织中的权力附着于组织中的各种职位上，权力关系主要是正式的职权关系。设立职权结构，就是为各职能部门和部门成员职位确权和授权的过程。

就像一台具有特定功能的机器一样，一个组织除了将各部门、各层次安排好之外，还必须给它一个动力才能使组织运转起来。组织运转的动力来自组织内职权的行使。

职权关系主要有等级结构和水平结构两个方面。等级结构主要是反映上下级系统成员的关系，是通过授权进行的；设立水平结构主要是反映横向系统的部门关系，是通过部门化和专业化分工进行的。

职权关系是在任务结构设立的基础上，以职位架构为基础，对组织中的权力进行配置而形成的。这种对权力的配置表现为集权、分权和授权。

1. 集权与分权

集权是指把决策权集中在组织领导层，一切行动听上级指挥，依上级决定或指示办事。集权是组织实现统一性、整体性的主要手段，而且，一定的集权可以保证决策的专业化。

分权是指上级将决策权在组织较低层级上的分散。分权有利于对工作环境和局部条件的变化作出迅速的反应；有利于决策由最熟悉局部情况的人制定；有助于减轻上级领导的工作负担，使上层管理部门从日常的监督职责中解放出来，进而注重于制定组织机构长远计划和策略。分权可以给予下层管理者及其下属参与决策，承担责任和解决问题的机会，开发他们的管理技巧和才能，有助于培养管理人才。分权有利于发挥下级工作的积极性、主动性，激发个人的潜能和责任心，从而使他们得到更大的满足。

所以，集权和分权是相对性的。绝对的集权，指权力绝对集中，意味无授权；绝对的分权，指权力绝对分散，意味组织不存在可以代表和支配组织整体的权力，谁也管不了谁。集权与分权各有利弊，因此必须互补，关键是把握二者的度。至于度是多少，至今并无准确的量度标准。只是，一般而言，组织一般将重要事项掌握在高层主管手中。例如，企业中的财务、整体利润和预算、主要设备、重要的新产品方案、主要的市场策略、基本人事政策、研究发展等。

2. 影响集权与分权的因素

(1) 决策的代价。决策付出代价的大小，是决定分权程度的主要因素。一般来说，决策失误的代价越大，对经济标准和信誉、士气等无形标准影响较大的决策，越不适宜交给下级人员处理。即决策的代价越大，表明决策重要性越高，越需要集权。

(2) 政策的一致性。如果最高主管希望保持政策的一致性，即在整个组织中采用一个统一的政策，则势必趋向于集权化而不是分权，因为集权是达到政策一致性的最方便的途径。

(3) 组织的规模。组织规模扩大后，集权管理不如分权管理有效和经济。组织规模越大，组织的层次和部门会因管理幅度的限制而不断增加。层次增多会使上下沟通的速度减缓，造成信息延误或失真，并意味着今后彼此间的配合工作也会迅速增加。

（4）组织的成长。从组织成长的阶段来看，组织通常在成立初期采取和维护高度集权的管理方式。随着组织逐渐成长，规模日益扩大，则由集权的管理方式逐渐转向分权的管理方式。从组织成长的方式来看，如果组织是从内部发展起来的，由小组织逐渐发展成为大组织，则分权的压力比较小；如果组织是由合并的方式发展起来的，则分权的压力比较大。

（5）管理哲学。管理者的个性和他们的管理哲学不同，对组织的分权程度有很大影响。专制、独裁的管理者不能容忍别人触犯他们小心戒备的权力，往往采取集权式管理；反之，则会倾向于分权。

（6）人才的结构。人才的数量和素质不高，会限制职权的分散。如果管理人员数量充足、经验丰富、训练有素、管理能力强，则可有较多的分权。

（7）控制技术。分权不可失去有效的控制。最高主管在将决策权下授时，必须同时保持对下属的工作和绩效的控制。许多高层主管之所以不愿意向下分权，就是因为他们对下属的工作和绩效没有把握，担心分权之后下属无法胜任工作而承担连带责任，认为与其花更多的时间去纠正错误，不如多花一些时间自己去完成这项工作。因此，要有效地实施分权，就必须同时解决如何控制的问题。

（8）职能领域。组织的分权程度也因职能领域而异，有些职能领域需要更大的分权程度，有些则相反。在组织的经营职能中，生产和销售业务的分权程度往往很高，原因很简单，生产和销售业务的主管要比其他人更熟悉生产和销售工作。但财务职能中的某些业务活动需要较高的集权，只有集权，最高层主管才能保持其对整个组织财务的控制。

（9）其他因素。这包括：规模经济。规模太小会显得不经济，要求集权；投资结构。独资要求更多集权，合资要求更多分权；组织工作的性质。流动性大，变化大，宜分权。变化小，有规则性，宜集权。

3. 授权及其类型

授权是指上级管理人员把某种职责及相应的权力交给指定的下属的过程。合理地授权可以使领导者摆脱由下属完成的日常任务，自己专心处理重大决策问题，还有助于培养下属的工作能力，有利于提高士气。授权的目的是使领导者能够做领导的事，下属能够做下属的事。授权是否合理是区分领导者才能高低的重要标志之一。

根据不同的角度，授权有不同的类型。不同类型的授权既各有特点又互有重叠，反映了授权的不同侧面，显示了组织授权的多样性：口头授权与书面授权；随机授权与计划授权；个人授权与集体授权；长期授权与短期授权；逐级授权与越级授权。

4. 授权的原则

一个企业即便人员不多，老板可以了解全部员工的全盘行动，授权后也不能万事皆休，否则，授权的结果只会带来负效应。授权应注意以下六个原则。

（1）适当原则。授权要适当，首先授予下属的权力不能过轻，也不能过重；其次不能超负荷授权，要看下属的承受能力授权；最后视组织具体情况授权，如组织规模大、任务重、工作距离远、专业性强应多授权。

（2）可控原则。授权不仅要适当，还要可控。正确的授权，不是放任、撒手不管，而是保留某种控制权。通过这种可控性，把领导者与下属有机地联系起来。没有可控性的授权是弃权。

授权的可控性表现在两个方面：一是领导者握有主动性、灵活性，授权的范围、时间由领导者灵活掌握；二是虽然授权一般应相对稳定，但也可根据实际需要随时调整，做到能放能收，能扩大能缩小。

（3）层次原则。层次原则，即一般不可越级授权，以免破坏职权系统的严肃性，挫伤层级管理人员的工作积极性。

（4）带责原则。带责原则，即授权的同时明确下属的责任，但不能授出最终权力和责任。领导者要明确自己的职责范围，凡是属于自己职权范围的事、涉及有关组织的全局性问题，不可轻易授权；就同一方面或系统的工作，向两个或两个以上下属授权时，需注意把后果责任落在一个人身上，使下属各司其职，各守其位，各负其责，避免扯皮和争功诿过。

（5）信任原则。信任建立在对被授权者全面了解和考察的基础之上。认为可信者，则“疑人不用，用人不疑”。该一次授予的权力，就一次授下去，并支持下属独立行使职权。

（6）责权利对等原则。不可有权无责，也不可有责无权，权责要与下属的利益结合起来。

5. 授权的方法

（1）充分授权。充分授权，是指领导者在向其下属分派职责的同时，并不明确赋予下属这样或那样的具体权力，而是让下属在本管理者权力许可的范围内自由发挥其主观能动性，自己拟定履行职责的行动方案，这样的授权方式虽然没有具体授权，但它几乎等于将领导者的权力大部分下放给其下属。

充分授权方式的最显著优点是能使下属在履行职责的工作中，实现自我，得到较大的满足，并能充分发挥下属的主观能动性的创造性。对于领导者而言，也能大大减少许多不必要的工作量。但这种形式要求授权对象有较强的责任心，业务能力也应较强。

（2）不充分授权。不充分授权，是指领导者对其下属分派职责的同时，赋予其部分权限。根据所给下属权限的程度大小，不充分授权又可以分为几种具种情况：让下属了解情况后，由领导者做最后的决定；让下属提出所有可能的行动方案，由领导者做最后的决定；让下属得出详细的行动方案，由领导审批；让下属采取行动前及时报告领导者。

不充分授权的形式比较常见，这种授权形式比较灵活，可因人、因事而采取不同的具体方式，但它要求上下级之间必须事先明确所采取的具体授权方式。

（3）弹性授权。弹性授权，是综合使用充分授权和不充分授权两种形式的一种混合的授权方式。一般是根据工作的内容将下属履行职责的过程划分为若干个阶段，在不同的阶段采取不同的授权方式。

弹性授权反映了一种动态授权的过程。这种授权形式，有较强的适应性。当工作条件、内容等发生了变化，领导者可及时调整授权方式以利于工作的顺利进行。使用这一方式，要求上下级双方要及时协调，加强联系。

(4) 制约授权。制约授权，是指领导者职责和权力同时分派和委任给不同的几个下属，以形成下属之间相互制约地履行他们的职责。如会计制度上的相互牵制原则。

制约授权只适用于那些性质重要、容易出现疏漏的工作。但如果过分地制约授权，则会抑制下属的积极性，不利于提高管理工作的效率。

6. 授权的程序

(1) 任务指派。任务指派，即把某项任务指派给某一下级人员承担。必须把任务解释得十分清楚，使下级人员确切知道，应达到的预期目标是什么；应负责从事的活动范围和任务有哪些；检验工作的标准是什么。

(2) 授予权力。授予权力，即向下级人员授予相应的权力，使其凭借这种权力能够完成所担当的任务。在授予职权的过程中，授权者应抓好两个环节，一是帮助下属制订大政方针、提出战略性规划；二是明确人力、物力、财力支持的界限。

(3) 明确责任。明确责任包括明确责任的性质和责任的大小。

7. 有效授权应注意的问题

(1) 要选好“受权者”。“受权者”即接受上级所授权力和责任的个人。要对准备授权的下属进行严格的培养，使之有资格、有经验、有能力来承担所要完成的工作任务。

(2) 谨防“反授权”。“反授权”指下级把自己的责任和权力反授给上级，即把自己职权范围内遇到的问题或矛盾上交给上级。

(3) 采取渐进的方式。权力与责任的加大要采取渐进的方式，要一点一点地加强，不要让下属一下子感到责任过大，要让他们在实际工作中逐步积累工作经验。

(4) 及时纠偏与表扬。当下属在工作中发生差错时，要能及时纠正并加以指导；当下属工作出色时，也应及时加以赞扬，以增强下属的自信心。

(5) 收回权力。当下属的工作严重失误，或可能危及经理及下属的职位时，授权人员应能立即收回权力或完全接手过来。

(6) 保留权力。这是实现有效授权的重要环节。要建立正常的工作报告制度、绩效考核制度、预算审计制度等必要的控制措施，随时掌握下属行使职权的情况，并给予必要的指导，以避免或尽量减少工作中的失误。

六、确定人员结构

当代著名的美国管理学家亨利·明茨伯格（Henry Mintzberg）把一个企业组织架构内的人员分成五类，这便是组织内的五类因子（elements）。它们分别为：

(1) 决策枢纽。即制定目标及策略的高层管理人员，组织的最终负责人。

(2) 中层人员。中层人员多为管理人员，他们负责企业内的沟通、协调、领导及控制等工作，是决策枢纽与营运核心的沟通渠道；他们把订立的策略，转化成日常运作。

(3) 营运中心。即企业的主要营运部分，有关人员负责企业日常的运作，他们的活动与企业生产或所提供的服务有直接关系。

(4) 技术结构。即是以技术参与支援营运核心的日常工作，负责使企业生产经营达到法定的或可以接受的标准。有些公司不一定设技术结构，而是交由其他公司以合约方式承包。

(5) 辅助员工。即一般的行政职员，没有决策权，不直接参与企业营运活动，可在不同部门中发挥辅助作用。

图 14-2 显示了组织结构中各因子的关系。从中可见，决策枢纽、中层人员及营运核心是连接在一起的，因为这些因子才是直接参与营运的人员，权力由上而下。技术结构及辅助员工则并不直接参与营运及决策，因此是独立的支援体。

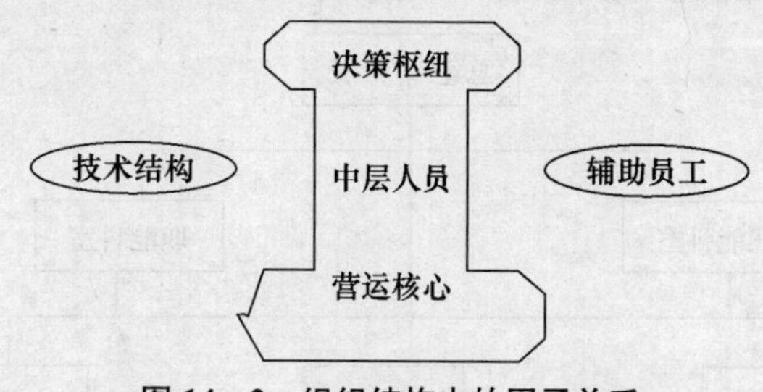

图 14-2 组织结构中的因子关系

七、组织结构的形式

一般来说，组织结构的形式有以下几种：直线型组织结构、职能型组织结构、直线—职能型组织结构、事业部制组织结构、矩阵结构和多维立体组织结构。

1. 直线型组织结构

直线制组织结构，也称单线型组织结构，是最早使用的，最简单的组织结构类型。“直线”是指在这种组织结构中职权从组织上层“流向”组织的基层（如图 14-3 所示）。

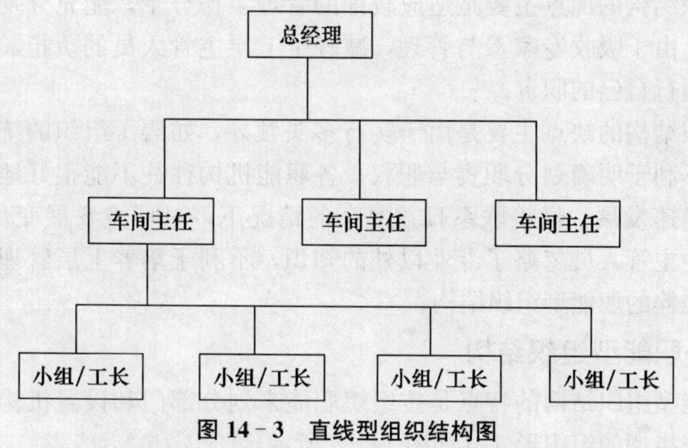

图 14-3 直线型组织结构图

直线制组织结构的特点是每个主管人员对其直接下属有直接职权；每个人只能向一位直接上级报告；主管人员在其管辖的范围内，有绝对的职权或完全的职权。

直线制组织结构的优点是结构比较简单；责任与职权明确；作出决定可能比较容易和迅速。直线制组织结构的缺点是在组织规模较大的情况下，业务比较复杂，所有的管理职能都集中由一个人来承担，这是比较困难的；而当该“全能”管理者离职时，难以找到替代者；各部门之间的横向协调较差。

该种组织结构类型一般只适用于那些没有必要按职能实行专业化管理的小型组织或应用于现场作业管理。

2. 职能型组织结构

职能型组织结构，即按职能分工实行专业化的管理办法来代替直线型的全能管理者，也称为多线型组织结构（如图 14－4 所示）。

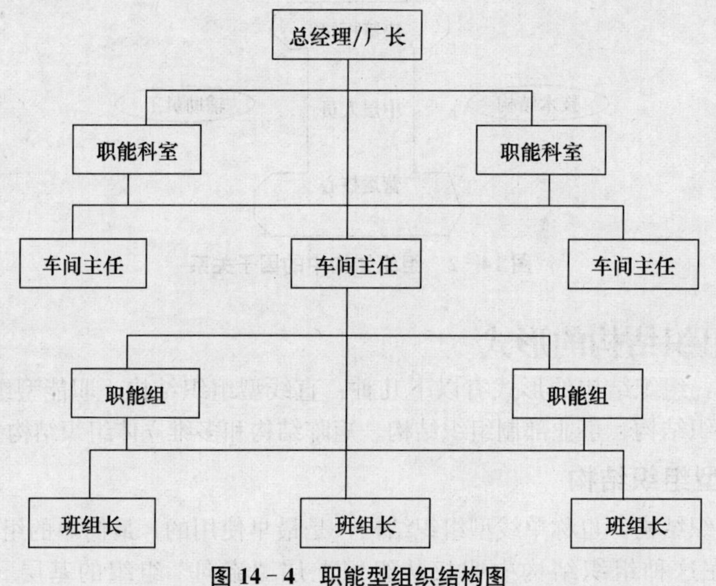

图 14－4 职能型组织结构图

职能型组织结构的优点主要是适应较细的管理工作分工，能充分发挥职能机构的专业管理作用；由于吸收专家参与管理，减轻了上层主管人员的负担，使他们有可能集中注意力以履行自己的职责。

职能型组织结构的缺点主要是由于实行多头领导，妨碍了组织的统一指挥，易造成管理混乱，不利于明确划分职责与职权；各职能机构往往不能很好地配合，横向联系差；在科技迅速发展、经济联系日益复杂的情况下，对环境发展变化的适应性差；强调专业化，使主管人员忽略了专业以外的知识，不利于培养上层管理者。在实际工作中，不存在纯粹的职能型组织结构。

3. 直线—职能型组织结构

直线—职能型组织结构的特点是按组织职能来划分部门和设置机构，实行专业分工，并实行统一指挥的组织形式（如图 14－5 所示）。

直线—职能型将管理机构和人员分为两类，一类是直线指挥部门和人员，另一类

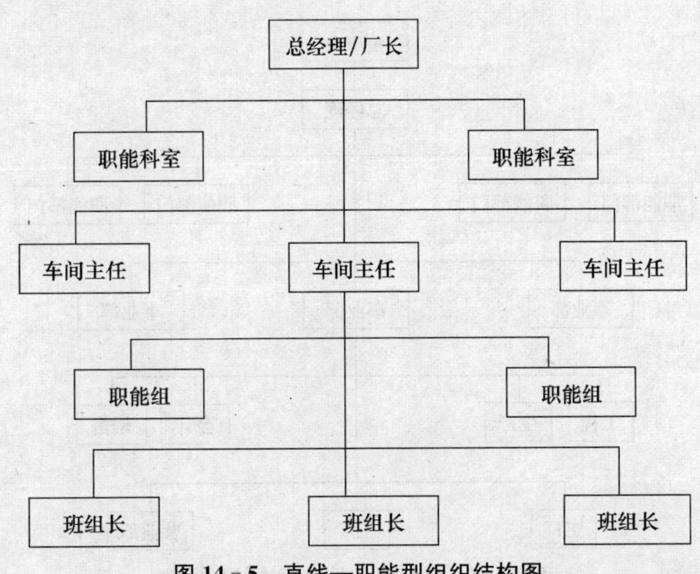

图 14-5 直线—职能型组织结构图

是参谋部门和人员；实行高度集权，同时注意发挥参谋人员的专业咨询或建议的作用，保证决策的正确性。

直线—职能型组织结构的优点是各级直线主管人员都有相应的职能机构和人员作为参谋和助手，因而能对本部门进行有效管理；而每个部门都由直线人员统一指挥，满足了现代组织活动需要统一指挥和实行严格的责任制度的要求。

直线—职能型组织结构的缺点是下级部门的主动性和积极性的发挥受到限制；部门之间缺乏沟通，不利于集体决策；各参谋部门和直线指挥部门之间不统一，易产生矛盾，使上层主管的协调工作量大；难以从组织内部培养熟悉全面情况的管理者；整个组织的适应性较差，反应不灵敏。该组织结构对中、小型组织较适用，但对于规模大、决策时需要考虑的因素复杂的组织则不太适用。

4. 事业部制组织结构

事业部制组织结构是由美国企业家斯隆在 20 世纪 20 年代初担任美国通用汽车公司副总经理时研究和设计出来的，故被称为“斯隆模型”（如图 14-6 所示）。所谓事业部，就是企业中相对独立的经营单位，可以是子公司，也可以是分公司。这些经营单位是按企业、按产品、或地区、或服务对象分别成立的。各事业部实行独立经营、单独核算。

事业部整体上是一种分权型的组织，它的管理原则是“集中政策，分散经营”，即在集中领导下进行分权管理。事业部全权负责从产品设计、生产，直到销售等该项产品或地区的全部业务，并进行独立核算。高层管理者只保留人事决策、财务控制、规定价格幅度以及监督等大权，并利用利润等指标对事业部进行控制。事业部的经理根据企业最高领导的指示进行工作，统一领导其所管的事业部和研制、技术等辅助部门。事业部制组织结构适合大型的组织或跨国公司。

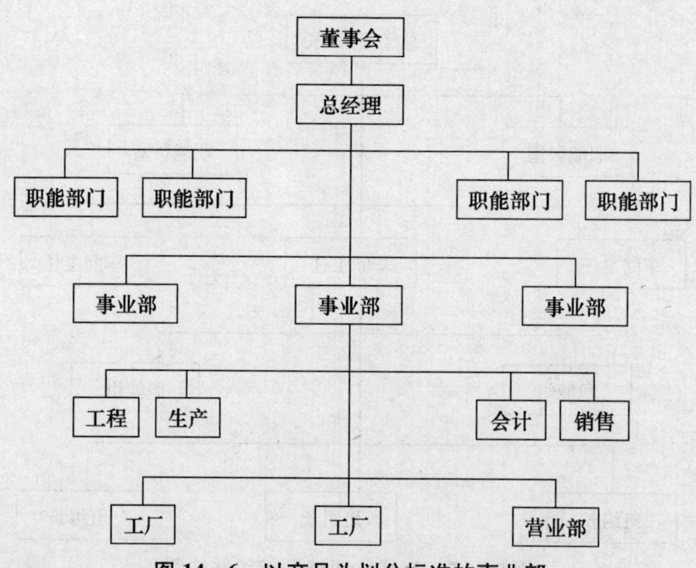

图 14－6　以产品为划分标准的事业部

5. 矩阵结构

矩阵结构，即既有按职能划分的垂直领导系统，又有按项目划分的横向领导系统的结构（如图 14－7 所示）。

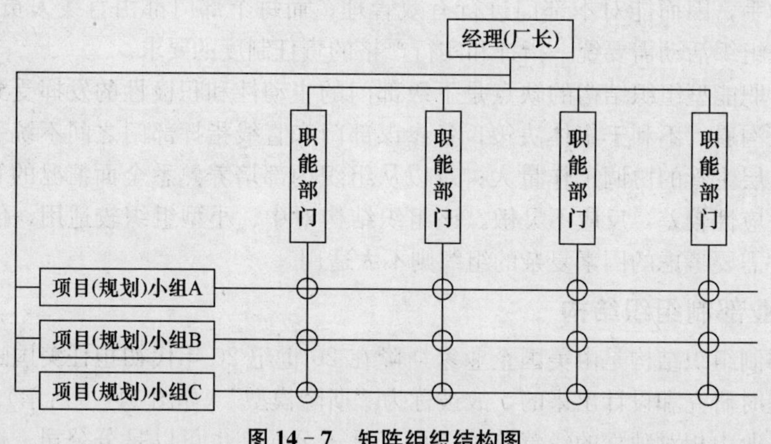

图 14－7　矩阵组织结构图

矩阵结构的优点是灵活性、适应性强；有利于把组织的垂直联系与横向联系更好地结合起来，加强各职能部门之间的协作。矩阵结构的缺点是稳定性较差；实行双重领导，可能会出现多头指挥现象。矩阵组织多用于一次性业务项目较多的组织，常常与项目管理对应。

6. 多维立体组织结构

多维立体组织结构是在矩阵组织结构的基础上再加上其他划分维度而形成的。这种组织形式适合于跨国公司或跨地区的大公司（如图 14－8 所示）。

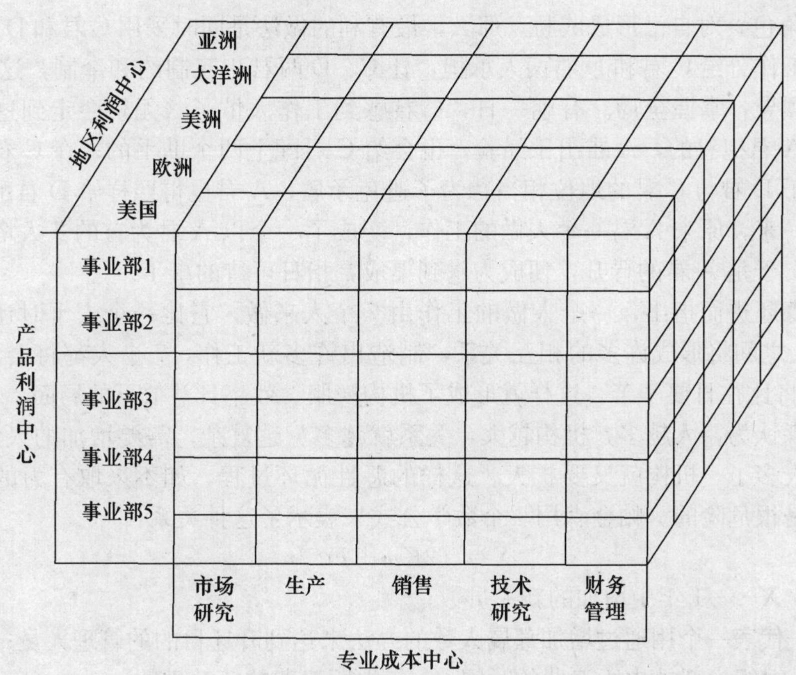

图 14－8 多维立体组织结构

八、帕金森定律

英国著名的管理学家诺斯古德·帕金森在 1958 年写了一本 130 页的小册子——《帕金森定律》，问世之后，轰动一时。

帕金森在书中通过对英国现实生活的长期调查后指出：为什么出现人浮于事的情况呢？原因在于人性弱点。他认为一个不称职的领导对自己的位置可能有三种选择：第一，申请退职；第二，找一位德才兼备、能力超过自己的人来分担自己的工作；第三，找两个水平比自己低的助手。第一个选择他是不肯干的，否则就等于失去了个人的利益；第二个选择也不行，因为一旦上级缺位，这个人才就成了自己晋升的难以逾越的障碍，因此第三个选择最好。于是他把自己的工作分给两个助手，自己既可以高高在上掌握全局，同时两个助手又可以互相牵制，难以成为自己竞争的对手；工作既然落在两个水平低的助手身上，他们又会如法炮制，再找两个助手。如此层层发展，就形成了一个互相扯皮而且缺乏效率的官僚主义体系。这就是帕金森定律。

帕金森定律的价值到底有多大，还有待探讨。但它确实揭示了目前社会经济生活中的一个道理，让不称职的人占在位子上，会白白浪费许多宝贵的时间，从而降低工作效率，使整个经营管理活动陷入官僚主义的泥坑。

帕金森在分析组织的机构臃肿、人浮于事、效率低下的原因时，指出人员的晋升机会与机构增加成比例，所以人们总是希望多增机构。他形象地描述了这种心理和行动的过程。例如，有一位经理 A 君，碰到工作太忙（或者自我感觉太累了），就要增加人，因为用提高工作效率的办法来解决他认为是划不来的。但是，他也不会增加一位与自己旗鼓相当的 B 君来帮助自己工作，因为日后如有晋升机会，B 君就成了他的竞争对手。而且，他也不愿意只请一位 C 君来做助手，因为日久天长，C 君就有可能成为B君的角色，对自己形成威胁。那么，最有利的做法是同时采用C君和D君做助手，这样可将工作分给C君和D君两人承担，让C、D两君相互制约和牵制，这样A君就可在上做领导，掌握全局。有朝一日，C君感到工作太忙了（无疑会走到这一步的），C君会向A君抱怨的，A君出于经验，也会给C君配上两个助手的；在C君有两名助手时，由于D君与C君的地位相当，为了避免矛盾，A君也得照样给D君配上两名助手。这样一来，原来A君一个人做的工作，变成了一个以A君为首的7人塔形三级组织来做了，于是A君的晋升，便成为水到渠成，指日可待的事了。

帕金森还进而指出，一个人做的工作由7个人来做，它比一个人干时还要忙。因为，7个人之间将形成许多的相互关系，制造出许多新工作，7个人都将会显得很忙，连A君也将比往日要辛苦。这样就形成了机构膨胀、效率日益低下的局面。

帕金森认为，人越多，机构越大，关系就越多、越复杂，需要增加的人也就越多，而增加的人多了，机构就又要扩大。这样的恶性循环过程，如不采取有力的措施加以阻止，将是很危险的。帕金森用一个数学公式来表示了这种关系：

$$X=(2Km+I)/n$$

式中：X——1年中增加的新人员数；

K——代表一个用通过增加部属人数的办法来达到升迁目的的管理人员；

m——组织内部扯皮所浪费的时间（1年中所浪费的劳动日数）；

I——该人任职年龄与退休年龄差；

n——所领导的单位数。

第三节 领导与指挥

领导与指挥是组织运转起来所必需的手段，是组织工作的重要环节。领导与指挥是管理者最容易感知的管理工作。领导与指挥是对职权的合法使用，是管理者最能感受到的权力好处。但是，管理者不能沉迷在权力行使带来的快感之中，而忘记管理工作的最终目的在于实现组织的目标。

一、领导及其作用

领导，指的是拥有组织赋予职位和权力的领导者影响下级完成组织目标的一种管理活动。

领导属于管理活动的范畴，是组织工作的一个环节。领导的作用应该体现在实现组织目标，并在满足组织需要的同时尽可能地满足组织成员和其他利益相关者的需要。没有坚强有力的领导，没有管理有方的领导，组织就无法实现目标。

从组织整体要求来讲，管理者实施领导行为当然是要有效地实现企业目标。但在这一过程中，若不能满足组织成员的需要，组织成员就不可能追随领导者。没有追随，管理者就没有影响力；没有影响力，管理者就无法实施领导，也就无法引导企业向目标前进。但是，从另一方面讲，如果管理者只是一味满足组织成员的需要，而置企业目标于脑后，迷失前进的方向，不仅企业目标无法实现，最终组织成员的需要也会无法真正得到满足。

现实中，企业组织的目标与个人目标常常是不一致的，与利益相关方也不可能是一致的。管理者的智慧在于，运用领导艺术，将组织成员的个体目标融入到组织目标中，创造出企业组织的共同意愿，使组织目标实现的同时，也能使个体目标实现。

二、领导工作的内容

领导工作尽管有时看起来纷繁复杂，但归结起来主要是处理好“三大关系”，即与人的关系、与事的关系以及与时间的关系。

1. 处理与人的关系

首先，做领导工作就是做人的工作。在企业或一个其他形式的组织的所有资源中，人力资源是第一重要的，对人的管理也是最具挑战性的管理。现代企业管理强调的人力资源管理应是“以人为本”的管理。管理者面对的是人，所谓领导工作就是通过一系列的措施了解、掌握人的各种需要，从而有目的地引导、指挥和协调人的行为，千方百计地通过提高员工的满足度来调动人的积极性，为实现企业的经营目标而努力。

领导就是管人，而管人的最基本的工作方法有两点：约束机制和激励机制。

2. 处理与事的关系

作为一个组织或群体，企业存在的目的就是通过合法经营创造财富，为股东、员工、社会等各相关方谋利益。为了向社会提供产品或服务，企业经营需要进行大量工作，其中包括市场营销、预算采购、生产运作、储存运输、后勤安全、公共关系等。领导的第一个职能就是处理这些事务。

需要说明的是，领导工作不是要管理者自己去直接从事这些事务，而应主要表现在制定各项决策和具体策略上，通过组织层次和控制系统的运营指挥，掌握运营的主要过程和结果，使各项工作有条不紊地进行。管理者做领导工作，既不要成为空洞的口号、路线、纲领的鼓吹者，也不要高高在上，脱离实际，疏于督察，更不要事无巨细，事必躬亲，将自己陷入日常事务堆中，从而影响对全面工作的指导和监督。因此，管理者应该具备的是领导能力和组织技巧，通过专家和业务人员包括一线员工去完成具体的工作。

有的管理者能够按照上司的意图和指令亲自处理好具体的事务，但是却不能很好地组织部属并通过他们去完成任务。这种现象在规模较小的部门或单位的存在有它的合理性。但是，一旦运作的规模扩大，或者随着工作量分配的增多，这种管理者就不能适应工作的需要，他只能作为一个团队成员而工作，或者应根据其特长将他安排在专家岗位。企业应该将具有领导才干的管理者安排到重要的管理岗位，或者提拔到高级的管理岗位上去。

3. 处理与时间的关系

领导与时间的关系主要表现为两个层面：把握现在和规划未来。

在人类的实践活动中，任何条件和成果都具有时间属性，所谓“此一时，彼一时”讲的就是这个道理。在错综复杂的竞争环境下的企业管理中，时间属性更为重要，每项工作任务无不打着时间的烙印。时间管理不仅是衡量企业管理者是否具备领导力的重要标准，也是衡量一个企业在市场上是否具备竞争力的关键因素。

三、指挥工作

如果我们的计划和组织工作做得出色，就可以说“好的开端等于完成了一半”。另外一半任务的完成就在于我们所管理的团队是否具有一定的执行力了。团队执行力的高低在很大程度上取决于管理者的指挥水平。为了保证目标计划在限定的时期内得以完成，管理者要成为出色的指挥者，将团队现有能力充分发挥出来，同时调动起大家的潜能。

指挥工作是对计划的执行，是为目标实现负责的；组织工作很具体，是管理者的日常工作内容。作为骨干的管理者必须时刻牢记组织的总目标，同时知道工作的内容、时限和标准，这样才能担负起指挥部属的重任。同时，我们还必须将目标、任务、时限和标准告诉所有部属，使大家组成一个有效工作的团队，而且使我们所完成的任务符合规定的时限和标准。

1. 指挥工作的要求

管理者要担当起出色的指挥者的角色，使团队投入紧张有序的工作中去，必须时刻牢记以下几件事：

(1) 我们的企业或组织的总目标是什么？

(2) 我们所要做的具体工作是什么？

(3) 我们每一件工作的时限是什么？

(4) 我们的工作要达到什么标准？

指挥工作的最大挑战是管理好部属，它要求管理者能够处理好员工关系，学会激励、授权、目标管理和时间管理等管理技巧，保证整个团队充满战斗力。具体来讲，指挥工作要求管理者做到：

(1) 领导部属沿着正确的方向前进。

(2) 告诉他们应当做什么。

(3) 激励他们将工作做好。

(4) 帮助他们解决工作中出现的问题。

2. 指挥艺术——有效指挥的基本原理

指挥既是管理的一项重要职能，又是组织领导者的一项基本工作。指挥工作必须有效。要指挥，必须有权力。但是，有了权力也不一定能实现有效指挥。指挥的有效性取决于指挥者的指挥艺术。指挥艺术是领导者对指挥权力的善用，是指领导者在指挥时要能随时了解组织内外各种环境的变化，不断调整指挥的方式和方法，使计划执行过程不至于偏离既定目标，确保执行过程的持续。

善于使用自己的指挥权力，进行正确的指挥，领导者需遵循有效指挥的基本原理。

(1) 指挥要有权威。在企业的日常工作中，人们常常会发现，有的领导人说话没人听，办事没人跟，号召无力量，指挥不灵光；有的领导人与此相反，一呼百应，指挥很灵。关键在于指挥要有权威。所谓权威，简单说来就是权力和威信的总和。权力来自于领导人的职位，什么职位就有相应的什么权力。威信来自领导者自身的因素，它是一种客观存在的社会心理现象，是一种使人甘愿接受对方影响的心理因素，就某种意义上来说，影响力就是威信。领导者要建立指挥权威，需从权力四个来源入手：大胆谨慎，用好法定权力；善于学习，发挥专长权力；创出成绩，发展专长权力；平等待人，增强感情权力。

（2）指挥要有魄力。领导者有了指挥的权威后，还得靠实际指挥来巩固和发展。在实际指挥中，要求有指挥的魄力。所谓魄力，主要是指企业领导者要有胆、有识，具有敢于斗争、敢于取胜的勇气和决心，有勇往直前的气概。领导者的指挥魄力，应渗透到各个领域，贯彻于企业生产经营活动的各个环节上。具体说来，有魄力主要表现在三个方面：战略眼光；指挥决心和毅力；严格要求。

（3）指挥要正确。组织中的领导人，既要做正确的事（决策），又要正确地做事（执行）。指挥正确，就是要正确地做事，它不仅是实现组织目标的需要，也是领导者能否使用好自己指挥权力的条件。如果一个领导者指挥经常失误，长此以往，不仅会失去领导人的威信，而且也是对自己指挥权威的破坏。

领导人要使自己指挥正确，必须做到多谋、善断。多谋就是要多调查、多讨论、多比较、多听各方意见。只有多谋，才能情况明了，方法对头，就可避免指挥失误。善断就是要断得及时，断得正确。

第四节 沟通和协调

沟通，是指交流信息。管理者所做的每件事都包含着沟通。管理者没有信息就无法作出决策，而信息只能通过沟通得到。而一旦作出决策，就要进行沟通，否则，就没有人知道决策已经作出。领导和指挥离不开沟通，沟通是领导和指挥的手段。

1. 沟通的过程

沟通既然是交流，即是一个发出信息和接受再反馈的双向循环过程（如图 14-9 所示）。

从图 14-9 可知，完整的沟通过程包括八个要素：

（1）沟通的主体，即信息的发送者。

（2）编码，即发送者采取某种形式来传递信息。

（3）媒介，或称沟通渠道，是信息交流的通道。

（4）沟通的客体，即信息的接收者。

（5）译码，即客体对接收到的信息所作的解释、理解。

（6）作出反应，即沟通的效果。

（7）反馈，指信息接收者承认已接收到发送者传来的信息，并向发送者表明对此信息的理解。

（8）噪音，指沟通时受到的内外部干扰。

鉴于沟通过程的复杂性，沟通效果的好坏受制于多个方面，所以沟通专家通常会

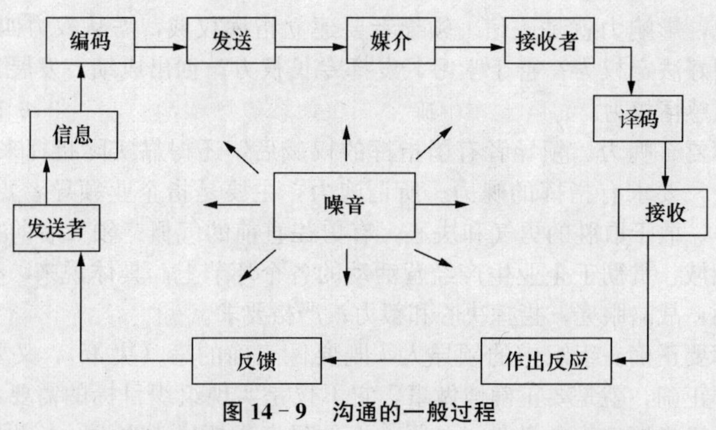

图 14-9 沟通的一般过程

提醒管理者：千万不要高估沟通的效果，工作中的许多麻烦可能来自沟通不良。

2. 沟通的原则

沟通是管理者日常工作的重要活动，也是管理者完成管理任务的必然手段。有效的沟通要遵守以下几个原则：

（1）准确性原则。沟通的目的是要将发送者的信息被接收者明确接受。应该说，当信息沟通所用的语言和传递方式能被接收者所理解时，这才是准确的信息，这个沟通才具有价值。但是在实际工作中，接收者对发送者的信息往往缺乏足够的理解。无论是文字还是口述，信息发送者的责任是将信息加以综合，用容易理解的方式向对方表达。这要求发送者有较高的语言文字表达能力，并熟悉下级、同级和上级所用的语言。

在发送者注意了准确性原则之后，沟通并不一定就能正常进行。这是因为沟通有赖于双方都遵守共同的沟通原则。由于人的精力和注意力有限，而生活和工作中要注意的信息太多，所以接收者必须集中精力，克服思想不集中、记忆力差等问题，才能够对信息有正确的理解。

（2）及时性原则。事物都是千变万化的，所以，在日常沟通的过程中，不论是主管人员向下级还是下级向上沟通信息，还是同级之间横向沟通信息，都应遵守及时性原则。只有这样，大家才能使新近制定的政策、人员配备、工作任务变化等情况尽快得到全体员工的理解和支持。

在实际工作中，信息沟通常因发送者不及时传递或接收者的理解、重视程度不够，而出现过时信息。与此同时，员工则由于不能从正常渠道及时获得信息，只好从其他渠道了解信息，从而使正常的沟通渠道起不到应起的作用。当然，信息的发送者出于某种特别目的而对信息进行控制或推迟发布也是可行的，但在达到控制的目的以后应及时进行信息的传递。

（3）完整性原则。为了达到管理的目的，当管理者与相关同事需要进行和维持良好的合作时，他们之间就要进行沟通，以促进相互了解。在管理中，进行沟通只是手段而不是目的。因此，信息的完整性是非常重要的，它取决于信息的发送者对信息接收者的工作的支持。

在上下级关系中，上级主管人员位于特定的信息交流中心，公司应鼓励他们运用这个中心职位和权力，起到这个中心的管理和领导作用。但在实际工作中，有些上级主管人员则忽视了这一点，往往越过下级主管人员直接向有关人员发指示、下命令，违反了统一指挥的原理。如果工作中确实有这种越级指挥的必要，上级主管人员应事先同下级主管人员进行沟通，只有在特殊情况下上级主管人员才应该对间接的下属直接发布指令。

（4）非正式原则。并不是所有的沟通都需要是正式的。事实上，在实际中大量的沟通是非正式的。所谓正式与非正式的区别主要在于信息是否是由组织中的合法部门和正规途径传出的。管理者在沟通工作中，既可以用正式的方式，也可以用非正式的方式。只有当管理者综合考量信息的性质、后果、传播方式、权威性等各种因素的基础上灵活使用非正式的渠道来补充正式渠道的信息沟通时，才会产生最佳的沟通效果。

非正式渠道传递信息的缘由是一些信息不适合用正式渠道来传递。所以，应该鼓励管理者采用非正式的渠道传达并发送和接收必要的信息，以辅助正式渠道做好管理沟通和协调工作，共同服务于组织目标。

但是，也要注意，对非正式渠道的利用可能对组织管理带来不利的影响。组织中小道消息的盛行却反映了正式渠道的不畅通，表示组织内部有非正式组织的存在，这可能会降低正式组织的权威性和统一性。因此，除非需要权变之外，管理者应加强和疏通正式渠道，尽可能通过正常的渠道把信息传递给员工，主要通过正常的渠道来收集下属对自己以及对管理的意见和建议。

3. 沟通的方法

管理沟通的方法应该是多种多样的，因此要因地制宜、灵活运用。在一般情形下，管理沟通的方法可以有以下几种：

（1）发布指令。管理者在指导下级工作时，发布指令是最基本的也是最重要的工作。正确的指令发布得及时畅通，可以使得整个团队充满活力，动作一致，工作起来效率更高。

指令作为一种意图，可以被理解为上级的命令，对下属具有强制性。它要求在一定的环境下执行任务、纠正偏差或停止工作，促使管理目标的实现。指令还应该是具体的、明确的，使下属理解和执行起来没有障碍。

指令分为书面和口头的两种，平时应根据指令的性质、重要的程度、传播的范围和上下级关系的特殊性等情况来决定指令应是书面的还是口头的。

（2）会议制度。开会就是一种普遍使用的集体沟通方法。会议可以产生交流的透明度和民主度，同时可以帮助管理者做到集思广益。与会者在交流意见之后，容易产生共同见解、了解共同目标，发现并讨论解决会前未注意到的问题，同时还可以增加与会者之间的理解和团结。组织中的会议可以是制度化的定期例行会议，也可以是临时性的会议。

（3）个别交谈。个别交谈是一种个体沟通方式。交谈既可以是正式的，也可以是非正式的。这种小范围面对面的沟通形式往往是建立在相互信任的基础之上的。在个别交谈中，双方往往愿意表露真实思想，提出不便在人多的场所提出的问题，从而使双方能够相互亮出自己真正的想法，在认识、见解、结论、信心等方面容易取得一致，从而达到有效的管理目的。

（4）情境和身体语言的沟通。设置一种情境，可以传递特定的信息。比如经理办公室的摆放形式，就在一定程度上反映了他或她的领导方式。人除了用语言和文字表达意思之外，其身体的姿态、言词的运用、语气语音、动作手势、眼神、距离等更容易显示更多的、更真实的信息。在沟通过程中，管理者要善于运用情境和身体语言传递信息，也要善于观察情境和对方的身体语言获得信息，以增强沟通的有效性。

情境和身体语言的含义与不同国家和地区的文化习俗有密切的关系。相同的手势或动作在不同的民族中的意思可能是完全相反的。这一点需要特别注意。

4. 协调工作

组织是一个整体，协调是分工之下的必然要求。协调的反面是冲突，组织中的冲突意味着内耗，会降低组织实现目标的效率。协调就是为了减少冲突。总体而言，管理人员要在部门、团体和个人之间实现充分的协调。协调伴随着沟通，二者是不可分的。

组织中的正式等级制度是组织协调的最基本手段，也是任何官僚组织机构中的一个重要构成部分。正式的结构被认为是一种由各部门、辅助单位、行政阶层、规章和程序组成的系统，目的是最大限度地减少重复活动和增加效率与协调。规章、政策和程序是组织系统的一部分，并且其目的在于增进沟通、统一行动、增加效率和协调。但要避免形成太多的规章和程序，因为它们可能加剧官僚作风和繁琐的惯例，并且引起混乱和含糊的现象。一个好的经验表明，在实施规章与程序之前，要让人们了解它们实施的理由，并让人们确信它们并不是有碍的而是有益的。

就组织边界而言，组织的协调工作包括外部协调和内部协调。

组织外部协调包括垂直方向的协调和水平方向的协调。前者是指组织与上级（主管部门）及下属单位之间的协调；后者是指与相关的协作单位、用户、竞争对手、公众、政府等的协调。

组织内部协调也包括垂直方向的协调和水平方向的协调。前者是指处理好本组织内上下级关系；后者是指部门之间、岗位之间、生产经营各个环节之间的协调，是组织最大量的协调工作，也是一个难点。这是因为，上下级之间的矛盾往往可以通过行政手段解决，上级手中的权力可以起很大的作用，而同级之间的问题要复杂得多。

5. 有效协调的原则

（1）及时性原则。及时性是指在组织出现矛盾和冲突问题时，要及时加以解决。冲突一旦出现，若不及时协调，会积少成多、积小变大、积重难返，甚至无法正常解决。有些问题当初只要稍加注意，用很少的时间和精力就可以解决的。

（2）关键性原则。把握关键性原则有两层含义：一是要抓住重大和根本的问题。包括影响长远的问题、重大问题、影响全局的问题、薄弱环节、代表性的典型问题、带动性（根源性）问题、群众意见大、反映强烈的问题等；二是解决问题要标本兼治，不仅要解决问题本身，还要解决引发问题的原因，只要原因存在，则问题就会不断重复出现。

一般引起问题的根本原因有：方向上的问题，企业如果选择了错误的市场、错误的产品，则无论你怎么强化销售都不会有好的效果；体制上的问题，如果体制不合理，无论你怎么努力，你最多解决的只是局部的或表面的问题，如在大锅饭体制下，你不可能长期调动员工的积极性；制度上的问题，假设你没有规范的财务制度，违规就不可避免；人员素质问题，员工的素质提高，本身就可以预防问题；管理基础工作，管理的基础工作包括岗位责任标准化、数据统计、基本资料积累、规章制度等。基础不好，会导致组织在运转过程中不断发生重复性的问题。

(3) 激励性原则。合理使用激励手段，不仅可以预防问题和矛盾的发生，而且在问题发生以后，又能调动各方协作的意愿。

(4) 沟通情况和信息传递原则。及时沟通情况和传递信息，可以保证配合顺畅，反应迅速，也能达成相互的支持和理解，减少误会；问题发生以后，沟通和信息又是解决问题的主要方法之一。

(5) 全局性原则。组织是个系统，牵一发而动全身。不能在解决问题的时候挖肉补疮，拆东墙补西墙。

(6) 长远性原则。为了现在能轻松解决问题而把可能由此引起的更重大的问题推到以后，这是不明智的。

6. 协调工作的具体方式

(1) 会议协调。为了保证组织内外各不相同的部门之间，在技术力量、财政力量、生产力量等方面达到平衡，保证组织的统一领导和力量的集中，使各部门在统一目标下自觉合作，就必须经常开好各类协调会议，这也是发挥集体力量，鼓舞士气的一种重要方法，会议的类型有四种：信息交流会议；表态会议；解决问题会议；培训会议。

(2) 现场协调。这是一种快速有效的协调方式。把有关人员带到问题的现场，请当事人自己讲述产生问题的原因和解决问题的办法，同时允许有关部门提要求。使当事人有一种“压力感”，感到自己部门确实没有做好工作。使其他部门也愿意“帮一把”，或出些点子，这样有利于统一认识，使问题尽快解决。对于一些“扯皮太久”，群众意见大的问题，就可以采取现场协调方式来解决问题。

(3) 结构协调。结构协调，就是通过调整组织机构、完善职责分工等办法，来进行协调。对那些处于部门与部门之间、单位与单位之间的“结合部”的问题，以及诸如由于分工不清、职责不明所造成的问题，应当采取结构协调的措施。“结合部”的问题可以分为两种，一种是“协同型”问题，这是一种“三不管”的问题，就是有关的各部门都有责任，又都无全部责任，需要有关部门通过分工和协作关系的明确共同努力完成。另一种是“传递型”问题，它需要协调的是上下工序和管理业务流程中的业务衔接问题。可以通过把问题划给联系最密切的部门去解决，并相应扩大其职权范围。

7. 协调工作的艺术

(1) 预防为主，预防与解决问题相结合。有水平的管理者应该有战略眼光，善于分析和推测未来，对可能发生问题和矛盾的环节，采取先期的预防措施，尽可能避免，或者准备好补救措施。

(2) 把问题消灭在萌芽状态。有的问题，一旦出现苗头，就应该及时解决，防止问题恶化最大限度的减少损失。

(3) 从根本因素入手。最有效的协调方式应该从根本因素入手，既要治标更要治本，防止不断引发不同的问题或是重复出现同一问题，例如从组织设计、管理体制、管理制度、员工素质等原因引起的问题。

（4）善于抓住关键环节。抓关键环节，细小繁琐的事情可以不必理会，或是交给下级解决，自己集中精力抓大事，解决重大问题。一般以下问题应引起足够重视：影响全局的问题、危害重大的问题、后果严重的问题、单位中代表性的典型问题、根源性的问题、群众意见大的问题等。

（5）其他。协调工作体现一个领导的工作水平，因此要创造性地开拓新方法，要有魄力。另外，不能忽略职工素质的提高和信息交流等。

第五节 组织变革

灵活性、可变性是管理的基本原理。组织的稳定性是动态的、与环境不断调适中的稳定。何时、如何对组织适时加以变革，对管理者是一个极具挑战性的工作。管理者需要理解组织变革的性质、领域、发展等问题，把握组织变革的程序，克服变革的阻力，重视组织的创新。

一、组织变革的性质

组织的变革就是对组织中任何一部分所实行的重大调整。变革可涉及组织的每个方面：工作进程、部门化原则、管理幅度、设备、组织设计和人员本身。其中的任何变革都可能具有超出实际变革范围的影响。

变革的原因在于组织是一个开放的技术系统，它在与整个社会环境的相互作用、相互影响中，必然处于一个动态的变革与发展过程之中。特别是在新技术发展、市场扩大、竞争加剧的今天，为了适应不断发展的形势的要求，不仅要进行组织结构、技术的变革，还要进行组织成员心理上的变革。组织自身的运动就是不断革旧创新追求发展的过程。

有此变革是事先规划的，另一些则是对未预期到的事件的反应。规划的变革是对预期到的未来事件作按部就班的设计和实施的变革。反应式的变革则是对环境变化随机的一次性反应。反应式变革往往比较仓促，出错的机会大。所以，人们几乎总是偏好规划的变革。

组织变革的最终目的是为了优化组织，使组织与环境更为协调，更好地实现组织的生存和发展目标。组织优化包括结构完善、功能优化、气氛和谐三个方面。

1. 组织结构的完善

一般来说，组织结构中包含权力、责任、职务、人员和单位等要素。组织结构的完善就是要求上述各要素编排组织要合理，并做到人与事的科学匹配，做到事得其人，人尽其才。责、权、利统一，责是职责，权是职权，两者是履行职务不可缺少的条件，利是履行职务后的结果，只有三者高度民主一致，才能保证组织运转有序而充满活力。组织运转灵活，就是把集中统一领导与分权自主管理结合起来，做到既有统一的目标、计划、合理的规章制度，又要确保各部门、单位能够灵活地变通地处理具体问题；本着机构精简的原则，确定合理的管理幅度。

2. 组织功能优化

组织结构完善要通过组织功能优化来体现。功能优化指提高实现组织目标的效率。它具体表现为确定目标的决策能力，实现目标的管理能力和提高组织效益的能力三个方面。

（1）确定目标的决策能力。是指组织能否正确分析内外环境条件，准确把握时机，果断地作出目标决策，为组织发展确立明确方向，反之，任何错误的或延误时机的决策，都会导致组织的败落。

（2）实现目标的管理能力。是指实现目标过程中的计划、组织、协调、控制能力。良好的管理可以在相同资源条件下，获得投入最小产出最大的高效益。

（3）提高组织效益的能力。组织效益分经济效益和社会效益。一个优化的组织，总会自觉地把经济效益与社会效益的统一，整体的、远期的利益与局部的、近期的利益的统一作为组织发展的目标。

3. 组织气氛和谐

组织的效能往往与人员的满足感相联系。一个优化的组织需要沟通简洁畅快，决策民主，能合乎情理地协调各种关系，充分满足人的心理需要，创造利于发挥人员积极性的和谐气氛。组织气氛和谐表现在以下各方面：成员有强烈的归属感；员工具有良好的合作意识；员工具有强烈的主人翁责任感；成员组织应变能力的增强。

二、组织变革的领域

尽管变革涉及组织的所有方面，但常见的变革主要围绕着组织结构与设计、技术和运营、人员及业务流程进行。管理者可根据组织的具体情况，从改革的不同目标和要求出发，选择不同的领域入手进行变革。

1. 改变组织结构

改变组织结构包括调整合并部门设立新部门、调整管理幅度和结构层次、改变权力与责任的分配等。改变组织结构，是对原组织职权系统动大手术，它可以使组织的运行机制发生根本变化。它涉及组织成员权益的重新分配，因此实施难度较大。

2. 改变技术

技术是组织将投入品转变为产品或服务的转化过程。改变技术包括引进新设备、新工艺和新的管理技术两个方面，这是组织变革常用的方法。新技术、新管理的引进，必然牵动人员培训、机构调整、规章制度的改变等一系列的变革。如许多企业引入ERP系统技术，以全面掌控企业运营情况，辅助决策。ERP是一种大型的信息集成系统，企业内部的流程，如物料管理、制订计划、订单管理和财务报告都可以通过ERP实现优化管理。再比如，IBM公司力推的智慧城市、智慧交通、智慧地球等技术，一旦引入，也将引发组织变革。

3. 提高工作质量

工作质量，是组织效益的直接体现，它要涉及组织内各子系统自身优化和彼此的有效合作。因此，通过调整产品结构、服务的品种，提高产品及服务质量，提高效率、降低成本等具体改革措施，就能推动技术工艺变革，管理方式改革，工作岗位重新设计，责权利的重新分配等一系列的组织变革。

4. 调节和控制外部环境

任何组织与外部环境都是相互作用的，组织不仅要适应外部环境，还要主动地调节、控制、改造环境，使其有利于组织的发展。这方面的工作包括：充分利用政府的有关部门政策，开发和占领新市场，扩大与外界的信息交流与合作，利用新的情报资料，引进资金和建立组织之间的联合等。

5. 提高人员素质

上述的各项变革，最终都得通过人的改变来实现。提高人员素质包括改变人才结构、提高技术素质和提高心理素质三个方面。

6. 改变业务流程

改变业务流程，又称流程再造（Reengineering），是对业务各个方面彻底重新设计以实现成本、服务和时效方面的重大收益。业务流程改变意味着从头开始，也就是说不再以现有的组织假设为起点，不是试图修修补补，而是从一开始就要问如何最好地服务顾客和如何化解竞争，然后创造和使用取代过去做法的新方法。

三、组织变革的程序

关于组织变革的程序，许多学者提出了不少方案，将这些方案的内容归纳起来，不外乎四个步骤：确定问题、组织诊断、实施变革、变革效果评估。

1. 确定问题

当组织变得无效率时，组织的管理者应该研究和分析造成这种状况的原因：暂时的，还是长期的。通过分析，找出各种问题并确定其重要程度。确定问题可以通过情报系统提供的信息对内外环境的变化进行分析，也可以采用心理学的调查方法，如市场调查、消费行为调查、职工态度调查等。在确定问题阶段，不仅要对正在发生的环境变化作出正确的评估，也要注意这种变化对组织以及对整个社会的影响，判断这种影响会对其他环境因素带来什么变化。

2. 组织诊断

当确定问题并分析了内部和外部环境的变化对组织的影响以后，组织可以借助于许多工具和方法，对组织当前的状况进行诊断。这种诊断可以确定组织是否能应付环境的变化，并进一步确定问题的所在。组织诊断的常用方法有：组织问卷；分析职位说明；分析组织图；分析组织手册；实地考察研究。

3. 实施变革

在确定问题和对组织存在的问题进行诊断分析的基础上，就要研究如何进行变革。

首先，变革是一件不容易的事情，作为一种官僚制的组织本身具有一定的保守性，变革会遭遇各种阻力。如组织中的领导层，因为变革很可能会打破旧的观念，调整组织机构、改变现行的职权关系、工作程序和管理方式等，这不仅会改变领导层原来已熟悉了的工作环境，甚至会威胁到一些领导者的切身利益，而且还要冒可能失败的风险。所以，他们往往成为变革的反对力量。对于广大组织成员来说，由于不了解环境的变化和变革的必要性，也可能因对变革不理解而持消极态度。因此，要实行变革，首先要进行广泛的沟通和宣讲，提高人们对变革意义的认识，使全体成员都能积极参与到变革中来。

其次，在提高认识、消除阻力的同时，还要研究和制定切实可行的变革计划。制定变革计划的依据是对组织的诊断结果。为了使变革计划切实可行，同时也为了使变革能顺利进行，必须让组织成员都能参加到计划的讨论和参与决策的过程之中，使变革计划成为全体成员的计划，而不是少数领导的计划。在变革计划制定之后，应先在部分单位试行，以检验计划的可行性。根据试行的结果对计划进行修改补充，取得经验后在全组织实行，并在实行中不断改进。

4. 变革效果评估

变革的成败取决于变革效果。因此，在实行变革的过程中，必须十分重视变革效果的反馈，并对反馈的结果进行研究分析，不断处理变革中出现的问题，以使变革顺利进行，最后达到变革的目的。为了获得反馈信息和对变革效果进行评估，同样要采用调查研究的方法。对外，要进行定期的市场调查、消费者行为调查、社会心理调查和民意调查等；对内，应进行职工态度、士气和职工满意度调查以及工作绩效评估等。

四、组织变革的阻力[1]

组织变革的阻力，主要是来自于组织内对变革的抗拒。不同职位的人，对变革抗拒的程度大不相同，但应该都是可以理解的。在管理变革过程中，领导者应当理解人们为什么抗拒变革以及怎样处理对变革的抗拒，化解变革阻力。

1. 抗拒变革的原因

（1）不确定性。员工抗拒变革最常见的原因是不确定性。面对即将到来的变革，员工可能会表现出焦虑和紧张。他们可能担心自己是否有能力满足新的工作要求，也许认为自己的工作受到了威胁，或者他们就是不喜欢含糊的局面。

（2）自我利益受到威胁。许多变革可能威胁组织某些经理的自我利益。变革可能会减弱他们在组织内的权力或影响力，因此他们会奋力抵抗。例如，在决定收购之前，西尔斯（美国的一个大型百货公司）的经理们曾经有计划开设一种新型的商店。新的商店比典型的西尔斯商店小一些，也不设在大型购物中心里面。相反，它们设在小型的零售中心里面。新商店将销售服装和其他“软商品”，而不是五金、家电、家具或汽车产品。当那些所负责产品被排除在外的经理们听到这个计划之后，他们强烈反对，最终导致计划被取消。

（3）感受不同。经理们对变革的推动和决策可能是站在自己立场上的结果。但组织中的其他人可能会出于不同于经理的评估或感受而反对变革。例如，7－11店的经理们现在正为实施一项大型的组织变革而苦斗。这家公司希望将目前传统型的店面略加“升级”，开始销售精致的新鲜食品、最新的精装版小说、美食产品和高级咖啡。但是许多加盟店对此表示反对，它们担心这样做会失去核心的蓝领顾客。

（4）失落感。许多变革要求重新安排工作，打破现有的社会网络。由于社会关系

---

〔1〕［美］里奇·格里芬．管理学［M］．北京：中国市场出版社，2006．

的重要性，绝大多数人不喜欢影响社会关系的变革。其他无形的威胁包括权力、地位、安全、熟悉程序和自信。

2. 克服对变革的抗拒

管理者不能因为有抗拒就放弃。尽管没有有保证的办法，但下面四点至少可以用来尝试化解对变革的抗拒。

（1）参与。参与是最有效的克服抗拒的方法。参与规划和实施的员工可以更好地理解变革。不确定性因此减少了，个人利益和社会关系的威胁也不像过去那样大。由于有机会发表自己的意见和了解他人的想法，员工更有可能自觉地接受变革。

（2）教育与沟通。告诉员工变革的必要性和预期结果可以减少他们的抗拒。如果一开始就建立了公开沟通并且在变革过程中一直保持，则可以将不确定性降到最低。卡特彼勒多次在裁员过程中运用这一方法来减少员工的抗拒。首先，向汽车产业工人联合会的代表解释变革的必要性及规划中变革的价值，然后由管理层向全体员工解释公司出了什么问题，下面将如何做，对每个人有什么影响。

（3）引导。在变革过程中可以采用一些引导的方法。例如，只进行最有必要的变革，事先宣布变革的计划，给员工时间来调整做事的方法，这些都有助于减少抗拒。保德信公司的一位地区经理花了几个月的时间有系统地规划了工作进程和职位设计的变革。但是，在此之后他表现得过于急躁，没有进行充分的沟通，而是利用周末的时间和一位员工重新布置了办公室。周一，当员工们走进新的办公室发现变化之后，他们变得充满敌意、激动和怨恨。一个本来很好的变革计划演变成了灾难，经理不得不放弃整个计划。

（4）力场分析法。在任何涉及变革的场合中，总是会有支持的力量和反对的力量。为了支持变革，经理们首先要听取各方力量的意见，然后试图将力量的平衡导向有利于变革的方向。在实施变革的过程中，消除或减少对变革的力量是极其重要的。图14－10是一个通用公司变革的力场分析的例子。[1] 支持变革的因素有三个：降低成本、

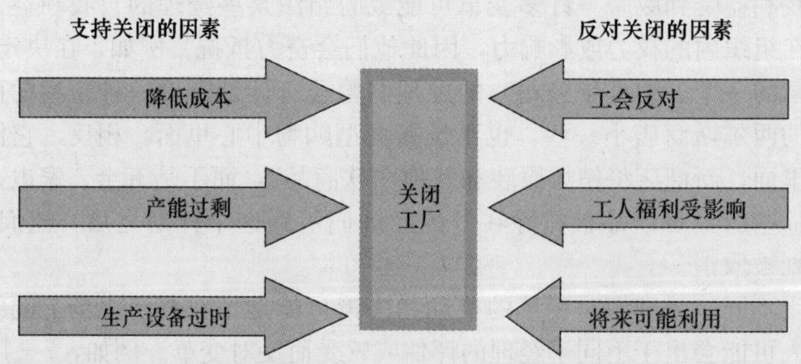

图 14－10 通用汽车公司关闭工厂变革中的力场分析

产能过剩和生产设备过时。在反对变革方面，汽车产业工人联合会提出了反对，工人的福利因此受影响，另外将来可能还会用到这家工厂。通用汽车公司首先用盈亏数字

[1] ［美］里奇·格里芬．管理学［M］．北京：中国市场出版社，2006．

向工会进行了证明，随后制订计划为失去工作的工人提供安置和再培训。然后它可以暂时关闭这家工厂令其处于“封存”状态以备将来的需要。经过这些努力，阻碍变革的三个主要障碍得到了减弱和消除。

五、组织发展

置身于组织中的经理人时刻面临着组织变革和员工变革的问题。与其被动应付变革，不如主动促进组织内变革的实现。实现组织的变革可以有多种途径。其中，组织发展（Organizational Development）变革方式已开始日益广泛应用于许多组织的变革实践中，并被证明为促进组织实现变革的一条有效途径。

1. 组织发展的特点

组织发展是一种参与式的变革尝试。它鼓励所有受到变革影响的人们积极参与组织的变革，并主要利用行为研究模式来引导人们进行变革。尽管这种变革尝试可以把个体作为重点，但大多数情况下，组织发展的主要目的是促使组织内群体或整个组织发生变革。

（1）组织发展着眼于内部群体的变革。尽管它也是通过使人们掌握新的知识、技能和观念，从而达到变革的目的，但它不同于培训等其他变革举措。组织发展往往力求创造一种新的组织文化，旨在培养推动变革所需的关键人群。而培训却很少能带来组织文化的改变。

（2）组织发展通常着眼于长期变革。在这一点上又与培训有所不同。培训寻求的是短期效果，它的目标是为人们提供能立刻应用到工作中的新知识和新技能。而组织发展注重内部群体或组织的变革。由于群体和组织变革所花费的时间比个体变革的时间长，实施组织发展变革通常需要相当长的时间。据某些官方机构估计，大企业实行大规模变革通常需要 4～6 年的时间。一般来讲，实行变革的群体和组织规模越大，变革工作越彻底，所需要的时间就越长。

（3）组织发展通常依赖外部顾问的协助。外部顾问的职责是促进变革而不是指导变革。组织可以从外面聘请顾问，也可以从其他部门引进。从事组织发展工作的外部顾问有一个特殊的称谓——变革分子（change agent），因为他们是变革的推动者。

（4）组织发展本质上具有可参与性。组织发展要求所涉及的群体或组织中的每个成员积极参与到变革的全过程之中，在所发现的问题上达成共识，制定解决问题的方案和框架，提出推进变革的行动计划，积极参与实施工作，并在评价变革结果时发挥主要作用。

2. 组织发展的技术[1]

（1）诊断活动（diagnostic activities）。如同医生诊断病人那样，组织发展诊断是分析组织当前状态的活动。为此经理们使用问卷、意见或态度调查表、访谈、档案资料和会议等方式评估组织的各种特征。这一诊断的结果是形成组织活动的档案，可以据

〔1〕［美］里奇·格里芬. 管理学［M］. 北京：中国市场出版社，2006.

以发现需要改进的问题。

（2）团队建设（team building）。团队建设活动的目标是加强团队内成员的效率，提高满意度，以获得整体的效益。在团队获得广泛应用的今天，这些活动的重要性越来越强。组织发展顾问会同团队成员进行访谈了解他们对团队的感受，然后安排在一个非办公场所的会议讨论出现的问题并解决所有问题，打消个人的顾虑。

（3）调查反馈（survey feesback）。在调查反馈中，每位成员回答一份测试感受和态度的问卷（如满意度或主管的风格）。参与活动的每位成员，包括主管本人都会收到问卷的结果。其目的通常是通过让主管看到下属对自己行为的看法来改变主管的行为。调查反馈完成后往往对结果进行评估并提出建设性的变革建议。

（4）教育。教育活动主要是教学培训。组织发展培训主要针对“敏感技能”——教会人们更周全地考虑人际关系和增加对同事的理解。参与者通常要进行一系列的实验和角色扮演练习以更好地理解组织中他人的想法。

（5）组际活动（intergroup activities）。组际活动的焦点是改善两个或多个小组间的关系。随着小组间相互依赖的加强，协调的困难也增大了。组际活动的设计是为了促进协作或解决冲突，通常也会采用实验或角色扮演的活动。

（6）第三方调解（third—party peacemaking）。组织发展的另一种方法是第三方调解，常用于解决组织内的重大的冲突。第三方调解可以用于个人层面、小组层面或组织层面。第三方通常由组织发展顾问担任，他使用各种调解或谈判解决个体或小组间的各种问题与冲突。

（7）技术结构活动（technostructural activities）。技术结构活动关注的是组织的设计、技术以及设计和技术与员工的关系。分权的增加属于结构变化，自动化的提高属于职位设计变化，工作流程的调整属于技术变化，只要其目标是提高小组间和组织内的人际关系，这些变化都属于技术结构组织发展活动。

（8）流程顾问（process consulation）。流程顾问是由组织发展顾问观察组织内小组的活动，识别它们的沟通模式、决策和领导过程及合作与解决冲突的方法，然后由顾问向参与各方就他所观察到的流程作出反馈。这一干预的目标是改善观察到的流程。在此过程中被发现有领导风格缺陷的管理者将被要求进行改进。

（9）人生与职业规划（life and career planning）。人生与职业规划可以帮助员工制定自己的目标以及将这些目标同组织目标进行整合，其中包括需要接受哪些培训和职业发展地图的绘制。通用电气公司在这方面的工作享有盛誉。

（10）教练与咨询（coaching and counseling）。教练与咨询是向个体提供非评价性的反馈，其目的是帮助他们更好地理解他人对自己的感受，学习帮助他人实现工作目标的行为。这项干预的重点不是评论今天的表现，而是为了有更好的绩效。

（11）规划和目标设定（planning and goal setting）。最实用的干预手段之一是帮助经理提高规划和目标设定能力。其重点仍然是个人，意在帮助个体和小组将自己融入总体的规划过程。组织发展顾问会采取与流程顾问相同的做法，但更关注技术问题，即规划和目标设定的机制。

小结

组织是管理的重要职能，计划的执行基础和执行过程。静态地看，组织是一种职权结构；动态地看，组织工作则包括组织设计、运行及变革等。本章第一节介绍组织概念，并对从不同侧面观察组织所具有的特点进行了分析。其余四节，则就组织工作过程中几个重要环节分别予以阐述。

组织设计是组织工作的逻辑起点，组织设计要完成横向部门划分、纵向层次划分及职权的划分等，其文本结果就是组织结构图和职位说明书。常见的组织结构有六种形式，它们分别适用于不同的组织条件。领导和指挥、沟通与协调是组织工作的日常内容，都是对组织职权的运用，管理者需要仔细推敲其中的用权艺术和实际效果。组织变革是为解决对组织的长期隐患而作的大调整。变革必然会遇到抗拒，管理者需要理解阻力的原因，并化解之。

关键概念

组织结构 职权 职责 管理幅度 工作分析 职务充实 职能部门 格拉丘纳斯法 集权 分权 授权 人员结构 直线职能制 事业部制 帕金森定律 领导 指挥 沟通 协调 组织变革 组织发展

问题和讨论

1. 静态的组织有哪些特征？
2. 组织工作的基本过程包括哪些工作环节？
3. 如何设计一个组织结构？
4. 影响集权与分权的因素有哪些？
5. 领导工作的内容有哪些？
6. 如何建立指挥的权威？沟通有哪些方法？
7. 讨论：如何得到组织中的权力？谈谈你对“能力越大，责任越重”的理解。
8. 讨论：“组织天生具有保守倾向，改革只能先破才能后立”。
9. 讨论：你的小动作会泄露你的大秘密，为什么？
10. 讨论：组织发展的实质，如何实现组织发展？

案例应用

日产公司是否授权太多？[1]

授权是一件好事。授权可以用以奖励下属，可以提升下属的能力，可以将决策交给最有适合经验和专业能力的人员来完成。授权的局限通常被描述为主管一方或下

[1] [美] 里奇·格里芬. 管理学 [M]. 北京：中国市场出版社，2006.

属一方对于组织机能失灵的担心。不过，在现实中的确有这样的情形，授权和分权未能带来最优化的成果。

日本企业传统上拥有以团队为基础的结构，在决策时采用一致性方法。日本企业的体系允许各个层次的员工大量参与到决策过程中，但是这种做法会导致“委员会决策”的问题：安全、保守，人人都可以接受。而拥有不寻常想法的人则会发现自己被排除在这一过程之外。高层经理引导着整个团队，但他们很少自己作出决定。在这样的环境中，风险和创新可能受到压制。日本汽车制造企业丰田、本田和日产就是这样，产品品质高而可靠，但设计平庸。但是，当卡洛斯·戈恩成为日产公司新任 CEO 之后，这一切都发生了改变。

戈恩是雷诺公司——拥有 44% 日产股权——派来复兴日本第二大汽车公司的。当时日产公司已经接近破产，车型老旧，市场份额低，赢利能力衰退。戈恩在法国的绰号叫“成本杀手”，这次他又将使出从前在雷诺公司其他分部中成功的办法。戈恩的确降低了开支，但更大的挑战却是重塑日产对职权和授权的看法。

尽管许多日方经理建议小心谨慎和慢慢来，但戈恩喜欢的是大胆和承担风险。戈恩的解释是：“我自问道，我应当做人们期望我做的事情，还是应当直接指出问题?”戈恩没有接受老式的关于日本风格的禁忌，他说服人们自己就是答案。戈恩解雇了充当顾问而在实际运营中没有职权的员工。他咨询下属的意见，但自己作出决策。他从竞争对手处挖来优秀的设计人员并赋予他们新品开发的职权，由此创造出一系列创新和获奖的新产品，例如 Xterrra 和 Altima。

以 350Z 为例，这是日产公司长期以来被忽视的 20 世纪 70 年代经典车型 240Z 的新生。日产公司的经理片山丰和工程师希望复兴这个曾经辉煌的品牌，但没有得到前任 CEO 的支持。但是，“当我提出 Z 型车的主题时，戈恩的眼睛发亮了，我对此欣喜不已”。片山丰回忆道。戈恩本人是 240Z 型车的车迷，他参与 350Z 型车的每个细节，他在速度计旁边仪表盘上安放了一个计时器——这款车可以在 6 秒钟内由 0 加速到 60 英里，他还坚持一辆真正的跑车应当有两个排气管。350Z 获得了巨大的成功，其外形被评价为“潇洒”和“紧凑”，发动机为 287 马力，而售价只有 26000 美元，是同类跑车价格的一半。戈恩说：“这不是一款普通的车型，这是我们公司复兴的象征。”

戈恩绝不是传统的日本经理。他出生于巴西，父亲是黎巴嫩人，母亲是法国人，他在黎巴嫩接受了教育，在法国获得了大学学位和硕士学位。日产的设计师说：“他显然不符合日本的标准，但他也不是典型的巴西人或法国人。在他的身上看不出明显的民族性。”戈恩自称拥有变色龙的本领，能够适应不同的环境。在戈恩的领导下，日产公司的利润和销售大幅度上升。2003 年上市了 8 种车型，2004 年又上市了 4 种，日产公司有望超过日本第一大汽车制造商丰田公司。创新仍在继续。除了获奖的创新作品，日产公司还推出了 Micra，一款新型的欧洲微型车。戈恩的另一个灵感是专门为中国市场设计的轿车。戈恩本人也荣获了一些奖项。2002 年，《财富》杂志将他评选为“年度亚洲商业人物”。2005 年，戈恩成为雷诺—雷诺公司的 CEO，他还在寻找一位日产日本公司的继任人——一位能够继续他的个人职责和职权的人选。

讨论题

1. 戈恩将决策权保留在CEO层次上可能的好处是什么？可能的缺陷是什么？

2. 举出3个例子说明某些决策适合分权方法。再举出3个例子说明某些决策适合集权方法。不要用案例中的例子。

3. 日本式的管理依赖于高度的专业化。高度专业化必然导致分权吗？为什么？

自我评估

你的权力倾向如何？[1]

观点	不赞同		两可	赞同	
	极不赞同	基本不赞同		基本赞同	极为赞同
1. 与人打交道的最好方式是告诉他们想听的话	1	2	3	4	5
2. 当你要为某人做某事时最好说明这样要求的真实理由而不是似乎更好的理由	1	2	3	4	5
3. 完全信任他人的人只会找麻烦	1	2	3	4	5
4. 不走些捷径是很难赶到前面的	1	2	3	4	5
5. 可以最万无一失地假定，所有的人都有邪恶的念头，只要时机得当，它就会暴露出来	1	2	3	4	5
6. 一个只能采取合乎道义的行动	1	2	3	4	5
7. 大多数人本质上是好的、善良的	1	2	3	4	5
8. 对撒谎绝不能原谅	1	2	3	4	5
9. 大多数人对父亲的死亡对比个人财产的丧失更容易忘却	1	2	3	4	5
10. 一般而言，人们不受强迫是不会卖力工作的	1	2	3	4	5

（结果说明：这项测试是用来计算你的马基雅维利主义分数的。将问题1，3，4，5，9和10的得分加起来，而对其他4个问题，将得分反转，即5变成1，4变成2，2变成4，1变成5。然后合计10个问题的得分。美国的国民意见研究中心采用此法对美国成年人进行了测试，发现国民的平均得分为25分。采用马氏测试的研究结果表明，男人一般比女人更具马氏倾向；老年人的马氏测分数低于年轻人。马氏分数高的职业多是那些强调控制和操纵个人的职业，如管理者、律师、精神病医生和行为科学家。）

---

〔1〕 斯蒂芬·P.罗宾斯. 管理学（第四版）[M]. 北京：中国人民大学出版社，1997.

▲ **学完本章后， 你会知道：**

1. 什么是控制，控制的重要性
2. 组织中的控制种类，各自的特点
3. 控制过程的三个重要环节
4. 控制工作的基本要求
5. 控制的常用方法

第十五章 控 制

管理者通过计划制定目标和方案，通过组织职能的发挥来执行，这可以说已经实现了一个单独的管理过程。但是执行的结果如何，是否合乎组织目标的要求则是一个需要加以评估才能确认的过程。这就是管理中的控制。当组织活动的结果与预期的目标要求存在差异时，就不能说是组织实现了有效的管理。而要提高管理的有效性，还需要发挥管理的控制职能。

第一节 控制的性质

一、控制的概念

所谓控制，是对组织中的所有活动进行衡量和纠正，以确保组织的目标和为此而制订的计划得以实现。换句话说，控制就是要消除计划与执行的偏差，使组织一切活动都能按有利于实现组织目标的方向进行，使组织运行方式更加可靠、更加便利和更加有效。

控制的存在，源于组织的动态性。组织是个活动过程，是根据内外环境条件变化不断调整的过程。调整是因为实际绩效可能与目标不一致。所以控制普遍存在于组织的各个层面。控制可以及时发现和消除不断出现的小的偏差，避免由小错误累积而带来的大问题。正如法约尔所说，在一个企业中，控制就是核实所发生的每一件事是否符合所规定的计划、所发布的指示以及所确立的原则。其目的就是要指出计划实施过程中的缺点和错误，以便纠正和防止重犯。所以控制在每件事、每个人、每个行动上都起作用。

传统上，控制之责主要由管理层承担。也就是说，主要由管理人员确定要控制什么和如何控制等。为此，许多组织还在内部设立一个或多个被称为控制官的管理职位，负责帮助经理行使控制权。随着全面质量管理理念的流行，许多组织的管理者开始注意激发一般员工参与控制的积极性和主动性，鼓励员工经常性地自查自纠，减少重复失误，提高工作效果。所以，控制之责是组织全体成员共担的。

二、控制的地位

在管理各项职能中，计划是管理的首要职能。而控制职能是对组织管理的各个方面活动的偏差进行修正，以保证组织的各个方面的活动能按照预定的计划进行。如果说管理的各个职能是一个相互依存相互作用的整体，那么可以说，正是控制的职能加强了这种相互依存的关系。

就控制与计划的关系来看，计划确定以后，要通过组织职能的发挥来落实和执行计划。而计划执行的结果又需要通过控制职能来度量和纠正实际绩效与计划之间的偏差。根据上一个管理过程控制职能所提供的信息，又要重新确定组织的下一个计划，开始新一轮的管理过程（如图 15-1 所示）。

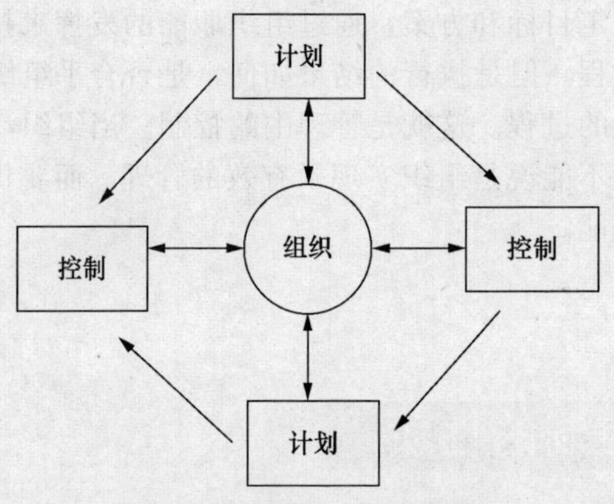

图 15－1　计划与控制循环图

从循环图可以看出，计划是控制的基础，控制要根据计划所确定的标准来进行，通过控制使计划的执行结果与预定的计划相符合；控制为计划提供信息。如果计划与实际之间的偏差是由于组织不可控的外部环境变化所致，则所采取的纠正措施可能需要的是调整计划方案本身。

从组织职能与控制职能的关系看，组织职能是通过建立一种组织结构框架，为组织成员提供适合于默契配合的各种环境。因此，组织职能的发挥不但为组织计划的贯彻执行提供了合适的组织框架，还为控制职能的发挥提供了人员配备和机构，而且组织结构所规定的组织中信息联系渠道，也为控制提供了信息系统。控制职能则通过对计划执行过程中产生偏差的原因进行分析，对由于组织职能的原因造成的偏差采取措施进行纠正，如调整组织结构，重新确定组织中的权责关系和工作关系等。

领导是通过领导者的影响力来引导组织成员为实现目标而作出积极的努力。领导职能的发挥既反映在计划方案的编制中，也反映在组织结构的建立上，同时还反映在控制职能的发挥中。这意味着领导职能的发挥影响到组织控制系统的建立和控制工作的质量。相应地，控制职能的发挥又有利于改进领导者的领导工作，提高领导者的工作效率。

可见，在整个管理过程中，控制是作为一个独立的职能发挥作用的。控制使管理成为一个完整的过程。同时，控制职能的发挥实际上又是管理其他各项职能的再运用过程。因此，控制实际上也是组织中所有管理者的职责。控制职能与其他管理职能的交错相伴说明管理工作与各项职能是统一的，管理过程是一个完整的系统。

三、管理控制的特点

控制作为管理的基本职能之一，就是管理控制。它是保证组织在动态环境中能够实现既定目标而采取的检查和纠偏活动，是为了确保组织活动产生期望结果的工作过程。管理控制基于组织、基于管理，具有以下三个特点：

1. 整体性

管理控制的整体性指的是这样两重含义：一是指管理控制是组织全体成员的职责，完成计划是组织全体成员的共同职责，参与管理控制是全体成员的共同任务；二是指控制的对象是组织的各个方面。组织各个方面的协调平衡需要对组织的各个方面进行有效的控制。

2. 动态性

管理控制不同于机器设备系统中的自动控制，机器设备的自动控制是高度程序化的，具有固定的特征，管理控制是在有机的社会组织中进行的，外部环境和内部结构都在不断地变化，从而决定了管理控制的动态性，以提高管理控制的适应性和有效性。

3. 关键是人

计划是由人执行的，人是达到目标的关键。控制的主体是人，控制的终极指向仍然是人，所以控制的关键是人的因素。控制首先是对人的控制，自然也是由人来执行的控制。

因此，需要强调，控制不仅仅是监督，更为重要的是指导和帮助。管理者可以制订纠正偏差的计划，但是这个计划必须靠员工去实施，只有当员工认识到纠正偏差的必要性并且有纠正偏差的能力时，偏差才会被纠正，控制的目的才会真正实现。通过这样的控制过程，员工的素质和能力才能够得到提高。

四、控制的前提

前提是基础，控制工作是否有效，首先在于是否具备以下这些前提：

1. 明确的组织目标

控制活动本身就是为达到某个计划目标而采取的保证措施。目标决定控制活动的对象、内容和方法。没有目标，控制就没有意义。比如库存控制，它的目标是使库存量保持在某一定量的水平上，库存控制活动就围绕这一目标进行。当库存量在目标水平上下波动时，则采取相应的措施，使库存量回复到目标水平线上。一般地，目标越明确，越具体，控制效果就越显著。

2. 责权分明的组织结构

任何一项工作都是由许多部门共同合作完成的，每个部门应对哪部分工作负责都应有明确的规定，也就是说，要有分工明确的组织结构。这样，责权分明，每件事都有专门机构负责，信息能有效畅通地传输，控制活动就易于开展。一旦发现偏差，也能马上判定偏差出在何处，由哪个部门负责，可以及时采取措施纠正。否则，各部门不能切实地负担起自身的工作，出现偏差无法发现，或者发现了偏差也无法及时反馈，及时采取措施，以至于出现失控局面，给整个系统带来损失。同样，组织结构越明确，越完整，其控制效果也就越明显。

3. 科学的控制方法和手段

控制的目标是使实际运行情况和计划方案相一致。而实际运行情况需要通过一定的控制方法得到，如果发现偏差，纠偏措施也要通过一定的控制方法和手段来实现。在实际控制过程中，应根据具体的控制目标，采取相适应的控制方法，才能取得较好的控制效果。

第二节 控制的类型

一、按控制活动的性质分类

1. 预防性控制

预防性控制，是为了防止资金、时间或其他资源的损耗，避免产生错误又尽量减少今后的更正活动采取的控制措施。

2. 更正性控制

更正性控制，是当偏差出现时，使行为或实施进程返回到预先确定的或所希望的水平所采取的控制措施。

二、按控制点的位置分类

1. 事先控制

事先控制位于制造过程的初始端，控制活动的关键点就在投入与制造过程的交接点。事先控制可以防止组织使用不合要求的资源，保证组织的投入在数量上和质量上达到预定的标准，在整个活动开始之前能剔除那些在制造过程中难以挽回的先天缺陷。如在计划执行前，针对计划执行制定的一系列制度、规章就属于事前控制的形式。事前控制的优点是控制在工作开始之前展开，因此可以防患于未然，避免事后控制对已经造成的损失无能为力的不足；其次，事前控制对事不对人，是针对具体的条件设置的控制防范措施，避免了心理冲突，容易被员工接受。但是，事前控制对活动信息的要求比较高，对事物的发展规律要求有比较透彻的了解，并且预防的成本也比较高。

2. 过程控制

过程控制，是对正在进行的活动给予指导和监督，以保证活动按规定的政策、程序和方法进行。过程控制主要有监督和指导两项职能。监督是按照预定的标准检查正在进行的工作，以保证目标的实现；指导是管理者针对工作中出现的问题，根据自己的经验指导下属改进工作，或者是与下属共同商讨矫正偏差的措施，以便使工作人员能够正确地完成所规定的任务。过程控制具有指导职能，有利于提高工作人员的工作能力和自我控制能力。首先，过程控制的效率受管理者的时间、精力、业务水平等的制约，不可能事事都采取过程控制的方法；其次，一些工作无法运用过程控制；再次，过程控制容易给工作者造成心理压力，影响工作者的积极性和主动性。所以，过程控制不可能成为日常的控制方法。

不过，对不同层次的管理者而言，过程控制运用的频率是不一样的，高层管理者对过程控制的运用比基层管理者要少，因为许多高层管理工作无法进行过程控制，而大部分作业工作可以进行过程控制。

3. 事后控制

事后控制，位于活动过程的终点，把好这最后一关不会使错误的势态扩大，有助于保证系统外部处于正常状态。但是事后控制的致命缺陷在于整个活动已告结束，活动中出现的偏差已在系统内部造成损害，并且无法补偿。事后控制的重点是工作的结果，通过对前一阶段工作的回顾，对比计划或者是标准进行测量、比较、分析和评价，采取措施，矫正今后活动避免出现问题的控制方式。事后控制的最大弊端是在纠正偏差的措施实施前，偏差已经产生，人们通过事后控制是亡羊补牢。

三、按控制源分类

1. 正式组织控制

正式组织控制，是由管理人员设计和建立起来的一些机构或规定来进行控制，如规划、预算和审计部门是正式组织控制的典型例子。

2. 群体控制

群体控制，是基于群体成员的价值观念和行为准则，它是由非正式组织发展和维持的。群体控制在某种程度上左右着职工的行为，处理得好有利于达成组织目标；如果处理不好将会给组织带来很大的危害。

3. 自我控制

自我控制，是个人有意识地按某一行为规范进行活动。自我控制能力取决于个人本身的素质。

四、按控制信息的性质分类

1. 反馈控制

反馈控制，是把组织系统运行的结果返送到组织系统的输入端，与组织预定的计划标准进行比较，然后找出实际与计划之间的差异，并采取措施纠正差异的一种控制方法。反馈控制主要以财务报告分析、标准成本分析、质量控制分析、员工业绩评定结果为依据。

反馈控制的特点是把注意力集中在历史结果上，将其作为纠正将来行为的基础，从已经发生的事件中获得信息，运用这种信息来矫正今后的活动，即用历史指导未来。从一个比较长的时期来看，采用反馈控制的方法，能通过不断的调整使组织运行中的目标差不断缩小。但是从一个控制周期看，采用反馈控制的方法却使组织系统对运转过程中产生的偏差的纠正滞后了一个周期，即它是一种等到问题发生后再进行纠正的控制方法。为了解决这个问题，就产生了另一种控制方法，即前馈控制方法。

2. 前馈控制

前馈控制，与反馈控制不同，前馈控制在偏离标准的情况发生之前就对它进行预测或估计，它不是等问题发生后再采取控制的措施，而是把问题消灭在发生之前。由于问题没有发生，也就是说组织在运行过程中没有出现偏差，直接地实现了控制。有效的前馈控制有利于缩小将来的实际结果与计划标准的差距。

前馈控制的具体做法是对输入系统的各种要素进行控制，把输入系统的各种要素与预先确定的标准进行比较。如果输入系统的各种要素与预先确定的标准相符，则让其输入系统；如果不相符合，则调整输入的要素。前馈控制的中心问题是防止组织中所使用的资源在质和量上产生偏差。

从一个控制周期看，前馈控制是一种事前控制，它把问题消灭在发生之前。但从一个更大的周期看，前馈控制实质上也是一种反馈控制。因为前馈控制所根据的要素输入的标准也是过去经验的结果。

采用前馈控制可以避免实现控制过程中出现的滞后现象，有利于提高控制的成效。前馈控制的应用是建立在以下三个假设前提基础上的：第一，过去的经验对今后的工作总是有效的；第二，系统将来运行的情况是可以预先估计的，而且这种估计是准确的；第三，按照要素输入的标准所输入的要素能按预定的要求发挥作用。

3. 跟踪控制

跟踪控制的实质是无数反馈控制的综合，不断采取措施，不断得到反馈，不断调整和采取新的措施。跟踪控制是通过对系统运行的情况进行监督和调整来实现控制的，它主要包括管理人员在指导下属时的行动，如向下级指示恰当的方法以及监督他们的工作，以保证很好地完成工作。

在这种方法下，对系统在运行过程中各个阶段的情况进行检查和监督，把系统运行的具体情况与预定的标准进行比较，如果发现偏差就采取措施进行纠正。如企业根据在生产过程中的几个关键点对产品生产的情况进行抽查，发现产品质量出现异常情况就立即采取措施进行纠正，以保证生产出符合质量要求的产品。

从组织系统的运行周期看，跟踪控制也是一种事前控制。因为它不是等系统运行的结果产生以后再采取措施纠正偏差，而是对系统运行的过程进行控制，使系统运行的结果不会出现偏差。但是，从跟踪控制本身来看，它也是一种反馈控制。因为所谓的即时是指对系统运行的某个时点进行监督和调整。就这个时点来说，也是等问题发生后再采取措施来纠正偏差。

五、按控制手段分类

1. 直接控制

直接控制，是针对人的，是指任用或培养合格的主管人员，让那些能熟练地掌握和应用管理理论和方法的技能的人员从事管理工作，从而减少管理决策上的失误和因之而造成的不良后果，以增强管理效果和确保管理目标的实现。

直接控制管理者的素质从而使其尽可能地减少决策失误，这种控制有以下三个优点：①有利于职务与人匹配。通过选择合格的管理者，揭示管理者在工作过程中的缺点，恰当地、有的放矢地对管理者进行培训，使管理者能与职务的提升同步发展。②减轻问题的严重程度，减少事后纠正行动的费用。直接控制从某种意义上说，就是一种事前控制——前馈控制，是通过管理者的高素质或素质的提高来防止问题的发生。

③直接控制鼓励自我控制，可以加速采取纠正措施，并使之更有效。

直接控制的合理性是以下列假设为依据的：

（1）合格的主管人员所犯的错误最少。

（2）管理的成效是可以计量的。

（3）在计量管理成效时，管理的概念、原理和方法是一些有用的诊断标准。

（4）管理基本原则的应用情况是可以评价的。

但是，直接控制的假设前提并不能经常成立，而且，该前提成立的话，有一种现象是不容忽视的：错误的性质与错误的数量并不是等同的。也就是说，尽管合格的管理者能做到少犯错误，但不能保证所犯的错误的性质都是微不足道的，一旦这些错误的性质是致命的、灾难性的，后果就不堪设想。所以采用直接控制的方法并不能保证对组织的有效控制，因而在控制过程中还要采用间接控制的方法。

2. 间接控制

间接控制，是直接针对事的，就是查找发生偏差的原因，追溯其个人责任，并使其能及时纠正的过程。常见的产生偏差的原因有两种情况。一是由不肯定因素造成的，对此间接控制不起作用；二是缺乏知识、经验和判断力，对此，间接控制将发挥其控制作用。主要是帮助主管人员纠正失误和偏差，并促使他增加知识、经验及判断力。

与直接控制把控制的重点放在对管理者的选择与培养上不同，间接控制把控制的重点放在对管理者管理活动的结果的监督和调整上。间接控制类似于反馈控制，缺点是费用支出很高，纠正措施的时间滞后等。

间接控制的方法是建立在下述假设上的：

（1）工作的成效是可以衡量的。

（2）工作中的人们对工作成效具有个人责任感。

（3）出现的差错可以预料并能及时纠正。

（4）追查偏差的原因所耗费的时间是有保证的。

（5）有关部门或人员会采取纠正的措施。

对于组织来说，不能只采用直接控制而不采用间接控制，因为合格的管理者仍然会犯错误，但也不能只采用间接控制而不采用直接控制，因为通过对管理人员的选择与培养使他们在管理过程中少出差错，可以减少组织资源的损失与浪费。

第三节　控制的过程

控制是一个不断的往复循环的管理过程，但就一次控制活动来看，它由以下三个阶段构成：确定标准、衡量成效、纠正偏差。

一、确定标准

1. 标准的概念

控制是要消除组织运转过程中所发生的偏差。所谓偏差是实际与目标相对而言的。因此要进行控制，首先就要有控制的标准。没有标准就无所谓偏差，也就谈不上控制。标准是衡量实际成果的尺度，是从一个完整的计划中提取出来的对工作成果进行计量的关键点，即将组织的总目标具体化为数量化的、可考核的、多样的部门目标、指标和标准，使之成为衡量计划进度和最终成果的标尺和工具。

简单一看，似乎计划应当就是控制的标准。但是并非如此，计划是控制的一个标准，可是计划并不等于标准。原因是计划正确，执行有偏差，计划就是控制的标准；而当计划制定与环境有偏差，需要对计划进行修改，那么计划就不能够作为控制的标准。而且，计划的详尽程度与标准不一样。有一些计划指标可以作为控制标准，而有一些计划指标是无法作为控制标准的。这样，控制就需要另外制定标准。

总的来说，计划是为实行某一决策目标而制定的综合性的行动方案，其内容有时很难和具体情况完全接轨，因此，必须根据计划内容和组织实施的具体情况，确立专门的控制标准。一般并不是计划实施过程的每一步都要制定控制标准，而是要选择一些关键点作为主要控制对象。

确定关键点的过程也是一个分析决策的过程。它需要对计划内容作全面深入的分析，同时还需要充分考虑组织实施过程中的具体情况以及外部环境带来的干扰影响。确定关键点需要有丰富的经验和敏锐的观察力。

只有关键点选准了，控制才能更加有效。一般关键点都是目标事实过程中的重要部分，也可能是计划实施过程中的重要部分，也可能是计划实施过程中最容易出偏差的点，或是起制约因素的点，或是起转折作用的点，或是变化度大的点，等等，应根据具体情况具体分析。

2. 控制标准的类别

（1）实物标准，指的是非货币标准，如耗用的原材料、劳动力、完成产品产量等都属于实物标准。实物标准也可以运用品质或者说质量标准来表示。

（2）成本标准，指的是以货币衡量的消耗标准。

（3）资本标准，指的是组织的活动中所占用的自己或者是借入资本的标准。

（4）收益标准，指的是组织活动的期望结果，可以是利润，也可以是其他的标准，如亏损部门减亏的标准。

（5）时间标准，指的是活动完成所必须遵守的时间。

3. 制定标准的方法

制定标准的方法一般有如下三种：

（1）统计方法。统计方法，指利用历史资料，在统计分析的基础上，制定当前工作的控制标准。这些数据可以是本单位的，也可以是外单位的。运用这种方法，得出的标准可能是历史数据的平均数，也可能高于平均数或者低于平均数。

这种方法成本低廉，简便易行。但是，这种方法存在的最大问题是不准确。因为历史与现实之间存在着差距，这种差距越大，在历史资料基础上制定的标准的准确性也就越差。此外，根据这种方法制定的标准可能并不是先进的标准。

(2) 根据评估制定标准。这种方法主要用于那些无法根据历史资料制定标准的工作。对这些工作，可以组织各方面的人员和专家，运用评估的方法制定标准。这种方法的优点是运用面广，简单易行；不足之处是科学性不足，评估很大程度上是以经验为依据的。

(3) 根据工作分析建立标准。这种方法的特点是对控制对象要进行全面、科学的工作分析，分析的方法是已经被证明是科学可行的方法。如对作业活动的动作研究、对管理工作的职务分析等，然后确定标准的方法。这种方法制定标准准确性高，但是一般成本高，耗时长。

4. 制定标准的要求

控制标准应当满足以下几个方面的要求：

(1) 便于控制，衡量工作，因此量化的程度要高。

(2) 应当有利于组织目标的实现。因为标准有指导性，会引导控制对象的行为，因此标准应当与组织的目标一致。

(3) 标准应当具有先进可行性。标准一方面要有先进性，鼓励人们努力实现，但是又应当是人们经过努力可以实现的。

(4) 应当有一定的弹性，控制标准应当对环境变化有一定的适应性，特殊情况例外处理。

二、衡量成效

控制就是要消除系统运转过程中产生的偏差。因此，要对系统运转的结果进行衡量，以找出系统实际运转的结果与预定的标准之间的差异。衡量成效就是用既定的标准来评价和计量实际成效。其主要方法是使定性总是趋向定量化；主要工具是目标、指标和标准；主要目的是利用收集到的偏离目标的信息来纠正偏差，从而保证组织目标的实现。

1. 衡量成效的信息要求

从本质上说，衡量成效实际上就是信息的收集、处理与传递的过程。也就是说，控制系统必须是一个信息系统。可以说，控制系统的有效性在很大程度上取决于信息的收集、处理与传递的有效性。从控制的角度来衡量信息工作的好坏，有以下几个方面：

(1) 信息的及时性。及时的控制要求有及时的信息。应及时地了解有关组织运转的情况及其与计划差异的信息，并把这些信息及时地传递给有关的人员和部门。这就要在组织中建立一个迅速有效的信息系统。现代电子计算机技术的发展和应用使得组织有可能建立实时信息系统。如民航的订票系统通过电脑，就可以使得每一个订票点及时地了解各个航空公司各个航班的座位剩余情况，从而既能最大限度地满足顾客对购票的要求，又能使航空公司的载客能力得到最充分的利用。

及时的信息有利于组织的及时控制，它能给组织带来利益。但是，组织要取得及时的信息也要投入一定的费用。因此，在建立控制系统和信息系统时，就必须在利益与费用之间进行比较和衡量。只有当及时的信息使组织进行及时的控制所带来的好处大于取得及时信息的支出时，对组织来说才是有意义的。

（2）信息的可靠性。信息的可靠性是指信息的精确性，即所收集和传递的信息必须是反映实际情况的真实信息。如果信息不准确，组织调整偏差的控制装置据此所采取的控制行为就不能保证组织目标的有效实现。当然，在信息的可靠性与及时性之间，有时可能会存在矛盾。因为信息的可靠性往往与信息的完整性之间存在着正比关系，所收集的信息越是完整，就可能越可靠。如企业不能根据某个时点或某个较短的时期内产品销量下降的信息就草率地作出消费者的需求下降的判断。所以在进行控制时，要在信息的可靠性与及时性之间进行折中与协调。

（3）信息的有效性。有效性不等于可靠性。可靠的信息是指准确的信息，但准确的信息对组织进行控制不一定有用。所谓信息的有效性是指信息对进行有效控制的有用的程度。如企业要对产品的质量进行控制，但所收集到的却是有关企业产品销售情况的信息，尽管这些信息是十分完整、十分可靠的，但是对企业产品的控制却是没有用处的，因此就不是有效的信息。

2. 衡量成效的步骤

（1）个人观察。在检查职工的绩效时，直接观察和个人接触对一线管理人员来说是最为有效的方法了。一线管理者较之高层管理者有更多的机会深入基层作个人观察。高层管理者由于远离一线，所以常常不得不依靠下属的报告，一线管理者有大量的机会作直接的观察，这正是他们所具有的优势。

当管理人员在观察过程中发现了偏离标准的情形时，应持有一种分析态度，而不是故意找茬或急于提出批评指责。当然作为管理者并不应该忽视错误，但他们应对这些错误以谨慎的态度提出一些问题。例如，作为一线管理者，可以问一问是否有什么方法能帮助其下属更容易、更安全或更有效地去完成工作？当有些标准在叙述中较为笼统时，则管理者应寻找一些具体的事例来说明究竟哪些情形不符合标准。诸如产品不对路、工作疲沓或不安全的做法等。要指出一职工的错误并使之信服并不容易，管理人员如能举出具体的事例，则有助于职工认识到所存在的差距。

用个人观察的办法来检查职工的绩效也有其局限性。首先，它十分费时，管理人员必须走出办公室深入基层，才能掌握第一手资料；其次，有可能漏看一些重要的活动，这些活动往往发生在关键时刻；最后，职工在被观察时，和检查过后的行为可能不一致。但不管怎样，个人观察仍是检查职工绩效使用最为广泛，同时可能也是最佳的办法。

（2）口头与书面报告。假如组织中的部门较大，工作的地点又分散在不同的地区，或按时间进行分班工作的那些单位，就有必要使用报告制度。例如，纺织厂中实行三班制（指早、中、晚三班），那么，管理者要了解评估各班绩效时，常常需要靠下级提交的报告来掌握情况。

管理者应要求报告力求做到简明、全面和正确。在可能的情况下，最好是把书面报告和口头汇报结合起来，报告中如能提供统计数据加以证明，则更为有效。

下属和职工能否如实地报告准确的情况（不管报告中是否含有负面的结果），这往往取决于管理者对报告的反应及上下级之间现有的人际关系。假如管理者能以建设性的或帮助的姿态来对待那些反映存在问题的报告，对诚实的错误能表示谅解，而不是简单地定功过，那么下属职工，即使在报告中涉及不利于自身的内容，也能真实地反映情况，提交可靠而又准确的报告。

在检查报告时，管理者通常会发现许多活动都是符合标准的，对于这些合乎标准的活动一般可快速带过，而集中于那些大大超过或低于标准的领域。管理人员甚至可要求下属对已合理地达到标准的活动不必再加以报告，而只报告那些例外的、低于或高于标准的活动。显然，一旦绩效大大低于标准的话，就应转入控制的第三步，即进行纠偏，但如果绩效大大超过原先的标准，管理者也应研究这种突出的绩效是如何取得的，以便将来能应用这些方式。

(3) 抽样检查。假如有些职工的工作是不适合报告的，则管理人员最好还是应用抽样检查。例如，电话公司中负责修理部门的管理人员，因该部门是每天 24 小时服务，所以在不同的时间班次中，应时时地做抽样检查，看看该部门究竟运作得怎样。

三、纠正偏差

通过衡量成效，就能找出实际与计划之间的差异。我们把这个差异叫做偏差或目标差。组织要对造成偏差的原因进行分析，然后采取措施来纠正偏差。

纠正偏差是控制系统最基本的职能。控制的效能集中表现在纠正偏差、保证目标实现的能力上，控制是管理职能的关键点和结合点。这是因为整个管理过程都离不开控制，有效的控制又需要各种管理职能的配合。

1. 鉴定偏差

并非所有的偏差都是值得关注的，但问题的重点可能在于什么程度的偏差是需要处理的。组织系统运转所产生的偏差有两种情况。

一是负偏差，即实际运行的结果低于预定的标准。产生负偏差的原因可能有两个。一个是组织预先确定的标准偏高，组织系统的运转结果不可能实现预定的目标。在这种情况下，组织采取的控制措施就是重新调整计划，使计划能符合实际的要求。另一个原因是系统在运转过程中出现了偏差，即由于组织的管理不善造成预定的目标不能实现。这时就要重新调整组织的各种输入要素，并对这些要素进行合理的组织与管理，以消除出现的偏差。

另一种情况是正偏差，即实际的结果大大高于预定的计划目标。出现这种情况应该是一件好事，但是也需弄清楚究竟是因为预定的标准太低，还是因为组织在运转过程中碰上了好运气，或是因为在管理上的出色表现所致。

从理想状态来看，当然是没有偏差。但如果有偏差，则偏差越小越好。当然，根据实际发生的情况来看，偏差越小，对管理效率的要求会越高，成本也就越大，所以偏差应该有一个可以接受的区间。这一区间的合理性来自于外部要求、组织目标及组织成员的认可，还有小偏差本身的存在是偶然的还是连续性的。如果是偶然的，则可以接受；如果是连续性的，可能意味着组织存在深层次的问题，则需要组织变革。

2. 分析偏差的原因

如果偏差是不可接受的，则需要进一步分析原因，以便于准确纠偏。一个偏差的产生，可能有多方面的原因。在分析偏差产生的原因时，要注意把握其中的主要原因。纠偏措施主要依据主要原因展开。鱼刺图分析法是一个分析原因的常见方法（如图15－2所示）。[1]

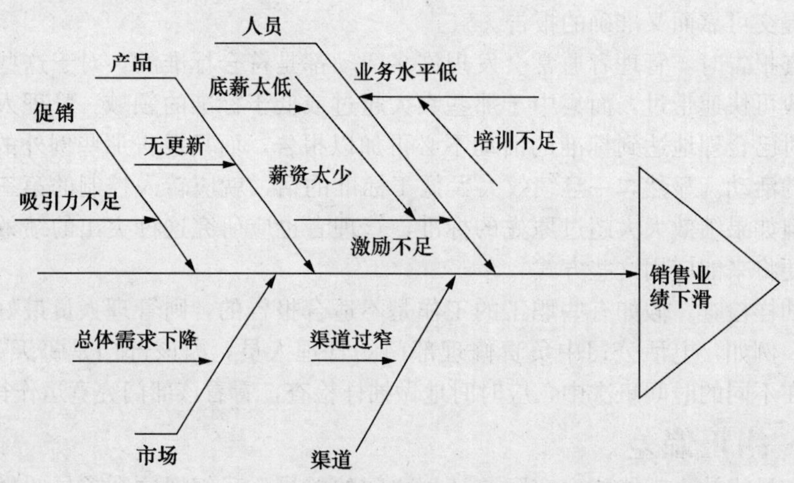

图15－2　某企业销售业绩下滑原因鱼刺图分析

上图就是一个例子。鱼头部分是产生的偏差，如销售业绩下滑；大鱼刺上的原因是引起偏差的主要原因，如渠道、市场、人员、产品、促销；每根大鱼刺上又有小鱼刺，表示二级原因，如人员原因中的激励不足、业务水平低；二级鱼刺上又可以画出三级鱼刺，表示三级原因，如激励不足原因中的薪资太少；可以依此继续列举四级、五级等原因，如薪资太少中原因中的底薪太低等。通过这样逐级地进行原因分析，可以很清楚地了解偏差出现的各种原因及其关联，搞清楚主要原因和次要原因，使进一步的纠偏措施有针对性。

3. 纠正偏差

总的来说，按照造成偏差的原因不同，组织系统对偏差的纠正，不外乎两种，其一，调整原来的计划标准。通过对偏差的分析，若发现原来制定的计划标准偏高或偏低时，都应当对原来的计划标准进行调整和修正。其二，调整组织系统的运行。若预定的计划标准是符合实际的，就应当通过调整组织的运行来纠正偏差，即发挥管理的组织、领导和其他职能的作用，对系统输入的各种要素进行重新调整，并使其能以新的组合方式运行。

具体而言，实施纠偏时注意选择适当措施：

（1）使纠偏方案双重优化。第一重优化：行动的经济性优于不采取行动的损失；第二重优化：通过比较，选择投入最少，效果最好的方案。

（2）充分考虑原先计划实施的影响：追踪决策——非零起点——需考虑从事计划的影响。

（3）注意消除组织成员的疑虑。应充分考虑组织成员对纠偏措施的疑虑，避免出

[1] 张军，陈昌龙．现代管理学［M］．北京：清华大学出版社，北京交通大学出版社，2009.

现人为障碍。

第四节 实施控制的要求

控制工作的基本运行过程具有普遍性。为了保证对组织活动进行有效的控制，管理者在控制过程中必须遵循科学的控制原则。

一、明确控制的目的性和必要性

控制的目的性是管理目标性的体现。控制是为了确保执行结果与计划目标的一致性。所以控制一定要与计划相联系。这种联系越明显，控制工作就越有效。

但是，控制也不是说管理者要对工作或者活动的全过程和每一个细节都加以控制，这既不可能，又不经济。因此，管理者要找出最能反映或体现组织绩效的关键因素，确定控制重点，如一个企业的获利能力、市场地位、生产率、员工态度等，并加以控制。

所以，控制也要强调例外原则。控制的必要性是指针对例外的控制。例外实际上是一种不可接受的偏差，所谓例外控制，是指对控制过程中例外的不寻常的现象和问题，尤其是组织活动中特别好的和特别差的，予以充分注意，并采取相应的措施。

二、注意控制的及时性

控制的核心是纠偏，偏差一旦发生就要及时予以处理。否则累积起来必定会影响到整体组织目标的实现。及时性就是指控制系统根据组织需要随时提供信息的能力。组织环境越是不稳定，就越需要及时获得信息。如果信息的收集和传递不及时，信息处理时间过长，则偏差就得不到及时纠正，甚至在采取纠偏措施时实际情况又发生了变化。

三、把握控制的经济性

控制是一项需要投入一定资源的活动，如果控制所付出的代价大于控制所带来的收益，就违背了控制的经济性原则。所以，管理者在设计控制系统和程序时，要考虑到组织的性质、规模和其他特点。例如，一个精心设计的、复杂的电脑网络控制系统对一个大型规模组织可能是合算的，但对于一个小型组织来说未必经济。

控制所费必须是合算的。这个要求看起来简单，但做起来却常常很复杂。因为一个主管人员很难了解哪个控制系统是值得的，它所花费的费用是多少。所谓经济效益是相对而言的，它随经营业务的重要性及其规模而不同，也随着缺乏控制时的耗费情况与一个控制系统能够作出贡献时的情况而不同。例如，为调查某种原因不明的流行病而花费大量的人力和时间去拟订调查表格，这被认为是值得的，但谁也不会说花费同样的费用去拟订一个旨在了解本单位医护人员技术状况的表格也是合算的。

由于控制系统效果的一个限定因素是相对的经济效益，因此自然就在很大程度上决定了主管人员只能在他认为是重要的方面选择一些关键的问题来进行控制。因此可以断言，如果控制技术和方法能够以最小的费用或其他的代价，来探查和阐明偏离计划的实际原因或潜在原因，那么它就是有效的。

四、坚持控制的客观性

控制是监督、评估、纠错的过程。在这个过程中难免会受到管理者的价值观、经验、成见、个性等主观因素的影响。但是，对组织而言，控制的有效性必然源于控制中对客观必要的坚持。例如，对下属工作的评价，如果仅凭上级的主观来决定，或客观性不够，则难免引致下属不满，影响个人积极性和集体的团结。

在避免不了主观因素的控制工作中，主管人员或下级的个性也许会影响对工作的准确判断。但是，如果能定期地检查过去所拟订的标准和计量规范，并使之符合现时的要求，那么，达到客观地去控制他们的实际执行情况也不会很难。因此，可以概括地说，有效的控制工作要求具有适当的标准、准确的测量、正确的纠偏等。

客观性可以是定量的，如产品的合格率，或工作完成的日期；也可以是定性的，如旨在提高人员素质或端正服务态度的专门培训计划，这里的提高和端正就是定性的要求。不过，一般而言，即便是定性的，也应尽可能地用定量指标具体化。也就是说，客观的标准都应是可以测定和可以考核的。

五、注意控制的灵活性

控制工作即使在计划发生了变动，出现了未预见到的情况或计划全盘错误的情况下，也应当能发挥它的作用。这就是说，在某种情况下，一个复杂的计划可能失常。控制系统应当报告这种失常的情况，它还应当含有足够灵活的要素，以便在出现任何失常的情况下，都能保持对运行过程的管理控制。换言之，如果要使控制工作在计划出现失常或预见不到的变动情况下保持有效性的话，所设计的控制系统就要有灵活性。这就要求在制订计划时，要考虑到各种可能的情况而拟订各种抉择方案。一般来说，灵活的计划有利于灵活的控制。但要注意的是，这一要求仅仅是应用于计划失常的情况，而不适用于在正确计划指导下人们工作不当的情况。

六、注意控制的认可性和全局性

控制系统和信息是为了协助每个主管人员行使其控制职能的。如果所建立（或设计）的控制系统，不为主管人员所理解、信任和使用，那么它就没有多大用处。因此，建立控制系统必须符合每个主管人员的情况及其个性，使他们能够理解它，进而能信任它并自觉运用它。

另外，在组织结构中，各个部门及其成员都在为实现其个别的或局部的目标而活动着。许多主管人员在进行控制工作时，就往往从本部门的利益出发，只求能正确实现自己局部的目标而忽视了组织目标的实现，因为他们忘记了组织的总目标是要靠各部门及成员协调一致的活动才能实现的。因此，对于一个合格的主管人员来说，进行控制活动时，不能没有全局观点，要从整体利益出发来实施控制，将各个局部目标协调一致。

第五节 控制的方法

所谓方法，就是针对特定对象所采取的行动手段。控制的方法就是针对偏差，实现执行实绩与目标一致的手段。好的方法对于达到控制的有效性是非常重要的。以下列举六种常见的控制方法，管理人员可以根据自己的实际工作需要进行选择使用。

一、组织规划控制

组织规划控制是指在组织结构设计时对相关职务、职权有意识地予以分割，由不同职位的人形成相互制约，从而达到控制的目的。这就要求在确定和完善组织结构的过程中，应当遵循不相容职务相分离的原则。

所谓不相容职务，是指那些如果由一个人或一个部门担任，既可能弄虚作假，又能够自己掩盖其舞弊行为的职务。单位的经济活动通常可以划分为五个步骤：授权、签发、核准、执行和记录。一般情况下，如果上述每一步骤由相对独立的人员（或部门）实施，就能够保证不相容职务的分离，便于内部控制作用的发挥。如会计工作中的会计和出纳就属不相容职务，需要分离。

应当加以分离的职务通常有：授权与执行某项经济业务的职务要分离；执行某项经济业务的职务与审核该项业务的职务要分离；执行某项经济业务的职务与记录该项业务的职务要分离；保管某项财产的职务与记录该项财产的职务要分离等。

在组织结构设计中进行部门机构划分时，其设置和职责分工应体现相互控制的要求。具体要求是：各组织机构的职责权限必须得到授权，并保证在授权范围内的职权不受外界干预；每类经济业务在运行中必须经过不同的部门并保证在有关部门进行相互检查；在对每项经济业务的检查中，检查者不应从属于被检查者，以保证被检查出的问题得以迅速解决。

总之，组织中的权力应当受到制约。失去制约的权力极易导致腐败的滋生。组织规划时，制约和控制要贯彻其中。

二、人员控制

人员组织中最重要的因素。控制工作从根本上来说，就是对人的控制。管理者是通过他人工作来实现其工作目标的。为了实现单位的目标，必须依靠员工的工作绩效。因此，使员工按照自己所期望的工作态度和行为去工作是每一个管理者的追求。为做到这一点，管理者就必须对员工的工作表现进行控制，也就是说，对员工的日常工作行为及绩效进行观察、记录、对比、评估并给出结论。行为和绩效达到标准的，给予鼓励；出现偏差的，帮助分析原因并予以纠正和处理。

表 15 - 1 列举了一些管理者对员工的行为控制手段。

表 15-1 行为控制手段[1]

1. 甄选	识别和雇用那些价值观、态度和个性符合管理当局期望的人
2. 目标	接受了具体的目标，这些目标就会指导和限制他们的行为
3. 职务设计	职务设计的方式在很大程度上决定着人们可以从事的任务，工作的节奏，人们之间的相互关系，以及类似的活动
4. 定向	员工定向规定了何种行为是可接受的或不可接受的
5. 直接监督	监督人亲临现场可以限制员工的行为和迅速发现偏离标准的行为
6. 培训	正式培训计划向员工传授期望的工作方式
7. 传授	老员工非正式和正式的传授活动向新员工传递了"该知道和不该知道的规则"
8. 正规化	正式的规则、政策、职务说明书和其他规章制度规定了可接受的行为和禁止的行为
9. 绩效评估	员工会以使各项评价指标看上去不错的方式行事
10. 组织报酬	报酬是一种强化和鼓励期望行为和消除不期望行为的手段
11. 组织文化	通过故事、仪式和高层管理者的表率作用，文化传递了什么构成人们的行为信息

常用的员工绩效考核方式有鉴定式评价法和指标式评价法两种。鉴定式评价法是评价人对被评价人作出的描述其长处和短处的鉴定。管理者根据评价人所提供的鉴定给予被评价人一个初步的评定。该方法受个人主观因素影响较大，多数时候与其他方法结合使用。指标式评价法相对比较客观，它是根据事先建立的一套考量员工态度、行为和绩效的评价指标体系来考察和评定员工的工作表现。[2]这两类方法各有多种具体的操作方法，如排序法、配对比较法、强制分布法、量表评定法、关键事件法、行为锚定等级评定法等。

三、财务控制

财务资源是组织运转中的润滑剂，其运动状况反映组织运转的各个层面。财务控制是针对组织中财务资源的运动状况所进行的控制，控制了财务，也就一定程度上控制了组织运转。这里的财务资源包括流入组织（如收入、借款、股东投资、银行贷款等）、在组织停留（如运营资金、保留利润等）和流出组织（如生产费用、销售费用、贷款利息、需归还的现款等）的各项资源。财务控制是商业和非商业组织都广泛使用的控制方法。

财务控制的方法包括预算控制、财务比率分析、审计控制等。关于预算，将在下文中专门介绍，这里介绍财务比率分析和审计控制。

1. 财务比率分析

财务比率是组织中各种财务报表中的一对有意义的数据比较并计算出的百分比或比率。这些比率可以用来判断财务的安全状况或资源使用效率。企业中最基本的财务报表有三个：资产负债表、现金流量表和损益表。常用的财务比率及其含义，见表15-2。

[1] [美] 斯蒂芬·P. 罗宾斯. 管理学（第四版）[M]. 北京：中国人民大学出版社，1997.

[2] 张军，陈昌龙. 现代管理学 [M]. 北京：清华大学出版社，北京交通大学出版社，2009.

表 15-2　常用的财务比率指标[1]

目的	比率	计算公式	含义
流动性检验	流动比率	流动资产/流动负债	检验组织偿付短期债务的能力
	速动比率	(流动资产－存货)/流动负债	对流动性的一种更精确的检验，尤其当存货周转缓慢和难以出售时
财务杠杆经验	资产负债比	全部负债/全部资产	比值越高，组织的杠杆作用越明显
	利息收益倍比	纳税付息前利润/全部利息支出	度量当组织不能偿付它的利息支出时，利润会下降到什么程度
运营检验	存货周转率	销售收入/存货	比值越高，存货资产的利用率越高
	总资产周转率	销售收入/总资产	用于获取一定销售收入水平的资产越少，管理当局利用组织全部资产的效率越高
盈利性	销售利润率	税后净利润/税后收入	说明各种产品产生的利润
	投资收益率	税后净利润/总资产	度量资产创造利润的效率

2. 审计控制

审计是一种对组织的会计记录和财务报表中反映出来的资金运动过程和结果进行审核与鉴定，判断其是否具有真实性和可靠性，为管理者制定决策和实施控制提供相关依据。根据审计主体和审查内容的不同，具体可以分为外部审计、内部审计和管理审计。

(1) 外部审计。外部审计是由独立的外部专业机构（如会计师事务所）对某一商业或非商业机构的会计报表和相关资料进行例规性审查，并发表意见的行为。外部审计主要涉及组织财务活动的内容和程序两个方面。前者是通过审查基本财务记录，验证是否真实和准确，后者则主要从程序上验证这些记录是否符合公认的会计准则和程序。

(2) 内部审计。内部审计是由组织内部的专门机构或财务部门的专职人员独立开展的审查活动。它提供了检查现有控制程序和方法能否有效地保证达成目标的执行既定政策的手段。

内部审计是在一个组织内部对各种经营活动与控制系统的独立评价，以确定既定政策的程序是否贯彻，建立的标准是否遵循资源的利用、是否合理有效以及单位的目标是否达到。内部审计的内容十分广泛，一般包括内部财务审计和内部经营管理审计。我国在新《会计法》中规定，各单位应当在内部会计监督制度中明确“对会计资料定期进行内部审计的办法和程序”，以使内部审计机构或内部审计人员对会计资料的审计工作制度化和程序化。

(3) 管理审计。管理审计是对组织管理工作及其绩效的全面审核，是一种组织诊断技术。具体来说，就是从组织各种公开记录的信息中，找出对管理绩效具有重要影

[1] [美] 斯蒂芬·P. 罗宾斯. 管理学（第四版）[M]. 北京：中国人民大学出版社，1997.

响的因素，如组织结构、供应链、生产效率、销售能力、财务政策、项目开发等，并将其与同行其他组织或行业中的优秀企业进行对比，找准自己的组织定位，寻找差距、提出改进建议。

管理审计不是一种制度化的常规控制，而是不定期的专项控制活动。它是在组织意识到存在着在日常管理中常被忽略，而又对组织效率产生消极影响的因素时所采取的一项主动的核查活动。管理审计有内部人员参与，但更多的则是聘请外部专家加入。因为内部人员很可能身在其中，对各种组织活动已经习惯，对其效率低下无从觉察。

四、预算控制

预算是某一个时期具体的、数字化的计划。预算把计划分解成一定的数字，使之与各部门、各单位的计划相一致，既做到了授权，又保证了计划在预算限度内得以实施。预算是一种计划，又是一种控制手段。

1. 预算的种类

(1) 收益预算。即预算在某个计划期内的有关收益及其来源，如企业的收益来源有销售收入、租金、专利费及提供其他劳务的收益，应根据具体情况作相应的预算。

(2) 经营费用预算。即计划期内各种费用的预算额，例如，企业生产经营过程中有许多费用发生，企业可根据企业的会计目录中的费用作综合的或独立的预算。一般来说，对主要的发生费用应作详细的预算，如材料费、人工费等。而有些费用只有作较长时间内的预算，如办公用品费用等。

(3) 投资费用预算。一般包括新建厂、买房产、买机器设备等方面的费用。这些费用一般数目较大，且短期内难以收回，故需慎重对待，应该做一较详细的预算，且事先要花较长时间做调查和论证工作。

(4) 现金预算。现金很重要，现金预算主要是告诉管理者在计划期内现金的收入和支出情况，让管理者清楚他有多少现金，够不够一些设想的开支，而且从中可以发现是否有现金过剩的情况，从而将它派上用场。例如，一个企业，要使生产经营活动顺利进行，必须要有一定的现金。故一般企业都较重视现金预算。

(5) 资产负债预算表。这是一种综合预算，主要是预算计划期的资产和负债的具体数据，从而反映企业的经营状况。它的数据来源于别的单项预算。

2. 预算制定的程序

预算制定程序一般是从下至上进行的，其具体步骤如下：

(1) 各基层部门先根据自己的计划任务，作出本部门的预算方案，然后交上级预算委员会（一般由高层领导人和各职能部门的权威人员组成）。

(2) 预算委员会根据各部门的预算方案，再综合考虑整个组织的总体资源，并与有关高层领导人和一些权威人士协商分析，在综合平衡的基础上作出总预算方案。

(3) 将预算方案交董事会或总经理审批，审批后再逐级分发下去。

3. 预算的方法

(1) 弹性预算，又称可变预算。弹性预算的根本思想是按固定费用（在一定范围内不随产量变化而变化的费用，如固定资产折旧费等）和变动费用（随产量大小变化而变化的费用，如材料采购费用等）分别编制固定预算和可变预算，以确保预算的灵活性。在编制可变预算时，预算制定者要研究各种具体费用的变动程度，以确定种种换算系数，这样更有利于预算的合理性、准确性和减少预算变动的频繁程度。

（2）零基预算，是指各项费用都以零为基础的预算。零基预算的基本精神是在每一个预算制定时，对每项费用都予以重新核查，必须以目前公司的需求和发展状况作为实际核查基准。

零基预算方法要求，把企业分为由目标、业务和所需的资源等组成的各个项目计划的费用，其中，每个项目计划的预算费用都是以零为基数重新计算的。将各种合乎需要的计划按它们对企业的效益来计算其代价并进行检查，然后按它们的效益大小顺序排列，并根据费用效益标准对它们作出选择。零基预算避免了预算控制中只注重前期变化的普遍倾向，它又迫使主管人员重新安排各个项目计划，这样做可以从整体出发连同新计划及其费用一起来考察所确定的计划及其费用，同时，零基预算还能充分调动和发挥各层管理者的积极性和创造性。零基预算也有一些缺点，主要表现为费用估计中相当程度的主观性及预算工作量较大，成本较高。

4. 预算运用的注意事项

预算作为计划与控制的常用工具，在实际应用中可能带来一系列的问题，要注意以下几点：

（1）预算目标取代组织目标。有些管理者过于热衷于使自己部门的经营状态符合预算的要求，甚至忘记了自己的首要职责是保证企业目标的实现。比如为了达到目标而采取特殊措施可能被一些部门以不在预算之内而加以拒绝；同时，预算还会加剧各部门难以协调的独立性。这种全局与局部控制目标存在的矛盾应当在计划制订时予以考虑，每一步预算都应该是整个计划系统不可分割的一部分。

（2）过于详细的预算。预算太详细时，使得每行一步甚至是很小一步都受预算的约束，这样，就容易抑制人们的创造力，让人们产生不满情绪。同时，预算太细，带来的预算费用也大，是得不偿失的。

（3）预算导致效率低下。预算带来一种惯性，有时它会保护那些既得利益者。因为预算一般是在基期的预算上增减修改制订的。过去的惯例成为预算的基数，这样，不合理的惯例及以前合理现在已不合理的管理给一些人带来方便，同时，基层预算者总是将预算额抬高一些，以便让高层领导在审批中削减，这样，又增加了预算的不合理性。总之，不严格的预算可能成为某些无效工作的保护伞，而预算的反复审核又将增大预算编制工作量。

（4）预算缺乏灵活性。计划执行过程中，一些变动性较大的因素与预测发生的偏差会使一个刚制订的预算很快过时，如果在这种情况下还必须受该预算的约束，很可能造成重大损失。在预算涉及的时期很长时更是如此。

五、作业控制

作业控制是指对组织整个作业过程的控制。作业过程是一个将输入转化成输出的过程。对这一过程的控制主要从四个方面入手：时间控制、成本控制、质量控制和存货控制。

1. 时间控制

时间可以换算成收益或成本。当时间成为组织计划完成的关键因素时，时间控制就尤为重要。对时间的控制就是根据组织实现目标的各项活动时间安排，保障各项活动在预定的期限内完成。常用的时间控制技术有甘特图和网络计划技术。关于网络计划技术已经在第十四章的计划方法中有过介绍，这里简单介绍甘特图。

甘特图[1]是由亨利·甘特（Henry Gantt）发明的一种控制时间进度以检验各项活动能否按期完成的条状图表。如图15－3所示。

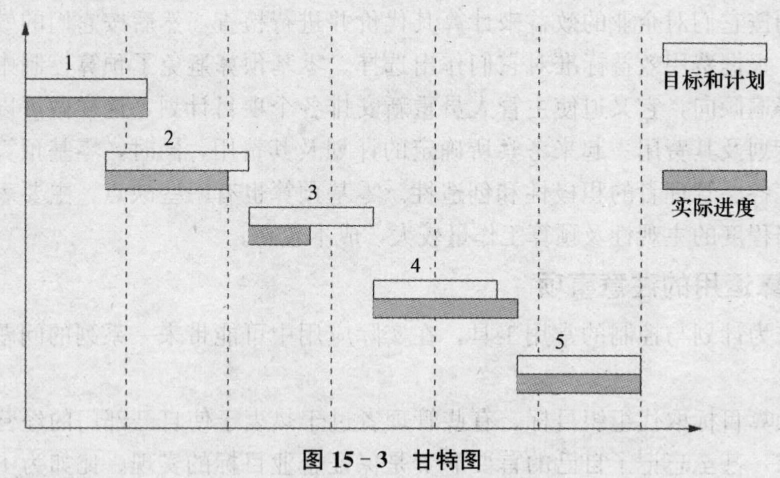

图 15－3 甘特图

图中纵轴表示组织依次进行的各项活动，横轴表示完成这些活动的时间。如图15－3所示，活动 1 和活动 5 的进度刚好符合预定的计划标准，活动 2 和活动 3 落后计划，活动 4 则略微超前于原定计划。通过甘特图，可以很容易和直观地判断出各项活动是否达到了计划要求，重点对落后于计划标准的活动进行原因分析和偏差纠正，以保证整体组织活动符合计划要求。甘特图中的活动与时间标示可以细化到日、时、分，这意味着对作业活动的随时评估；将甘特图变成看板，则实际上可以变成一种员工自我控制的手段。甘特图的问题在于，仅仅从图上无法了解造成偏差的原因，也无法确切地知道不同活动之间的关系。所以甘特图多用于小型的活动控制。大型的多项目的活动则可以用网络计划技术。

2. 成本控制

成本控制是作业控制的核心。所谓成本控制是指组织根据预先建立的成本管理目标（体现在计划、预算中），对组织运转过程中的各项支出发生前和发生过程中的情况进行监控，确保各项支出的去向、发生的时间和数量符合既定的要求。成本控制的主要内容有原材料成本控制；工资费用控制；管理费用控制；制造费用控制等。

过去人们认为，成本控制主要依赖会计成本核算进行，主要是财务会计部门及主

〔1〕张军，陈昌龙．现代管理学［M］．北京：清华大学出版社，北京交通大学出版社，2009.

管的职责，而现在一般都认为，控制成本应该是组织中包括普通员工在内的每一个职位都应该担负的一项职责。

成本控制可分为“粗放型”和“集约型”两种。粗放型成本控制，是指在生产技术、产品工艺不变的情况下，单纯依靠减少耗用材料，合理下料来降低成本的成本控制法；集约型成本控制，是指依靠提高技术水平来改善生产技术、产品工艺，从而降低成本的控制法。这两种方法结合起来，就是现代成本控制。

3. 质量控制

质量控制的发展经历了三个阶段：产品质量检验阶段、统计质量控制阶段和延续至今的全面质量控制阶段。

产品质量检验是指按照规定的技术要求，对已完成的产品进行质量检验，把合格的与不合格的产品分开，保证不使不合格的产品出厂或进入下道工序。这是一种事后把关性质的质量控制，其缺点在于不能预防废品的发生，由废品造成的损失已经发生，无法消除，只能将其分摊进正品之中，从而抬高了生产成本。

20 世纪 40～50 年代，伴随着数学方法在管理中的大量应用，质量管理进入统计质量管理阶段。统计质量控制是将数理统计方法与质量控制结合起来，如抽样检验法、概率法等，试图通过统计方法找出质量分布规律，更精确地预防质量缺陷的发生，提高产品质量。统计质量管理并不是质量控制理念的革新，而只是质量控制的技术改进，它把质量控制问题变成了数理专家的统计分析，反而忽视了操作人员对质量控制的积极性。

20 世纪 60 年代后，全面质量管理（Total Quality Management）在质量控制领域日渐被人们接受。全面质量管理扩展了质量控制的边界，它将质量控制视为组织中所有部门、各个活动环节、全体人员都参与的连续性质量改进活动。全面质量控制的核心是“全面”二字，其基本方法是在组织中全面成立质量控制小组，小组的工作方法是持续 PDCA 循环。

PDCA 循环是美国质量管理专家戴明通过在日本实践全面质量管理活动而总结出来的，因此又被称为戴明环。所谓 PDCA 是质量控制工作的四个步骤，P（Plan）是指计划，D（Do）是指执行，即按计划实施；C（Check）是指检查，即将实际结果与计划标准对照；A（Action）是指处理，即对 C 阶段总结的结果进行处理，成功的可以做成标准化加以推广，有问题的则分析原因，提出纠正措施，进入下一个计划当中。这样，四个阶段循环往复，各种质量问题会被不断解决，循环最终变成了螺旋式的上升，整体的质量将得到控制和提升。

此外，国际上有一套共同的质量认证体系，即国际标准化组织（International Organization for Standardization，ISO）提出的 ISO9000 族质量管理和质量保证技术的国际标准。这个标准的颁布使全面质量管理在世界范围内得到了广泛推行，它在不同的国家间创造了一个产品质量对话的平台，为管理水平较低的企业提升质量控制水平提供了一个全球认可的框架和标准。

4. 存货控制

存货包括原材料存货、零部件存货和产成品存货。存货是必要的，但显然也不是越多越好，因为过多的存货，意味着资金的积压，是一种资源浪费，最终会抬升产成品的成本。所以，存货控制关键是确定合理的存货种类和数量水平，既能确保生产和销售的顺利进行，又能节约成本。

合理存货量的确定常用 ABC 库存分类管理法。该方法又称重点管理法，是将全部存货分为 A、B、C 三类，A 类是少数价值高的、最重要的项目，具有品种少而单价价值却较大的特点；C 类是数量多但价值低的项目；B 类是介于两者之间的项目。见表 15-3。

表 15-3 ABC 库存分类法[1]

存货类别	占物资品种的百分比	占物资金额的百分比
A类	10%～15%	70%～80%
B类	20%～30%	15%～20%
C类	60%～65%	5%～15%

对于 A 类，是控制的重点，主要是尽可能地增加订购次数，严格控制存货数量，以减少资金占用；对于 B类则是按通常方法进行控制即可，C 类只需要进行简单控制即可。

如果结合订购数量与订购次数，则可以用经济订购批量模型（Economic Order Quantity，EOQ）来计算合理的订购量，从而使订购和库存这两项的成本达到最小。用公式表示，就是：

$$EOQ=\sqrt{\frac{2DO}{PC}}$$

其中：D——期间的总需求或总订货量；

O——每次订购发生的费用；

P——库存物品的价值或购买价格；

C——保管成本与库存物品价值之比。

将库存降低为零是许多企业的梦想。这方面，日本丰田公司的准时化 JIT（Just In Time）生产方式是一个典型。JIT 是一种追求零库存的生产方式。这里的零，当然不是绝对意义上的，而是一种努力追求的无限小的目标。JIT 的基本思路是企业不储备衔接所需的原材料，一旦有需要，即要求供应商按时按质按量地送过来，保证生产的连续性。企业从供应商收到货物投入生产后，将记载下一次所需货物的种类、数量、规格、质量等要求的“看板”放回供应商那里，供应商据此进行生产安排，并按要求将下次所需按要求送到。双方的衔接若已到位，即可彼此实现“零库存”。目标制造业公司运用这套方法极大地降低了产品成本，在国际竞争中获得了优势。但这种生产方式对生产商与供应商的默契配合要求极高，同时对各自生产的可预见性及稳定性也极高。一旦某个供应环节出现意外停顿，整个生产体系随之失去调节余地。

---

〔1〕 张军，陈昌龙．现代管理学［M］．北京：清华大学出版社，北京交通大学出版社，2009.

六、信息控制

信息是沟通的内容，是组织中非常活跃的要素之一。信息还是权力的基础，掌握了不为他人所知的组织信息，意味着拥有一定的权力。管理的计划、组织和控制各项职能的发挥有赖于组织中及时、准确、流畅的信息传递。信息控制就是对组织相关信息的收集、分析、加工处理、发送各环节的控制，其目的是确保信息的传递状况达到预期的要求水平。

借助现代通信技术对信息进行控制的系统就是管理信息系统（MIS）。管理信息系统是一个由人、计算机及其他外围设备等组织的，能对管理信息进行获取、存储、加工处理、传递、维护和使用的综合系统。它于20世纪70年代兴起，其主要任务是最大限度地利用计算网络通信技术，建立起一个企业拥有的人、财、物技术等资源的准确的数据库，并把它们按照管理的需要，加工编制成各种可用于决策的资料，帮助管理人员作出正确决策。

管理信息系统一般由决策生产管理系统、库存管理系统、人事管理系统、财务管理系统、销售管理系统、客户关系系统、供应商管理系统等多个模块组成。不同模块之间应该是相互交融和互通的，企业可以选用一个或几个模块分别应用，也可以选用一个集成的综合系统。管理信息系统把人们从大量的信息管理工作中解放出来，准确性也大大提高。但是，对管理信息系统的理解不能仅限于此。MIS的关键是能够帮助管理者决策。管理者要能够通过这一系统实现对其有效控制，提高组织效率。近年来日益普及的ERP系统是一种更新的MIS系统。

小结

控制是一个评估工作，是管理不可或缺的职能之一，其目的是为了保证执行结果与既定目标能够达到一致。所以，控制工作的基本过程包括制定标准、衡量实际绩效和纠正偏差这三个基本环节。本章首先介绍控制的概念及其相关问题，然后介绍各种控制的类型和控制的过程，最后主要介绍控制的几种常用方法。对书中所述的各种方法的全面掌握，还有赖于对其他相关学科的进一步学习。

关键概念

控制　控制职能　直接控制　间接控制　反馈控制　事先控制　现场控制　鉴定式评价　财务比率　预算　审计　甘特图　ABC分类法　经济批量　TQM　JIT生产方式　MIS系统

问题和讨论

1. 管理控制有哪些特点？
2. 控制的前提是什么？
3. 按照控制的性质、控制的地点、控制的方法各自可分为哪些类型？
4. 实施控制有哪些要求？

5. 控制过程的三个环节及其各自关键点是什么？

6. 讨论："人是需要管的"之说合理与否。

7. 讨论：各种控制方法的适用性。

案例应用

控制迷局——××医院的个案研究[1]

××医院地处中小城市F，成立于20世纪80年代中期，系当年为扩大规模、提高医疗水平，在市政府的主持下由市内几家小型专业医院合并而成，是当时市内最大的综合性医院。成立后不久，××医院在张院长的带领下，通过引进人才，购买先进的医疗设备等手段，借助改革开放的春风，在90年代初期获得了极大的发展。经过十年的发展，到1993年，医院拥有10层和5层的两幢大楼连同4层裙楼，建筑面积达10000平方米，固定资产接近8000万元；下设内科、外科、骨科、妇产科、五官科、手外科等8个病区共150余张床位；技术力量也较为雄厚，人才济济，医、药、护、技各类人才齐全，全院员工351人，教授、主任医师25人，主治医师40人。由于××医院医疗水平不错，价格也不是很高（相对于其他城市），加上F市地处省会城市附近，交通极为方便，因此，除本地人之外，还吸引了很多邻近城市（甚至包括省城）的病人前来治疗，可以说也风光一时。为此张院长还被多次评为地方的劳动模范和先进工作者，张院长本人也颇为满意自己的工作。尽管当时医院内部管理也存在一定的问题，比如成绩核算不合理导致药价和医疗费较高，医护人员考核不科学带来的"吃大锅饭"现象，但是这一切都被医院的快速发展以及人来人往的人气所掩盖了。

1995年以后，情况发生了变化。一方面，由于国家医疗体制的变化，国有企业与职工的关系逐渐明晰，原来的医疗费用实报实销的模式被逐渐打破，职工生病治疗也不再是享受"免费的午餐"，而是或多或少地需要自己掏一部分钱，这就使职工开始理性地计算：是去医院还是自己去市场买药呢？不同医院之间是否也有价格、服务差异呢？另一方面，也是更为重要的，F市内出现了一些私人的诊所和民营的小型医院，这些诊所或医院虽然有的并不完全合法，医疗条件也差，但是凭借机制灵活、服务好、价格低等优势，抢走了许多××医院的就诊者。1995～1997年××医院连续三年各项医疗综合收入大幅下跌，很多科室中的治疗任务不足及各种医院管理中的问题也随之暴露了出来。具体表现在：

(1) 由于医院收入下降，医生的收入直接受到影响，为了弥补与过去的差别，很多医生开始变相地向病人索取、收受红包或其他补偿，病人及其家属对此意见很大，甚至有人向报社和市长反映过，这直接影响了××医院的声誉，造成了相当大的社会负面影响，从而进一步减少了来××医院治疗的人数。

〔1〕芮明杰. 管理学——现代的观点［M］. 上海：上海人民出版社，2005.

(2) 同样是为了提高个人收入，很多医生和医院药材的采购人员不顾医德，与医药器材厂家的销售代表相勾结，有意无意地为病人开一些价格高却并不一定适用的药品，以从中赚取药材厂家的回扣。由于医生的收入与药材的销售直接挂钩，使得医生有很强的动机为病人开贵药、多开药，对同种疾病的治疗费用大幅上升，进而又造成了上门求医人数的减少。

(3) 由于缺乏合理的绩效考核、工资分配机制，干多干少之间并没有太大的收入差距，直接影响了医护人员的积极性，大家都在想办法偷懒。医疗过程中，医生、护士互相推诿，医护人员的服务态度变得越来越差，出现了多次医护人员与病人及家属之间的冲突，给医院形象造成了很大损失。

(4) 由于医院内部激励不足，而外界很多民营医院又开出高薪聘请有能力、有经验的医师，医院的人才正在加速流失。××医院的医疗水平大幅下降，甚至出现了手术无人敢做、仪器无人会用的怪事。

(5) 高浪费、高损耗导致了高成本，使得医院的各项治疗费和医药费居高不下，没有实现组织规模大所应有的规模经济，反而是规模不经济。而且由于采取的是老的计划经济下的财务体系，医院没有一个有效的成本控制系统，这使得张院长在内的管理层无法分析出究竟是什么环节导致了成本的提高。

上述这些问题互相交织，相互促进，使得××医院走向了一个怪圈：问题导致医院低效，低效又促使更多的问题产生，从而进一步引起医院组织效率下降。

看着往日风光和人气的“无可奈何花落去”，张院长看在眼里，急在心里。他也曾试图通过一些改革方法来打破这个怪圈，使医院走向健康发展的良性循环，比如为避免医生、药材采购人员与药材厂家相互勾结，他特别规定了所有药材采购必须经过他本人的签名；还规定了不准接受病人家属红包、不准与病人及其家属争吵等工作守则等。但是这些规定不仅没有收到预期的结果，甚至还带来了很多负面效果。如医院内开始有人传言，张院长将采购权集中在自己手里，无非是想自己大捞一把；不准收红包使得医生收入降低得更明显，加速了人才流失。张院长为此相当苦恼，不知道自己的做法究竟错在何处？要解决这些混淆在一起的问题应从何处入手？假设你是一家咨询公司的咨询师，张院长想让你给他出出主意，运用刚学到的知识，你会怎样为他分析、解决问题呢？

讨论题

1. 总结影响××医院的内外部各种因素。
2. 分类列举××医院的失控现象并分析原因。
3. 如何重建××医院的控制系统，可采用哪些控制方法，结果会如何？

自我评估

你在多大程度上放弃控制？[1]

提示：通过下列问题，你会对是否放弃足够的控制而又保证有效性的问题有一个明确的认识。如果你只有有限的工作经验，可根据你所知道的情况和你个人的信念来回答。对每一个问题指明你同意或不同意的程度，在相应的数字上画圈。

	极其赞同				极其反对
1. 我会更多地授权，如果我授权的工作都能像我希望的那样完成	5	4	3	2	1
2. 我并不认为会有时间去合适地领导	5	4	3	2	1
3. 我会仔细地检查下属的工作并不让他们觉察，这样在必要时，我可以在他们引起大的问题之前纠正他们的错误	5	4	3	2	1
4. 我将我所管理的全部工作交给下属去完成，我自己一点也不参与，然后我检查结果	5	4	3	2	1
5. 如果我已经给出过明确的指令，但工作仍然没有做好时，我感到沮丧	5	4	3	2	1
6. 我认为员工缺乏和我一样的责任心，所以只要是我不参与的工作就不会干好	5	4	3	2	1
7. 我会更多地授权，除非我认为我会比现任的人做得更好	5	4	3	2	1
8. 我会更多地授权，除非我的下属非常有能力，否则我会受到指责	5	4	3	2	1
9. 如果我授权的话，我的工作就不会那么有意思了	5	4	3	2	1
10. 当我委任一项工作时，我却常常发现最终总是我自己从头干一遍所有的工作	5	4	3	2	1
11. 我并不认为授权会提高多少工作效率	5	4	3	2	1
12. 当我委任一项工作时，我会清楚而又简明地具体说明应该如何完成这项任务	5	4	3	2	1
13. 由于下属缺乏必要的经验，我不能一相情愿地授权	5	4	3	2	1
14. 我发现当我授权时，我会失去控制	5	4	3	2	1
15. 如果我不是一个完美主义者，我会更多地授权	5	4	3	2	1
16. 我常常加班工作	5	4	3	2	1
17. 我会将常规工作交给下属去做，而非常规工作则必须由我亲自做	5	4	3	2	1
18. 我的上级希望我注意工作中的每个细节	5	4	3	2	1

（结果说明：累加你的18项问题的全部得分，你的分数可以解释如下：72～90分＝无效的授权；54～71分＝授权习惯需要大量改进；36～53分＝你还有改进余地；18～35分＝优秀的授权。）

---

〔1〕［美］斯蒂芬·P. 罗宾斯. 管理学（第四版）［M］. 北京：中国人民大学出版社，1997.

参考书目

[1] [德] 弗雷德蒙德·马利克：《管理成就生活》，机械工业出版社，2009 年版。
[2] [法] H. 法约尔著：《工业管理和一般管理》，周安华等译，中国社会科学出版社，1982 年版。
[3] [美] 里奇·格里芬著：《管理学》，刘伟译，中国市场出版社，2006 年版。
[4] [美] 斯蒂芬·P. 罗宾斯著：《管理学》（第 4 版），黄卫伟等译，中国人民大学出版社，1997 年版。
[5] [美] W. H. 纽曼、小 C. E. 萨默：《管理过程——概念、行为和实践》，中国社会科学出版社，1995 年版。
[6] [美] 保罗·麦耶斯：《知识管理与组织设计》，珠海出版社，1998 年版。
[7] [美] 彼得·德鲁克：《21 世纪的管理挑战》，机械工业出版社，2006 年版。
[8] [美] 彼得·德鲁克：《管理：使命、责任、实务》（使命篇），机械工业出版社，2006 年版。
[9] [美] 彼得·德鲁克：《管理实践》，机械工业出版社，2007 年版。
[10] [美] 彼得·圣吉：《第五项修炼》，上海三联书店，2001 年版。
[11] [美] 查尔斯·W. L. 希尔、[澳] 史蒂文·L. 麦克沙恩、[中] 李维安、周建：《管理学》，机械工业出版社，2009 年版。
[12] [美] 戴维·J. 弗里切：《商业伦理学》，机械工业出版社，1999 年版。
[13] [美] 丹尼尔·A. 雷恩：《管理思想的演变》，中国社会科学出版社，1986 年版。
[14] [美] 弗莱蒙特·E. 卡斯特、詹姆斯·E. 罗森茨韦克：《组织与管理——系统方法与权变方法》，中国社会科学出版社，2000 年版。
[15] [美] 盖瑞·哈默尔、C. K. 普拉哈拉德：《竞争大未来》，智库文化股份有限公司，1995 年版。
[16] [美] 哈罗德·孔茨、海因茨·韦里克：《管理学》，经济科学出版社，1993 年版。
[17] [美] 哈罗德·孔茨、西里尔·奥唐奈、海因茨·韦里克：《管理学》，中国社会科学出版社，1987 年版。
[18] [美] 哈罗德·孔茨、奥唐纳·西里尔著：《管理学》，贵州人民出版社，1982 年版。
[19] [美] 亨利·明茨伯格：《经理工作的性质》，中国社会科学出版社，1986 年版。
[20] [美] 加雷斯·琼斯、珍妮弗·乔治：《管理学基础》，人民邮电出版社，2008 年版。
[21] [美] 迈克尔·波特：《竞争战略》，华夏出版社，1997 年版。
[22] [美] 钱德勒：《看得见的手》，商务印书馆，1987 年版。
[23] [美] 泰勒：《科学管理原理》，韩放译，团结出版社，1999 年版。
[24] [美] 托马斯·贝特曼、斯考特·奈斯尔：《管理学——构建竞争优势》（第 4 版），王雪莉等译，北京大学出版社，2004 年版。

[25] [美] 托马斯·科汉理、查德·施马伦奇：《管理的现在和未来》，中国劳动社会保障出版社，2005 年版。
[26] [美] 西蒙：《管理行为：管理组织决策过程研究》，北京经济学院出版社，1988 年版。
[27] [美] 詹姆斯·L. 吉布森、约翰·M. 伊凡塞维奇、小詹姆斯·H. 唐纳利：《组织学——行为、结构和过程》（第 10 版），王常生等译，电子工业出版社，2002 年版。
[28] [美] 理查德·L. 达夫特：《组织理论与设计》，清华大学出版社，2003 年版。
[29] [美] 托马斯·卡明斯：《组织发展与变革精要》，清华大学出版社，2003 年版。
[30] Cole, G. A. (1996). *Management Theory and Practice*. 5th Edition, DP Publications.
[31] 陈佳贵：《现代企管理理论与实践的新发展》，经济管理出版社，1998 年版。
[32] 高闯：《管理学》，清华大学出版社，2009 年版。
[33] 郭咸纲：《西方管理学说史》，中国经济出版社，2003 年版。
[34] 侯莉颖、杨龙芳、杨云、陈淑妮：《管理学精要》，吉林人民出版社，2002 年版。
[35] 李兴山：《现代管理学》，现代出版社，1998 年版。
[36] 潘大钧：《管理概论》，经济管理出版社，1999 年版。
[37] 芮明杰：《管理学——现代的观点》，上海人民出版社，2005 年版。
[38] 孙耀君：《管理思想发展史》，山西经济出版社，1999 年版。
[39] 吴照云：《管理学原理》，经济管理出版社，1997 年版。
[40] 席酉民：《管理研究》，机械工业出版社，2000 年版。
[41] 席酉民：《企业外部环境分析》，高等教育出版社，2001 年版。
[42] 杨文士、张雁：《管理学》，中国人民大学出版社，2001 年版。
[43] 张多中：《管理中的沟通技能》，海天出版社，2000 年版。
[44] 张多中：《国有控股公司控制体系研究》，中国经济出版社，2006 年版。
[45] 张军、陈昌龙：《现代管理学》，清华大学出版社、北京交通大学出版社，2009 年版。
[46] 周健临、唐如青：《管理学教程》，上海财经大学出版社，2001 年版。
[47] 周三多、陈传铭、鲁明泓：《管理学——原理与方法》，复旦大学出版社，2003 年版。
[48] 周祖城：《管理与伦理》，清华大学出版社，2000 年版。
[49] 朱东、傅浙铭：《现代管理学》，经济科学出版社，1989 年版。

后　　记

管理学是一门系统研究管理过程普遍规律、基本原理和一般方法的科学。作为管理类学科的专业基础课程，《管理学》、《管理学原理》在教学体系中一直受到专业建设的高度重视。我们在多年从事管理学教学和研究的工作中，深切地感到一本既能全面合乎思维逻辑地介绍管理知识，又能结合教学实践激发学生对管理的学习兴趣的教材是多么的重要。怀揣这样的想法，我们积多年管理学教学经验和研究资料，在我校几位同事前几年出版的《管理学精要》基础上完成了这本《管理学原理》的编著。本书共十五章内容，第一、二、五、六、七、八章由杨龙芳完成；第三、四、九、十、十一、十二章由侯莉颖完成；第十三、十四、十五章由张多中完成。整本书的体例设计、内容编排等均由张多中统筹和主编。

在编著的过程中，我们吸收了许多前人的思想，参考和引用了许多前辈著作中的材料，我们已经在书中对此作出了相应的注释并在书后的参考书目中予以罗列。在此，我们对前辈们表示衷心感谢。

感谢深圳大学管理学院对该书编著和出版的大力支持。

由于时间所迫、学识所限，书中的疏漏甚至错误在所难免，在此寄望同行学者和同学们不吝赐教，以策进步。

编者

2010 年 7 月　深圳